Strauß

Thomas Schuler

Strauß

Die Biographie einer Familie

Scherz

Für Sabine

www.fischerverlage.de

Erschienen bei Scherz, ein Verlag
der S. Fischer Verlag GmbH, Frankfurt am Main

Abbildungen: Mit freundlicher Genehmigung des SV-Bilderdienstes
Satz: Dörlemann Satz, Lemförde
Druck und Bindung: Ebner & Spiegel, Ulm
Printed in Germany

ISBN-13: 978-3-502-15026-8
ISBN-10: 3-502-15026-5

Inhalt

Die letzten Stunden

Samstag, 1. Oktober 1988: Der dienstliche Teil des Tages beginnt mit einem Interview für die *Bild am Sonntag*. Dann erscheint Verteidigungsminister Rupert Scholz im Privathaus von Franz Josef Strauß. Sie reden und gehen anschließend um 12.30 Uhr aufs Oktoberfest. »Er machte auf mich einen ausgeglichenen, vitalen Eindruck«, sagt Scholz später. Im Zelt des Gastronomen Käfer, wo sich die Prominenten treffen, essen sie Kalbshaxe mit Semmelknödeln und Rotkohl, dazu trinken sie eine Schorle mit toskanischem Weißwein. Zweieinhalb Stunden später steigt Strauß in einen Polizeihubschrauber, der ihn zum »Aschenbrenner-Marter« im »Thiergarten« des Fürsten von Thurn und Taxis bringt. Es ist Brunftzeit, Strauß will auf die Hirschjagd gehen.

Bevor er in den Hubschrauber steigt, telefoniert er zwanzig Minuten lang mit seiner 26-jährigen Tochter Monika, die mit ihrem zweiten Kind schwanger ist. Strauß erkundigt sich nach seiner Enkelin und nach Monikas eigenem Befinden. Er erzählt ihr von seinem Gespräch mit Scholz und spricht mit ihr über die vielen Termine der vorangegangenen Woche. An diesem Wochenende, sagt er, wolle er sich erholen. Die Jagd beim Fürsten von Thurn und Taxis in dessen Wäldern rund zwölf Kilometer östlich von Regensburg soll Teil des Ausspannens sein. »Ich komm wahrscheinlich noch heut' Nacht zurück«, sagt er seiner Freundin Renate Piller. »Wünsch mir Weidmannsheil!« Zwar hat er ihr kurz zuvor ein Jagdkostüm geschenkt, aber sie macht sich nichts aus der Jagd und will lieber mit einer Freundin auf eine Modemesse gehen.

Der Flug ist ruhig. Es herrscht nasskaltes Wetter bei zwölf Grad. Das »Aschenbrenner-Marter« liegt auf einer Bergkuppe, umgeben von vielen kleinen Jagdhäusern. Schon seit Tagen haben die Förster Sechzehnender gesehen und röhren hören. Vor dem Jagdhaus wartet bereits der Fürst mit seiner Familie – außerdem zwanzig livrierte Jäger und Diener. Strauß schickt seine Leibwächter ins Wochenende. »Der Hubschrauber landete um 15.50 Uhr«, erinnert sich Oberförster Bernd Riedl. »Strauß stieg aus, winkte den Piloten noch einmal zu und ging auf den vor dem Portal wartenden Fürsten zu.« Dann geht er zum Jagdauto und nimmt Platz. Haushofmeister Wilhelm Lechner reicht ihm das Jagdgewehr. »Bitte, Herr Ministerpräsident.« Da fasst Strauß sich ans Herz. »Halt«, sagt Strauß zum Fahrer. »Der Flug war ein bisschen anstrengend. Warten Sie noch.« Dann bricht er zusammen. Er ist leichenblass. »Sofort liefen drei Diener los, versuchten, den Bewusstlosen mit Mund-zu-Mund-Beatmung ins Leben zurückzuholen«, erinnert sich Oberförster Riedl. »Andere alarmierten über Funk das Krankenhaus und holten Decken herbei.« Fürst Johannes sagt später: »Zu diesem Zeitpunkt war ein Puls nicht feststellbar.«

Die Helfer und die Polizei piepen Dr. Rainer Tichy an, den Chefarzt für Anästhesie am Evangelischen Krankenhaus in Regensburg und leitenden Notarzt des Malteser Hilfsdienstes. Unterdessen versuchen drei Anwesende Strauß zu reanimieren. Sie pressen den großen Brustkorb, um das Herz wiederzubeleben. Ein Helfer bläst Luft in die Lungen. Weder Atemspende noch Brustmassage zeigen Erfolg. Die Helfer brechen Strauß vier Rippen – bei einem 73 Jahre alten Mann keinesfalls ein Fehler, sondern ein Zeichen für die richtige Dosierung der Kompression.

Gegen 16.30 Uhr landet Dr. Tichy im Hubschrauber etwa fünfzig Meter von dem Ort entfernt, wo Strauß bewusstlos am Boden liegt. Er eilt zu ihm und leitet sofort eine medizinische Grundversorgung ein, um Atmung und Kreislauf zu stabilisieren. Strauß muss mit seinen Kreislaufbeschwerden schnell in ein Krankenhaus, entscheidet Dr. Tichy: »Wenn der Ministerpräsident länger bewusstlos dort gelegen hätte, hätte die Gefahr bestanden, dass er ersticken konnte und weitreichende vitale Störungen aufgetreten wären.« Zehn Minuten nach Tichy trifft der Rettungshubschrauber »Christopherus 15« mit einem weiteren Arzt und einem Sanitäter am Unfallort ein. Die Ärzte geben Strauß kreislaufstärkende Mittel und beatmen ihn künstlich. Fünfzehn Minuten später heben sie und die Sanitäter ihn auf einer Trage in den Hubschrauber und fliegen ihn zum zwölf Kilometer entfernten Krankenhaus der Barmherzigen Brüder in Regensburg. Gegen 17.00 Uhr trifft er dort ein.

Nun ist Dr. Rolf Manz, Chefarzt der Intensivstation, zuständig. Er muss sich fragen, warum Strauß bewusstlos ist, und hat ein Dutzend Möglichkeiten zur Wahl. Jede erfordert eine andere Behandlung. Schon bald nach der Einlieferung gelangt die Nachricht davon an die Öffentlichkeit. Um 18.20 Uhr informiert ein Hörer Radio Charivari in Regensburg. Der Sender unterbricht sein Programm. Rasch ranken sich wilde Gerüchte um den Zusammenbruch. Strauß sei auf der Jagd angeschossen worden, lautet eine Falschmeldung. Eine andere besagt, er habe einen Schuss auf einen Hirsch abgegeben und sei dabei über eine Wurzel gestolpert.

Am Samstagabend eröffnet Wirtschaftsminister Gerold Tandler die Münchner Modewoche. Nach seiner Rede fährt er sofort nach Regensburg. Innenstaatssekretär Peter Gauweiler lässt das Krankenhaus gegen 19.00 Uhr mit Hilfe von hundert Polizisten von der Öffentlichkeit abschirmen. Politiker und Beamte schweigen gegenüber den Journalisten, die immer zahlreicher vor dem Tor der Klinik eintreffen. Aus Wackersdorf, Nürnberg und Regensburg rückt immer mehr Polizei an. Die Beamten drohen den wartenden Journalisten, sie notfalls mit Gewalt zu entfernen.

Renate Piller wartet auf ihre Freundin, um gemeinsam die Gala der Modewoche zu besuchen, als das Telefon klingelt. »Ich habe schlechte Nachrichten für Sie«, sagt Gauweiler, »der Ministerpräsident hat einen Unfall gehabt.« Es sei eigentlich »alles unter Kontrolle, nur ein leichter Herzanfall wahrscheinlich«, dennoch rät er ihr vom Besuch der Gala ab. »Stellen Sie sich bloß vor, wie das aussieht, wenn man Sie mit dem Sektglas in der Hand fotografiert, während der Chef ...« Ist es doch ernster? Renate Piller ruft im Krankenhaus an. Nicht-Familienangehörige erhalten keine Auskunft.

Bald trifft auch Monika Hohlmeier im Krankenhaus ein. Vergebens suchen Mitarbeiter von Strauß seine Söhne Max und Franz Georg, die sich beide im Urlaub befinden. Die Mitarbeiter leiten außerdem die nötigen Schritte ein, um Strauß nach München verlegen zu lassen. Sie informieren zwölf Krankenhäuser um München herum, die über einen Hubschrauberlandeplatz verfügen, dass Strauß noch in dieser Nacht aufgenommen werden muss.

Um 21.00 Uhr steht ein Hubschrauber startklar neben der Klinik. Die Feuerwehr stellt Scheinwerfer auf, um ihm den Weg zu weisen. Doch die Ärzte sind unsicher, ob der bewusstlose Patient den Flug verkraften würde, und sagen die Verlegung ab. Sein Zustand ist ernst. Um 21.30 Uhr kommt Pater Camillus Halbleib und spendet ihm die Letzte Ölung, die verharmlosend »Sakrament der Krankensalbung« heißt. Gegen 21.45 Uhr wird Monika Hohlmeier in einem Polizeiwagen aus der Klinik gefahren.

Die kritische Phase beginnt um 22.00 Uhr: Zwar wurden durch den Kollaps weder Gehirn noch Hauptschlagader geschädigt, aber Strauß ist weiterhin bewusstlos. Er hat einen so genannten »akuten« oder »unsicheren« Bauch, wie die Mediziner sagen. Das heißt, sein Bauch ist riesengroß geworden. Droht ein Magen- oder Darmdurchbruch? Der Chefarzt der Inneren Abteilung, Professor Paul Döring, entscheidet sich zu einer nächtlichen Notoperation. Er öffnet den Bauch, und es entweicht viel Luft. Er sucht nach Blutungen in der Bauchhöhle, forscht fast zwei Stunden nach Anzeichen eines möglichen Durchbruchs, nach Erkrankungen von Galle und Bauchspeicheldrüse, aber vergeblich. Er kann nichts Krankhaftes finden. Nach der Operation stabilisiert sich der Kreislauf von Strauß zunächst.

Vor dem Krankenhaus treffen immer mehr Journalisten ein, die jeden nach dem Zustand von Strauß fragen. Kurz nach 23.00 Uhr treten Wirtschaftsminister Gerold Tandler, *Bayernkurier*-Chefredakteur Wilfried Scharnagl und Polizeipräsident Fenzl zu ihnen ans Eingangstor. Tandler sagt: »Nach Auffassung der Ärzte hat der Ministerpräsident einen Kreislaufkollaps ohne ernsthafte Folgen erlitten.« Man gehe davon aus, dass bei der »bekannt guten Gesundheit des Ministerpräsidenten bald wieder gute Nachrichten ins Land ziehen«. Im Übrigen sei es »reiner Quatsch«, dass Strauß bewusstlos aufgefunden worden sei. Die Journalisten sind skeptisch.

Monika Hohlmeier kommt zurück in die Klinik, und damit beginnen neue Spekulationen. Angeblich bezieht sie nun ein Zimmer neben dem Zimmer ihres Vaters auf der Intensivstation im zweiten Stock. In einem weiteren Zimmer richtet Innenstaatssekretär Peter Gauweiler ein Lagezentrum ein. Die Staatskanzlei in München fahndet unterdessen weiter nach den beiden Söhnen von Franz Josef Strauß. Max macht Ferien in Südtirol. Vergeblich wird über den Rundfunk nach ihm gefahndet. Franz Georg ist mit einem Wohnmobil in Nordamerika unterwegs, da ist es zwecklos, ihn per Radio zu suchen. Gegen 0.30 Uhr fährt eine Wagenkolonne mit Hohlmeier, Tandler und Gauweiler in ein Regensburger Hotel. Zwei Ärzte, die schon auf dem Heimweg waren, werden zurückgerufen.

Sonntag, 2. Oktober 1988: In den frühen Morgenstunden verschlechtert sich der Zustand von Strauß rapide. Seine Lunge arbeitet kaum noch, auch seine Nieren funktionieren nur noch eingeschränkt.

Am Sonntagvormittag werden die Journalisten ein ums andere Mal auf einen neuen Termin für eine ärztliche Stellungnahme vertröstet. Erst um 11.00 Uhr beendet ein Bulletin der Ärzte das Gerüchtewirrwarr. Es endet mit dem Satz: »Im Laufe der weiteren Behandlung entwickelte sich ein Lungenbefund, wie er nach Wiederbelebungsmaßnahmen beobachtet wird.« Daraus schließen Fachleute, dass Strauß bereits klinisch tot war und wiederbelebt wurde. Um 14.00 Uhr geben die Ärzte das zweite Bulletin heraus. »Der Zustand des Ministerpräsidenten hat sich in der Zwischenzeit verschlechtert.« Eigentlich bräuchte Strauß die Betreuung einer Uniklinik. Der Hubschrauber für den Transport steht bereit, doch Strauß kann nicht transportiert werden. Den Ärzten ist das Risiko zu groß. Als der Chefarzt von »Lebensgefahr« spricht, gibt ein Regierungssprecher zögernd zu, die Öffentlichkeit sei wohl zu lange zu optimistisch informiert worden.

Am Sonntagmorgen wird Strauß' Schwester Maria nach Regensburg geholt. Den wenigen Besuchern wird klar, dass Strauß nur noch von Hightech-Medizin am Leben gehalten wird.

Am Sonntagnachmittag beginnen die Spekulationen über die Nachfolge von Strauß. Sie konzentrieren sich zunächst auf Wirtschaftsminister Gerold Tandler für das Amt des Ministerpräsidenten. Theo Waigel gilt als potenzieller Nachfolger als Parteichef.

Im Laufe des Tages schickt Gauweiler seinen Fahrer nach München und lässt Renate Piller holen. Diskret schleust er sie ans Krankenbett. Bedenken im Krisenstab begegnet er mit den Worten: »Ich sag' nur eins: Wen glaubt ihr, dass der Chef sehen will, wenn er aufwacht?« Der Anblick bestätigt ihr den Ernst der Lage: »Franz Josef Strauß lag an tausend Schläuchen, ich hielt ihm eine Weile die Hand, aber erkannt hat er weder mich noch sonst jemanden.« Gauweilers Chauffeur bringt sie anschließend zurück nach München.

Ebenfalls am Nachmittag schickt die Staatskanzlei zwei Spezialisten nach Regensburg: Professor Dr. Siebert, Chef-Chirurg der Uniklinik Rechts der Isar, und Professor Dr. Peter, Chef-Anästhesist vom Klinikum Großhadern. Gauweiler lässt mit Hubschraubern zusätzliche medizinische Geräte nach Regensburg einfliegen, die aber nicht eingesetzt werden. Gegen 15.00 Uhr ringen insgesamt sechs Ärzte um das Leben des Ministerpräsidenten. Dr. Valentin Argirov, der seit achtzehn Jahren als Leibarzt von Strauß fungiert, wird mit Tränen in den Augen gesehen, als er im Park des Krankenhauses Luft schnappt. »Es sieht sehr sehr ernst aus«, sagt er. »Wir müssen das Schlimmste befürchten.«

Um 19.00 Uhr erscheint das dritte Bulletin. Strauß befinde sich »weiterhin in kritischem Zustand«, heißt es. »Die lebenswichtigen Funktionen sind aber jetzt stabil.« Es ist von Organversagen der Lunge und der Nieren die Rede, zudem zeichne sich eine Infektion ab. »Die Prognose ist nach wie vor als ernst zu bezeichnen.«

Inzwischen ist der Andrang der Journalisten so groß, dass das Pressezentrum in ein Hotel verlegt wird. Der Gesundheitszustand von Strauß beherrscht nun alle Nachrichtensendungen, und die ganze Republik erlebt mit, was die Kinder schon seit Jahren beschäftigt: Die Sorge über die Gesundheit ihres Vaters. Später sagen sie: »Seine Gesundheit war immer Thema bei uns.« Natürlich fühlte Strauß sich »pumperlgsund«, wenn er gefragt wurde. Aber weder sein eigenes Verhalten noch das seiner unmittelbaren Umgebung konnte ihn »gesund« halten: Er ließ sich nichts sagen.

Montag, 3. Oktober 1988: Früh um sechs Uhr ruft Peter Gauweiler bei Renate Piller an. »Da schien Franz Josefs Zustand ganz stabil«, erinnert sich die Freundin. Es ist Gauweilers letzter Anruf. Die Pressekonferenz um 9.00 Uhr beginnen die Ärzte mit der guten Nachricht, dass es in der Nacht davor »zu keiner weiteren Verschlechterung« gekommen sei. Allerdings müssten Herz und Kreislauf weiter »maximal unterstützt« werden. Die Ärzte weigern sich, Prognosen zu stellen. Die Journalisten erfahren, dass Strauß noch vor einer Woche selbst nach Bulgarien geflogen war und dass während des Flugs ein plötzlicher Druckluftabfall aufgetreten war. Strauß hatte den Flieger von 10000 Metern auf 1000 Meter Höhe fallen lassen müssen. Hatte seine Lunge dabei Schaden erlitten? Sein Leibarzt Dr. Argirov, der ihn nach Bulgarien begleitete und mit im Flieger saß, sagt nein. Erst vor kurzem habe er seine Fitness getestet, Strauß sei gesund gewesen. Dann sagt der Leibarzt noch: »Bitte erwarten Sie keine Sensationsmeldungen. Wir müssen viel

Geduld haben.« Es klingt, als würde der Arzt nicht mit dem Schlimmsten rechnen, als sei Strauß auf dem Weg der Besserung und als bestehe noch Hoffnung. Etliche Journalisten reisen ab. Die wenigen, die im Pressezentrum bleiben, werden um 12.22 Uhr durch die Nachricht aufgeschreckt, Strauß sei um 11.45 Uhr gestorben. Der Bayerische Rundfunk unterbricht sein Programm und sendet Trauermusik. Eineinhalb Stunden später tritt Professor Klaus Peter »tief erschüttert« vor die Presse. Seit Samstagabend schon habe sich der Zustand von Strauß nicht mehr gebessert, und man habe immer mehr Medikamente einsetzen müssen. »Man muss eingestehen, dass auch die Medizin den schicksalhaften Verlauf nicht hat aufhalten können«, sagt Peter. Als Todesursache nennt er ein Multiorganversagen von Lungen-, Nieren- und Kreislaufsystem. Die genaue Ursache bleibt ungenannt.

Wer will schon Verantwortung übernehmen für den Tod eines großen Mannes? »Es ist immer gefährlich, prominent zu sein – besonders als Patient«, zitiert der *Spiegel* einen ungenannten Intensivmediziner. »Mit diesen Leuten geschieht zu viel. Sie werden maximal, aber oft nicht optimal versorgt.« Als bayerischem Landesvater widerfuhr dem bewusstlosen alten Mann »die geballte Kraft des medizinischen Rettungswesens«, behauptet das Nachrichtenmagazin. »Das hat er nicht überlebt.«

Der Münchner Gerichtsmediziner Wolfgang Spann seziert die Leiche seines Freundes. Entgegen kollegialem Brauch dürfen die behandelnden Ärzte nicht an der Obduktion teilnehmen, berichtet der *Spiegel*. Das Ergebnis, erklärt die Bayerische Staatsregierung, werde nicht bekannt gegeben.

* * *

6. September 2005. Siebzehn Jahre nach dem Tod von Franz Josef Strauß versammeln sich seine Kinder, weitere Verwandte, CSU-Politiker, zwei Geistliche und zwei Dutzend Schaulustige und Anhänger auf dem Friedhof von Rott am Inn. Der Friedhof des

kleinen Ortes zwanzig Kilometer nördlich von Rosenheim liegt malerisch auf einem Berg, direkt neben dem ehemaligen Kloster, in dem Monika und ihre Brüder Max und Franz Georg unbeschwert aufgewachsen sind. Hier hat schon ihre Mutter Marianne ihre Kindheit verbracht, und hierhin zog sich der Vater Franz Josef von seinen Niederlagen in der Bonner Politik zurück. Am Rande des Friedhofs liegt die Familiengruft. Vater und Mutter und ihre Vorfahren sind hier begraben. Es ist ein besonderer Tag für die Familie Strauß: Heute wäre Franz Josef Strauß neunzig Jahre alt geworden.

Franz Josef Strauß verkörperte die alte Bundesrepublik wie kaum ein anderer Politiker. Anfang und Ende seines politischen Lebens fallen mit Anfang und Ende der alten Bundesrepublik zusammen. Er saß ab 1948 im Wirtschaftsrat, dem Parlament der Bizone. Ab 1949 gehörte er dem ersten Bundestag an und war insgesamt viermal Bundesminister – für besondere Aufgaben, für Atom, für Verteidigung und für Finanzen; dreimal unter Kanzler Adenauer, einmal unter Kanzler Willy Brandt. Er war Verteidigungsminister zu einer Zeit, als dieses Ministerium die Außenpolitik bestimmte. Doch seine Ambitionen zielten auf das Kanzleramt. Der Einserschüler Strauß wollte immer der Beste, der Erste, der Mächtigste sein, obwohl er doch »als Zweiter unübertrefflich war«, schreibt *Spiegel*-Autor Wolfram Bickerich in seiner Biographie über ihn.

Zwar scheiterte er in seinem Versuch, Kanzler zu werden, dafür bekamen Kanzler Helmut Kohl und die Parteifreunde von CDU und CSU seinen Anspruch und Ehrgeiz später umso heftiger zu spüren. Strauß selbst drückte es so aus: »Mir ist egal, wer unter mir Kanzler ist.« Oft genug stand er sich mit seinem Ehrgeiz, dem Poltern und Polarisieren selbst im Wege. »Eine der großen Begabungen in der Politik«, nannte ihn Willy Brandt, »aber eine, die mit dem Hintern oder dem Mundwerk wieder umstößt, was die Hände gerade aufgebaut haben.«

Niemand konnte seinem ergebenen Volk besser vermitteln,

dass selbstbewusste barocke Pracht und Machtentfaltung letztlich dem Wohle aller diene, schrieb die *Weltwoche*. Die erinnerungsselige Schar der Strauß-Anhänger ergötzte sich gerne an seinen schneidigen Taten: Wie der Hobbypilot Strauß sein Kabinett zum Staatsbesuch nach Moskau flog; wie ein niederbayerischer Bäderunternehmer dank der Nähe zum bayerischen Ministerpräsidenten seinen zweifachen Lebenstraum verwirklichen konnte, nämlich Millionär mit Krankenkassenbeiträgen zu werden und kaum Steuern zahlen zu müssen.

Bereits in den sechziger Jahren war Franz Josef Strauß ein Politiker, dessen öffentliches Leben eine Erzählung vom Aufstieg und Fall und Wiederaufstieg eines scheinbar unbeugsamen Mannes – kurz: ein dramatisches Schauspiel – bot. »Es gibt wohl keinen zweiten Politiker in der Bundesrepublik, über den so viele festgefügte Urteile und auch Vorurteile, im Guten wie im Bösen, existieren«, sagte der Publizist Günter Gaus bereits 1965 über ihn.

»In Bayern gehen die Uhren anders, nämlich richtig«, pflegte Strauß zu sagen. Strauß nutzte seine Macht stets, um auch außerhalb Bayerns Politik zu machen, und wurde dafür von Anhängern und Gegnern gleichermaßen verehrt und gefürchtet. Er machte seine eigene Außenpolitik und sah sich ein Leben lang als geschichtsbewussten Geostrategen. In der Passauer Nibelungenhalle schimpfte er hemmungslos auf die Kommunisten in Ost und West; zugleich hielt er mit Milliardenkrediten die marode DDR am Leben.

Um 9.30 Uhr soll ein Polizeihubschrauber Ministerpräsident Edmund Stoiber und seine Frau Karin absetzen. Nur wenig verspätet treffen sie um 9.40 Uhr ein. Kränze werden zur Gruft der Familie getragen. Stoiber hält eine Rede und ehrt Strauß als »Vater des modernen Bayern«, als »Visionär« und als bedeutenden Politiker der Nachkriegszeit, der »Weltbürgertum und Heimatliebe auf einzigartige Weise« verbunden habe. Max bleibt im Hintergrund, selbst dann, als seine Schwester ihn nach vorne winkt. Die Bereitschaftspolizei spielt Deutschland- und Bayernhymne.

Den Journalisten erzählt Monika Hohlmeier, dass für sie der 6. September eigentlich kein Tag der Trauer, sondern ein Tag schöner Erinnerungen sei. Im Landhaus in Rottach-Egern am Tegernsee, am Odeonsplatz in München und im Ferienhaus in Südfrankreich habe man wunderbare Geburtstagsfeiern mit vielen Anhängern erlebt. Die, pflichtet ihr ihr 16-jähriger Sohn Markus bei, kenne auch er von Bildern. Er selbst hat den Opa nicht mehr erlebt.

Die Kinder von Franz Josef Strauß mussten erleben, wie erst das Andenken an ihren Vater geschmälert wurde und dann sie selbst gefallen sind. Ihre Zukunft ist ungewiss. Beim Tod von Franz Josef Strauß war von einer Zäsur für die Politik in Deutschland und in Bayern die Rede gewesen. Siebzehn Jahre später hat sich in der Politik vieles gewandelt, selbst in Bayern lebt man gut ohne Strauß. Siebzehn Jahre später ist klar, dass sein Tod vor allem das Leben seiner Kinder auf eine Art verändert hat, die sie nicht wahr haben wollen.

An diesem 6. September 2005 fällt die Bilanz der Erben, die sich um das Grab von Franz Josef Strauß versammeln, ernüchternd aus: Zwar ist der politische Ziehsohn Edmund Stoiber Ministerpräsident von Bayern geworden, den Sprung zum Kanzler hat indes auch er nicht geschafft. Schlimmer ist es den leiblichen Kindern ergangen: Max ist zu einer Gefängnisstrafe verurteilt worden und muss auf die Berufung hoffen. Monika ist dem Vater in die Politik gefolgt, vor wenigen Monaten jedoch gestürzt worden, und das von der eigenen Partei. Vor einigen Monaten hat der Freistaat sogar mit Zustimmung der CSU-Regierung versucht, die Gruft der Eltern zu pfänden.

Siebzehn Jahre später sprechen Monika Hohlmeier und ihre Brüder ungern vom Erbe des Vaters. Sie vermeiden es, seinen Lebensweg mit dem eigenen Schicksal in Verbindung zu bringen. Dabei ist die Frage nahe liegend: Was hat der Aufstieg und Fall des Vaters mit dem Aufstieg und Fall der Kinder zu tun? Sind sie wegen der gleichen Stärken und Schwächen gestürzt, die erst seinen Erfolg bedingen und dann sein Scheitern? Wird das Erbe des Vaters, das den Kindern zunächst so viele Vorteile verschafft, ihnen schließlich zum Verhängnis? Verursachen die gleichen Kräfte, die den Aufstieg der Familie Strauß begründen, auch ihren Fall? Davon handelt dieses Buch.

1 Die Kindheit und die Angst vor »den Roten«

Am 7. November 1918 ist es ungewöhnlich warm in München, und die Leute klagen über Föhn. Es ist nicht verbürgt, ob Franz Josef Strauß sen. seinen kleinen Metzgerladen in der Schellingstraße 49 den ganzen Tag über geöffnet hat. Die meisten Geschäfte in Schwabing und in den anderen Teilen der Stadt jedenfalls bleiben an diesem Tag geschlossen, ebenso Betriebe und Ämter. Die Angestellten sollen die Möglichkeit haben, an einer Kundgebung auf der Theresienwiese teilzunehmen. Auf der großen Wiese in der Nähe des Hauptbahnhofs, auf der alljährlich das Oktoberfest stattfindet, rufen SPD, Gewerkschaften und die kommunistische USPD für den ersten Jahrestag der russischen Oktoberrevolution gemeinsam zu einer Friedenskundgebung auf.

Strauß muss keine Rücksicht auf Angestellte nehmen, die einen freien Tag hätten fordern können. Er hat keine. Seine einzige Mitarbeiterin ist seine Frau Walburga. Er hofft, dass seine Tochter Maria vielleicht bald mehr helfen kann. An einem milden Tag wie diesem macht er sich Sorgen um seine Fleischwaren. Lohnt es sich, in der Schlachterei Fleisch einzukaufen? Sind überhaupt Kunden zu erwarten? Falls sie ausbleiben, ist dann genug Eis da, um das Fleisch zu kühlen? Kühlschränke gibt es damals noch nicht, und Strauß kann es sich nicht leisten, Vorräte zu halten.

Strauß ist zwei Monate zuvor 43 Jahre alt geworden und könnte eigentlich trotz der unruhigen Zeiten halbwegs zufrieden in die Welt blicken: Er war aus dem kleinen Ort Kemmathen in Franken nach München gekommen. Weil ein älterer Bruder den elterlichen Hof übernahm, musste er sich in der großen Stadt Arbeit suchen, und er fand mit Walburga eine Frau, die wie er der Arbeit wegen nach München gezogen war. Sie stammt aus dem noch kleineren Ort Unterwendling bei Kelheim nahe Regensburg. Der Ort besteht aus nur vierzehn Häusern. München ist für beide eine ganz andere Welt. Vor allem Schwabing zieht nach der Jahrhundertwende viele Leute an, die man auf dem Land nicht kannte: Künstler, Studenten und Bohemiens. Zumindest an ihren Anblick werden sich Walburga und Franz Josef aber bald gewöhnt haben, denn Universität und Kunstakademie liegen in unmittelbarer Nähe ihres Metzgerladens in der Schellingstraße.

Im November 1906 heiraten Walburga und Franz Josef. Eigentlich planen sie ihre Feier für den 13. November. Ausgerechnet an diesem Tag sind jedoch die Standesämter geschlossen, weil Kaiser Wilhelm II. zur Grundsteinlegung des Deutschen Museums nach München kommt. So müssen sie die Hochzeit um zwei Tage verschieben. Sie leben in sehr bescheidenen, aber nach damaligen Kriterien nicht ärmlichen Verhältnissen. Immerhin ist es ihnen gelungen, aus der Provinz nach München zu ziehen und sich dort hochzuarbeiten. Immerhin hat Franz Josef Strauß das Bürgerrecht erhalten, was keine Selbstverständlichkeit ist, und er hat sich selbstständig gemacht. Er ist sein eigener Herr, wenn auch abhängig von der Nachfrage, und ständig überarbeitet. Seit 1904 betreibt er seinen eigenen Laden. Es ist eine so genannte Altmetzgerei, die nur frisch geschlachtetes Fleisch und hausgemachte Leberwurst verkauft. Die Familie hat keine Sicherheiten. Sie muss von Montag bis Samstag arbeiten und lebt von der Hand in den Mund. Später behauptet Franz Josef Strauß, seine Eltern hätten über Jahrzehnte hinweg keinen einzigen freien Tag gehabt. Aber sein Vater hat es immerhin so weit gebracht, dass er fürchten muss, das Wenige, das ihm gehört, zu verlieren.

Im Jahr nach der Heirat wird Maria geboren. Jetzt, 1918, ist sie elf Jahre alt und zeigt Geschick und Begeisterung im Umgang mit Zahlen, so dass der Vater sie wohl bald ohne Bedenken an die

Kasse lassen kann. Ein Schwesterchen ist 1914 kurz nach der Geburt gestorben. Doch ein Jahr später – am 6. September 1915 – wird ein Sohn geboren, der gesund zu sein scheint. Die damals achtjährige Maria ahnt zunächst nichts von der Geburt. Sie glaubt noch an den Klapperstorch, wie sie später sagt. »Darum wunderte ich mich sehr, dass [...] als ich spät vom Nachmittagsunterricht heimkam, statt der Mutter unser Dienstmädchen Theres das Abendessen auf den Tisch stellte und erklärte: ›Die Mama ist krank. Du darfst nicht zu ihr ins Schlafzimmer gehen.‹ Nachdem ich meine Hausaufgaben gemacht hatte, wurde ich gleich ins Bett geschickt, konnte aber lange nicht einschlafen. Auf einmal hörte ich das Schreien eines Babys und merkte, dass diese Laute nicht aus der Nachbarwohnung, sondern aus dem Schlafzimmer meiner Eltern kamen. Erst am nächsten Morgen durfte ich meine Mutter besuchen und mein ruhig schlafendes Brüderchen anschauen.«

Wenige Tage später taufen Walburga und Franz Josef ihren Sohn auf den Namen Franz Josef. Zu Hause gibt es ein Festessen, das wegen des Krieges aber bescheiden ausfällt. Franz Josef sen. hofft, dass der Junge eines Tages seine Metzgerei übernehmen und dann für die Familie sorgen wird. Davon geht er aus. »Obwohl die Lebensmittelzuteilung sogar für Kinder sehr schlecht war, gedieh das Baby prächtig und sah bald viel besser aus als ich«, erinnert sich seine Schwester. »Einmal fragte jemand, ob ich ein angeborenes Stiefkind sei, was unsere Mutter sehr kränkte.« Die Geschwister gleichen nicht einander, sondern der Junge sieht ganz wie seine Mutter aus; die Tochter wie der Vater. Aufgrund des unterschiedlichen Aussehens werden die beiden später oft gar nicht für Geschwister gehalten.

Wenngleich die Eltern nicht viel besitzen, eines haben sie in großem Maße: den Glauben an Gott. Sonntags geht die Familie in die Josefskirche, und das Wort eines Pfarrers hat für Strauß sen. großes Gewicht. Den Namen Martin Luther hingegen darf man in der Gegenwart des Vaters nicht aussprechen, und wenn doch, macht er das Kreuzzeichen, als müsste er sich vor dem Teufel schützen.

Es spricht einiges dafür, dass Franz Josef Strauß an der Kundgebung auf der Theresienwiese nicht teilnimmt, obwohl viele Menschen aus den Häusern, Läden und Cafés in seiner Nachbarschaft über dass Ereignis sprechen und sich den Demonstranten anschließen. Er hält nichts von den Veranstaltern, der SPD, den Gewerkschaften und der USPD. Ein Jahr später, 1919, tritt er der konservativen Bayerischen Volkspartei bei, deren Gründungsmitglied er wird. Traditionen sind ihm wichtig, und deshalb blickt er besorgt in die Zukunft. Am liebsten wäre ihm, wenn alles so geblieben wäre wie vor dem Krieg.

Er mag Ludwig III., der König und doch eine bürgerliche Erscheinung ist, »einfach und von rührender Aufrichtigkeit«, wie der Historiker Benno Hubensteiner in seiner *Bayerischen Geschichte* schreibt. »In seiner inneren Abneigung gegen alles Höfische und Zeremonielle hatte er nichts dagegen, wenn ihn ein Bauer nach alter Art mit ›Du‹ anredete, und auch als König verging kaum eine Woche, ohne dass er sich mit ein paar Münchner Bürgern in einer Wirtschaft an der Türkenstraße zur Kegelpartie traf«, so Hubensteiner. Selbst August Bebel habe einmal vor dem Reichstag gesagt: »Wenn wir eine Reichsverfassung hätten, nach der der Kaiser vom Volk gewählt würde, [...] ich gebe Ihnen mein Wort, Prinz Ludwig hätte die größte Aussicht, Deutscher Kaiser zu werden.«

Von der Türkenstraße zum Laden der Familie Strauß sind es nur ein paar Meter. Aber es ist unwahrscheinlich, dass sich der Metzger und der König zufällig auf der Straße treffen. Falls doch, hätte sein Sohn später sicher davon erzählt. Ludwig III. ist selbst Bauer und kümmert sich auf seinem Gut in Leutstetten um alles selbst. Abends geht er mit der Lampe durch die Ställe. Am liebsten eröffnet er Landwirtschaftsausstellungen. Seine Gegner verspotten ihn deshalb als »Millibauer« – Milchbauer. Andere nennen ihn wegen seiner stets zerknitterten Hosen auch »Ludwig den Vielfältigen«. Vielleicht wünscht sich Strauß sen. aber gerade wegen dieser Volksnähe des Königs, Ludwig III. möge weiterhin über Bayern herrschen.

Doch im November 1918 ist unklar, wer regieren wird. Nach vier Jahren Krieg ist das Volk müde und unzufrieden und wirft dem König vor, dass er sich nicht stärker gegen Berlin und für den Frieden einsetzt. An den politischen Rändern gärt es. Der Polizei liegen Hinweise auf einen Umsturzversuch der USPD vor. Dennoch fordert Ludwig III. die Polizei auf, zurückhaltend zu sein. Ihm liegt daran, den Übergang zur parlamentarischen Monarchie in Bayern so problemlos wie möglich zu gestalten. Er will Kämpfe vermeiden. Am 7. November geht er im Englischen Garten spazieren. Arbeiter, die er zufällig trifft, sagen: »Majestät, gengan's hoam und bleibn's in der Residenz, sonst passiert Ihnen was [...] Heit machan's nämli Revolution!« Der König ist irritiert, aber der Ernst der Lage ist ihm nicht bewusst.

Am frühen Nachmittag ist es schwül wie vor einem aufziehenden Gewitter. Tausende strömen von der Ludwigstraße in Demonstrationszügen Richtung Theresienwiese. Als die Kundgebung um drei Uhr nachmittags beginnt, sind rund 60000 Menschen versammelt. Zwölf Redner sprechen an verschiedenen Stellen des Platzes zu ihnen, darunter Erhard Auer, der Vorsitzende der bayerischen SPD, Ludwig Gandorfer, ein radikaler Vertreter des Bayerischen Bauernbundes, und Kurt Eisner, der Vorsitzende der USPD. Einige wollen die Leute beruhigen und weisen auf kommende Reformen hin. Andere fordern rasche Änderungen. Eisner sagt, ein sozialistisches Rätesystem solle die Monarchie ersetzen. Rund 1000 bis 2000 Anhänger, darunter vor allem Soldaten, scharen sich um ihn. Eisner hat sich mit ihnen gleich zu Beginn der Kundgebung im Norden der Wiese aufgestellt, um anschließend möglichst rasch und ohne aufgehalten zu werden zu den Kasernen zu gelangen. Nach Ende der Reden verfasst die Menge eine Resolution: Darin fordert sie einen sofortigen Friedensschluss, den Achtstunden-Arbeitstag und eine Arbeitslosenversicherung. Außerdem soll der deutsche Kaiser abdanken.

»Mit einem Schlage gerieten die johlenden Massen ins Vorwärtsdrängen«, notiert der Münchner Schriftsteller Oskar Maria

Graf, der an der Spitze des Zuges mitmarschiert. »Wie eine [...] schwarze Welle wälzten sich die tausend und aber tausend Menschen hangaufwärts auf die Strasse; weiter ging es im Schnellschritt, an geschlossenen Häusern und herabgezogenen Rolläden vorbei, den Kasernen zu. [...] Keine Gegenwehr kam. Alle Schutzleute waren wie verschwunden. [...] Überall gesellten sich neue Trupps zu uns, nun auch schon einige Bewaffnete. Die meisten Menschen lachten und schwatzten, als ging's zu einem Fest. Hin und wieder drehte ich mich um und schaute nach rückwärts. Die ganze Stadt schien zu marschieren.« Die Demonstranten schwenken rote Fahnen, sie halten Trambahnen und Züge an, sie plündern Waffenläden und schießen um sich. In München herrscht Revolution.

Die Revolutionäre haben »leichtes Spiel« in den Kasernen, wie der Historiker David Clay Large berichtet, »da die wachhabenden Soldaten prompt zu den Aufständischen überliefen«. Nur vor der großen Türkenkaserne stoßen die Aufständischen auf Gegenwehr, können sie aber rasch überwinden. »Die Sache wäre zweifellos anders ausgegangen, wären die Regierungstruppen fest entschlossen gewesen, mit allen zu Gebote stehenden Mitteln gegen die Rebellen vorzugehen«, betont Large. Doch nach vier Jahren Krieg seien sie nicht mehr bereit gewesen, ihr Leben für die Wittelsbacher zu geben. Zudem hatten die Zivilbehörden die von Eisner und seinen Anhängern ausgehende Gefahr unterschätzt. Sie waren unvorbereitet und unentschlossen und wussten nicht, was sie tun sollten.

Eine große Gruppe der Aufständischen hält im größten Bierkeller Münchens, dem Mathäserbräu, eine improvisierte politische Kundgebung ab. Untermalt von alkoholisierten Hochrufen, wird der erste Münchner Rat der Arbeiter, Soldaten und Bauern mit Eisner als Vorsitzendem gewählt. Der Rat schickt Soldaten los, wichtige Gebäude zu besetzen. Zugleich lässt er Hunderte gelber Mitteilungsblätter anschlagen, die den Beginn einer neuen Ordnung verkünden. »Es lebe der Frieden! Nieder mit der Dynastie!«

Gegen zehn Uhr abends machen sich die Mitglieder des Rats, beschützt von einer bewaffneten Garde von sechzig Mann, auf den Weg zum Landtagsgebäude, wo Eisner die Geburt der bayerischen Republik verkündet: »Die bayerische Revolution hat gesiegt, sie hat den alten Plunder der Wittelsbacher Könige hinweggefegt. [...] Jetzt müssen wir zur Bildung einer Regierung fortschreiten. [...] Der, der in diesem Augenblick zu Ihnen spricht, setzt Ihr Einverständnis voraus, dass er als provisorischer Ministerpräsident fungiert.«

Franz Josef Strauß sen. hätte sich wohl gewünscht, dass der König sich gegen den Umsturz wehrt. Stattdessen tritt der auf Anraten seiner Berater in Zivilkleidung, die Zigarrenkiste unterm Arm, die Flucht an. Sogar sein Chauffeur ist zu den Revolutionären übergelaufen. Der König muss sich an den Eigentümer einer Mietwagenfirma wenden, um Ersatz zu finden. Er sieht die Flucht als vorübergehend an, aber darin täuscht er sich.

Abends beginnen in der ganzen Stadt alle Glocken zu läuten, die den Krieg überdauert haben. Erst hört man in der Schellingstraße ein fernes Dröhnen vom Liebfrauendom, dann scheint es, als komme der dumpfe, rollende Klang immer näher. In das Hämmern der Liebfrauenkirche mischt sich das Glockenläuten der Theatinerkirche und dann der Ludwigskirche. Der nahe Klang wird untermalt vom fernen Läuten zahlreicher anderer Türme.

»München war die erste deutsche Landeshauptstadt, in der ein regierender Monarch seinen Thron verlor, und die letzte deutsche Stadt, in der nach den Umwälzungen von 1918–1919 wieder Ruhe und Ordnung einkehrten«, betont der Historiker Large. Anders als beim misslungenen Januarstreik, bei dem er zunächst verhaftet worden war, zielte Eisners Rhetorik diesmal nicht auf die Arbeiter, sondern auf die kriegsmüden Soldaten. Als sie zu ihm übergelaufen sind, kann sich der Staat nicht mehr wehren. Niemand gibt sein Leben für die Monarchie, nur die Kirche protestiert. Eisner wird der erste Ministerpräsident Bayerns – ausgerechnet ein Kommunist aus Berlin. Er tritt für die Demokratie ein. Allerdings gelingt es ihm in den wenigen Monaten als Ministerpräsident nicht, die Massen hinter sich zu halten. Seine Leute sind nicht zahlreich genug; die Soldaten verlassen ihn wieder; seine Anhänger sind zu jung, um Einfluss zu haben. Er hat die SPD eingebunden, und der Preis dafür war ein Verlust vieler Ämter an sie. Vermutlich hat Strauß sen. die Ideen und Ziele Eisners nicht wirklich gekannt. Vielleicht hat er gefürchtet, Eisner könnte die Betriebe verstaatlichen und ihm seine Selbstständigkeit nehmen. Genau das tut Eisner nicht. Schließlich verehrt er – zum Verdruss etlicher Anhänger – Kant mehr als Marx und will den Kommunismus auf seine Art verwirklichen. Eine Verstaatlichung der Betriebe liegt ihm fern.

Im Hause Strauß herrscht vermutlich dennoch keine hohe Meinung von ihm – von konservativer Seite wird er heftig kritisiert. Eisner kann seine Pläne nicht verwirklichen und verliert immer mehr Anhänger. Als er nach nur dreieinhalb Monaten den Rücktritt einreichen will, wird er auf dem Weg zum Parlament erschossen. Sein Tod bewegt viele Menschen. Der Trauerzug zum Ostfriedhof entwickelt sich zu einem der größten, den die Stadt jemals erlebt hat. Angeblich begleiten ihn 100000 Menschen. Immerhin hat Eisner in 100 Tagen nicht nur die mehr als 700 Jahre alte Monarchie gestürzt und den Freistaat ausgerufen. Er hat auch das Frauenwahlrecht und den Achtstundentag eingeführt, die Sonntagsarbeit abgeschafft, Betriebsräte eingeführt und Staat und Kirche zu trennen versucht. »Die hundert Tage der Regierung Eisner haben mehr Ideen, mehr Freuden der Vernunft, mehr Belebung der Geister gebracht als die 50 Jahre vorher«, sagt der Schriftsteller Heinrich Mann in seiner Trauerrede.

Nach Eisners Tod verschärfen sich die Unruhen. Alles wird nur noch schlimmer. Large: »Ausgelöst zunächst durch ohnmächtige Wut über den scheinbar endlosen Krieg und heillosen Haß auf die Zentralgewalt in Berlin, trieb die Revolution in München Exzesse an Unverantwortlichkeit und Haß hervor, die Angst und Schrecken verbreiteten.« Es gibt viele Hunderte Tote.

Die »rote« Revolution und die Angst davor, das ist die Zeit, in die Franz Josef hineingeboren ist. Er bekommt von alledem freilich nichts mit, denn er ist ja damals erst drei Jahre alt. Oder vielleicht doch? Später sagt er einem seiner Biographen, Thomas Dalberg, seine früheste Kindheitserinnerung stamme aus dem Jahr 1918, als der Krieg vorbei ist und die Revolution beginnt. Das »dramatische Sturmläuten der Glocken, im königstreuen Elternhaus mit Angst und Bestürzung registriert«, prägen sich ihm »unauslöschlich« ein, wie Dalberg notiert.

Die Worte stammen vom Biographen, aber man darf davon ausgehen, dass Strauß genau so empfindet – denn er und seine Schwester Maria autorisieren das Manuskript des 1968 erschienenen Buches. Natürlich ist er 1918 noch zu klein, um die Ereignisse bewusst wahrzunehmen. Aber im Unterbewusstsein habe er die angstvolle Stimmung in seinem Elternhaus sehr wohl wahrgenommen, sagt er später. Es ist anzunehmen, dass die konservative politische Haltung des Vaters und diese früh erlebte, unbewusste Angst vor den Kommunisten ihn prägen. Unbewusst, aber deshalb vielleicht umso wirkungsvoller, lernt er, dass »die Roten«, wie die Kommunisten in Bayern genannt werden, Chaos auslösen und die Ordnung stören.

König Ludwig III. verlebt seine letzten Jahre im Exil. Erst als der letzte bayerische König im Jahr 1921 gestorben ist, darf er nach München zurückkehren. Franz Strauß ist sechs Jahre alt. Im Hause Strauß trauert man, und Franz sieht an einem regnerischen Novembertag zu, wie der Trauerzug den Sarg direkt an seiner Haustür vorbei durch die Schellingstraße begleitet. Wieder untermalen dumpfe Glocken das Schauspiel, das Tausende schweigend verfolgen. Während sein Vater einer vergangenen Ära nachtrauert, hat der Sohn andere Gedanken: »Aus dem pompösen Trauergeleite, das die junge Republik dem einige Jahre vorher zur Abdankung gezwungenen König veranstaltete, blieben mir besonders die Gugelmänner in Erinnerung.« Die Königstreuen mit ihren Kapuzen sind für den kleinen Franz ein ganz besonderer Anblick, »weil sie mir so furchterregend schienen«.

2 Heranwachsen in der Straße der Bewegung

Im Jahr 1921 – Franz Strauß ist sechs Jahre alt – zieht im Haus gegenüber in der Schellingstraße 50 der Fotograf Heinrich Hoffmann ein. Der Mann gilt in seiner Branche als hochprofessionell und hat es zu einiger Berühmtheit unter seinesgleichen gebracht. Sein Vater war Hoffotograf bei Ludwig III. gewesen. Schon mit elf Jahren hat er bei seinem Onkel in Regensburg Porträtfotografie erlernt. Der Onkel war zwar »Hof-Photograph seiner Königlichen Hoheit des Großherzogs von Hessen«. Aber dessen Atelier mit seinen gerafften Samtvorhängen und den Plüschkanapees bedrückt den Neffen. Er will modern arbeiten und geht deshalb nach Darmstadt. Dort und bei weiteren Stationen kommt er mit dem europäischen Adel in Kontakt und macht u.a. die Bekanntschaft des Kaisers und des Königs von Siam, der ihm für Bilder in Lebensgröße die damals sagenhafte Summe von 27000 Goldmark zahlt.

Schließlich landet Hoffmann 1906 im Alter von einundzwanzig Jahren in München, wo er im »Atelier Elvira« bei zwei Damen mit Hosen und Kurzhaarschnitt arbeitet und auf Künstler wie Kaulbach, Lenbach und Stuck trifft. Hoffmann lernt malen, geht dann aber 1907 des Geldes wegen nach London, wo er im Auftrag von Scotland Yard die Slums der Stadt fotografiert. Später porträtiert er in London Prominente wie den Dichter George Bernard Shaw und die ersten Flieger, die Gebrüder Wright. 1909 kehrt er nach München zurück und lernt in Schwabing die Maler Wassily Kandinsky und Franz Marc kennen. Er kauft Marc sein Atelier in der Schellingstraße 33 ab und fotografiert fortan die Berühmtheiten seiner Zeit wie z.B. den Tenor Caruso oder den Physiker Röntgen.

Im Anwesen Schellingstraße 50 lässt er in dem verwilderten Garten eine Arche Noah bauen und dreht mit dem Schauspieler Emil Jannings den Stummfilm *Die Sintflut*. Er gründet die »Fotoberichterstattung Heinrich Hoffmann« und wird Vertreter der amerikanischen Associated Press. Am 30. Oktober 1922 erhält er ein Telegramm aus den USA: »absendet umgehend bild adolf hitler stopp bieten honorar hundert dollar« Hoffmann ist erstaunt über die Höhe des Honorars. Reichspräsident Ebert bringt ihm sonst nur fünf Dollar ein, und für die anderen Prominenten bekommt er kaum mehr. »Und für den fast unbekannten Hitler zahlt AP einen solchen Überpreis?«, denkt Hoffmann. Das versteht er nicht.

Er wendet sich an seinen Duzfreund Dietrich Eckart, Hauptschriftleiter des *Völkischen Beobachters*, der Hitlers Aufstieg mitfinanziert und daher auch dessen Duzfreund ist. Eckart rät Hoffmann, das Vorhaben aufzugeben. Hitler lasse sich grundsätzlich nicht fotografieren. Wer ein Bild von ihm haben wolle, der müsse zahlen. »Keine 100 und keine 1000 Dollar, sondern 30000!«

Die Forderung kommt Hoffmann ungeheuerlich vor. Aber so leicht will er sich nicht entmutigen lassen, schließlich liegen Redaktion und Druckerei des *Völkischen Beobachters* nur ein paar Meter entfernt auf der anderen Straßenseite, im so genannten Buchdruckerhaus in der Schellingstraße 39/41. 1920 hat Hitlers Partei auf sein Drängen hin den *Völkischen Beobachter* gekauft und zur Parteizeitung ausgebaut. Ab 1922 wird das Blatt in der Schellingstraße fertig gestellt und gedruckt. Hitler kommt regelmäßig dorthin, um letzte Korrekturen an Artikeln vorzunehmen.

Wer wollte ihn, Hoffmann, an einer Aufnahme hindern? Hitler steht in der Öffentlichkeit und muss sich gefallen lassen, fotografiert zu werden, auch wenn er – wie Eckart erklärt – glaubt, dass ihn seine Kamerascheu nur noch interessanter macht für Zeitungen und die Leute schon allein deshalb zu seinen Reden kämen, um ihn einmal zu sehen. Die Schwabinger Zeitschrift *Simplicissimus*, deren Redaktion ebenfalls nur ein paar Meter entfernt liegt, bringt unter dem Titel »Wie sieht Hitler aus?« Karikaturen, die das Rätselraten noch weiter anfachen.

Hoffmann soll das nur recht sein. Er will Hitler heimlich »schießen« und wartet tagelang auf eine Gelegenheit. Nach einer Woche sieht er vor der Druckerei Hitlers alten grünen »Selve«-Wagen stehen. Hoffmann läuft schnell hinüber und erkundigt sich beiläufig nach Eckart, ohne dass er ihn wirklich sucht. Ihm liegt nur an Hitler. Tatsächlich, da steht der Mann mit dem charakteristischen Bärtchen im Trenchcoat an einem Stehpult. Die Peitsche, die er stets bei sich trägt, hat er auf das Pult gelegt. Er schreibt. Hoffmann hat ihn schon einige Male gesehen und erkennt ihn sofort. »Hitler wandte sich mir zu und ich wiederholte meine Frage nach Eckart«, erinnerte sich Hoffmann später. Hitler antwortet: »Auf den warte ich auch.« Hoffmann geht schnell nach Hause und holt seine Kamera.

Auf der Straße spricht er mit dem Chauffeur und verspricht ihm ein Trinkgeld, falls er sich bei der Abfahrt Zeit lasse. Stunden vergehen. Endlich kommt Hitler in Begleitung von drei Männern. Während der Chauffeur das Auto ankurbelt, macht Hoffmann die Aufnahme. Doch genau in diesem Augenblick, erzählt er später, fühlt er Fäuste um sein Handgelenk. Hitlers Begleiter packen ihn am Hals und nehmen ihm die Kamera weg. Hoffmann wehrt sich vergebens. Einer der drei zieht die Platte aus der Kamera und belichtet sie. Hoffmann schimpft: »Das ist Einschränkung der persönlichen Freiheit!«

Hitler ist inzwischen ins Auto gestiegen. Hoffmann steht da mit zerknautschter Krawatte und ruinierter Platte und sieht, dass Hitler ihm beim Abfahren zulächelt. Nach diesem Misserfolg wird es für Hoffmann »zur fixen Idee«, Hitler zu fotografieren. Er hat Glück. Eines Tages erzählt ihm ein Bekannter, dass er heiraten werde. Hoffmann bietet an, die Hochzeitstafel in seiner Wohnung auszurichten. Erstaunt hört er, dass Hitler einer der Trauzeugen sei. Bei der Gelegenheit sprechen sich Hitler und Hoffmann schließlich aus. Hitler verspricht ihm, er dürfe Bilder von ihm machen, und bald danach geht Hitler ein und aus in dem Haus, das direkt gegenüber der Metzgerei Strauß liegt.

Von da an wird Hitler im Trenchcoat, mit Schlapphut, Schaftstiefeln und Hundepeitsche auch für Franz Strauß ein immer vertrauterer Anblick. Hitler kommt im Opel Laubfrosch und lädt den Kofferraum mit Flugblättern voll, die er auf Parteiveranstaltungen verteilt. Wegen seines weit vorgewölbten Hinterteils nennen der kleine Strauß und seine Freunde sein Auto »Arschauto«. Auch Hermann Göring und Heinrich Himmler gehen bald auf der gegenüberliegenden Straßenseite ein und aus. Wenn München, wie Hitler in den Zwanzigern betont, »die Stadt der Bewegung« wird, dann wird die Maxvorstadt, in der Strauß wohnt, das Viertel der Bewegung, und die Schellingstraße wird zur Straße der Bewegung.

Die Schellingstraße, benannt nach dem ersten Präsidenten der Künstlerakademie, wird nach der Jahrhundertwende, also zu der Zeit, als Strauß sen. mit seiner Frau dorthin zieht, Treffpunkt der Studenten und Künstler. Damals leben mehr Künstler in München als in Berlin. Der Maler Franz Marc bezieht 1907 ein Atelier in der Schellingstraße 33, in dem er drei Jahre lang arbeitet und wohnt. In dieser Zeit lernt er den russischen Maler Wassily Kandinsky kennen, der in der Schellingstraße 75 wohnt. Gemeinsam veröffentlichen sie den Almanach *Blauer Reiter*. Auch Franz von Stuck lebt in dieser Straße. Frank Wedekind, der um die Ecke wohnt, schreibt viel für das Satireblatt *Simplicissimus*, das in einer Querstraße produziert wird. Gräfin Franziska zu Reventlow erwirbt sich auf Partys und in Cafés ihren Ruf als »Königin von Schwabing«. Sie nimmt sich ihre Männer einfach so oder gegen Bezahlung – und schreibt einen Roman. Als sie wegen Ehebruchs mehrfach verurteilt und daraufhin geschieden wird, zieht sie ihren Sohn in einer Wohngemeinschaft in der Schellingstraße 92 auf.

Man trifft sich im Schellingsalon, in der Osteria Italiana, Münchens erstem Lokal mit südlicher Küche, oder im Kaffeehaus Altschwabing – alles in Sichtweite der Metzgerei Strauß. Im Schellingsalon verkehren Hitler und Lenin, Rainer Maria Rilke, Bertolt Brecht, Joachim Ringelnatz und Henrik Ibsen. Nebenan im Kaffeehaus Altschwabing unterhalten sich die Schriftsteller Thomas Mann und Stefan George sowie die Maler Paul Klee, Franz Marc und Wassily Kandinsky. Im Café Stephanie, ebenfalls nur einen Steinwurf entfernt, treffen sich Leute wie die Schriftsteller Erich Mühsam oder Oskar Maria Graf und der Expressionist Johannes R. Becher. Gräfin zu Reventlow gibt dem Lokal den Namen Café Größenwahn. Ihrer Meinung nach geht Schwabing »im bildlichen Sinne weit über die Grenzen eines Stadtteils hinaus«. Für sie lebt an diesem Ort »eine geistige Bewegung«.

Es ist eine kleine Welt. Nicht die Welt von Strauß sen., der sich wie ein militanter Verteidiger seiner katholischen Frömmigkeit vorkommen muss und entsprechend benimmt. Wie einst in seiner Jugend in Franken in der evangelischen Diaspora. Doch sein Junge kommt hin und wieder mit der Boheme in Berührung. Schließlich muss er in den umliegenden Gaststätten für den Vater Bier holen, weil damals niemand Flaschenbier zu Hause hat. »Das Stück Schellingstraße zwischen Türkenschule und Café Schellingsalon umschließt die meisten Erinnerungen an meine Kinder- und Jugendzeit«, bemerkt Franz Josef Strauß später.

Neben dem Haus in der Schellingstraße 49, in der die Metzgerei und die Wohnung liegen, befinden sich ein Obst- und Gemüseladen und im Hof eine Bauschlosserei, wo die Kinder besonders gerne spielen. Dem Werkmeister der Schlosserei gefällt das allerdings weniger. Wenn er die Kinder davonjagt, klettern sie über die Mauer zur Schreinerei nebenan und spielen zwischen den Brettern weiter. Im Sommer laufen Strauß und seine Freunde gerne die Barerstraße entlang und verbringen viel Zeit in den Anlagen der Alten und Neuen Pinakotheken. Die Aufseher sehen allerdings nicht gerne, dass die Kinder allerlei von Bäumen und Sträuchern reißen. Die Stangen und Geländer, die die gepflegten Rasenflächen und Rosenbeete begrenzen und schützen sollen, nutzen sie als willkommene Turngeräte. »Wenn wir es wieder einmal zu bunt getrieben hatten, zogen wir vor, einige Zeit nicht mehr in den Anlagen zu erscheinen.«

Dann spezialisieren sie sich wieder mehr auf die Schellingstraße, in der sie schussern, Kreisel oder Reifen treiben. »Ja, wir spielten ganz vergnügt auf der Straße und schusserten neben dem Randstein und wenn ein Auto vorbeikam, hörten wir es von weitem und gingen schnell auf den Bürgersteig. Die Autos waren noch wenig, dafür gab es umso mehr Pferdefuhrwerke, und so wie heute die Buben einen Opel von einem VW wegkennen, so kannten wir von weitem die Pferde der verschiedenen Brauereien und der Eisfabrik.« Die Eisfabrik stellt allerdings kein Speiseeis her, sondern Eisblöcke, die regelmäßig zum Füllen der Eisschränke gebracht werden, weil es damals noch keine Kühlschränke gibt. »Heruntergefallene Eisbrocken hoben wir auf und lutschten sie, wenn wir sicher waren, dass unsere Mütter uns nicht sehen konnten.« Wenn in der Nähe ein Fuhrwerk hält, geht Franz in den Hof an die Kisten des Gemüsehändlers und holt Rettich- und Karottenkraut, um damit die Pferde zu füttern.

Auch Hitler kommt 1913 der Kunst wegen nach München, wohnt unweit vom Königsplatz und bemüht sich, als »Architekturmaler aus Wien« Anschluss zu finden. Er geht gerne ins Café Stephanie. Neben Dichtern und Malern wie Wedekind oder Klee leben in dem Viertel auch Nazis wie Himmler, die eine andere Bewegung anstreben. Statt an die Boheme findet Hitler 1919 Anschluss an die Deutsche Arbeiterpartei. Im Juli 1921 übernimmt er den Parteivorsitz. Familie Strauß bleibt nicht verborgen, dass die Schellingstraße schon vor dem Einzug der Reichsleitung der NSDAP in das Haus gegenüber mehr und mehr zum Mittelpunkt für die Nazis wird. Papiergeschäfte legen auch in Zeiten des Verbots der Partei den *Völkischen Beobachter* und Postkarten mit den Konterfeis der Parteigrößen aus.

Mit dem Einzug des Verlags Franz Eher ins Buchdruckerhaus rollen ab 1922 Wagen an, um Propagandazeitungen abzuholen. Nach dem gescheiterten Putsch und der Festungshaft gründet Hitler die NSDAP 1925 neu. Ab dieser Zeit druckt der Eher-Verlag *Mein Kampf*, das in 906 Auflagen schließlich über elf Millionen Exemplare erreicht. Bis Anfang der vierziger Jahre übernimmt der Verlag so viele Zeitungen, dass er als größter Pressekonzern der Welt gilt. Dies alles spielt sich in dem Stück der Schellingstraße ab, in dem Strauß seine Kindheit verbringt. Familie Strauß spricht fast täglich über Hitler und die Nationalsozialisten, schreibt Strauß in seinen *Erinnerungen*.

Heinrich Hoffmann wird Hitlers Leibfotograf. Irgendwann hängt er ein Porträt von ihm in sein Schaufenster. Hoffmann prägt Hitlers Image. Mit der Vermarktung von Hitler-Fotos und -Postkarten wird er sehr reich. Er wird Stadtrat, eröffnet Filialen und hat schließlich dreihundert Angestellte. Eine dieser Angestellten heißt Eva Braun, die spätere Frau Hitler. Enge Bekanntschaft schließt Hitler mit Hoffmanns Tochter Henriette, die für ihn eine Art Ersatztochter wird. Sie heiratet den Reichsjugendführer Baldur von Schirach. Ob Franz Josef Strauß und Henriette Hoffmann miteinander zu tun hatten, ist nicht bekannt. Strauß hat über die Nachbarn nur wenig erzählt. Mehrfach aber erwähnt er später folgende Anekdote:

Im Alter von sechs Jahren habe er an einem Samstagnachmittag im Hausflur des Atelier Hoffmann gestanden. »Als kleiner Bub, der noch nicht lesen konnte, dem aber wie allen Kindern Bilder gut gefielen [...] habe ich willig ein Paket Naziflugschriften unter den Arm genommen, bin damit die Schellingstraße entlangmarschiert und habe die Propagandazettel verteilt.« Eine alte Kundin der Metzgerei informiert den Vater. Der schickt Maria aus, ihren Bruder zu holen. Zu Hause gibt ihm der Vater eine »gewaltige Maulschelle«.

Sobald die Nazis zu Geld gekommen sind, fährt die Parteiprominenz im Maybach und im Mercedes in der Schellingstraße vor.

Hitler ist Vegetarier und lässt sich nicht beim Fleischer blicken. Aber Himmler parkt oft direkt vor der Metzgerei und holt sich im Laden frische Leberwurst. Dabei belässt er es nicht beim Einkauf. Immer wieder bedrängt er den Metzgermeister Strauß, doch der Partei beizutreten. Wenn sie an die Macht käme – wovon Himmler ausgeht –, dann könne Strauß fest damit rechnen, die Reichswehr beliefern zu dürfen. Für einen Handwerksmeister, der in der Inflation seine Ersparnisse verloren hat, eine verlockende Aussicht.

Der Vater ist nicht nur Gründungsmitglied der Bayerischen Volkspartei und militanter Katholik, der die »Preißn« ablehnt, sondern er engagiert sich auch bei der Einwohnerwehr. Das bedeutet, dass er mit seinen politischen Ansichten teilweise gar nicht so weit entfernt ist von seinem Nachbarn Hoffmann, der ebenfalls in diesem rechtslastigen Verband organisiert ist. Beide verbindet eine tiefe Abneigung gegen die Kommunisten, ohne dass überliefert ist, ob sie sich darin gegenseitig bestärken oder austauschen. Vermutlich verkehren sie dafür in zu unterschiedlichen Kreisen. Hoffmann geht lieber ins Café Größenwahn als in die Kirche.

Zunächst ist der Vater sich jedenfalls nicht sicher, was er von den neuen Nachbarn, den Nazis, halten soll. Hitler habe zwar »recht eigenartige Ideen«, findet Strauß sen. Er sei gegen den Versailler Vertrag und für eine bessere Behandlung der Deutschen. Daraus folgert der Vater, dass »vielleicht doch etwas an ihm dran sei«, wie Strauß schreibt. Doch im Laufe der Zeit kommt Franz Josef Strauß sen. zu der Überzeugung, dass die Nazis nichts taugen. Er wolle lieber auf der Straße verhungern, als sich für die Nazis zu engagieren, sagt er seinen Kindern. Die Unklarheit über Hitler dauert nur kurz, wie Strauß schreibt. »Dann kam die nächste Phase, in der mein Vater endgültig den Stab über Hitler brach.« Hitler sei »Judenfeind« und »Kirchenfeind«. Was er über die Juden sage, dürfe kein Katholik mitmachen. »Von da an war Hitler für meinen Vater nur noch der Verderber und Zerstörer, der Dämon.« Beim Namen Hitler macht der Vater das Kreuzzeichen.

»Bereits nach der Niederschlagung des Hitlerputsches vom 9. November 1923 wurde Hitler zum Inbegriff des politischen Hasses meiner Eltern«, erinnert sich Strauß.

Ungefähr im Jahr 1925 kommt der Vater wütend von einer Versammlung der Bayerischen Volkspartei nach Hause. Der damalige Bayerische Ministerpräsident Heinrich Held berichtet seinen Parteifreunden laut Strauß, dass er Hitler getroffen habe und dass der seine Fehler einsehe und künftig nur mehr legal arbeiten wolle. Hitler wollte die Wiederzulassung seiner Partei erreichen, und Held wollte seinen Anhängern erklären, warum das bayerische Kabinett zugestimmt habe. Doch Franz Josef Strauß sen. versteht seine Partei nicht. Er gerät »in hellen Zorn«. Für den obrigkeitsgläubigen Mann ein ungewöhnlich deutlicher Gefühlsausbruch.

Als guter Katholik geht Strauß am Katholikentag 1922 zu den beiden Hauptreden und erzählt seinem Sohn später immer wieder davon. Besonders beeindruckt ihn, als am Schlusstag der Kölner Oberbürgermeister Konrad Adenauer spricht. Adenauer ist Präsident des Katholikentages. Drei Tage zuvor hat der Münchner Erzbischof, Kardinal Michael Faulhaber, kritisiert, die Weimarer Republik sei nur durch Hochverrat zustande gekommen. Adenauer sagt nur, nicht Hochverrat habe diesen Staat geschaffen, sondern der alte Staat habe sich überlebt. Faulhaber reagiert erstaunt und zornig, packt seinen Kardinalshut und will gehen, wie Strauß seinem Sohn schildert. Plötzlich unterbricht Adenauer seine Rede und bittet den Kardinal um seinen Segen. Voller Wut habe Faulhaber seinen Segen gegeben. Strauß bewundert, wie geschickt Adenauer einen Eklat vermeidet. Den Namen Adenauer hört Strauß an diesem Tag zum ersten Mal, während Kardinal Faulhaber sogar den Kindern vertraut ist. Die Kirche spielt im Leben der Familie Strauß schließlich eine wichtige Rolle. Daher ist es auch nur folgerichtig, dass der Sohn Franz Ministrant werden soll. In der Familie ist das nichts Besonderes, und es ist der ausdrückliche Wunsch der Eltern. Dabei ahnen sie nicht, dass ihr Sohn so den ersten Schritt weg von dem Lebensweg macht, den sie sich für ihn vorstellen. Die Eltern hoffen natürlich, dass Franz einmal den Laden übernehmen und als Metzger für sie sorgen wird. Doch als er 1921 in die Amalienschule kommt, zeigt sich bald, dass Franz gerne lernt und schnell begreift. Bald ist er unterfordert. Einige Lehrer klagen, dass er nicht mehr aufpasse und nur noch spiele. Sie legen den Eltern nahe, das Kind zu fördern und es auf eine weitergehende Schule zu schicken. So kommt Franz am 1. Mai 1926 in die Gisela-Realschule. Am Ende des ersten Jahres loben die Lehrer seine guten und sehr guten Leistungen. Nur im Singen gehört er nicht zu den Guten.

Während der ersten Schuljahre besucht der Junge an einem Samstag die Abendandacht in der Ludwigskirche. Zu Hause fragt Franz seinen Vater, warum heute so viele Leute beim Beichten waren. »Weil morgen der letzte Sonntag für die Osterbeichte ist«, sagt er. »Warum seid ihr dann schon vor sechs Wochen gegangen?«, will der Sohn wissen. »Weil am letzten Sonntag nur noch die Pferdediebe beichten«, lautet die Antwort des Vaters. Pferdediebe? Der Junge bohrt weiter: »Was man gestohlen hat, muß man doch zurückgeben, hast du einmal gesagt. Du, wie machen die das denn mit den Pferden?«

Auch darauf ist der Vater nicht um eine Antwort verlegen: »Ja, die binden sie alle hinter der Kirche an die Bäume, du brauchst morgen früh bloß in den Kreuzgarten gehen, da kannst du die schönsten Pferde sehen.« Pferdediebe im Kreuzgarten, in der damals die Ludwigskirche umgebenden Grünanlage? Das muss interessant sein, wenn es da hinten von Pferden nur so wimmelt. Am nächsten Tag macht sich der Junge schon lange vor der Schulmesse, die um 8.45 Uhr beginnt, auf den Weg dorthin. Sogar an Zuckerstückchen hat er gedacht, um die Pferde der Diebe füttern zu können. An der angegebenen Stelle kann Franz allerdings kein einziges Pferd entdecken, obwohl doch so viele Diebe beichten waren. Traurig geht er nach Hause. »Nicht ein einziges Pferd war im Kreuzgarten«, berichtet er seinem Vater. Um seine Enttäuschung etwas zu mildern, verspeist er den Zucker selber.

In dieser Zeit fällt der Ministrant Strauß einem Pfarrer auf. Dr. Johannes Zellinger registriert, dass der Junge die lateinischen Texte nicht herunterleiert, sondern ihrem Sinn entsprechend betont. Überrascht hört Zellinger, dass sich der Neunjährige im Selbststudium lateinische Vokabeln beibringt. Dafür hat er sich angeblich von seinem eigenen Taschengeld ein Lehrbuch gekauft. Zellinger, der als Professor an der Universität lehrt, ist beeindruckt und beschließt, ihn zu fördern. Er unterrichtet ihn in Latein und drängt die Eltern, den Sohn auf ein Gymnasium zu schicken. An Ostern 1927 kommt der Junge im Alter von elf Jahren schließlich auf das humanistische Max-Gymnasium, wo er gleich eine Klasse überspringt. Er beginnt in Klasse 2a – ist allerdings dennoch ein Jahr älter als seine Mitschüler. Bald gehört er wieder zu den Besten. Lernen macht ihm offenbar Spaß.

Neben Latein lernt er nun auch Griechisch, und die Melodie dieser Sprache fasziniert ihn. Das Gymnasium ist für ihn ein Tor in eine andere Welt, mit der seine Eltern nichts anzufangen wissen. Zu Hause liest man Frommes und Erbauliches, Märchen und christliche Heldensagen, und spricht darüber. Nun liest er die *Griechische Geschichte in zwei Bänden* und die *Geschichte Alexanders des Großen*, später auch Romane, Schillers *Don Carlos* und Goethes *Werther* und *Faust*: Darüber wird zu Hause nie gesprochen.

Diese andere Welt habe ihn nicht von den Eltern entfremdet, schreibt Strauß später. Aber man darf annehmen, dass genau dies zu einem gewissen Grad der Fall ist. Es sind nicht nur Namen und Themen, mit denen die Eltern nichts anzufangen wissen. Während die Eltern monarchistisch, erzkatholisch und antipreußisch eingestellt sind, lehren am humanistischen Max-Gymnasium auch linksorientierte Lehrer. Die Schule gilt als liberal, nicht klerikal.

Gemeinsam mit dem neuen Schüler kommt ein Mädchen in die reine Jungenklasse. Leonore von Tucher stammt wie viele der Mitschüler aus einer wohlhabenden Familie, einer alteingesessenen Nürnberger Patrizierfamilie. Damit sie die Jungenklasse besuchen darf, muss ihr Vater, ein ehemaliger bayerischer Diplomat, eigens eine Genehmigung beantragen. Strauß und Tucher werden schnell integriert. Niemand nennt den Jungen Franz Josef. Eingetragen ist er als Franz, gerufen wird er beim Nachnamen. Die Mitschüler sprechen ihn einfach mit »du, Strauß« an. Aber recht schnell erhalten die beiden Neuen Spitznamen. Sie wird »die Turi«, er »der Struso«. Strauß nimmt bald wieder die vertraute Rolle des Vorzeigeschülers ein. Doch »Strauß ist nie aufgefallen«, sagt von Tucher. »Bei uns war keiner besonders schlecht oder besonders gut aufgenommen.«

Trotz guter Leistungen wird er nicht als Streber geschmäht, sondern zählt zu den beliebtesten Schülern. Er lässt nämlich seine Mitschüler anfangs Hausaufgaben abschreiben. Montags vor der ersten Stunde gibt er die Übersetzungen des Lateinischen und Griechischen an seine Mitschüler weiter. Zudem gibt er ihnen Nachhilfe, um sein Schulgeld zu verdienen. Seine Lehrer unterstützen ihn dabei und weisen ihm schwache Schüler zu, denn rasch spricht sich der Ruf des Ausnahmeschülers in der ganzen Schule herum. Er gilt als hilfsbereit und hat den Lernstoff immer parat. Auch im deutschen Aufsatz ist er meist der Beste.

In der fünften oder sechsten Klasse Gymnasium (also der neunten oder zehnten Klasse nach heutiger Zählweise) lässt ein Lehrer aus Versehen die Lateinarbeit für den nächsten Tag im Pult liegen. Ein Schüler findet sie. Daraufhin treffen sich alle Klassenkameraden in einem nahen Park, wo Strauß den Text übersetzt. Gemeinsam einigt man sich, dass die schwächeren Schüler absichtlich Fehler machen sollen, damit die guten Leistungen glaubwürdig bleiben. Erstaunt registriert der Lehrer die vielen guten Noten. Strauß macht also durchaus mit, wenn die Mitschüler Streiche planen. Einmal erhält er einen Verweis, einmal nach einem Museumsbesuch eine Stunde Arrest – weshalb, ist unklar.

Die Inflation in den zwanziger Jahren macht dem Metzger Strauß arg zu schaffen. Wenn der Vater morgens ein Kalb verkauft, bekommt er am Abend nur noch ein Huhn dafür. Franz

Josef Strauß sen. ist froh, dass sein Sohn einen ordentlichen Teil des Schulgelds selbst verdient. Ebenso froh ist er, als seine Tochter Maria zu arbeiten beginnt. Ein Unternehmen wählt sie unter 102 Bewerbern aus. In den ersten Jahren gibt sie ihren Lohn dem Vater, der seinen Metzgerladen nur deshalb halten kann. Sie steigt schnell auf in ihrer Firma. »Turi« hat jedenfalls großen Respekt vor Maria, als »Struso« nebenbei erzählt, seine Schwester sei nun Prokuristin geworden – für eine Frau damals eine ungewöhnliche Position.

Als Strauß in der dritten Klasse Gymnasium ein Fahrrad bekommt, erleiden seine Leistungen einen Einbruch. Franz hat keine Zeit mehr zum Lernen, er verbringt fast jede freie Minute auf der Straße. »Kein Sportwagen oder Sportflugzeug könnte mir heute eine solche Freude machen wie damals dieses noch recht schwere und wenig sportliche Fahrrad. Aber ich kam mir vor, als wenn ich den größten Treffer in der Lotterie gezogen hätte.« Strauß hat nur noch das Rad im Kopf, und das führt zwangsläufig zu Konflikten. Denn Vater und Mutter legen mehr Wert auf die Ausübung des Glaubens als auf die sportliche Betätigung ihres Sohns. Die konservative Einstellung des Vaters, sagt Strauß, habe er zusammen mit seiner Schwester erst im Laufe der Jahre »etwas aufweichen« können.

Am Pfingstsonntag, kurze Zeit, nachdem Strauß das Rad bekommen hat, will er mit Freunden eine Radtour ins Isartal machen. Sein Vater ist von der Idee wenig begeistert. Er hat eine ganz genaue Vorstellung davon, wie ein guter Katholik den Pfingstsonntag zu verbringen hat: »Am Pfingstsonntag wird ins Hochamt gegangen und daheim gemeinsam mittaggegessen, und nachmittags wird nach der Vesper ein schöner Spaziergang gemacht. Du kommst mir gerade recht, an Pfingsten mit dem Radl umeinanderstreunen, nein, das schlägst du dir aus dem Kopf!« Der Junge will sich nicht damit abfinden: »Ich bettelte, ich weinte, es half nichts. Schweren Herzens sagte ich meinen Freunden ab, die mich mitleidig auslachten. Es war schlimm.«

Als seine Schwester am Pfingstsamstag mittags heimkommt, sitzt er »bitterlich weinend«, wie er sich später erinnert, über der Tageszeitung. Seine Schwester fragt besorgt: »Was ist denn jetzt schon wieder los?« »Da schau her«, sagt Franz und zeigt auf eine Großanzeige einer Fahrradfirma. Sie trägt die Überschrift: »Pfingsten, das Fest der Radfahrer.« Und schon heult er wieder los. »Schau, da kannst du es selber lesen, Pfingsten ist das Fest der Radfahrer, und mich lassen sie nicht fort.« Der Kummer, der eigentlich überwunden schien, ist wieder da.

Mit den Einnahmen aus dem Nachhilfeunterricht kann er das erste Rad bald durch ein Sportrad ersetzen und dieses durch ein Rennrad. »Radwandern über 100, 200 oder gar 300 Kilometer am Tage wurde mein beliebtester Sport.« Anfangs fährt er in der Gruppe, aber bald sind ihm die Kameraden zu schwach. Sie können sein Tempo nicht mehr halten. Er aber braucht immer eine Herausforderung. Statt gegen die anderen fährt er nun gegen sich selbst. Oft fährt er ganz alleine. Die Mitschüler erfahren nur vom Hörensagen von seinen Touren und seinen Erfolgen, sagt Leonore von Tucher. Sie bewundert ihn jedenfalls mehr für seine sportlichen als für seine schulischen Leistungen.

Auf der Suche nach neuen Herausforderungen verbringt Strauß seine Zeit nun auch beim Roten Kreuz und beim Schießen im Kleinkalibersportverband. Und er wird Mitglied im Radfahrer Club Amor 1907. Das Klublokal befindet sich im Gasthaus Parseval in der Dachauer Str. 185. Jeden Samstag ist Klubabend. Bei den Klubrennen wird Strauß einmal Zweiter, nach drei Rennen belegt er vereinsintern Platz sieben. 1933 kämpft er um die Gaumeisterschaft. Das Rennen geht über 150 Kilometer und führt von München nach Mühldorf und wieder zurück. Einundzwanzig Fahrer machen sich um fünf Uhr morgens auf den Weg. Es herrscht trockenes Wetter. Sie haben starken Rückenwind bis Mühldorf und fahren im Schnitt 35 Kilometer in der Stunde. Nach etwas über zwei Stunden sind sie dort. Doch auf der Rückfahrt herrscht starker Gegenwind, und sie brauchen deutlich über zwei Stunden.

Einige Teilnehmer haben Reifenschaden und scheiden aus. Nur zwölf kommen in die Wertung. Strauß kommt nach 4 Stunden und 56 Minuten ins Ziel in München-Steinhausen, wo zahlreiche Zuschauer warten. Er wird Elfter, das ist der vorletzte Platz.

Andere hätten unter Vortäuschung einer Panne vielleicht aufgegeben, Strauß dagegen kämpft sich durch. Ihm ist wichtig, ins Ziel zu kommen. Ein anderes Mal kommt er als achtzehnter von zwanzig gewerteten Fahrern ins Ziel. Strauß trainiert sogar oft noch vor Beginn der Schule. Seinen größten Erfolg erringt er im September 1934 mit einem Sieg im Mannschaftsfahren bei einem Rennen durchs bayerische Hochland. Strauß fährt die 210 Kilometer von München nach Weilheim, Murnau, Partenkirchen, Mittenwald, Walchensee, Kochel und Wolfratshausen in 5 Stunden und 54 Minuten. Münchens bester Radrennfahrer Sebastian Krückl vom gegnerischen Verein Radrennclub München 1902 ist allerdings nicht am Start, sondern bei einem Rennen in Winterthur.

Dass Strauß sich einen Großteil des Schulgeldes durch Nachhilfe verdienen muss, hat auch gute Seiten: Dadurch lernt er die Elternhäuser seiner Mitschüler kennen und erweitert sein Wissen über das soziale Spektrum. Nur ein einziger Mitschüler kommt aus dem Arbeitermilieu, zwei Väter sind Handwerker. Viele sind Ärzte, Regierungsräte, höhere Beamte. Fast alle Familien sind wohlhabender als seine – das nährt seinen Ehrgeiz. »Der Besuch des Max-Gymnasiums bedeutete für mich den Aufstieg in das Bildungsbürgertum«, sagt Strauß später. Seine katholisch-konservative Erziehung wird ergänzt durch eine bürgerlich-liberale.

Strauß ist gerne unter Leuten, die in der Gesellschaft mehr gelten als seine Familie. Auch wenn er später gerne seine Herkunft aus ärmlichen Verhältnissen betont, um seine Verbundenheit mit dem einfachen Volk zu demonstrieren, sucht er doch zeit seines Lebens die Gesellschaft der Reichen. Strauß erzählt in der Schule wenig über sich und sein Zuhause. Nicht, dass Heinrich Hoffmann gegenüber wohnt und nicht einmal, dass er Nachhilfe gibt.

Mitschüler – sofern sie nicht betroffen sind – erfahren davon nur durch Zufall.

In der 9. Klasse hält er seine erste Rede. Strauß weiß das Thema, nicht aber den Termin und wird plötzlich aufgerufen. »Ich war erschrocken, als ich vor den Klassenkameraden und dem Lehrer referieren sollte.« Strauß spricht aufgeregt über ein Buch von Josef Magnus Wehner. Aber damals lernt er das Wesentliche einer Rede: Einleitung, Hauptteil mit höchstens drei oder vier Schwerpunkten, dann der Schluss. Nach und nach legt er die Nervosität ab. Die Klasse liest ein Lehrbuch über die Redekunst von Marcus Fabius Quintilianus. Strauß merkt sich den Satz: »Oratio sicut flamma materia alitur et motibus excitatur. Die Rede wird wie die Flamme durch den Stoff genährt und durch die Bewegungen gesteigert.« Er gewöhnt sich an, auch mit seinen Händen zu reden.

Am 30. Januar 1933 gelangt Hitler an die Macht. Als Strauß am nächsten Tag nach Hause kommt, empfängt ihn sein Vater mit den Worten: »So, jetzt ist der Hitler Reichskanzler geworden. Das bedeutet Krieg.« Der Vater spricht vom »Ende Deutschlands«. Am 5. März 1933 finden die letzten einigermaßen freien Reichstagswahlen statt. Am Abend geht Strauß mit seinem Vater zur Wahlfeier der Bayerischen Volkspartei ins Mathäserbräu. Am späten Abend sagt der Parteivorsitzende Fritz Schäffer, nun gebe es keine Zweifel mehr, dass die Nazis und die Deutschnationalen die Mehrheit hätten.

Schäffer beklagt vor den über dreihundert Zuhörern den Beginn einer »furchtbaren Zeit«. Ostern steht bevor. Es werde »einen Karfreitag für Deutschland« geben. Zugleich macht Schäffer Mut. Danach werde es den Ostersonntag geben – die Auferstehung. Dass Schäffer mitgeholfen hat, die NSDAP zuzulassen, übergeht er freilich. Strauß ist beeindruckt von dem Mann mit der sonoren Stimme, der so eindringlich formulieren kann. Nach den Worten Schäffers herrscht »lähmende Stille«, wie sich Strauß erinnert. Die Versammlung löst sich auf. »Bedrückt, schweigend ging ich mit meinem Vater nach Hause, die Stimmung war unheimlich.«

Am 9. März 1933 übernehmen die Nazis in München die Macht. Strauß radelt gerade von der Schule nach Hause, als sich in der Leopoldstraße Verbände der SA und der SS formieren. Er sieht zu, wie sie die bayerische Fahne einholen und das Hakenkreuz hissen. Es ist später Nachmittag, die Dämmerung setzt bereits ein. Er begleitet die jubelnde Menge vorbei am Hauptpostamt, am Nationaltheater und Regierungsgebäuden durch die ganze Stadt. »Überall, so weit ich es beobachten konnte, herrschte Jubel. Ich selbst schwankte zwischen Furcht und Haß.«

Die letzten drei Schuljahre lang lernt er unter der Herrschaft der Nazis. In der Weimarer Republik war das Schulgebet abgeschafft worden. Nun soll plötzlich wieder gebetet werden, und zwar »für Führer, Volk und Staat«, wie der Religionslehrer meint. Mangels Textvorlage bittet er um Vorschläge. Aus den hinteren Reihen verlautet: »Der Herr gebe ihm die ewige Ruhe!« Strauß erinnert sich: »Der gute Herr Professor wäre bald in Ohnmacht gefallen.«

In dieser Zeit kommt noch ein zweites Mädchen in die Klasse – Hanne Trautwein. Jedes der beiden Mädchen hat fortan ihre eigene Gruppe. Strauß gehört zur Trautwein-Gruppe. Hanne Trautwein ist Halbjüdin. Strauß hält zu ihr und droht den anderen Prügel an, falls sie ihr was täten, wie sie später in einem Hörfunkinterview sagt. »Und da er Primus war, hat das gewirkt, und ich war froh darüber. Jedenfalls kann ich sicher sagen, dass ich wenig Leute gekannt habe in dieser Zeit, die so antinazistisch waren wie der Strauß [...] damals, wo jeder langsam umgefallen ist, da war der Strauß wirklich eindeutig dagegen.« Strauß und einige andere Mitschüler begleiten Hanne Trautwein regelmäßig nach Hause.

Das soll aber nicht heißen, dass Strauß unter Nazianhängern keine Freunde hat. Er selbst hat seinem Biographen Dalberg folgende Begebenheit erzählt, mit der er zeigen wollte, wie antinazistisch sein Elternhaus eingestellt war: Im Alter von siebzehn Jahren bringt Franz einen Radsportfreund mit nach Hause. Der Vater ist empört, weil der Freund das Parteiabzeichen der NSDAP trägt. Vater Strauß weist den Besucher aus der Wohnung und kündigt seinem Sohn an, er werde auch ihn hinauswerfen, wenn er nochmal einen Kerl mit Hakenkreuz nach Hause bringe. Aber bedeutet diese von Strauß erzählte Episode nicht auch, dass der Sohn zumindest keine Berührungsängste gegenüber Nazis hat?

Nach der Machtübernahme kann man in der Schellingstraße die Unterdrückung durch die Nazis spüren. Künstler emigrieren, ein jüdisches Elektrogeschäft wird verwüstet, Kritiker werden ausgeschaltet, eingesperrt, oder sie fliehen. Auf denselben Walzen, die den *Völkischen Beobachter* drucken, entsteht das Antinaziblatt *Der gerade Weg*. Chefredakteur Fritz Gerlich wird unmittelbar nach Hitlers Machtübernahme 1933 verhaftet und 1934 im KZ Dachau ermordet. Während der Schulzeit von Strauß wohnt von 1921 bis 1926 Wilhelm Hoegner – der spätere Ministerpräsident – in der Schellingstraße 26. Hoegner sitzt für die SPD im Landtag und legt nach dem Hitlerputschversuch in einem Untersuchungsausschuss die Geldquellen von Hitler offen. Später muss er vor den Nazis fliehen. Am längsten hält sich die sozialdemokratische Widerstandsgruppe von Hermann Frieb, die sich heimlich in der Schellingstraße 78 trifft. Ihre vierundzwanzig Mitglieder werden erst 1942 festgenommen. Im Jahr darauf wird Frieb hingerichtet.

Die Lehrer hängen vor allem der SPD und der Bayerischen Volkspartei an und bleiben den Nazis gegenüber größtenteils reserviert. Einer allerdings kommt nun in SA-Uniform zur Schule. Auch zwei Mitschüler geben sich als Nazis zu erkennen. In seinen Erinnerungen schreibt Strauß, nach der Machtübernahme Hitlers sei es »mitunter auch zu großen, politisch motivierten Raufereien« mit seinen Anhängern gekommen.

Davon wisse sie nichts, sagt dagegen Leonore von Tucher. Dass es Raufereien gab, will sie zwar nicht ausschließen, meint aber: »Ich hätte das erfahren. Man hat höchstens mal eine dreckige Bemerkung gemacht.« Man habe mit »ein bisschen Verachtung, ein bisschen Mitleid« auf die Nazianhänger geschaut. Das einzige politisch motivierte Ereignis findet ihrer Erinnerung nach am Ende der Schulzeit statt. Im Jahr 1935 macht Strauß Abitur. Er hat das beste Zeugnis seines Jahrgangs in ganz Bayern. Er schafft neunmal eine Eins – nur in Turnen bleibt es bei einer Zwei. Die Lehrer loben seinen »ernsten, zielbewussten Fleiß, seine lebendige Teilnahme am Unterricht und seine sittliche Führung«.

Nach dem Abitur lädt Leonore von Tucher alle Schüler in die große elterliche Wohnung in die Georgenstraße in Schwabing ein. Immerhin hätten die Jungen sie so viele Jahre ertragen müssen, meint sie scherzhaft. Die Mutter hat für den Abend eigens ein Fass Starkbier besorgt. Zunächst sagt Strauß ab. Er müsse am Tag darauf die Aufnahmeprüfung für die Stiftung Maximilianeum ablegen. Leider.

Es wird ein lustiger Abend, fast alle kommen. Irgendwann taucht trotz seiner Absage auch Strauß auf. Ein Schüler hat ein Flugblatt dabei. Demnach hat Hitler entgegen allen internationalen Abkommen die allgemeine Wehrpflicht eingeführt. Ein anderer – möglicherweise sogar Strauß selbst – sagt daraufhin: »Das ist der Krieg«, was eine große Diskussion in Gang setzt. Es entwickelt sich »ein langer, politisch hochbrisanter Abend«, wie Leonore von Tucher später schreibt. Dieser denkwürdige Abend wird später gerne als Beweis angeführt, dass Strauß sich ohne Rücksicht auf die eigene Person gegen die Nazis ausgesprochen hat. Aber während der Schulzeit und an diesem Abend versteht sich Strauß gut mit den beiden Schülern, die den Nazis anhingen, sagt Leonore von Tucher.

In Streit gerät Strauß an diesem Tag nur mit dem einzigen Kommunisten der Klasse. Die beiden beschließen, ihre Meinungsverschiedenheit in einem Wetttrinken auszutragen. Der Kommunist schafft achtzehn Maß Starkbier. Strauß trinkt neunzehn Maß und gewinnt. Es kann aber auch sein, dass der Kommunist gewinnt, so genau kann sich Leonore von Tucher nicht mehr erinnern. Sicher ist jedenfalls, dass ihre Mutter hinterher verzweifelt ist: Das Fass ist leer, und sie hat für die Gäste nichts mehr im Hause.

Am nächsten Tag legt Strauß die Prüfung fürs Maximilianeum ab – mit einem hervorragenden Ergebnis, als hätte er den ganzen Abend lang gelernt.

Aus seinem Elternhaus hat Strauß die Angst vor den Kommunisten, den Hass auf die Nazis und den Willen, der Armut zu entkommen und aufzusteigen. Diese Gefühle haben sich in seiner Schulzeit herausgebildet und verfestigt. Allerdings weiß er bei seinem Hass auf die Nazis zu unterscheiden zwischen Hitler und dessen Mitarbeitern, die er aus der Nachbarschaft kennt – und den Sympathisanten im Radclub und in der Schule, die teilweise seine Freunde sind. Er kann die Nazis nicht leiden, entwickelt aber, anders als sein Vater, keinen blinden Hass auf ihre Anhänger und duldet sie im Freundeskreis und in der Schule. Offenbar hat er immerhin so viel Distanz zur hasserfüllten Sicht seines Vaters.

Strauß hat gelernt zu lernen. Er hat beim Radfahren das Äußerste aus sich herausgeholt. Er kann hochkonzentriert arbeiten und sich durchbeißen. Er weiß, dass er sich auf sich selbst verlassen kann. Seine Herkunft mag ihm Grenzen auferlegen, aber er hat gelernt, sie zu überwinden.

3 Studium und Krieg

Nach dem Abitur muss Strauß nach Memmingen und dann nach Schleißheim, um in Arbeitslagern sechs Monate lang »freiwilligen« Dienst zu leisten. Das ist Bedingung für die Immatrikulation. Er muss helfen, Gräben zu ziehen, an der Kaserne für die SS-Leibstandarte zu bauen und das Gelände für die Sendetürme des Rundfunks in München-Freimann zu planieren. Dabei trifft er auf junge Männer aus den Münchner Vorstädten, denen der Verlust ihrer Arbeitslosenunterstützung droht, falls sie nicht »freiwillig« arbeiten. Entsprechend begeistert sind sie alle bei der Arbeit. Strauß bemerkt seine grundsätzlichen Schwierigkeiten, sich einzufügen und sich an den Gemeinschaftsdienst zu gewöhnen, wie er selbst sagt. Er ist enttäuscht und fühlt sich unwohl.

Noch mehr muss ihn enttäuschen, dass die versprochene Belohnung für die unentgeltliche Arbeit ausbleibt. Strauß hat zwar das beste Abitur in ganz Bayern, und eigentlich dürfte er nun im Maximilianeum hoch über dem Isarufer kostenlos wohnen und essen und könnte beruhigt studieren. Er verzichtet sogar auf die Unterkunft und bleibt in der einfachen Wohnung im Hinterhof, wo man außerhalb der Wohnung auf die Toilette gehen muss. Doch in München will man ihn plötzlich nicht an der Universität, er solle doch nach Erlangen oder Würzburg gehen. Das aber kann Strauß sich nicht leisten. Also kann er gar nicht studieren. Gründe nennt man ihm nicht. Er rätselt, ob es mit einer seiner frechen Bemerkungen gegen die Nazis zu tun haben könnte. Oder mit der politischen Einstellung des Vaters? Oder mit beidem? Belege hat er keine, aber Vermutungen.

Als sein ehemaliger Mentor Professor Zellinger von seiner misslichen Situation erfährt, ist er empört. Der beste Abiturient in ganz Bayern, der zudem zu Fuß zur Universität laufen könnte, soll nicht studieren dürfen? Er wendet sich an den Dekan der Philosophischen Fakultät, und zwei Tage später ist Strauß eingeschrieben, als hätte es nie Probleme gegeben. Strauß studiert nun alte Sprachen, Geschichte und Germanistik. Er will Gymnasiallehrer werden. Sein wichtigster akademischer Lehrer wird der Althistoriker Walter Otto, der noch den Titel Geheimrat trägt. Sie diskutieren Ottos Werk über das hellenistische Ägypten, aber auch aktuelle Politik.

Otto ist in der Bayerischen Mittelpartei der Deutschnationalen engagiert, und Strauß schätzt die Offenheit seines Professors, der dem Regime kritisch gegenübersteht. Otto lässt Strauß an einem Handbuch der Altertumswissenschaft mitarbeiten und legt seinem Schüler nahe, über die Universalgeschichte des Pompejus Trogus in Augusteischer Zeit zu dissertieren, wie ein anderer Student von Otto, der Althistoriker Hermann Bengtson, schreibt. Vom Hörensagen weiß Bengtson, dass Strauß kein Blatt vor den Mund nimmt und sich positiv über das antike Judentum äußert. Nach den Vorlesungen begleitet Strauß seinen Professor manchmal quer durch den Englischen Garten nach Hause. Otto sagt einen Krieg voraus, der verloren werden wird.

Mit der Zeit werde der Druck der Nazis auf die Universität zunehmen, warnt der Altphilologe Franz Dirlmeier Strauß. Er erfährt, dass er wegen seiner Äußerungen mehrfach denunziert worden sei – allerdings ohne Folgen. Er riskiere, nicht zum Examen zugelassen zu werden, wird Strauß gesagt. Dirlmeier ist Gauführer des NS-Dozentenbundes und rät Strauß, einer Parteiorganisation beizutreten, andernfalls könne er ihn nicht länger halten. Strauß wählt 1937 das NSKK, das Nationalsozialistische Kraftfahrer-Korps, weil dort keine eifernden Scharfmacher, sondern biedere Handelsleute und Handwerker versammelt sind, wie Strauß sich einredet. Im NSKK seien »nur Säufer, keine Kämpfer«. Alle zwei Wochen ist »Sturmabend«. Strauß wird »weltanschaulicher Referent«. Allerdings nicht, um die Ideologie der Nazis zu verbreiten, sondern um einen strammen Nazi auf diesem Posten zu verhindern, wie er nach dem Krieg behauptet. Seine Vorträge haben seinen eigenen Angaben zufolge mit »allen möglichen geschichtlichen Themen zu tun, nur nichts mit den Nazis und ihrer Ideologie«.

Zum angenehmen Teil der Studienzeit gehört, dass er nun weitere Ausflüge als mit dem Rad machen kann, denn bald nach dem Abitur hat er den Führerschein gemacht. Seine Schwester hält das für sinnlos, da er sich sowieso kein Auto leisten kann. Er antwortet damals unter Verweis auf Hitler: »Der fängt doch einen Krieg an. Meinst du, dass ich für den Deppen zu Fuß durch Europa marschiere?« Nebenbei gibt er weiter Nachhilfe und arbeitet für den Verlag C.H. Beck. Von seinen Ersparnissen kauft er sich ein Motorrad.

Bei Professor Otto hört er acht Semester Alte Geschichte und legt auch seine Examina bei ihm ab. Strauß spezialisiert sich auf die Weltreichsidee – ein Gedanke, der durchaus in die Zeit passt. Allerdings kann er sich für eine Doktorarbeit nicht richtig erwärmen. Er investiert seine Arbeitskraft lieber in den Prüfungsstoff für das höhere Lehramt. Der Doktortitel »bringt nichts ein«, glaubt er. Privatdozent scheint ihm ein zu schlecht abgesichertes Dasein zu sein. Seine Dissertation wird nie fertig. Angeblich ist sie 1944 halbfertig bei einem Bombenangriff verbrannt.

In den beiden letzten Semestern belegt Strauß zusätzlich Volkswirtschaft, weil er wenig Chancen für eine freie Lehre unter Hitlers Regime sieht. Er will sich den Weg in die Privatwirtschaft offen halten. Doch der Kriegsausbruch 1939 behindert das Zweitstudium. Nun strebt Strauß so schnell wie möglich einen Abschluss an. Das Referendarexamen legt er 1940 ab, als er bereits Soldat ist. Er beantragt und erhält regelmäßig Urlaub für seine

Prüfungen. Er nimmt Bücher mit ins Feld oder lässt sich welche von seiner Schwester schicken. Im Januar 1941 legt er die Assessorprüfung ab, 1942 wird er zum Assessor ernannt. Er ist siebenundzwanzig, als er am 1. Februar 1943 zum Studienrat ernannt wird – mit den entsprechenden Bezügen. Die Eckdaten dieser Studienbiographie erwecken kaum den Eindruck, als sei Strauß vom Krieg in seinen Plänen behindert worden. Zum Zeitpunkt seiner Ernennung zum Studienrat durchquert er als Leutnant der Heeresflak Russland.

»Leider ist man für die Kriegszeit fast völlig auf die Strauß-Memoiren und auf die Interview-Mitschnitte von Dalberg angewiesen«, betont der Historiker und Politikwissenschaftler Wolfgang Krieger in seiner Monographie über Strauß. »Dabei wäre es von großem Erkenntniswert für Straußens Denken und für seinen Charakter, wenn ein differenziert-kritisches Bild seiner Kriegsjahre gezeichnet werden könnte [...] der Krieg ist ja kein Gleichmacher, sondern ein Medium, das [...] den Charakter von Menschen auf eine harte Probe stellt. Hier laufen Bewähren und Versagen nach anderen als den alltäglichen Gesetzen ab. Ob und wie das im Leben von Strauß der Fall gewesen sein könnte, lässt sich mangels geeigneten Quellenmaterials nicht sagen.«

Bereits unmittelbar nach dem Abitur wird Strauß im Juli 1935 zum ersten Mal gemustert und für tauglich befunden für die »Kraftfahrkampftruppe«, was Panzertruppe bedeutet. Es gibt aber nicht genügend Panzer, also wird er nicht einberufen. Während seine Mitschüler Soldaten werden, entgeht Strauß diesem Schicksal auch in den folgenden Jahren. 1936 wird er wegen seines Studiums und 1937 wegen einer schweren Bronchitis zurückgestellt. Auch 1938 entgeht er dem Militärdienst. Er hat nun immerhin acht Semester studiert. Erst 1939 kann er sich nicht mehr drücken: Hitler plant den Krieg, und kurz vor dem ersten Staatsexamen wird Strauß im Juli 1939 erneut gemustert. Der Musterungsarzt diagnostiziert Plattfüße und warnt, dass aus der Bronchitis eine Tuberkulose werden könne.

Vor der Musterungskommission trifft Strauß auf einen Offizier, dessen Söhne ebenfalls auf dem Max-Gymnasium waren. Der Offizier hat vom großen Radsportler Strauß gehört und findet das Urteil »bedingt tauglich« lächerlich. Der Arzt aber beharrt auf seinem Befund, und Strauß erhält vier Monate Infanterie. Genau das, was Strauß mit seinem Führerschein verhindern wollte. Er ist schon draußen, als er umkehrt und erneut vor die Offiziere tritt, um sie zu überzeugen, dass er zwar nicht marschieren könne, aber gerne länger dienen möchte – allerdings in der motorisierten Truppe. Er sei leidenschaftlicher Motorsportler. So kommt Strauß zur schweren motorisierten Artillerie, »fast eine Art Lebensversicherung«, wie Strauß meint.

Den August verbringt er als Privatlehrer in Franken, als er von der Mobilmachung erfährt. Mit dem Motorrad fährt er nach München, das bei seiner Ankunft bereits verdunkelt ist. Unter Tränen verabschiedet er sich von den Eltern und der Schwester und fährt mit dem Zug nach Landsberg, wo noch regulärer Betrieb herrscht. Als der Zug ankommt, hört er aus einem Lautsprecher, dass England in den Krieg eingetreten sei. Abends in der Kantine kommt die Nachricht, dass nun auch Frankreich Hitler den Krieg erklärt habe.

Zunächst scheint der Krieg nicht allzu schwer zu werden. Der Überfall auf Polen bleibt Strauß erspart. Nach dem Polen-Feldzug steht das schwere Jagdartillerieregiment 43 an der Mosel in der Eifel und erhält junge Rekruten als Nachschub, darunter Strauß. Der Richtkanonier Ernst Weeber, der in die gleiche Schule gegangen war wie Strauß, ist erstaunt, als seinem Geschütz ein Rekrut zugeteilt wird, den er zu kennen glaubt. Weeber sagt: »Herrgott, bist du nicht auch im Max gewesen?« Strauß bejaht. »Dann kannst du nur der berühmte Strauß sein.« Strauß sagt, er habe gar nicht gewusst, dass er berühmt sei. Man spricht über München und das Maxpenal, über die Lehrer und die Schüler. Die Männer lassen sich in einem Bauernhaus nieder. Die Zeit vergeht mit Exerzieren und Reinigen der Kanone.

Weihnachten 1939 müssen Strauß und Weeber Wache schieben. Sie drehen draußen zwei Stunden lang eine Runde, dann sitzen sie zwei Stunden in der Stube. Drinnen ist es »zum Verrecken langweilig«, wie sich Weeber erinnert. Da macht Strauß, was er vom Studium her kennt, und hält einen langen geschichtlichen Vortrag. Er erklärt, warum es unmöglich sei, den Krieg zu gewinnen. Strauß sagt, mit dieser »nihilistischen Meute«, das könne nichts werden. Einer der anwesenden Soldaten findet das weniger gut und verrät ihn wegen Wehrkraftzersetzung. Es kommt zu einer Untersuchung mit dem Ziel, Strauß vor das Kriegsgericht zu stellen. Aber sowohl der wachhabende Unteroffizier als auch die anderen haben plötzlich »nichts gehört«. Der Verräter steht alleine mit seinem Vorwurf. »Wir haben gesagt, der Verräter lügt«, sagt Weeber. »Unser Batteriechef hat das so weitergegeben ans Bataillon. Dort haben sie die Anzeige in den Mülleimer geworfen.«

So hat Strauß wenige Tage später, an Silvester 1939, allen Grund zu feiern. Die Bäuerin kocht Kraut und Kartoffeln für die achtzehn Soldaten. Nur eines fehlt dazu: der Wein. Weeber spricht von einer »Expedition«, fährt mit dem Sanitätswagen in den Ort, sucht einen Winzer nach dem anderen auf, bettelt – und hat am Ende 79 Flaschen Wein. Damit verbringen die Männer eine feuchtfröhliche Nacht. Morgens um fünf kommt die Bäuerin herein und schreit, halb entsetzt, halb im Scherz: »Die sind ja schon alle tot!« Fast alle liegen unterm Tisch. Nur Strauß und Weeber sitzen noch, neben sich sechs volle Flaschen Wein. Weeber sagt: »Die saufen wir zwei jetzt noch. Die lassen wir nicht übrig.« In zwei Stunden machen sie die sechs Flaschen leer. »Wenn der Feind gekommen wäre, hätten wir uns kampflos ergeben müssen«, sagt Weeber. Etwa ein halbes Jahr nach der unerwarteten Begegnung trennen sich ihre Wege. Weeber wird zur Gebirgsdivision versetzt, Strauß zur Heeresflak. Dort wird er zum Hilfsfunker ausgebildet. Im Krieg verbringt er in Nordwesteuropa viel Zeit mit dem Warten auf einen Angriff auf England, der jedoch nie stattfindet.

Im Dezember 1940 wird Strauß für sein Examen beurlaubt.

Eigentlich hätte es bereits im Dezember 1939 stattfinden sollen. Ein Oberstleutnant hatte es mit dem Hinweis abgelehnt: »Jetzt wird Geschichte gemacht, nicht studiert.« Zurück in Frankreich, erlebt Strauß in den folgenden sechs Wochen bis zum Waffenstillstand zum ersten Mal schweres, stundenlanges Artilleriefeuer. Einmal schleudert ihn der Druck einer Granate so heftig durch die Luft, dass er kurz bewusstlos wird. Einmal wird der Gefreite Strauß schlafend vor dem Funkgerät erwischt – unerlaubterweise läuft die BBC –, doch er kommt ohne Strafe davon.

Am 1. November wird Strauß Unteroffizier. Wieder wird er beurlaubt, legt das zweite Staatsexamen ab und darf dann einige Wochen lang an der Universität unterrichten. Erst im Frühjahr 1941 muss Strauß wieder in den Krieg, diesmal nach Polen. Als Hitler am 22. Juni 1941 Russland angreift, wird Unteroffizier Strauß dorthin verlegt. In Lemberg erlebt er Kriegsverbrechen auf beiden Seiten: Die Russen metzeln bei einem Aufstand die Bewohner nieder und zünden die Leichen an. Ein schauerliches Bild für die einmarschierenden Deutschen. Wenig später treibt die SS Tausende Juden und Kommunisten zusammen, lässt sie ihre eigenen Gräber schaufeln und tötet sie mit Genickschuss.

In Russland erlebt Strauß, wie sich der deutsche Vormarsch mehr und mehr verbraucht. »Der Krieg wurde immer unheimlicher«, erinnert er sich. Es geht nur mühsam vorwärts. Die entscheidenden Monate des Vormarsches und der ersten Niederlage erlebt er jedoch fernab vom Schlachtfeld. Strauß hat Glück, dass er von September 1941 bis Februar 1942 auf einen Offiziersanwärterlehrgang nach Stettin geschickt wird. So bleibt ihm der kalte russische Winter erspart. Am 15. Februar 1942 wird der Unteroffizier Strauß innerhalb einer Stunde zweimal befördert und ist nun Leutnant. In seiner Beurteilung heißt es dennoch: »Mehr zum Gelehrten als zum Offizier geeignet.« Auch das ist ein großes Glück für Strauß. Nach seiner Beförderung schickt man ihn zunächst als Zugführer über Dänemark wieder nach Russland.

Leutnant Strauß dient im Stab eines Artillerieregiments nahe

Stalingrad. »Wir schätzen Franzl Strauß als klugen Kopf, stets gut informiert, zuverlässig und aufrecht, immer bereit zu helfen, gemütlich in kameradschaftlicher Runde«, erinnert sich sein Kamerad Gert Kohlmann. Am 19. November beginnt Russland eine Großoffensive, die Monate später zur Vernichtung der 6. Armee führen sollte. Zweimal ergehen bei diesen Kämpfen Befehle, die nach Meinung Kohlmanns unsinnig sind. Zweimal erreicht Strauß bei Vorgesetzten eine Änderung dieser Befehle, sagt Kohlmann. Wieder hat Strauß Glück. Während seine Kameraden in Stalingrad sterben, wird er Mitte Januar erneut auf einen Lehrgang geschickt.

Vielleicht ist es auch Glück, dass auf der Rückreise die Lokomotive ausfällt und die Wagen tagelang in der Kälte stehen. Strauß erfrieren beide Füße. Der Lehrgang beginnt ohne ihn. Er wird krank geschrieben, beurlaubt und nach München geschickt. Im März wird die Metzgerei seiner Eltern ausgebombt, aber alle bleiben unverletzt. Während seines Genesungsurlaubs trifft seine Ernennung zum Studienrat und Beamten auf Lebenszeit ein – unterschrieben von Adolf Hitler.

Nachdem die Geschwister Scholl verhaftet und hingerichtet worden sind, veranstaltet die Münchner Studentenschaft im Februar 1943 eine Versammlung im Auditorium Maximum der Universität. Die Anwesenden protestieren gegen die »Verräter« und »Drückeberger«. Strauß kommt in Uniform. Als er einen Bekannten erblickt, grüßt er und sagt trocken: »Die müssen alle weg.« Der Bekannte sagt: »Aber Herr Strauß, dann geht der Krieg verloren.« Darauf Strauß: »Der Krieg ist schon verloren.« Selbst braune Kommilitonen grüßt Strauß damals eigenen Angaben zufolge mit »Grüß Gott«. Einmal sagt ihm ein Anhänger der Nazis: »Du gehörst auch zu den ewig Gestrigen. Du bist zehn Jahre zurück.« Strauß antwortet eigener Aussage zufolge: »Vielleicht bin ich schon zehn Jahre voraus.«

Die Heimatbesuche geben ihm Gelegenheit, alte Kontakte zu pflegen. Während des Archäologiestudiums hat er eine Frau kennen gelernt, an der ihm liegt. Der Kontakt ist zunächst förmlich. Sie siezen sich, schicken sich Karten, und sie rät ihm, »nicht zu viel Rilke [zu] lesen«. Der Kontakt wird enger, man duzt sich. Er schickt ihr aus dem Krieg Seife und Tee zum Geburtstag; sie ihm Zigarillos ins Feld. Strauß bedrängt sie mit Briefen, doch sie hält ihn auf Distanz. Er nennt ihre Antworten »Jubiläumsbriefe« – zu selten erhält er nach seinem Geschmack Post von ihr. Schließlich schreibt sie: »Weil ich dich nicht liebe, darum kann ich so vieles nicht, was du verlangst.« Sie habe immer nur Freundschaft gewollt. Trotz ihrer Ablehnung bleiben sie in Kontakt. Auch mit einer weiteren Freundin aus dem Studium, die ein Praktikum in Portugal absolviert, schreibt Strauß sich Briefe – allerdings ohne sie zu bedrängen. Regelmäßig schreibt ihm außerdem seine Schwester und schickt ihm neben Selbstgebackenem Lehrbücher ins Feld, damit er auch dort die Zeit nutzen kann. Die Verbindung in die Heimat ist ihm wichtig.

Als er wieder gesund ist, absolviert Strauß den Lehrgang, muss dann aber nicht mehr nach Russland. Stattdessen wird er ins südlich von München gelegene Altenstadt bei Schongau versetzt. Strauß kommt an die Flakschule, die als Flakuniversität gilt. Er hält Vorträge und bildet aus. Strauß ist neben Ausbildungsoffizier auch Chef der Stabsbatterie – ihm zufolge »die schönsten und abwechslungsreichsten Posten der Abteilung«. An den Wochenenden radelt er von Schongau nach München und besucht seine Familie. Wie viele Soldaten hatten im Krieg dazu die Möglichkeit?

Einige Monate lang fungiert er auch als Offizier für wehrgeistige Führung. Wie schon beim NSKK nimmt er diese Aufgabe freilich nicht wahr, um die Propaganda der Nazis zu verbreiten, sondern um zu verhindern, dass ein anderer dies tut. Zumindest behauptet er das nach dem Krieg. Sein Kommandeur, Hauptmann Willy Schnieber, bestätigt, Strauß habe ständig in Gefahr gestanden, »wegen Hochverrats belangt zu werden«. Später wird diese Aufgabe von dem NS-Führungsoffizier (NSFO), Leutnant Hans Hellmuth Kirst, übernommen. Strauß erlebt, wie Kirst noch wenige Tage vor Kriegsende am 20. April 1945 den Geburtstag des Führers mit einer Durchhalterede feiert. Als Kirst nach dem Krieg den Schlüsselroman *08/15* über die Schrecken der militärischen Ausbildung veröffentlicht, sieht Strauß sich als Nazi verunglimpft und wettert bitter gegen den einstigen Kameraden.

In den letzten Tagen des Krieges hilft Strauß, die rund 2500 Lehrgangsteilnehmer mit teilweise gefälschten Papieren zu entlassen. Sie sollen nicht auf die Idee kommen, sich zu verteidigen und Schongau in Kämpfe zu verwickeln. Ein junger Soldat, den Strauß beurlaubt hat, findet es nicht mehr nötig, nach dem abgelaufenen Urlaub zurückzukehren. Als ihn ein SS-Kommando aufspürt und ihn als Deserteur hinrichten will, erfährt Strauß davon und lässt den Deserteur gefangen nehmen. Auf diese Art rettet er sein Leben.

Als am 27. April die amerikanischen Panzer in die Kaserne einrücken, radelt Strauß mit selbst ausgestellten Entlassungspapieren durch einen Hinterausgang. Er versteckt sich bei einem Pfarrer in Schwabniederhofen, wird aber einen Tag später leichtsinnig und mischt sich mit seinen gefälschten Papieren unter die Besatzer. Bei der ersten Kontrolle geht alles gut. Bei einer zweiten Kontrolle durchschaut jedoch die Besatzung eines Jeep die am 20. April 1945 ausgestellten Papiere als Fälschung und nimmt Strauß fest. Als Kriegsgefangener landet er im so genannten Ballenhaus in Schongau.

Als die Amerikaner in ihren Vernehmungen hören, dass Strauß über Erfahrungen mit der Luftabwehr in Russland verfügt, an der Flakschule Ausbilder war und sich an den entsprechenden Geräten auskennt, fordern sie ihn auf, darüber zu schreiben. Strauß kooperiert und erhält ein ruhiges Arbeitszimmer mit Schreibmaschine und Essen und Trinken. Als er fertig ist, bekommt er seinen Pass und darf gehen. Nach fünf Wochen Kriegsgefangenschaft ist Strauß ein freier Mann, den die Amerikaner aufgrund seiner passablen Englischkenntnisse untereinander zur weiteren Verwendung empfehlen.

»Zu meiner Prägung haben sechs Jahre Dienst in der Wehrmacht, davon mehrere Jahre Fronterlebnis, wesentlich beigetragen«, betont Strauß in seinen *Erinnerungen*. Seine Großeltern und Eltern haben Preußen als Feinde betrachtet. Sein eigenes Gefühl gegenüber den Deutschen außerhalb Bayerns habe sich im Krieg gewandelt, meint er. »Das verpflichtende Bewusstsein, für das Ganze einstehen zu müssen, drang unauslöschlich in mich ein.« Diese Erkenntnis klingt versöhnend. Und noch etwas lernt er: »Ich kenne den Krieg. Deshalb will ich den Frieden.« Er wird das später oft sagen, doch seine Kritiker nehmen ihm das nicht so einfach ab. Sie glauben, Strauß habe so wenig Fronterlebnisse gehabt, dass er deshalb als Verteidigungsminister in Gefahr sei, sie nachholen zu wollen.

»Soldat vom ersten bis zum letzten Tag«, ist das Kriegskapitel in seinen *Erinnerungen* überschrieben. Obwohl am ersten Tag des Krieges einberufen, kommt er erst zwei Jahre später in die Nähe eines Schlachtfeldes. An der Ostfront erlebt der Unteroffizier Kämpfe, doch seine Beförderungen erlebt er stets in der Heimat beim Studieren. In den sechs Jahren Kriegsdienst »gab es nur 14 Monate Pulvergeruch«, notiert sein Biograph Hans Frederik: »Strauß hatte zum Gewehr keine innere Beziehung« und konnte deshalb »nach dem Zusammenbruch ›Antimilitarist‹ werden, ohne damit ein echtes Bekenntnis abzulegen. Sein ›Antimilitarismus‹ war zeitgebunden. Ein Wort des Tages ohne inneren Wert.«

Vielleicht muss man seine Kriegserfahrungen nüchtern sehen: Strauß will den Krieg nicht, und er kann ihn oft umgehen. Er lernt aufzusteigen und Gefahren aus dem Weg zu gehen, dabei hat er aber auch viel Glück. Er studiert, wird Offizier, studiert weiter und hält vor Soldaten und Studenten Reden. Auch das ist etwas, das ihm später helfen wird. Der Historiker und Politikwissenschaftler Wolfgang Krieger bilanziert: »Alles in allem hatte sich Strauß also in den bitteren Kriegsjahren der deutschen Niederlage ziemlich bequem durchgeschlagen. Die Eroberer behandelten ihn auf das Angenehmste.«

4 Die ersten Schritte auf dem Weg nach oben

Fünf Wochen halten die Amerikaner Strauß gefangen. Nach seiner Freilassung will Strauß zu den Eltern und seiner Schwester nach München fahren. Die Strecke ist für ihn kein Problem. Wenn es sein muss, fährt er die paar Kilometer in wenigen Stunden mit dem Fahrrad. Aber dazu braucht er einen Pass und eine Genehmigung der Militärregierung. Er muss sein Anliegen dem Kommandanten Captain Carlsen vortragen. Der Amerikaner registriert, dass Strauß passables Englisch spricht. Welchen Beruf Strauß habe? Beamter. Dass Strauß als Studienrat von Verwaltung nichts versteht, scheint den Captain wenig zu interessieren.

Als Landrat und Bürgermeister von Schongau hat er mit Xaver Bauer unmittelbar nach dem Einmarsch einen älteren Mann eingesetzt, den die Nazis auf die schwarze Liste gesetzt hatten. Der Mann war früher Regierungsinspektor gewesen und von den Nazis in den Ruhestand gezwungen worden. Bauer kennt sich in der Verwaltung aus und hat auch Ahnung von Parteien, schließlich war er Mitglied der Bayerischen Volkspartei. Aber es gibt ein Problem: Bauer spricht kein Englisch, seine Mitarbeiter auch nicht.

Captain Carlsen sucht einen halbwegs gebildeten, wendigen Mann mit guten englischen Sprachkenntnissen, damit er dem Landrat mitteilen kann, was zu tun ist. Am liebsten wäre ihm ein Beamter. Strauß kommt ihm daher wie gerufen. Angebot des Kommandanten und Einverständnis von Strauß sind eine Sache von Minuten. Der Amerikaner ernennt Strauß am 2. Juni 1945 zum »assistant Landrat« und schickt ihn umgehend in den ersten Stock des Landratsamtes. Strauß stellt sich Bauer als seinen Stellvertreter vor. Dabei bezeichnet das englische Wort »assistant« keinen Stellvertreter (deputy), sondern lediglich einen gehobenen Mitarbeiter.

Bauer weiß das natürlich nicht, denn er kann ja kein Wort Englisch. Vielleicht muss Strauß sogar etwas Überredungskunst aufwenden, weil das Wort »assistant« in Bauers Ohren sicher so klingt, als sollte er lediglich einen Assistenten für Übersetzerdienste erhalten. Wie genau das Gespräch verlaufen ist, ist nicht mehr nachzuvollziehen. Klar ist aber, Strauß nutzt die Chance und befördert sich bei Dienstantritt von einem Mitarbeiter gleich zum Vizechef der Behörde.

Von Seiten der Amerikaner muss Strauß keinen Protest wegen seiner Eigenmächtigkeit fürchten. Selbst wenn sie protestieren sollten, könnte er sich auf ein Missverständnis berufen. Davon abgesehen müssen sie eigentlich froh sein, einen wie ihn zu haben. Lange genug hat er sich unter der Herrschaft der Nazis durchschlagen müssen. Eben noch war er Kriegsgefangener, verurteilt, zuzusehen und sich durchzumogeln, jetzt endlich hat er sein Schicksal in seiner eigenen Hand. Vermutlich beflügelt ihn allein der Gedanke daran und verschafft ihm Energie. Die Fahrt zu Eltern und Schwester verschiebt er erst einmal. Auf ihn wartet jetzt Wichtigeres: Bislang ging es darum, Gefahren abzuwehren und auszuweichen, wobei er selbst wohl die größte Gefahr für sich war, weil er den Mund nicht immer halten konnte. Aber er hat seine Schwächen überlebt. Fortan geht es darum, sich im Chaos und Vakuum der Nachkriegszeit einen Platz zu erkämpfen. Es gilt, mit den Gewinnern zusammenzuarbeiten und mit ihrer Kraft und Hilfe aufzusteigen.

Ist es nicht vor allem das, was ihn sein Studium der Geschichte und der Alten Sprachen gelehrt hat? Die Gesetze der Macht zu verstehen? Geschichte wiederholt sich, Mächte bringen einander zu Fall. Es kommt darauf an, den Augenblick des Falls der Gegner zu erkennen und – während die anderen noch über den Fall des einst Mächtigen staunen und versuchen, ihn zu verstehen – diesen Augenblick zum eigenen Aufstieg zu nutzen. Das ist Politik, und das lehrt die Geschichte der Griechen und Römer. Während andere 1944 noch verzweifelt dem Ende entgegensehen, hat er sich auf seine Möglichkeiten besonnen und Monate vor dem völligen Zusammenbruch begonnen, englische Vokabeln zu lernen. Das war etwas, was in seiner Macht stand. Er hat den Fall der Nazis kommen sehen und sich auf die Sieger eingestellt. Talent setzt sich nur durch, wenn es gepaart ist mit harter Arbeit, wird er seinen Kindern Jahrzehnte später sagen. Er hat sich schon im Krieg vorbereitet, nun hat er den Nutzen.

Strauß ist nicht nur intelligent. Intelligenz verschafft ihm ja nur deshalb anderen gegenüber einen Vorteil, weil sie seine Gedanken und Möglichkeiten in entscheidenden Augenblicken weitet. Wie ein guter Schachspieler, so ist er seinen Gegnern immer einen Schritt voraus. Während andere noch damit beschäftigt sind, ein Prinzip oder eine Situation zu verstehen, denkt er bereits darüber nach, wie er die Situation für sich nutzen kann. Viel mehr als die Intelligenz kommt ihm zugute, dass er auch weiß, sie im richtigen Moment einzusetzen. Er ist schlau. Bauernschlau. Entscheidend ist allerdings, dass er nicht zu weit geht, damit er sich nie den Rückweg verbaut. Deshalb darf er mit seiner Überlegenheit nicht prahlen, denn das ärgert die Intelligenten und die weniger Intelligenten. Dessen ist er sich sicher bewusst, aber er tut sich dennoch schwer, sich zurückzuhalten. Seine Überlegenheit nicht zu zeigen, ist vielleicht sogar sein größtes Problem. Er ist schlau genug zu wissen, dass ihm Prahlerei nicht Anerkennung und Liebe, sondern im Gegenteil Verachtung und Neid einbringt, und dass sie Gegner unnötig provoziert. Aber gerade die Provokation reizt ihn eben auch.

Darum muss er sich in diesem Moment aber nicht sorgen, denn er tut ja nichts Schlimmes, sondern übersetzt lediglich ein Wort zu seinen Gunsten. Dabei geht er gerade so weit, dass er sich herausreden kann, falls er dabei erwischt wird. Vielleicht ist ihm selbst gar nicht bewusst, dass die Unterredung beim Kommandeur und beim Landrat ein magischer Augenblick seiner Karriere ist. Einer von vielen, den er – bewusst oder nicht – selbst herbeiführt, weil einer wie er die Macht einfach anzieht. Vielleicht instinktiv versteht Strauß von der ersten Sekunde seiner politischen Karriere an, dass sein Einfluss und seine Macht in der Politik damit zu tun haben, wie er die Dinge darstellt und ob er seinen Spielraum zu seinen Gunsten nutzt.

Mehr Sorgen macht ihm sicher, dass die Stelle, die er nun besetzt, nicht vorgesehen und daher auch nicht besoldet ist. Der Stellvertreterposten ist nebenamtlich. Doch auch hier weiß sich Strauß zu helfen und sorgt dafür, dass er auf den bezahlten, aber unbesetzten Posten des juristischen Staatsbeamten rückt. Dafür zahlt ihm der Landkreis 444 Reichsmark monatlich. Allerdings lehnt der Staat die Besoldung und Rückerstattung von Strauß zunächst ab. Erst ein Jahr später übernimmt er die Kosten rückwirkend.

Zunächst ist Landrat Bauer wenig erfreut über seinen Stellvertreter. Er hält Strauß für einen Spitzel der Amerikaner. Aber Bauer ist nicht ehrgeizig, das Amt des Bürgermeisters hat er schon nach vier Wochen abgegeben. Am Ende ist er froh, dass Strauß ihm den leidigen, aber notwendigen Kontakt zu den Amerikanern abnimmt. Gemeinsame Probleme bringen sie einander näher. Bald schließen sie Freundschaft unter Kollegen. Gemeinsam mit zwei anderen Schongauern einigen sie sich auf die Gründung einer neuen Partei.

Das Ende von Bauers Amtszeit als Landrat ist absehbar. Er ist herzkrank und überlässt vieles seinem Stellvertreter. Strauß führt die Geschäfte mit viel Energie und wirkt oft wie der eigentliche Amtsinhaber. Er kann sich ausrechnen, dass er seinen Vorgesetzten bald im Amt beerben wird. Die Amerikaner sind Besatzungsmacht und deshalb zuständig für die Sicherheit. Zuzug von Flüchtlingen, Mundraub, unerlaubter Waffenbesitz, Körperverletzung, Sexualdelikte, Denunzierung – Meldung und Aufklärung all dieser Dinge gehen auch über den Schreibtisch von Strauß. Er hält engen Kontakt mit den Sicherheitsleuten der Besatzer und arbeitet mit der Geheimpolizei der Amerikaner zusammen.

Dabei lernt er First Lieutenant Ernest Hauser kennen, den Chef des militärischen Geheimdienstes CIC. Hauser benötigt keinen Dolmetscher. Er stammt aus Salzburg und war in die USA ausgewandert. Hauser kann sich bestens verständigen, aber er kennt die Bevölkerung nicht und kann einen Mann gebrauchen, der ihm zu Diensten ist und »organisieren« kann. Strauß ist so einer. Hauser leistet sich in Schongau einiges und setzt seine Macht nicht nur für militärische, sondern auch für persönliche Bedürfnisse ein. Wegen seiner willkürlichen Forderungen trägt er angeblich bald den Beinamen »Schrecken von Schongau«. Einmal, kurz nach Ende des Krieges, geben die Amerikaner die Stadt 24 Stunden lang zur Plünderung frei, erinnert sich Ermelinde Bauer, die Tochter des Landrats, die als Sekretärin im Landratsamt arbeitet. Mal wünscht sich Hauser eine Freundin und setzt seine Position ein, um ans Ziel zu kommen. Mal will die Geliebte eines Offiziers reiten und wünscht sich zwei Reitpferde. Die Verwaltung muss auch diesen Wunsch erfüllen.

Strauß hält sich viel in der Nähe von Hauser auf. Dabei gefällt ihm sicher nicht alles, was Hauser macht und fordert. Aber wem sein enger Kontakt – manche sprechen von Freundschaft – zu Hauser fragwürdig scheint, dem sagt Strauß, einer müsse ihn im Blick behalten und sich für die Belange der Bevölkerung einsetzen. Jedenfalls wird Strauß Trauzeuge von Hauser und später Taufpate seines Sohnes. Abends treffen sich die amerikanischen Offiziere im CIC-Stabsquartier in der Villa Meisel. Strauß wohnt bei der Schulrätin zur Miete, aber in ihrer Gesellschaft ist es ihm todlangweilig, wie er Freunden gegenüber offen zugibt. Zum Abendessen taucht er regelmäßig im Haus des Landrats Bauer auf, weil dessen Frau gut kochen kann. Danach geht er oft noch zu den Amerikanern und feiert mit ihnen das Ende des Krieges.

Im August 1945 kehrt Ernst Weeber, der Strauß noch aus der Schulzeit und aus dem Krieg kennt, aus amerikanischer Gefangenschaft nach Steingaden im Landkreis Schongau zurück. Er will studieren und benötigt eine Genehmigung der Militärregierung, um nach München zu fahren. Dazu muss er nach Schongau. Überrascht steht er in den Räumen der Militärregierung plötzlich vor Strauß, seinem Kriegskamerad und Zechkumpan: »Was tust denn du hier?« Strauß erzählt, dass er nun Verbindungsmann ist zwischen dem Landrat und der Militärregierung. Er gibt Weeber einen Pass und zwanzig Liter Benzin. Weeber ist beeindruckt und lädt Strauß ein. Von da an besucht ihn Strauß mehrmals die Woche in Steingaden. Ein Nachbar brennt Schnaps, und so haben sie immer etwas zu trinken.

Eines Tages spricht Strauß bei der Militärregierung eine russische Dolmetscherin an. Sie erzählt ihm von einem kleinen Kreis politisch aktiver Männer in München. Ob das nicht auch etwas für ihn wäre? Sie stellt den Kontakt her und richtet ihm bald aus, er werde erwartet. Gemeinsam mit Weeber fährt Strauß im Frühjahr 1946 nach München in die Gedonstraße 4, gleich um die Ecke vom Englischen Garten. Dort erwartet sie Josef Müller. Er leitet den Kreis, der nach seiner Adresse schlicht G4 oder Gedonstraßenkreis heißt. Freunde nennen den Mann Ochsensepp. Der Name geht zurück auf seine Kindheit in Franken, als er dort Ochsen hüten musste. Während des Dritten Reiches arbeitete Müller für den Abwehrchef, Admiral Wilhelm Canaris, vermittelte zwischen Opposition und Vatikan, wurde wiederholt verhaftet und ins Konzentrationslager gesperrt. Er entging nur knapp einer Hinrichtung.

Nach dem Ende des Krieges verfügt »Oxenjoe« über gute Kontakte zu den Amerikanern wie auch den Russen. Er ist überzeugt, dass es keinen Sinn hat, die alte Bayerische Volkspartei ins Leben zurückzuholen. Der Franke wirkt glaubwürdig auf Katholiken wie auf Protestanten und strebt eine breite Sammlungsbewegung an. Er will eine Partei gründen, die beide Konfessionen vereint. Vor der Begegnung mit Müller hat Strauß bereits Kontakt mit Fritz Schäffer aufgenommen, dem ehemaligen Parteichef der Bayerischen Volkspartei. Zusammen mit einem weiteren Veteranen der Volkspartei, dem klerikalen Alois Hundhammer, will Schäffer seine alte Partei wiederbeleben. Über den erzkonservativen Hundhammer wird gewitzelt, er besuche regelmäßig den Vatikan, um an Ort und Stelle zu prüfen, ob der Papst noch katholisch sei.

Strauß bittet Schäffer um Tipps für den Aufbau einer Partei in Schongau. Er sympathisiert mit der Idee für eine klerikal geprägte Partei. Wenn er auch nicht so gläubig ist wie sein Vater, so weiß er doch, dass durch den Glauben bei vielen Anhängern leicht großes Vertrauen zu gewinnen ist. Dennoch stimmen ihn die Begegnungen mit Müller um: Die Bayerische Volkspartei ist die Partei seines Vaters. Schäffer gehört die Vergangenheit, Müllers Idee dagegen gehört die Zukunft. Strauß sieht ein, dass nicht mehr eine Partei, die trennt, gefragt ist, sondern eine, die verbindet. Der Vorteil liegt auf der Hand. Bietet eine konfessionsübergreifende Partei nicht viel mehr Möglichkeiten zum Einfluss in ganz Deutschland? Strauß findet Gefallen an der liberalen Haltung Müllers. Nüchtern besehen bietet ihm Müller mehr Möglichkeiten zum Aufstieg als Schäffer und Hundhammer.

Müller wird fortan Strauß' Mentor. Der Franke unterhält Kontakt zu den Führern der neu entstehenden Unionsparteien auf Bundesebene. Zu einem guten Teil verdankt Strauß dem Ochsensepp und dessen Kontakten seinen schnellen Aufstieg in München, Frankfurt und Bonn. Mehr noch, Müller avanciert zum »Erfinder« des Markenzeichens seines Schützlings: Bei ihrer ersten Begegnung wird ihm Strauß »schlicht und einfach als Franz Strauß vorgestellt«, schreibt Müller. »Als ich dann näher mit ihm bekannt geworden war, schlug ich ihm vor, zu seinem damaligen Rufnamen Franz auch noch den zweiten im Taufregister eingetragenen Vornamen Josef zu benutzen, da der Doppelname gemütlicher klinge und sicher auch gut ankomme. Lachend hat er das akzeptiert.« In Bayern ist damals außerdem bereits ein anderer Franz Strauß politisch tätig. Der Doppelname sollte den Aufsteiger abgrenzen.

Der Streit über die künftige Richtung der neuen Partei, die nach Müllers Willen Christlich Soziale Union heißen soll, ist noch nicht entschieden, da beginnt Strauß die Arbeit auf Kreisebene. Zusammen mit Weeber, Landrat Bauer und anderen gründet Strauß einen Kreisverband der CSU in Schongau. Fast jeden Abend fahren Strauß und Weeber zu Gaststätten in der ganzen Region und halten Reden, um Mitglieder zu werben. Von Füssen bis Landsberg lernen sie fast jedes Wirtshaus kennen. Meistens sprechen sie zeitgleich in unterschiedlichen Lokalen. Manchmal nimmt man sie freundlich auf, manchmal sind sie mit ihrem Eintreten für eine Union der Christen wenig beliebt. In Peißenberg und Peiting treffen sie auf viele Kommunisten, die nichts von ihren Ideen wissen wollen.

An den Abenden bei Weeber sprechen sie viele Stunden lang über ihre Auftritte und ihre Mitgliederwerbung, aber auch über die Konkurrenz der Bayernpartei. Am 4. April 1946 wird Weeber Ortsvorsitzender der CSU in Steingaden. Ein Bekannter will ihn für die Bayernpartei gewinnen, die sogar eine Abspaltung von Bayern für sinnvoll hält. Er sagt, übrigens könne die Bayernpartei auch einen wie Strauß gut gebrauchen. Das lässt Weeber keine Ruhe. Etwa einen Monat nach seiner Wahl zum Ortsvorsitzenden sitzen er und Strauß mit zwei Freunden in der Stube bei Weeber. »Franzi, die Bayernpartei hat fast das gleiche Programm wie mir«, sagt Weeber. »Nur ist sie noch mehr auf Bayern fixiert. Das gefällt mir besser.« Er will Strauß zum Wechseln überreden. Immerhin ist in München gerade der ehemalige Landwirtschaftsminister Josef Baumgartner von der CSU zur Bayernpartei gewechselt. »Ich hätte mir einen Wechsel gut vorstellen können«, sagt Weeber. Er glaubt, dass eine Regierung für ganz Deutschland zu wenig für Bayern tut.

Doch Strauß will nicht, er hält Weebers Argument »für einen

Schmarrn« und belehrt seinen Freund: »Was du von der Bayernpartei erzählst, hört sich schöner als das Evangelium an.« Jetzt gehe es einfach nur darum, die Wirtschaft aufzubauen, sagt Strauß. »Was sollen wir Bayern alleine machen? Wir würden verhungern.« Sie sitzen bis fünf Uhr früh beisammen, trinken Schnaps und diskutieren. Am Ende ist Weeber klar, dass Strauß mehr will als die Bayernpartei. Er denkt in seinem politischen Engagement weit über die Grenzen von Bayern hinaus.

Es ist eine chaotische Zeit. Strauß ist für Sicherheit zuständig und stiehlt für sich und seine Leute. Hamstern nennt sich das. In Schongau hat man Käse und fährt damit bis nach Heidelberg, um ihn auf dem Schwarzmarkt gegen andere Güter einzutauschen. Der stellvertretende Landrat hilft auch, in einer Nacht- und Nebelaktion Fahrzeuge aus den Händen der Amerikaner zu entwenden. »Ich habe damals so viel gestohlen und geschoben, dass ich aus dem Gefängnis nicht mehr herausgekommen wäre, wenn es nach Recht und Ordnung gegangen wäre«, betont Strauß in seinen *Erinnerungen*. Freilich habe er das »zum Wohl der Bürger meines Landkreises« getan. Befreundet ist er mit Besatzern, die für Recht und Ordnung sorgen wollen, aber freilich auch – so gut es geht – das Leben nach dem Krieg genießen wollen. Er vertritt das Recht und nimmt sich heraus, es zu übertreten. Es dient alles der großen Aufgabe, eine Demokratie aufzubauen. Das ist die Umschreibung, die vieles erlaubt: Es gilt, den Sieg der Kommunisten zu verhindern.

Nach seiner Ernennung zum »assistant Landrat« verschwimmen die Grenzen zwischen Vertreter des Rechts und einem Beschuldigten manchmal unerhört schnell. Am 18. Dezember 1945 ist er morgens um zehn Uhr bei Holzkirchen mit seinem Opel unterwegs. Er will auf die Autobahn und gerät in einen Abschnitt, in dem mehrere Schilder unterschiedliche Dinge anzeigen. Eines warnt vor einer Eisenbahn, das andere zeigt eine Einbahnstraße an, ein drittes trägt die Warnung »Gesperrt«. Ehe Strauß überblickt, was genau zu tun ist, winken ihm zwei Militärpolizisten. Er glaubt, er soll einem anderen Fahrer beim Schieben helfen. Statt dessen nehmen ihn die Militärpolizisten fest, weil er widerrechtlich eine gesperrte Straße benutze. Strauß wird zwei Stunden lang festgehalten und muss zusehen, wie andere Fahrzeuge trotz der Schilder anstandslos passieren dürfen. Das ärgert ihn.

Dann bringen ihn die Polizisten nach Tölz in ein Gefängnis des Amtsgerichts. Er sitzt mit anderen in einer Zelle. Drei Stunden später wird er einem Militärrichter vorgeführt. Der Richter hört Vorwürfe und Verteidigung. Ihm ist die Situation unklar. Er will sich erst den Tatort ansehen und vertagt die Verhandlung. Das gefällt Strauß gar nicht, weil es bedeutet, dass er über Nacht im Gefängnis bleiben muss. Der stellvertretende Landrat protestiert und bietet an, sich schuldig zu bekennen, wenn er die Strafe dann sofort bezahlen dürfe. Darauf geht der Richter nicht ein, und Strauß muss zurück in die Zelle. Immerhin schafft er es, Landrat Bauer von seiner misslichen Lage unterrichten zu lassen. Offenbar das einzig Richtige in seiner Situation, denn ohne weitere Erklärung wird er eineinhalb Stunden später entlassen. Die Sache sei erledigt, sagen die Amerikaner lapidar. Strauß ist verärgert. Am Tag darauf verfasst er einen zweiseitigen Bericht und moniert, dass das Verhalten der Militärpolizisten »nicht korrekt« gewesen sei. Außerdem seien die Schilder nicht entsprechend den deutschen Verkehrsvorschriften angebracht. Wenigstens kann er in seinem eigenen Papier Recht behalten.

Bislang ist Strauß nur ernannt, nicht gewählt. Im April 1946 wird ein Kreistag gewählt. Die CSU gewinnt 22 der 32 Sitze, den Rest teilen sich SPD und die anderen Parteien. Am 4. Juni treffen sich die Kreisräte zu ihrer ersten Sitzung und wählen einen neuen Landrat. Der bisherige Amtsinhaber, Xaver Bauer, tritt nicht mehr an und leitet die Sitzung. Es gibt zwei Kandidaten: Regierungsrat Franz Strauß und Oberregierungsrat Josef Hamberger. Die Kreisräte kennen den zweiten Kandidaten, auch wenn er bei der Wahl nicht anwesend ist. Denn vor dem Krieg war Hamberger 1934 und 1935 einige Monate lang Regierungsrat am Bezirksamt Schongau.

Nun lebt er in Göggingen bei Augsburg. Er bringt nicht nur wegen seiner damaligen Zeit in der Verwaltung mehr Erfahrung mit als Strauß, denn die Amerikaner haben ihn nach dem Krieg zum Landrat von Augsburg ernannt.

Es kandidiert also ein junger, unerfahrener Stellvertreter eines kleinen Landkreises gegen einen erfahrenen Amtsinhaber eines großen Landkreises. Ein ungleiches Duell. Vermutlich gibt die größere Erfahrung des Älteren den Ausschlag. Jedenfalls erhält Hamberger 18 der 31 Stimmen, zwölf entfallen auf Strauß, eine ist ungültig. Es ist kein guter Start für die politische Karriere von Strauß. In seiner ersten Wahl erleidet er seine erste Niederlage und muss mit einem Trostpflaster Vorlieb nehmen: In einer weiteren Wahl wird er zum Amtsverweser gewählt. Das heißt, er darf die Geschäfte führen, bis Hamberger sein Amt in Schongau antritt.

Nach dieser Niederlage ist es verständlich, dass Strauß sich um seine weitere Zukunft Gedanken macht und eine Stellung in München anstrebt. Seit einigen Monaten schon drängt ihn der Münchner Oberbürgermeister, das Amt des stellvertretenden Stadtschulrates zu übernehmen. Im Februar 1946 schreibt Major Rein von der Schongauer Militärregierung dem Münchner Oberbürgermeister, Strauß habe zwar geäußert, dass er das Angebot wahrnehmen möchte, momentan sei er jedoch unabkömmlich wegen der Entnazifizierungsverfahren, in denen Strauß den Amerikanern als kundiger Informant diene. Einmal besucht Strauß den Oberbürgermeister, und sie reden über dessen Pläne – schließlich entscheidet Strauß sich aber doch für die politische Karriere in Schongau. Später hat Strauß immer so getan, als sei er nur deshalb Politiker geworden, weil er in seinem Beruf nichts finden konnte. Immerhin erhält Strauß am 1. Juni die Bestätigung als Regierungsrat aus seiner Verbeamtung aus der Nazizeit. Das Kultusministerium führt ihn fortan als Referent für Jugendwesen. Er erhält die Dienstbezeichnung Oberregierungsrat. Nun zahlt die Landeskasse seine Bezüge.

Strauß ist also abgesichert, als plötzlich eine völlig neue Situation eintritt. Am 14. Juni erfährt er von der Regierung von Oberbayern, dass Hamberger nicht nur in Schongau, sondern auch in Augsburg zum Landrat gewählt worden sei. Hamberger habe sich aber krank gemeldet, und man wisse nicht, was er tun wolle. Strauß will sehen, ob er mehr erfahren kann und lässt drei Fragebögen an den künftigen Landrat schicken. Hamberger antwortet, er wisse noch nicht, wie er sich entscheiden werde. Erst am 12. Juli – über einen Monat nach der Wahl – lässt er Strauß wissen, dass er in Augsburg bleiben werde. Drei Wochen später ist diese Nachricht offiziell.

Die Regierung von Oberbayern verlangt eine neue Wahl. Am 31. August, einem Samstag, treten die Kreisräte in Schongau zusammen. Die Wahl verläuft unspektakulär. Nach der Schlappe bei der ersten Wahl haben sich die Fraktionsführer diesmal vorab auf den einzigen Kandidaten – Franz Strauß – verständigt. Drei der 29 Stimmen sind ungültig. 25 der 26 gültigen Stimmen entfallen auf Strauß. Er ist damit für zwei Jahre gewählt und nimmt die Wahl an. Mit ein wenig Glück ist er nun der erste gewählte Landrat von Schongau. Als solcher verdient er nun jährlich 4800 Reichsmark, dazu erhält er 1200 Reichsmark Aufwandsentschädigung.

Für einen solchen Posten ist die demokratisch einwandfreie Gesinnung besonders wichtig. Im Oktober muss sich Strauß einer Spruchkammer in Schongau stellen, die unter dem Vorsitz eines SPD-Mannes tagt. Am 13. Oktober 1946 legt er der Spruchkammer seine entlastenden Punkte dar. Bereits einen Tag später tritt Michael Hafenmeier, der als Oberinspektor am Finanzamt arbeitet und der SPD zugerechnet wird, als Kläger auf. Er bezeichnet Strauß als Mitläufer des Naziregimes und bietet zehn Zeugen auf. Doch keiner der Zeugen will oder kann den Vorwurf stützen. Die Spruchkammer entlastet Strauß wiederum nur einen Tag später am 15. Oktober 1946 mit folgender Begründung: Zwar sei seine zweijährige Mitgliedschaft im NSKK belastend. »Es handelt sich jedoch um eine zwangsbedingte, nominelle Mitgliedschaft, die weder propagandistisch noch aktiv ausgeübt wurde.«

Und sie geht sogar noch weiter, indem sie Strauß vorbildliches Verhalten und einen tadellosen Charakter attestiert. »Strauß hat sich zum Nationalsozialismus nicht nur passiv verhalten, sondern darüber hinaus in hohem Maße aktiv gegen die nationalsozialistischen Maßnahmen und Ideologien Widerstand geleistet. Bei Strauß handelt es sich um einen der schärfsten, überlegendsten und erfolgreichsten Gegner des Nationalsozialismus. Strauß hat für seine Anschauungen an der Schule, an der Universität und während seiner Dienstzeit in der Wehrmacht leidenschaftlich geworben, seine anti-nationalsozialistischen Ansichten unter Gefahr weiterverbreitet, aktiv Widerstand geleistet und andere zu antinationalsozialistischer Denkweise und ebensolchen Handlungen zu überzeugen versucht und überzeugt. Er hat seine religiösen Überzeugungen durch Teilnahme an öffentlichen kirchlichen Veranstaltungen gegenüber jedermann bekundet. Strauß hat seine aktive Teilnahme an der Widerstandsbewegung nachgewiesen. Er war in seiner Studienzeit und während seines Militärdienstes führend in der Bildung, Festigung und Fanatisierung antinationalsozialistischer Gruppen tätig. Strauß hat als Offizier der Flakartillerieschule Altenstadt durch sein entschlossenes Handeln maßgebend daran mitgewirkt, dass der Landkreis Schongau bei der Besetzung durch die amerikanischen Truppen ohne Blutvergießen und ohne größere Zerstörungen übergeben werden konnte. Es ist erwiesen, dass Strauß durch seine Haltung und seine Handlungen an der Universität und bei der Wehrmacht wesentliche Nachteile in materieller und seelischer Hinsicht erlitten hat. Er war 1940 verhaftet und entging nur knapp dem Kriegsgericht. In den Jahren schwebte er ständig in Gefahr. Seit dem 20. Juli 1944 ist diese Gefahr zur höchsten Lebensgefahr geworden.«

Es ist eine Erklärung, die nicht deutlicher und besser hätte ausfallen können. Da Strauß in den folgenden Jahrzehnten von Gegnern immer wieder als Nazi beschimpft wurde und ihm vorgeworfen wurde, er habe nicht wirklich entschieden gegen die Nazis Stellung bezogen, sind die Aussagen der Zeugen überaus interessant. Was hat die vier Mitglieder der Spruchkammer, von denen mindestens der Kläger ursprünglich anderer Ansicht war, überzeugt, dass die Haltung von Strauß »bewiesen« sei? War Strauß wirklich im Widerstand aktiv, wie die Spruchkammer in ihrer Begründung schreibt? Auskunft über das Zustandekommen der Begründung könnte die vollständige Entnazifizierungsakte von Strauß geben. Seine Erben halten sie jedoch bis heute verschlossen.

Strauß selbst hat in einem Schreiben im Juli 1946 an Alexander Scharff, den Dekan der philosophischen Fakultät der Universität München, beiläufig behauptet, »als Führer der illegalen Widerstandsgruppe im NSKK« tätig gewesen zu sein und eine Liste über gefährdete Personen geführt zu haben. Er schrieb: »Ich brauche heute meinen Mut gegen die Nazis nicht durch Denunzierungen zu beweisen, da ich ihn durch illegale Tätigkeit lange genug bewiesen habe.« Allerdings hält Strauß diese Behauptung über illegale Tätigkeit in späteren Aufzeichnungen, etwa in seinen Ausführungen für zwei Biographien oder in seinen eigenen *Erinnerungen*, nicht aufrecht. Das verwundert, weil er mit entsprechenden Belegen leicht Angriffe seiner Gegner hätte abwehren können.

Verwunderlich ist ebenso, dass Strauß sich zwar am 1. Dezember 1945 ein Empfehlungsschreiben (»To whom it may concern«) vom amerikanischen Kommandeur, Major C. E. Carlsen, ausstellen lässt, es aber später nie benutzt. In dem Schreiben bestätigt der amerikanische Offizier Strauß nicht nur gute Zusammenarbeit bei den Entnazifizierungsverfahren. Er nennt ihn darüber hinaus einen »Kollaborateur des C.I.C. im Widerstand gegen die Nazis«. Hat Strauß schon während des Krieges aktiv als Mitarbeiter des amerikanischen Geheimdienstes gegen die Nazis gearbeitet? Oder meint Carlsen lediglich, dass Strauß nach dem Ende des Krieges als stellvertretender Landrat gut mit den Besatzern zusammenarbeitete und verhinderte, dass alte Nazis wieder zu Ehren oder ins Geschäft kommen? Beides ist möglich. Wollte er Strauß vielleicht nur einen Gefallen tun, und hat er ihm auf seine Bitte hin eine allzu gute Gesinnung bescheinigt? Oder ist die Aussage des Schreibens wahr? Fest steht, dass es über Jahrzehnte hinweg Gerüchte gibt, Strauß habe vor Ende des Krieges für den amerikanischen Geheimdienst gearbeitet.

Major Carlsen jedenfalls schreibt im Dezember 1945, Strauß sei im Mai »abkommandiert« gewesen, »um SS anzugreifen und ›Werwolf‹-Nester auszuheben und zu säubern.« Außerdem sei er dem Geheimdienst C.I.C. zu Diensten gewesen, die neue Verwaltung aufzubauen. Später hat Strauß erzählt, er sei wegen seiner guten Sprachkenntnisse eingestellt worden. Major Carlsen hat ihm 1945 jedoch bestätigt, dass er aufgrund seiner Hilfe für die amerikanischen Truppen zum »assistant Landrat« ernannt worden sei. Major Carlsen sollte es wissen. Schließlich war er es, der Strauß ernannt hat. Eigenartig ist nur, dass Strauß später nie auf dieses vorzügliche Empfehlungsschreiben verwiesen hat.

Mit den Amerikanern hat Strauß auch wegen des Sammellagers für Displaced Persons in Altenstadt bei Schongau zu tun. Im November warnt die Polizei vor bewaffneten Polen aus diesem Lager, die Einheimische überfallen und berauben. Ein gut erhaltenes Fahrrad bringt gutes Geld. Der Besitz von Waffen ist natürlich verboten. Am Samstag, dem 16. November 1946, kontrollieren Militärpolizisten das Lager in Altenstadt und nehmen mehrere Polen fest. Die fünf jungen Polen Marian Gordon, Zbigniew Molenda, Kazimierz Lemanowicz, Wladyslaw Dronski und Waclaw Basili sind seit Wochen auf Beutezügen in der Region München unterwegs, sie brechen ein und machen auch von ihren Waffen Gebrauch. Aus Angst, festgenommen zu werden, verstecken sie sich in einem Heustadel in der Nähe des Lagers.

Am Sonntag gehen sie Richtung Lech. Vier Jungen, die dort spielen, beobachten sie, wie sie immer wieder in den Fluss schießen. Die Jungen melden das ihren Eltern. Aber als Polizei kommt, sind die Polen schon weiter gezogen Richtung Kreuth. Es dämmert schon, als ihnen der Bauer Paul Anderl auf einem Fahrrad entgegenkommt. Die Polen richten ihre Pistolen auf ihn. Einer der Polen befiehlt ihm: »Halt! Hände hoch!« Der Bauer sagt: »Was wollt ihr? Nicht schießen!« Die Polen sagen nichts, führen ihn in den Wald und nehmen ihm sein Hab und Gut ab. »Wir haben dann in polnischer Sprache ausgemacht, dass wir den Mann erschießen«, sagt Marian Gordon später bei der Vernehmung. »Dronski hat den Mann losgelassen und ich habe ihn dann aus einer Entfernung von zwei bis drei Schritt in den Kopf geschossen. Der Mann ist gleich umgefallen.« Die anderen bestätigen den Tathergang. Kazimierz Lemanowicz sagt: »Wir haben die Tat nicht geplant. Als wir ihn trafen, entschieden wir, ihn zu töten.« Sie lassen ihn liegen und gehen weiter.

Nach hundert oder zweihundert Metern begegnen sie erneut einem Fahrradfahrer, gibt Gordon zu Protokoll. Es ist der Bauer Xaver Schleich. Sie halten auch diesen Mann auf. Lemanowicz und Basili rufen: »Halt – Hände hoch!« Der Bauer tut, was man ihm befiehlt. Sie führen ihn in den Wald und nehmen ihm seine Sachen ab. »Bitte nicht schießen«, fleht er und fügt hinzu. »Bei mir arbeiten Polen. Die haben es immer gut gehabt.« Die Räuber beeindruckt das nicht. Dronski, der zwei Schritte vor Schleich steht, sagt: »Wir sind keine Polen.« Dann schießt er ihm ins Gesicht. Erst nach dem dritten Schuss geht der Bauer zu Boden. Dronski gibt noch einen vierten Schuss ab. Dann nehmen die Polen sein Rad und gehen weiter.

Unweit des Tatorts ist ein Mädchen auf dem Heimweg nach Kreuth, wo sie bei einem Bauern als Hilfskraft arbeitet. Vor einem Waldstück trifft sie Emil Socher, den 33-jährigen Käser aus Kreuth. Socher hat den Tag mit seiner Freundin in Peiting auf dem Fußballfeld verbracht. Am Abend wollen sie ein Konzert besuchen, und vorher will er noch schnell nach Hause. Er ist mit dem Rad unterwegs und hat es eilig. Es ist neblig, und Socher fährt ohne Licht. Kurz bevor sie sich begegnen, hören sie Schüsse. Im Vorbeigehen fragt sie ihn: »Hast du das Schießen gehört?« Er antwortet ohne anzuhalten: »Ja. Wenn ich um Hilfe rufe, wirst du mich schon hören.«

Socher kommt nicht mehr dazu. Alles läuft ab wie bei den beiden anderen. Die Polen halten ihn an, und zwei von ihnen führen ihn in den Wald. Die anderen bleiben auf der Straße und sehen plötzlich das Mädchen kommen. Gordon fragt sie: »Wohin gehen? Wieviel Uhr?« Das Mädchen antwortet und geht schnell weiter. Kurz darauf fallen drei Schüsse. Lemanowicz und Basili haben Socher die Jacke abgenommen und ihm befohlen, seine Schuhe auszuziehen. Als Socher damit fertig ist, schießen sie ihm ins Gesicht und in den Magen. Sie nehmen die Schuhe und fahren mit den Rädern nach Peißenberg, brechen dort in einen Keller ein und fahren am Morgen mit dem ersten Zug nach Murnau.

In Kreuth angekommen, wundert sich die Bauersmagd, dass in der Käserei, in der Socher lebt und arbeitet, kein Licht brennt. Er hatte sie doch überholt und müsste längst zu Hause sein. Die Magd erzählt ihrem Bauern, was sie gehört und gesehen hat und dass Socher noch nicht zu Hause sei. Der Bauer beruhigt sie und nimmt ihre Befürchtungen nicht wirklich Ernst. Als Socher am nächsten Tag immer noch nicht zurück ist, macht auch der Bauer sich Sorgen und sucht nach ihm. Gemeinsam mit Nachbarn findet er die Leiche und verständigt die Polizei. Später finden sie auch die anderen Leichen.

Die Ermittler nehmen an, dass die drei Opfer »von einer bewaffneten Polenbande, die vermutlich vom Lager Altenstadt ist, überfallen, beraubt und ermordet wurden«, wie Kommissar Schranner am Montag notiert. Franz Josef Strauß, der im Landratsamt zuständig ist für Polizei und Sicherheit der Bevölkerung, wird umgehend aktiv. Zwei Tage, bevor der erste ausführliche Bericht und einen Tag, bevor die erste Meldung der Polizei beim Landratsamt eingeht, setzt er sich bereits am Montag an den Schreibtisch und formuliert einen Brief an die Regierung von Oberbayern in München. Der dreifache Mord »und die in den beiden letzten Wochen schlagartig eingetretene Verschlechterung der Sicherheitslage« veranlassten ihn zu einem »dringendem Hilferuf«, so Strauß.

»Weder die Landpolizei, noch die US-Zonenpolizei, noch die

Militärpolizei« sieht Strauß »im Stande, der Lage Herr zu werden [...] Im Landkreis Schongau haben sich innerhalb von zwei Wochen, abgesehen von einer ganzen Reihe von Diebstählen, Einbruchdiebstählen, Räubereien usw. nicht weniger als fünf Morde und ein Mordversuch zugetragen.« Die Folgen des Dreifachmordes seien katastrophal. »Der Bevölkerung hat sich daraufhin eine große Erbitterung und zugleich ein lähmender Schrecken bewältigt«, berichtet Strauß. »Die Einödbauern drohen ihre Höfe zuzusperren und mit ihren Familien in die größeren Gemeinden zu ziehen.«

Die Bevölkerung spreche von Selbsthilfe und wolle »jeden sich verdächtig herumtreibenden Polen kurzerhand erstechen«. Strauß betont: »Ich kann keine Gewähr mehr dafür geben, daß nicht die seit Monaten gequälte und eingeschüchterte Bevölkerung, die sich schutzlos und wehrlos diesen organisierten Verbrecherhorden preisgegeben sieht, zur Selbsthilfe greift und diese verhaßt gewordenen Ausländer, ob schuldig oder unschuldig, totschlägt.« Zur Abhilfe schlägt er vor, die Gemeinden und Einödhöfe zu bewaffnen. Strauß fordert eine Einwohnerwehr, Verstärkung für die Polizei und ab Dunkelheit eine Sperrstunde für das Polenlager. »Es ist ab sofort notwendig, daß jeden Abend und die ganze Nacht hindurch sämtliche Straßen und Wege, sämtliche Gemeinden und Einödhöfe, sämtliche Brücken und Lechstege von schwerbewaffneten Polizeistreifen kontrolliert werden, die stark genug sind, um jede auftretende Bande sofort im Feuerkampf niederzuschießen.« Strauß will aufräumen unter den »Mördern, Raubmördern, Plünderern, Banditen« und die »Wild-West-Zustände im Landkreis Schongau« beenden.

Genau ein Monat ist seit dem Dreifachmord vergangen, als Ernest Hauser, der amerikanische Offizier und Duzfreund von Strauß, ihm am 17. Dezember 1946 die Festnahme von drei Polen meldet, die bereits Geständnisse unterschrieben haben. Hauser selbst leitet die Ermittlungen. Etwas mehr als drei Monate sind vergangen, als Strauß am 26. Februar 1947 seine Unterschrift unter folgende Notiz setzt und sie im Amtsblatt des Landratsamtes veröffentlichen lässt: »Die 4 an der Mordtat von Kreuth seinerzeit festgenommenen Verbrecher sind am 20. 2. 1947 vom oberen Militärgericht in München verurteilt worden u. zwar Molenda Zbigniew zu lebensländl. Zuchthaus, Dronski Wladyslaw zum Tode, Gordon Marian zum Tode, Lemanowicz Kazimierz zum Tode.« Damit ist der Mordfall für Strauß geklärt.

Strauß ist bald bekannt dafür, dass er immer zu spät kommt, erinnert sich Weeber. Zwar beginnt er morgens pünktlich. Aber er nimmt sich stets viel Zeit, wenn er das Gefühl hat, er kann jemanden überzeugen und auf seine Seite ziehen. »Deshalb hat er immer länger gebraucht als geplant«, sagt Weeber. Zwischendurch macht er ausgiebig Brotzeit, abends hinkt er dann immer eine oder zwei Stunden hinter seinem Terminkalender her.

Viel Arbeit nimmt neben den Wünschen der Amerikaner die Vergabe von Persilscheinen ein, erinnert sich Ermelinde Bauer. Strauß verfährt dabei durchaus nach eigenem Gusto. Er weiß, dass Dokumente bestenfalls die halbe Wahrheit erzählen. Denn als Soldat hat er ja gerade den strammen Nazis bescheinigt, dass sie noch Nachholbedarf haben, was die Parteiideologie betrifft. Umgekehrt habe er Gegnern der Nazis bestätigt, dass sie in ihrer ideologischen Anschauung gefestigt seien und daher nicht an der Front benötigt würden, sondern sich zu Hause für die Nazis einsetzen müssen. Seine eigene Erfahrung – sofern stimmt, was er in seinen *Erinnerungen* schreibt – muss ihn also misstrauisch gemacht haben gegen Bescheinigungen. Er selbst sitzt in einem Vorläufer der Spruchkammern zur Entnazifizierung und entscheidet nach eigener Erinnerung. Allerdings muss ihm die Unzulänglichkeit solcher Entscheidungen bewusst gewesen sein. Immerhin hielt er einen seiner Professoren für einen Freund der Nazis und war erstaunt, als sie ihn wegen seiner Aktivitäten im Widerstand hinrichteten.

Das Radfahren spielt für Strauß nun keine Rolle mehr. Noch ist er »ein schlankes Bürscherl mit einer bescheidenen Frisur wie ein

Erstkommunikant«, sagt Weeber. Strauß ist schlank. Der Anzug schlottert um den Körper, der lange hungern musste. Zur Schulzeit war er Sportler gewesen, aber jetzt ist ihm Sport nicht mehr wichtig. »Manchmal haben wir Fußball gespielt«, sagt Weeber. »Landratsamt gegen die Stadt. Da hast den Strauß nicht einmal als Torwart brauchen können. Da war er nicht viel wert.« Strauß hat andere Interessen: »Dem Strauß Franzi war der Posten als Landrat viel zu wenig«, erinnert sich Weeber. »Der wollte immer mehr.«

Arbeit und Freizeit gehen ineinander über. Zu seinen Freunden zählt neben Weeber auch seine Sekretärin Ermelinde Bauer. Gemeinsam mit ihr und einer weiteren Freundin, deren Eltern eine Hütte am Ammersee besitzen, fahren er und Weeber am Wochenende raus und rudern die jungen Frauen über den See. Ermelinde Bauer und Strauß verbringen viel Zeit miteinander. Nach der Arbeit geht er in ihrem Elternhaus ein und aus, und während der Arbeit teilen sie sich ein großes Zimmer. Die Schreibtische des stellvertretenden Landrats und seiner Sekretärin stehen im selben Raum. Sie kümmert sich um Dinge, die Strauß vernachlässigt, sie schaut auf sein Aussehen und seine Kleidung. Er achtet wenig auf sich und hat eine schlechte Haltung. Sie kann ihn ganz aus der Nähe beobachten und sieht sein Geschick im Umgang mit anderen Menschen, seinen Ehrgeiz, der ihn immer antreibt.

Als 1948 erneut Wahlen auf Landkreisebene anstehen, ist der Modus geändert. Nun können die Bürger auch für einzelne Kandidaten stimmen und so ihre Sympathien kundgeben. Strauß erhält die drittmeisten Stimmen von allen CSU-Kandidaten. Aber das Ergebnis taugt nur als Stimmungsbarometer, die eigentliche Wahl findet noch immer im Kreistag statt. Als die neue Wahl zum Landrat ansteht, gibt es erneut Probleme. Die Bayernpartei stellt einen Gegenkandidaten auf. Der Mann heißt Ludwig Thoma, war gegen Ende des Dritten Reiches Landrat und hat immer noch viele Anhänger, die ihn nicht als Nazi sehen. »Der Thoma war kein schlechter Mann«, sagt selbst Weeber. »Er war ein sehr guter Mann, den viele mochten«, auch über Parteigrenzen hinweg.

Thoma ist eigentlich parteilos, aber die Bayernpartei nutzt seine Popularität und hofft, dass er im Falle eines Sieges der Partei beitritt und das Landratsamt von Anhängern der CSU reinigt. Offenbar ist Thoma von der Aktion der Bayernpartei überrascht. Jedenfalls wird er sich später davon distanzieren und versichern, »dass die Initiative für meine Kandidatur als Landrat nicht von mir ausgegangen ist«.

Vielleicht kennt die CSU diese Hintergründe nicht. Auf alle Fälle hat die Fraktion der CSU ungute Erinnerungen an die erste Wahl 1946 und will die Chancen von Strauß in einer Probeabstimmung ausloten. Eigentlich dürfte es keine Unsicherheiten geben, weil die CSU eine Mehrheit von einer Stimme besitzt. Aber ein Abgeordneter – ein Landwirt aus Schongau – will für den Gegenkandidaten stimmen, erinnert sich Weeber. Die Probeabstimmung liegt ihm und Strauß schwer im Magen. Was tun?

Mittlerweile ist Strauß auf viele Arten und an vielen Orten engagiert. Er sitzt im bayerischen Kultusministerium und im Wirtschaftsrat in Frankfurt, dem Parlament der Bizone. Zudem ist er Generalsekretär der CSU. Das Amt des Landrats könnte ihm egal sein. Es wäre ihm wohl ein Leichtes gewesen, einen anderen Posten zu finden. Zudem verbringt er aufgrund all dieser Ämter und Aufgaben nur mehr einen geringen Teil seiner Zeit in Schongau. Bereits im Oktober 1946 informiert er die Militärregierung, dass er viel in München sein werde. Als Stellvertreter benennt er damals seinen Vorgänger Bauer, der von allen Vorgängen Kenntnis habe. Andererseits ist Schongau seine politische Basis und wird es ein Leben lang bleiben.

Weeber und Strauß trinken und beraten sich. »Wir saßen beisammen und überlegten: Wen könnten wir aus der Phalanx rauslösen?« Sie kommen auf einen jungen Kreisrat der SPD, den sie zu Hause aufsuchen. Fast die ganze Nacht reden sie mit dem Abgeordneten, erinnert sich Weeber. Sie überreden ihn, »dass er bei der Wahl den Strauß wählt«. Als Gegenleistung, so Weeber, erhält der Abgeordnete einen Kiosk »an einem sehr guten Platz« in Schongau nahe einer Brücke zugesprochen. Ein »gutes Geschäft«, wie Weeber findet. Damit geht Strauß beruhigt in die Abstimmung. Die Bilanz lautet somit: Die erste Wahl seiner politischen Karriere verliert Strauß und gewinnt nur mit viel Glück in einem zweiten Anlauf, die zweite Wahl gewinnt er mit einem Quasi-Stimmenkauf, der am Ende gar nicht notwendig gewesen wäre, denn Strauß erhält 21 Stimmen, Thoma nur 16.

Aber der Versuch offenbart Strauß' Denken und Haltung. Stimmenkauf ist undemokratisch. Das muss auch er wissen. Bedeutsam ist dieser Quasi-Stimmenkauf aber auch, weil er so beiläufig und ohne große Not geschieht. Strauß ist 1948 keineswegs in seiner politischen Existenz gefährdet. Der Kontakt zum Ochsensepp hat ihm viele Möglichkeiten auf Landesebene eröffnet. Strauß nimmt längst einen wichtigen Platz ein in der neuen Partei. Unmittelbar nach Ende des Krieges mag er Stehlen mit der Not der Landsleute gerechtfertigt haben. Aber 1948 hätte es dieses Stimmenkaufs nicht bedurft.

So zeigt die Aktion – vielleicht zum ersten Mal – ein gefährliches Verständnis von Politik, das seine Gegner Strauß ein Leben lang zum Vorwurf machen werden: Strauß ist so ehrgeizig und fühlt sich so sehr im Recht, dass ihm auch fragwürdige Mittel zum Erhalt der Macht recht sind. Er will einer Demokratie dienen mit Mitteln, die eine Demokratie zerstören. Aus seinem Geschichtsstudium müsste er eigentlich wissen, dass das nicht gut gehen kann.

Aber vermutlich erlebt Strauß deshalb keine schlaflosen Nächte. Denn niemand weiß davon. Oder doch? Offenbar gibt es Klatsch, der in diese Richtung zielt.

Im Jahr darauf sollen erstmals Abgeordnete in ein deutsches Parlament gewählt werden. Strauß kandidiert in Schongau. Seine Politik bleibt Gesprächsthema an den Stammtischen. Es ist schon fast fünf Uhr an einem Sonntagmorgen im März 1949, als Michael Heilmeier in einer Runde im Café Lutzenberger Strauß vorwirft, er habe noch wenige Tage vor dem Einmarsch der Amerikaner

NS-Propaganda verbreitet. Er sei als Landrat ein Unglück für den Landkreis gewesen. Er habe außerdem einen Wehrmachtsomnibus verkauft und sich am Gewinn beteiligt. Und er habe ein Mitglied des Kreistages vor der Wahl mit einem Lkw bestochen, um wieder gewählt zu werden.

Irgendwie müssen diese Vorwürfe Strauß zu Ohren gekommen sein. Vermutlich zwingt er Heilmeier, sie zu belegen oder zu widerrufen, andernfalls drohten ihm rechtliche Schritte. Denn am 7. Juli 1949 unterschreibt Heilmeier eine Erklärung, wonach er all seine Vorwürfe widerruft. Er nehme sie »mit dem Ausdruck des Bedauerns zurück, weil sie alle völlig aus der Luft gegriffen sind und von A – Z erfunden wurden«, schreibt Heilmeier. »Ich gebe zu, dass ich sie im Zustand sinnloser Betrunkenheit getan habe und mir der Folgen, die daraus entstehen können, nicht bewusst war.« Heilmeier erklärt sich einverstanden, dass diese Erklärung allen Anwesenden der Runde im Café Lutzenberger zugestellt wird. Dem Fürsorgeverband Schongau will er »als Buße« 100 Mark zahlen. Das ist damals eine Menge Geld.

5 An die Macht in Bayern und Bonn

Als seine Sekretärin und engste Mitarbeiterin lernt Ermelinde Bauer ihren Chef Franz Josef Strauß recht gut kennen, vielleicht zu gut. Sie hilft ihm, wo sie nur kann, und tut Dinge für seine Karriere, die sie als Sekretärin eigentlich gar nicht tun müsste. Schließlich ist der Landrat ihr Chef, nicht der Parteipolitiker. Dennoch koordiniert sie neben der Verwaltungsarbeit Wahlkampftermine, sie klebt Plakate, sie hilft ihm im Wahlkampf gegen Max Klotz, den Kreisvorsitzenden der Bayernpartei. »Vor allem radikale junge Kräfte fanden sich in ihr zusammen«, schreibt Strauß in seinen *Erinnerungen*: »Ein besonders radikaler Bayernparteiler war der Kreisvorsitzende von Schongau, der mich in geradezu hasserfüllter Weise bekämpfte.«

Strauß kann Klotz noch weniger leiden als die Kandidaten der SPD, mit denen er immerhin gerne ein paar Halbe Bier trinkt. Immerhin war es die Bayernpartei, die den Gegenkandidaten für das Amt des Landrats ausgerufen hat, obwohl der ihm gegenüber glaubhaft versicherte, er habe sich gar nicht angeboten. Strauß nimmt vermutlich an, dass Klotz hinter diesem und manch anderem unangenehmen Gerücht steckt, das über ihn in Schongau die Runde macht, aber beweisen kann er ihm nichts. Zwar strengt er mehrere Klagen gegen ihn an, fünf, um genau zu sein, doch mangels Beweisen muss er einen Vergleich schließen.

Am 7. Dezember 1948 tritt Strauß vom Amt des Landrats zurück, weil ihm sonst das Gehalt als Regierungsrat gekürzt worden wäre. Bei den ersten Wahlen zum Bundestag am 14. August 1949 gewinnt Franz Josef Strauß den Sitz des Wahlkreises Weilheim, Schongau, Partenkirchen, Bad Tölz. Die CSU erringt 24 Mandate und ist viertstärkste Partei nach SPD, CDU und FDP. Allerdings vertritt sie Bayern nicht unangefochten, denn in München gewinnt die SPD, und auf dem Land gewinnen in Oberbayern und in Niederbayern außer Strauß nur zwei CSU-Kandidaten, darunter der einst so populäre Fritz Schäffer, den die Katholische Kirche unterstützt. Die CSU muss sich ihre konservative Wählerschaft mit der Bayernpartei teilen, die immerhin 17 Mandate erzielt. Dabei ist die Bayernpartei erst ein Jahr nach der CSU zugelassen worden. Was, wenn sie auf lange Sicht mit der CSU gleichzieht? Vor allem auf dem Land ist die Konkurrenz eine echte Bedrohung: Bei den Kommunalwahlen 1946 erringt die CSU noch 60,1 Prozent. Nach Gründung der Bayernpartei kommt sie 1948 nur noch auf 37,7 Prozent, 1952 werden es gar nur mehr 26,4 Prozent sein, während die Bayernpartei stets zulegen kann und ihr immer näher rückt.

»Die Wähler der Bayernpartei kamen, was die Partei zu einer besonderen Gefahr für uns machte, nicht aus der Generation der Alten«, erinnert sich Strauß. Sie ist der CSU gefährlich, gerade weil sie ihr politisch teilweise recht nahe steht. Sie ist ebenfalls konservativ, setzt sich aber noch rigoroser für Bayern ein. Sie versucht, an die Zeit vor der Weimarer Republik anzuknüpfen. Am liebsten wäre ihr ein eigener bayerischer Staat, womöglich mit einem König an der Spitze. Mit solchen Träumereien sammelt sie auch die Königstreuen, die sich nach der »guten alten Zeit« sehnen, die es nie gegeben hat. Sie ist weniger klerikal als die CSU-Politiker Hundhammer und Schäffer. Aber von vielen Auftritten und Diskussionen weiß Strauß: CSU und Bayernpartei sind sich in den Augen vieler Leute zu ähnlich. Viele glauben, die Bayernpartei würde ihrem Namen gerecht werden und die bayerischen Interessen am besten vertreten.

Böse Zungen sehen in der Bayernpartei eine perfide Idee der SPD, um das konservative Lager zu spalten. Denn ihr Gründer

Max Lallinger ist ein ehemaliger Leibwächter von Wilhelm Hoegner, des von den Amerikanern eingesetzten Ministerpräsidenten der SPD. Deshalb wollen die Gerüchte nicht verstummen, Hoegner habe seinen Leibwächter zur Gründung der Bayernpartei angestiftet. Hoegner weist solche Unterstellungen zurück. Strauß versichert ihm: »Ich halte viel zu viel von Ihren politischen Fähigkeiten und Ihrer politischen Einsicht, als dass ich Ihnen zutrauen würde, sich eines Lallinger zur Spaltung der CSU bedient zu haben.« Aber glaubt er ihm wirklich?

Dass die Bayernpartei der CSU immer ähnlicher wird, ist verständlich, schließlich wird sie mittlerweile mit Josef Baumgartner von einem Mann geführt, der die CSU mindestens genauso gut kennt wie Strauß. Er gehörte zum Gedonstraßenkreis der Parteigründer und saß für die CSU einst als Landwirtschaftsminister und stellvertretender Ministerpräsident in der Regierung. Baumgartner besitzt großes rhetorisches Geschick. Manche sehen in ihm den besten Redner der Alpenrepublik und nennen ihn – auch wegen seiner Mähne, die er nie ganz bändigen kann – einen »bayerischen Löwen«.

Er kommt aus einem Dorf bei Dachau, und wie Strauß stammt er aus einem gläubigen Elternhaus. Seine Eltern möchten, dass er Pfarrer wird, er aber studiert Wirtschaft, promoviert und wird Funktionär beim Bauernverband. Während des Krieges geht er nach Österreich. Nach seiner Rückkehr ist er als Landwirtschaftsminister der zweitwichtigste Mann der Regierung unmittelbar nach Ende des Krieges. Er sieht mit Abscheu, dass die bayerischen Bauern einen Teil ihrer Ernte in den Norden abgeben sollen, und tritt leidenschaftlich dafür ein, dass Bayern sich abspaltet. Im Wirtschaftsrat sitzen für seinen Geschmack zu viele Jasager, die sich von den Norddeutschen einseifen lassen. »Wirtschaftsgestapo« nennt er die Abgeordneten in Frankfurt 1948 abfällig. Damit ist auch Strauß gemeint.

Die Vorgeschichte: Im März 1946 hält Strauß auf dem Parteitag der CSU in Bamberg eine Rede, in der er für Müller eintritt. Die

Partei wird auf ihn aufmerksam und holt ihn im Herbst 1946 in den so genannten geschäftsführenden Vorstand der CSU. Dann schickt Müller ihn in den Frankfurter Wirtschaftsrat. Obwohl es das Parlament der Bizone ist, entsenden Adenauer und Müller lediglich Männer der zweiten Reihe. Dennoch sind sie immer wieder zu Besuch in Frankfurt. Strauß lernt dort den Wirtschaftstheoretiker Ludwig Erhard kennen und knüpft wertvolle Kontakte. Im Juli 1946 wählt der Rat Direktoren – vergleichbar den Ministern. Der CSU-Politiker Josef Baumgartner möchte Direktor für Ernährung, Landwirtschaft und Forsten werden. Doch Müller hat bereits andere Pläne und lehnt das ab. Baumgartner ist verärgert und verlässt die Partei. Daher seine Wut auf die CSU und die Abgeordneten in Frankfurt. Wie Strauß ist auch Baumgartner einer, der immer Recht haben will. Wie Strauß, so wird auch er – zusätzlich zu seinem Landtagsmandat – 1949 in den Bundestag gewählt.

Mit einem »riesigen billigen grauen Koffer« trifft Strauß im Herbst 1949 in Bonn ein, wie sich Ermelinde Bauer erinnert. Der Landesgruppe werden drei Räume ohne Einrichtung zugeteilt. Auf dem Fenstersims steht ein Telefon, das ist alles. Strauß lockt seine Sekretärin »mit einer halben Wahrheit« nach Bonn. Sie mag ihn durchaus, aber sie mag es nicht, wie er sie behandelt. Sie ist loyal zu ihm, aber sie hat das Gefühl, dass er sie als seine Leibeigene betrachtet. Ändern kann sie das aber auch nicht. Sie sind nun mal Chef und Sekretärin, aber sie sind auch Freunde. Eigentlich will sie mit Strauß künftig nicht mehr zusammenarbeiten. Der geht auf ihren Wunsch ein. Statt für ihn zu arbeiten, soll sie Fritz Schäffer helfen, dem Chef der 24 CSU-Abgeordneten. Das findet sie verlockend. Doch dann holt Adenauer, der am 15. September 1949 mit einer Stimme Mehrheit zum Bundeskanzler gewählt wird, Schäffer als Finanzminister ins Kabinett.

Deshalb führt nun Strauß die Geschäfte der CSU-Landesgruppe. Ermelinde Bauer und Franz Josef Strauß teilen sich weiterhin ein Büro und sitzen Tür an Tür. »Ich wäre nie mitgegangen, wenn ich gewusst hätte, dass er die Geschäfte führt«, sagt Bauer. »Dafür kannte ich ihn schon viel zu gut.« Anscheinend aber doch noch nicht gut genug, um das vorhergesehen zu haben. Jedenfalls merkt sie immer mehr, »dass Strauß meisterhaft versteht, Halbwahrheiten zu sagen«. Er kann »Leute unheimlich für sich einnehmen. Und wenn einer sein Gegner war, dann war Strauß besonders interessiert. Er hat ihn dann so lange umgarnt, bis er ihn umgepolt hat.«

Adenauer wird mit einer Stimme Kanzler, weil er sich selbst wählt. Mindestens ebenso wichtig ist, dass ihn auch ein Mitglied der Bayernpartei wählt, obwohl deren Parteiführung ihre Leute anweist, Opposition zu bleiben und sich der Stimme zu enthalten. Ähnlich wie im Hause Strauß, so war auch bei Adenauer die Angst vor »den Roten« größer als vor der extremen Rechten. Adenauer strebt eine Koalition aller konservativen Kräfte an, um so stark wie möglich gegen Sozialisten und Kommunisten auftreten zu können. Er hat keine Berührungsängste gegenüber der Bayernpartei, im Gegenteil, er will mit ihr zusammenarbeiten, sie in die Regierung aufnehmen und Josef Baumgartner zum Landwirtschaftsminister ernennen. Genau das will Strauß verhindern und macht das Adenauer in einem Gespräch deutlich: »Unser Bestreben ist es, die Bayernpartei als ernst zu nehmendes politisches Element wieder loszuwerden«, sagt Strauß zu Adenauer. Entweder die oder wir! Auf eine Koalition mit der Bayernpartei lasse er sich nicht ein. Er fürchtet, die Bayernpartei damit nur hoffähig zu machen und zu stärken. Zwar gibt es auch in der eigenen Partei Befürworter einer Zusammenarbeit mit der Bayernpartei, darunter z. B. Schäffer und Hundhammer. Strauß jedoch setzt sich parteiintern und bei Adenauer durch.

Vermutlich gefällt Adenauer, dass Strauß politisch vorausschauend denkt und deutlich sagt, was er will. Die Zusage fällt Adenauer vielleicht auch deshalb leicht, weil Strauß erwähnt, er habe zu einigen Abgeordneten der Bayernpartei ein gutes Verhältnis und werde wahlweise bei Abstimmungen ihre Stimmen besorgen.

Von seinen Reisen übers Land her ist Strauß über ihre Lage gut informiert. Immerhin ist er seit 1948 auch Landesgeschäftsführer der CSU, später wird er in dieser Funktion dann zum Generalsekretär ernannt. Er führt also nun die Landesgruppe in Bonn und die Partei in München, und er ist viel unterwegs, um seinen Einfluss in Bayern und Bonn einzusetzen und zu stärken. Er weiß, dass in der Kasse der Bayernpartei wenig Geld ist und ihre Abgeordneten kaum wissen, wie sie aus dem Bayerischen Wald nach Bonn fahren sollen, so arm sind manche unter ihnen. Strauß weiß viel und hat viele Kontakte.

Eine der ersten Entscheidungen im Bundestag ist die Wahl der Bundeshauptstadt. Zur Wahl stehen Bonn und Frankfurt. Es ist ein offenes Geheimnis, dass der Kölner Konrad Adenauer das benachbarte Bonn bevorzugt. Die entscheidenden Auseinandersetzungen laufen hinter den Kulissen ab. Der Bundestag hat längst entschieden und das Parlament die Arbeit in Bonn aufgenommen, als am 27. September 1950 der *Spiegel* mit einer Enthüllung aufwartet. Demnach haben Abgeordnete der Bayernpartei Geld dafür erhalten, für Bonn zu stimmen. Das Parlament hat seinen ersten Skandal.

Laut *Spiegel* hat Baumgartner am 26. Januar 1950 »nach einem Gespräch mit Fraktionskollegen Dr. Conrad Fink in seinen Akten notiert: Dr. Fink erklärte, ›es wurden mir 1000 Mark angeboten, wenn ich für Bonn stimme‹«. Dem Artikel zufolge erfährt Baumgartner auf einer Zugfahrt von München nach Bonn Details von seinem Fraktionskollegen und Bundestagsabgeordneten Hermann Aumer: »Es ist an Abgeordnete aller Fraktionen ein Betrag von etwa 2 Millionen DM bezahlt worden. Etwa 100 Abgeordnete seien bestochen worden mit Beträgen zwischen 20000, 10000 und 1000 DM, erklärte Aumer. 20000 für diejenigen, die mitzureden haben, 10000 für diejenigen, die ein Gewicht haben, und 1000 DM für diejenigen, die nur ihre Stimme hergegeben haben.«

Der Bundestag richtet einen Untersuchungsausschuss ein, der den Namen *Spiegel*-Ausschuss erhält. Das Heft druckt die Protokolle des Ausschusses in Teilen ab. Der Ausschuss tagt monatelang, und nach und nach stellt sich heraus, dass Schäffer und Strauß etliche Abgeordnete, darunter Donhauser und Aumer, beim Abtragen von Schulden behilflich waren – angeblich freilich, ohne Gegenleistungen zu fordern. Ludwig Volkholz sagt aus, Strauß habe ihm einmal gesagt, dass Aumer über die CSU (»über uns«) 32000 Mark erhalten habe, und ein anderes Mal habe Strauß ihn gebeten, Donhauser ausrichten zu lassen, dass 5000 Mark für ihn bereitlägen.

Als Strauß in den Zeugenstand gerufen wird, bestreitet er, im ersten Fall eine konkrete Summe genannt zu haben; im zweiten Fall habe er lediglich Geld aus einem Fonds der Industrie weitergereicht. Aufgrund der Ergebnisse des Untersuchungsausschusses im Sommer 1951 fordert der Bundestag fünf Abgeordnete der Bayernpartei auf, ihr Mandat niederzulegen. Keiner kommt der Aufforderung nach. Allerdings übt die CSU später einen unwiderstehlichen Sog auf Abgeordnete der Bayernpartei aus. Donhauser und elf weitere Bundestagsabgeordnete der Bayernpartei erliegen dem Werben und der Großzügigkeit von Strauß und wechseln zur CSU. Es ist sein erster großer Erfolg gegen die Bayernpartei.

Im Untersuchungsausschuss wird Strauß nicht weiter beachtet. Er ist immer noch ein Hinterbänkler. Vermutlich nimmt er dem *Spiegel* die kritische Berichterstattung nicht wirklich übel. Vielleicht betrachtet er das Heft und seinen Herausgeber Augstein sogar als heimliche Verbündete, denn zu den Geheimnissen des Aufstiegs gehört, dass die Feinde der eigenen Parteifreunde wichtige Helfer sein können. Wer sonst sollte mit Kritik an den Alten und Etablierten dafür sorgen, dass die Jungen aufsteigen können?

In Bayern leistet sich Strauß unterdessen weiter Auseinandersetzungen mit Baumgartner, dem Chef der Bayernpartei. Während seiner Zeit als Generalsekretär beschimpfen sich beide als Lügner. Baumgartner nennt Strauß »Lügen-Strauß« und wirft ihm vor, für das Naziregime gearbeitet zu haben – immerhin wurde er im Dritten Reich verbeamtet. Zudem habe er keinen Beruf. Die beiden treten am Aschermittwoch in Vilshofen gegeneinander an. Anfangs gilt Baumgartner als der stärkere Redner. Boten tragen Zettel zwischen den Gaststätten, in denen sie auftreten, hin und her. So können sie auf die Vorwürfe des jeweils anderen direkt reagieren. Es ist ein Spektakel.

Im Bundestag sitzt Strauß dem Ausschuss für Jugendschutz vor. Er müht sich, wahrgenommen zu werden, indem er beklagt, »70 erotische Verlage überschwemmen Westdeutschland monatlich mit einer Schmutz- und Schundauflage von 1 Million fragwürdiger Schriften«. Deshalb häuften sich Vorfälle, wonach »Jugendliche durch solche Lektüre zu straffälligen Handlungen, ja zum Mord aufgestachelt werden«. Strauß fordert eine Luxussteuer auf diese Hefte.

Im Februar 1952 tritt Strauß in Bonn ins Rampenlicht. Zwar hat er 1951 begonnen, sich um Verteidigungspolitik zu kümmern, aber oft muss er sich noch mit Randthemen zufrieden geben. Das soll sich jedoch ändern. Strauß wittert seine Chance, als am 7. Februar im Bundestag eine Debatte über die Frage ansteht, ob sich Deutschland wieder bewaffnen soll. Er bereitet sich ungewöhnlich gut auf seine Rede vor. Er feilt zwei Tage und zwei Nächte daran, formuliert sie entgegen seiner Gewohnheit sogar aus und diktiert sie seiner Sekretärin.

Es ist eine der ersten großen Debatten, die die Bundesbürger gebannt am Radio verfolgen und über die sie tagelang diskutieren. Bundeskanzler Adenauer ist offensichtlich nervöser als sonst. Er beginnt schwach, wirkt unsicher und unkonzentriert. Er spricht sich für die Wiederbewaffnung aus, aber er kann seine Zuhörer nicht mitreißen. Dann spricht Erich Ollenhauer für die SPD und wendet sich gegen die Wiederbewaffnung. Weder der eine noch der andere Redner wirkt überzeugend, geschweige denn leidenschaftlich.

Nun ist der junge, bis dahin fast unbekannte Strauß an der Reihe. Er führt die Zuhörer zurück zu den Anfängen: Als wir unsere Arbeit in diesem Parlament aufnahmen, hatten wir gehofft, dass wir uns nicht mit der Frage unserer Verteidigung beschäftigen müssen, sagt er. Doch nach dem Krieg entwaffneten die Amerikaner, während die Sowjets bewaffneten und immer weiter vordrangen. »Die Amerikaner können uns nicht vorschreiben, was wir tun sollen. Aber, wer das sagt, der vergißt den zweiten Halbsatz: Wir können auch ihnen nicht vorschreiben, was sie tun werden, wenn wir uns falsch entschieden haben.« Strauß spricht über eine Stunde. »Wir müssen uns im Klaren sein, daß sowohl ein Nein als auch ein Ja ein Risiko bedeutet. Wenn wir aber diese Risiken gegenseitig abwägen, sollten wir ernsthaft genug sein, zu erkennen, daß ein Nein um jeden Preis [...] nicht nur das größere Risiko ist, sondern gleichzeitig dieses größere Risiko bis zum bitteren Ende verewigt.« Er gibt sich versöhnlich: »Viele Neinsager können gewonnen werden, wenn man ihnen sagt, worum es geht. Sie dürfen nicht von vorneherein mit den Kommunisten in einen Topf geworfen werden.« Er spricht sich für die Wiederbewaffnung aus, vorsichtig abwägend, aber doch deutlich dafür.

Die Parteien der Regierungskoalition reagieren mit stehenden Ovationen. Adenauer kommt auf Strauß zu und reicht ihm die Hand – »das erste und letzte Mal, mir ist es im Bundestag nie wieder passiert«, wie er in seinen *Erinnerungen* schreibt. Plötzlich ist Strauß bekannt. Im *Hamburger Abendblatt* heißt es, Strauß gehöre in Bonn fortan mit in die erste Reihe. Der *Münchner Merkur* sieht ihn nach der Debatte »in der ersten Garnitur der Bonner Hierarchie«. Die Rede hat durchschlagenden Erfolg: Er wird Vorsitzender im EWG-Ausschuss, und Adenauer holt ihn ins Kabinett. »Nicht aus Dankbarkeit, sondern zum einen, um meine Fähigkeiten auszunutzen, zum anderen, um mich unter Kontrolle zu halten. Der Bundeskanzler hat dies selbst gesagt.«

Zunächst will Adenauer ihn zum Familienminister machen. Der Junggeselle Strauß durchschaut, dass er dadurch lächerlich gemacht würde, und lehnt ab. Stattdessen wird er einer von drei Sonderministern. Sein Ministerium passt in eine Aktentasche, scherzen Journalisten. Ermelinde Bauer hat sich nun an ihn gewöhnt und zieht mit ihm ins Ministerbüro um. Strauß bekommt einen Referenten zugesprochen, den er sich aus dem Bayerischen Rundfunk holt. Dazu einen halben Boten. Adenauer hat Strauß ins Kabinett geholt, um ihn disziplinieren zu können. Seit seiner Rede hat Strauß ganz offensichtlich Gefallen gefunden an öffentlicher Aufmerksamkeit. Als Adenauer ihn einmal zu einem Termin schickt, bei dem er auch auf den Roman *08/15* von Hans Hellmut Kirst zu sprechen kommt, stößt er auf deutliches Echo. Fortan ist der Roman sein Thema. »Wir haben ein Vierteljahr nichts anderes getan, als Material gegen Kirst gesammelt«, erinnert sich Ermelinde Bauer. »Den wollte er total fertig machen, weil er gegen dessen Roman *08/15* war.« Strauß ist für die Wiederbewaffnung, während Kirst gegen das Militär Stimmung macht.

Beständig sägt Strauß ab 1951 auch am Stuhl von Theodor Blank, der seit 1950 im Auftrag Adenauers die Verteidigung vorsichtig vorantreiben soll. Adenauer ist zunächst nämlich nicht nur Kanzler, sondern auch Außenminister. Strauß hat das Verteidigungsministerium also schon früh im Visier. Es ist damals das bedeutendste Ressort, das die Außenpolitik beherrscht. Nach seiner öffentlichkeitswirksamen Rede wechselt Strauß dann ganz offiziell vom Jugend- in den Verteidigungsausschuss, von wo aus er die »Dienststelle Blank« im Auge behalten und stetig kritisieren kann.

Die Überlegungen von Blank und Adenauer gehen zurück auf den Koreakrieg und sehen vor, dass innerhalb von drei Jahren 500000 Soldaten aufgestellt werden. Doch Blank kann seine Planungen nicht umsetzen. Strauß dagegen will in fünf Jahren nur 350000 Soldaten aufbauen. Das reiche, wenn man eine Qualitätsarmee aufstelle. Für die Qualität sollen schlagkräftige Waffen der Amerikaner garantieren. Außerdem will Strauß Atomraketen, obwohl er sich damit nicht beliebt macht. Aber Strauß hat Gefallen gefunden an der Kernenergie. Das betrifft die zivile und die militärische Nutzung. »Hurra! Wir haben jetzt zwei Bundesverteidigungsminister«, schreibt ein Kolumnist in der *Abendzeitung* 1955 über die beiden Konkurrenten. Einen ersten Erfolg in Richtung Verteidigungsministerium kann Strauß verbuchen, als Adenauer ihm im Oktober 1955 das Ministerium für Atomfragen überträgt.

Strauß selbst streut unter ausländischen Journalisten das Gerücht, dass Blank sein Amt gesundheitlich nicht verkrafte. Illustriertenbilder, die Blank zeigen, als würde er im Stehen schlafen, kommen Strauß dabei entgegen. Beharrlich greift Strauß – oder einer seiner Mitstreiter – Blank und den Stand seiner Planungen im Verteidigungsausschuss an. Mit der Zeit verlieren Adenauer und die Amerikaner tatsächlich das Vertrauen in Blanks Fähigkeiten. Strauß spannt zu diesem Zweck auch die CSU ein, die öffentlich und hinter den Kulissen fordert, Strauß müsse Blank ablösen. Strauß werde nie Verteidigungsminister werden, sagt ihm Adenauer einmal ins Gesicht, aber irgendwann bietet er ihm das Ressort doch an. Strauß nimmt wie erwartet an. Dass er die Vorgaben ändert und fordert, Adenauer müsse aufhören, ihm hineinzureden, erstaunt den Kanzler. Aber jetzt kann er nicht mehr zurück. Am 16. Oktober 1956 übernimmt Strauß das Amt des Verteidigungsministers. Wenige Tage später tritt er in der Ermelkeilkaserne in Bonn vor Soldaten.

München bleibt für Strauß aber schon aus finanziellen Gründen wichtig: Zusätzlich zu seinem Gehalt als stellvertretender Landrat von Schongau und Beamter im Innenministerium verdient er als Berater des *Münchner Merkur* 250 Mark monatlich, und auch von Edeka erhält er 600 Mark im Monat, als Gerüchte auftauchen, er würde bald einem Ausschuss vorstehen, an dem das Unternehmen Interesse hat. Dazu kommen noch 5000 Mark des Managers Siegfried Balke von dessen Spendenvereinigung der Volkswirtschaftlichen Gesellschaft. Balke wird Nachfolger von Strauß als Atomminister und tritt dafür in die CSU ein. Ermelinde Bauer holt nicht nur die Diäten von Strauß in bar ab und führt Buch über die Geschäfte der Landesgruppe in Bonn, sie führt für ihren Chef auch die persönlichen Konten. »Strauß war immer am Geld interessiert und immer geizig«, erinnert sie sich.

Zumindest versteht er, zu nehmen: Um sich einen höheren Pensionsanspruch zu sichern, meldet er sich am Ende der ersten Legislaturperiode im Staatsministerium zurück. Er wird auf dem Papier befördert, danach meldet er sich wieder ab.

In seiner Zeit als Generalsekretär lernt er in München die Anwältin Christel Lammers kennen, die fortan für die CSU arbeitet. Strauß und Lammers verstehen sich auch privat. Sie bringt Strauß mit dem Anwalt Dr. Richard Thiermann zusammen. Gemeinsam kaufen sie Grundstücke in München, Strauß besorgt bei Banken Kredite, und sie finanzieren den Bau von Wohnblocks. Ein Teil des Geldes kommt von den künftigen Mietern, die sich durch die Zahlungen das Wohnrecht erwerben. Aber auch nur das Wohnrecht, nicht etwa den Besitz der entsprechenden Immobilie. Ihr Einsatz ist also verloren. Entsprechend heißt diese Art der Immobilienförderung »verlorene Baukostenzuschüsse«. »Auf diesem Weg hat sich Franz Josef Strauß ein Immobilienvermögen geschaffen«, sagt Ermelinde Bauer. Ihrer Erinnerung nach hat Strauß das Kapital für »zig Wohnungen in Wohnblocks« in München besorgt. Allerdings habe er ja kein eigenes Geld investiert, nur Kredite besorgt. Deshalb habe sie von den Wohnblocks nur am Rande erfahren.

Strauß denkt unternehmerisch, im Privaten wie in der Politik: Während Adenauer und Blank Rüstungstechnik aus dem Ausland beziehen und die Zustimmung der Nachbarn zur Rüstung mit Millionenaufträgen erkaufen wollen, will Strauß lieber die heimische Wirtschaft stärken. Wissenschaftler und Rüstungsunternehmer respektieren ihn, weil er sich genau in die jeweilige Materie einarbeitet und sich daher inhaltlich auf hohem Niveau mit ihnen darüber auseinandersetzen kann. Sie fühlen sich von ihm verstanden. »In seiner kurzen Zeit als Atomminister konnte Strauß wichtige Weichenstellungen vornehmen«, betont der Politikwissenschaftler Wolfgang Krieger. Er schafft die Deutsche Atomkommission, in der er Wirtschaft und Wissenschaft zusammenbringt. In den USA kauft er Uran und Versuchsreaktoren. Er träumt von der zivilen Nutzung der Kernenergie, worin Krieger »ein Stück spezifisch bayerischer Politik« erkennt: Bayern verfügt über nur geringe Kohlevorkommen und liegt fern der Ölhäfen. Von der Kernenergie verspricht sich Strauß wirtschaftlichen Aufschwung. Vor allem aber macht er den Unternehmern Hoffnungen auf Rüstungsaufträge.

Während Strauß in Bonn sein Ziel erreicht hat und auf dem Höhepunkt seiner Macht angekommen ist, stürzt die CSU in Bayern von heute auf morgen ab. 1954 muss sie erstmals seit dem Krieg in die Opposition gehen und das, obwohl sie die Wahl gewinnt. Sie ist geschockt, als sich nach den Wahlen 1954 eine Viererkoalition aus SPD, Bayernpartei, dem Bund der Vertriebenen und Entrechteten und der FDP bildet, um »Licht übers Land« zu bringen, wie sie versprechen. Der Sturz der CSU hat Folgen für die Bundespolitik: Adenauer fehlen nun die Stimmen der CSU-Regierung im Bundesrat. Die CSU tut sich schwer in der Rolle als Opposition. Plötzlich kann sie nicht mehr auf den Staatsapparat zurückgreifen.

Aber die vier Regierungsparteien streiten untereinander. Der offizielle Grund ist das Thema Konfessionsschule, in Wirklichkeit spalten sich die Koalitionspartner über einen Untersuchungsausschuss. Mitglieder der Bayernpartei sollen Geld angenommen haben für Lizenzen von Spielbanken. Ein gefundenes Fressen für den erzkonservativen Alois Hundhammer, der sich ab Oktober 1955 in einem Untersuchungsausschuss mit viel Energie auf das Thema stürzt. Doch die Arbeit des Ausschusses endet nach zwanzig Monaten mit einer Schlappe für die CSU, als nämlich ein CSU-Abgeordneter zugibt, 50000 Mark von einem Spielbankeninteressenten erhalten zu haben. »Hochnotpeinlich« nennt die *Süddeutsche Zeitung* das Ergebnis für die CSU. Damit hätte die Sache erledigt sein können.

Doch im Januar 1959 zeigt sich ein Konzessionär auf Anraten des CSU-Generalsekretärs Fritz Zimmermann selbst an. Entgegen seiner Aussage im Untersuchungsausschuss habe er den Politikern der Bayernpartei, Josef Baumgartner und Max Klotz, Geld gegeben. Da alle drei vereidigt gewesen waren, wirft der Staatsanwalt ihnen nun einen Meineid vor. Es kommt zu einem Gerichtsverfahren. Am Ende werden der ehemalige Innenminister Geiselhöringer, der ehemalige Landwirtschaftsminister Baumgartner und der stellvertretende Fraktionschef Klotz, die Intimfeinde von Strauß, zu Gefängnisstrafen verurteilt. Geiselhöringer stirbt in der Haft, neun Monate später stirbt auch Baumgartner im Gefängnis.

Bei seinem Begräbnis in Sulzemoos ist auch Hundhammer zugegen, mit dem Baumgartner vor dem Krieg beim Bauernverband zusammengearbeitet hat. Hundhammer ist es auch, der ihn im Untersuchungsausschuss in die Falle hat laufen lassen. Als ein alter Pfarrer den betenden Alois Hundhammer sieht, herrscht er ihn an, ob er nun zufrieden sei. Als die Träger den Sarg in die Erde lassen wollen, entgleitet ihnen der Sarg. Baumgartner stürzt kopfüber stehend in die Grube. Die Anwesenden sehen darin ein Zeichen, dass Baumgartner bis zuletzt aufmüpfig ist.

In Wirklichkeit ist freilich nicht nur seine Zeit abgelaufen. Mit ihm verschwindet auch die Bayernpartei. Baumgartner ist über eine Falle von Hundhammer gestürzt, der viel zu sehr mit Strauß verfeindet ist, als dass die beiden sich über eine gemeinsame Strategie abgestimmt hätten. Es scheint, als habe Strauß seelenruhig aus der Ferne zusehen können, wie sich die ehemaligen Kollegen und späteren Parteifreunde gegenseitig bekämpfen. Strauß, so scheint es, hat mit dem Spielbankenprozess nichts zu tun, das beteuert jedenfalls er selbst.

Oder vielleicht doch? Immerhin spielt sein Freund Fritz Zimmermann eine wesentliche Rolle beim Sturz der Bayernpartei. Zunächst sagt Zimmermann unter Eid aus, dass er die Untersuchung nicht in Gang gebracht habe. Später muss er sich korrigieren. In einem Verfahren, in dem er wegen Meineids angeklagt ist, redet er sich heraus. Es sei ihm an dem fraglichen Tag gesundheitlich so schlecht gegangen, dass er nicht gewusst habe, was er sagte. Tatsächlich bestätigt ihm ein Gutachten, dass er an Unterzuckerung gelitten habe. Im Gegensatz zu Baumgartner muss Zimmermann nicht ins Gefängnis, sondern kommt mit vier Monaten auf Bewährung davon. In einem späteren Verfahren wird er freigesprochen. An die Rolle von Zimmermann schließt sich die Frage an, ob nicht doch auch Strauß beteiligt war.

Im Laufe der Jahre produziert die Spielbankenaffäre einen Prozess nach dem anderen. Mit insgesamt über fünfzig Gerichtsverfahren wird es die längste Affäre in Bayern nach dem Krieg. 1970 arbeitet der *Stern* die Affäre auf und bringt sie so auf den Punkt: Die CSU sei 1957 »in Bayern nicht durch Wahlen, sondern durch ein kriminelles Komplott an die Regierung gekommen«. Sie habe einen Mann gekauft, der durch einen Meineid missliebige Politiker ruinierte. Der damalige Generalsekretär der CSU, Fritz Zimmermann, habe zwei Meineide geschworen, um die CSU an der Macht zu halten. Auch Franz Josef Strauß sei an der Affäre mitbeteiligt gewesen.

Die CSU beantragt gegen die Geschichte eine einstweilige Verfügung. *Stern* und CSU prozessieren. In einem der Verfahren sagt Erika Zimmermann aus, die damals bereits geschiedene Frau von Zimmermann. Ihr Mann habe von Strauß Anweisungen erhalten, gegen die Bayernpartei vorzugehen, sagt sie. Fritz Zimmermann streitet dies ab. Es kommt zu einer unschönen Auseinandersetzung, in deren Verlauf öffentlich wird, dass Erika Zimmermann trinkt und an einer Neurose leidet. Dass diese Details publik werden, ist offenbar kein Versehen. Im Gegenteil: Zimmermann und seine Anwälte wollen damit erreichen, dass die Aussage seiner Ex-Frau unglaubwürdig erscheint. Doch ein Gutachter bescheinigt ihr Glaubwürdigkeit. 1976 schließen CSU und *Stern* einen Vergleich: Demnach darf der *Stern* behaupten, Zimmermann habe sich mit dem Mann getroffen, der sich später selbst anzeigen sollte, und ihm als Gegenleistung eine Konzession angeboten. Was Strauß betrifft, so wertet das Gericht die Aussage von Erika Zimmermann nicht als Beweis, sieht aber auch nicht als bewiesen an, dass Strauß keine Rolle gespielt habe. 1984 begeht Erika Zimmermann Selbstmord.

Fest steht jedenfalls: Die Bayernpartei hat sich nie wieder von diesem Schlag erholt. Ihre Vernichtung ermöglicht der CSU und Strauß seitdem die uneingeschränkte Vorherrschaft in Bayern.

6 Die ersten Monate als Verteidigungsminister

Am 6. Februar 1957 feiert Strauß' Mutter Walburga ihren 80. Geburtstag. Seit 1949 ist sie Witwe und wird vor allem von ihrer ledigen Tochter Maria versorgt. Angehörige tragen auf der Geburtstagsfeier ein Gedicht vor: »Das Marerl und da Franzl auch, wer'n aufzogn nach'm alten Brauch, Sie folgen de Eltern fast aufs Wort«, heißt es darin. Aber dass der Sohn jetzt kaum mehr da ist, verhehlen sie nicht – die Mutter wird sicher manchmal darüber geklagt haben. »Das Marerl bleibt die treue Gute, dem Franz ist net ganz wohl zu mute, er woas, zur Mama müßt er öfta kemma, obwohl er fast sich muas darenna.«

Strauß ist viel unterwegs im Dienste der Politik. Damit er sich dabei nicht wirklich »totrennen« muss, hat das Verteidigungsministerium ein paar Tage davor – am 31. Januar – ein viermotoriges Kurierflugzeug angeschafft, das Strauß zwei Wochen später bei einem Probeflug auf dem regennassen Flugplatz Wahn bei Köln gegenüber Journalisten stolz als »die sicherste Maschine der Welt« vorstellt. Es handelt sich dabei um eine britische Heron – schnittig und schmal wie ein Jagdflugzeug. Selbst wenn drei Motoren ausfallen, könne der Pilot sie noch in der Horizontalen halten, erklärt Fachmann Strauß. Die englische Königin fliege in so einer Maschine. Und nun eben auch er. Um 14.35 Uhr hebt die Heron nach glattem Anlauf ab nach Schleswig zu einem zweitägigen Truppenbesuch.

Es ist der vierte Flug des Bundesverteidigungsministers mit seiner neuen Maschine. Sie fliegt in nur 1500 Metern Höhe. Draußen treiben schmutzige Wolkenbänder. Strauß erklärt den Journalisten sein Besuchsprogramm, zwischendurch liest er die »Müddeutsche Zeitung« – die Faschingsausgabe der *Süddeutschen Zeitung* – und amüsiert sich über die Titelzeile »Strauß in den Osten geflohen«. Zwar muss wegen schlechten Wetters statt in Schleswig bereits in Hamburg gelandet werden. Aber die Stimmung an Bord ist »ausgezeichnet«, wie die Journalisten später berichten.

Plötzlich zuckt hinter dem Armaturenbrett des Piloten ein gelber Blitz. In Sekundenschnelle verschwindet er in einer Rauchwolke. Es riecht verbrannt, und die Funknavigation fällt aus. Aus Angst, die Maschine könnte zu niedrig fliegen, zieht der Pilot sie nach oben. Strauß und die anderen Passagiere presst es in die Sitze. Im nächsten Moment fällt die Maschine in ein Luftloch. Der Bordmechaniker spritzt weißen Schaum über die elektrischen Leitungen. Strauß ist die Faschingszeitung entglitten. Er schickt seinen Referenten nach vorne, um zu erfahren, was passiert ist. Der Pilot drückt den Flieger nach unten, um mit Erdsicht zurück zum Flughafen Wahn zu fliegen und dort notzulanden. Doch er sieht kaum etwas. Er fliegt knapp über den Baumwipfeln, und die Maschine schaukelt »erbärmlich«, wie ein Journalist notiert. Strauß scheint wenig beeindruckt und weist einen Offizier an, sofort nach der Landung eine Eisenbahnverbindung nach Schleswig zu suchen. Eine Stunde nach dem Start landet die Heron am Ausgangspunkt. Sie wird umringt von Feuerwehrleuten, Rettungskräften und Mechanikern. Sie vermuten die Ursache des Brandes in der Scheibenwischeranlage. Strauß lässt das Flugzeug stehen und nimmt den Zug.

Die SPD wirft Strauß vor, er habe die Maschine zu einer CDU-Wahlveranstaltung in Flensburg »missbraucht«, aber Strauß nimmt die Kritik gelassen. Sein Ministerium erklärt, er habe das Flugzeug in erster Linie dienstlich für Truppenbesuche genutzt. Es könne einem Minister nicht verwehrt werden, dass er im Anschluss daran an einer Parteiveranstaltung teilnimmt. Wütend wird Strauß erst, als er in Zeitungen einen Agenturbericht lesen muss, er habe seine

Maschine nach der Notlandung »mit zitternden Knien« verlassen und eine »vor Angst schlechte Figur« gemacht. »Frei erfunden, erlogen und erstunken« sei der Bericht, wettert er. Er werde alle Zeitungen, die die »frei erfundene Verleumdung« druckten, zu einer Berichtigung zwingen. Die Version, die den Flugliebhaber so sehr ärgert, stammt von einem sozialdemokratischen Informationsdienst. Strauß nennt sie eine »halbkriminelle Mischung zwischen Goebbels und Chicagoer Gangstertum«.

In den ersten Monaten als Verteidigungsminister ist Franz Josef Strauß »in aller Munde«, wie sich sein Presseoffizier Schmückle erinnert. »Auf eine rätselhafte Weise bewegte er die Phantasie.« In seinem Ministerium duckten sich die Beamten, erinnert sich Schmückle. »Der neue Mann hatte sie aus dem Tritt gebracht. Sie warteten nur, bis sie ihm ein Bein stellen konnten. [...] Zunächst ließen sie ihm alles durchgehen. [...] Auch die Generäle lagen in Lauerstellung. Sie wollten abwarten, ob das Glück dem neuen Mann beistünde oder ihn fliehe.« Die erste Reiberei entsteht, als Strauß Freiwillige aus dem Bundesgrenzschutz übernehmen will. General Heusinger und andere Offiziere sind dagegen. Strauß sieht die Übernahme als Test für die Reform. Seine Gegner befürchten, der Zustrom mache die Reform kaputt, weil die Freiwilligen nicht im neuen Geist ausgebildet seien. Vielmehr bestünde die Gefahr, dass sie den alten Kommissgeist in die neue Armee zurückbrächten. Doch Strauß setzt sich durch – und behält Recht. Von vereinzelten Ausreißern abgesehen, passen sich die Neuen an.

Sein Vorzimmer »hätte in jedes bayerische Landratsamt gepasst«, erinnert sich Schmückle. Zwei Sekretärinnen sitzen sich an einem Schreibtisch gegenüber. In einer »schäbigen Ecke« neben der Tür stehen drei Stühle – für die Gäste. Strauß weiß sich gegenüber den Offizieren Respekt zu verschaffen. Einmal verlässt ein General nach fünfminütigem Warten das Zimmer, weil ein deutscher General nicht warte, wenn er bestellt sei. Strauß hört davon und lässt ihn zurückbefehlen. Doch der General ist bereits auf dem Weg nach Hause. Er besitzt kein Telefon. Folglich lässt ihm der Adjutant von Strauß die Weisung von Feldjägern übermitteln. Sie bieten ihm an, in ihrem Wagen mitzufahren. Der General fühlt sich abgeführt, und dieser Eindruck verstärkt sich noch, als ihn die Feldjäger bis zum Ministerbüro begleiten. Zufällig ist ein Redakteur der *Frankfurter Allgemeinen Zeitung* im Haus und hört die Geschichte. Er schreibt darüber und lobt das Primat der Politik vor dem Militär.

Strauß sitzt hinter einem Schreibtisch voller Bücher und Akten. Wie in einer Bibliothek sind die Wände des Zimmers bis zur Decke vollgestellt mit Büchern. Auf einem kleinen Tisch stehen »militärische Geschmacklosigkeiten«, erinnert sich Schmückle: Modelle von Panzern, Schiffen und Flugzeugen.

Strauß ist öfter auf Wahlkampftour im Norden. Dabei trifft er auch Rudolf Augstein, den er bislang nur flüchtig von Parteitagen her kennt. In Heft 1 des Jahres 1957 bringt der *Spiegel* eine Titelgeschichte, die Strauß alles in allem sehr positiv sieht. Zwar ist damals schon die Rede davon, dass Strauß von bayerischen Unternehmern Geld annehme. Aber der *Spiegel* erwähnt das nur. Später hätte das Heft ihm das sicher sehr viel stärker vorgeworfen. Man ist ihm zu Beginn durchaus gewogen, so Augstein. »Einem so vielversprechenden Aufsteiger wie dem Franz Josef Strauß geben Journalisten eine gute Chance, nicht zuletzt, um mit ihm zusammenzuarbeiten.« Einige Wochen nach Erscheinen der ersten großen Geschichte haben beide Seiten Gelegenheit, einander genauer kennen zu lernen.

Es ist Samstag, der 9. März 1957: Franz Josef Strauß, gerade ein halbes Jahr für die Verteidigung zuständig, ist in Hamburg auf Wahlkampftour. Rudolf Augstein lädt Strauß im Anschluss an die Veranstaltung zu einem Herrenabend mit einigen seiner Redakteure ein. Strauß kommt in Augsteins Wagen zu dessen Privatwohnung am Marienweg. Das Haus hat Augstein von Max Schmeling erworben. Ein Referent und ein Polizist begleiten Strauß. »Man begrüßte sich, die Nordlichter warteten zunächst ab«, erinnert sich der damalige *Spiegel*-Redakteur Leo Brawand, der über den Abend Aufzeichnungen macht. Es gibt Bier, Sekt, auch kleine Häppchen. Für Strauß, so wird ihm gesagt, liege ein leckeres Hühnchen im Kühlschrank. *Spiegel*-Geschäftsführer Hans Detlev Becker, den Strauß offenbar für den Hausherrn hält, versucht die Atmosphäre etwas aufzulockern, so Brawand. Er trägt, mit einleitendem Diener, eines der von ihm beherrschten Gedichte vor: »Königsgruß« von C. J. Blumenhagen. »Im Wollen fest / kalt in Gefahr / noch Jugendfrisch / im Silberhaar«. Das kam gut an, so Brawand, »und Augstein ließ nachschenken«. Dann legt jemand zu Ehren des Verteidigungsministers eine Schallplatte mit dem »Großen Zapfenstreich« auf. Strauß fühlt sich in dieser Atmosphäre offenbar wohl und sieht nun sich an der Reihe.

Er erzählt einen Judenwitz: In einer amerikanischen Garnisonsstadt plane eine Lady eine Abendgesellschaft. Sie will, dass ihre Gäste tanzen, weiß aber, dass die eingeladenen Herren in der Minderzahl sind und zudem nicht gerne tanzen. Also ruft sie den Standortkommandanten an und bittet ihn, acht Soldaten zu schicken. Es dürften aber keine Juden sein. Zur vereinbarten Zeit stehen die acht Soldaten vor der Tür. Es sind Schwarze. Die Lady ist entsetzt und meint, es handle sich um einen Irrtum. Darauf sagt einer der acht Soldaten. »No, Madam, unser Commander Sammy Goldstein irrt sich nie!«

Nun ist die Runde beim Militärischen. Man spricht über die Engländer und ihre Attacke am Suezkanal. Strauß äußert sich abfällig über den gescheiterten Angriff. Laut Brawand sagt er, die Sowjets müsse man im Auge behalten. Der Redakteur Hans Schmelz meint verstanden zu haben, Strauß vergleiche die Sowjets mit Sittlichkeitsverbrechern, die man ja auch nicht frei herumlaufen lasse. Schmelz schnarrt: »Dann schlagen Sie sie doch zusammen.« Das ist Strauß zu viel. Er protestiert, das sei unerhört. Augstein schickt seinen Redakteur vor die Tür. Aber Schmelz kommt wieder zurück. Der Abend ist hitzig geworden. Der Sicherheitsbeamte, der Strauß begleitet, hat aufgehört, Häppchen zu essen. Ihm ist sichtlich unbehaglich. Doch zwischen all den hitzigen Bemerkungen gibt es auch »friedliche Gesprächspassagen«, wie sich Brawand erinnert: So meint Strauß augenzwinkernd zu Augstein: »Na, wie wäre es denn mit uns beiden in Bonn? Sie als Sponsor und ich als Fellow Traveller?« Offenbar sucht Strauß ein gutes Verhältnis zu den Journalisten, die Adenauer so sehr attackieren. Doch Augstein ist nicht sehr angetan von dieser Idee und rezitiert Münchhausen: »Einer von uns muß gehen nach Hause allein; Herrgott, lass mich der andere sein.«

Es ist spät geworden. Strauß schickt seinen Referenten voraus zum Hauptbahnhof, damit er seinen Zug anhalte, bis er komme. Kurz darauf bricht auch er selbst auf. Für die Fahrt haben ihm die *Spiegel*-Leute das Hühnchen aus dem Kühlschrank eingepackt. Der Zug soll planmäßig um 22.10 Uhr vom Hauptbahnhof abfahren. Augstein chauffiert Strauß zum Bahnhof und fährt in der Eile über eine rote Ampel. »In jüngeren Jahren ist man halt leichtsinnig, noch dazu, wenn die Straße frei und jede Katze grau ist«, sagt Augstein später. Aber: »Mein Einsatz für den Minister war vergebens.« Strauß und Augstein sehen nur noch die Lichter des Zuges in der Ferne. Die beiden überlegen nicht lange. »Da damals noch getrunken wurde, fuhren wir zurück in mein Haus.« Strauß liefert sein Brathendl wieder in der Küche ab und gesellt sich erneut zu den *Spiegel*-Redakteuren. Er erzählt, wie er knapp dem Tode entronnen ist, so Augstein. Sein Flugzeug vom Typ »Heron« hatte den Brand eines Triebwerkes nur durch Sturzflug löschen können. Strauß machte vor, wie er, quasi auf einem Schaukelpferd sitzend, in den Abgrund gerast sei.

Der Abend endet um 3.30 Uhr früh vor dem Hotel Prem in Hamburg. Die drei *Spiegel*-Redakteure, die Strauß dorthin begleiten, werden später während der *Spiegel*-Affäre Wochen und Monate lang eingesperrt, betont Augstein in seinen Erinnerungen an diesen Abend mit Strauß. Dies, so Augstein, sei die Nacht gewesen, in der Spiegel und Strauß »über Kreuz kamen«. Der allgemeine Eindruck der anwesenden Redakteure lautet: »Der nicht!« Augstein: »Wenn denn der Stuhl des Bundeskanzlers jemals frei werden würde, woran viele von uns angesichts der Natur Konrad Adenauers (ver)zweifelten, so sollte bestimmt dieser flamboyante Bayer nicht auf ihm Platz nehmen.«

Später wird dann fälschlicherweise behauptet, Augstein hätte Strauß übelgenommen, dass er seinetwegen bei Rot über die Ampel fahren musste.

7 Marianne Zwicknagl wird Marianne Strauß

Im Jahr 1957 ist Franz Josef Strauß auf dem Höhepunkt seiner Macht: Er ist Verteidigungsminister. Damit hat er – nach dem Bundeskanzler – das mächtigste Amt der Regierung inne. Im Gegensatz zu Adenauer hat er seine Zukunft noch vor sich. Denn in einem Kabinett, in dem vor allem alte bis sehr alte Männer regieren, ist er mit seinen einundvierzig Jahren der Jüngste. Er sei sehr gefragt in Bonn und das nicht nur unter Politikern, schreiben Klatschblätter. Die *Süddeutsche Zeitung* bezeichnet ihn als den »begehrtesten Junggesellen der Bundeshauptstadt«. Auf seinem Ministerschreibtisch liegen Briefe von Verehrerinnen offen herum. Strauß kokettiert damit. Er genießt, dass frühere Freundinnen wieder den Kontakt zu ihm suchen. Strauß weiß um die Ausstrahlung der Macht. Wie sie wirkt, hat er bereits in Schongau beobachtet. Die Amerikaner, die das Sagen hatten, hatten auch Mädchen. Sein Freund Ernest Hauser, der Chef der amerikanischen Geheimpolizei in Schongau, hatte nie Probleme, eine Freundin zu finden.

Strauß tut nicht so, als hätte er es besonders eilig mit dem Heiraten. Er genießt die Aufmerksamkeit der Zeitungen, die ihn zu einem der begehrtesten Junggesellen der Republik ausrufen, und der Damen in seiner Nähe, die den Zeitungen zu glauben scheinen. Er genießt es, dass viele Frauen für ihn zu haben sind, er aber nicht unbedingt für sie. Ist er vielleicht schon heimlich vergeben? Beobachter rätseln jedenfalls mitunter darüber. Sicher ist, dass vier Frauen eine besondere Rolle in seinem Leben spielen. Natürlich seine Mutter Walburga, die er meist am Wochenende sieht, wenn er in München ist. Dann seine Schwester Maria, die jahrelang auf ihr kleines Brüderchen aufgepasst und ihn im Krieg mit Büchern und Kuchen versorgt hat. Schließlich seine Sekretärin Ermelinde Bauer, die schon in Schongau in seinem Büro saß und mit ihm nach Bonn gegangen ist. Und die Rechtsanwältin Christiane Lammers in München, die die CSU juristisch berät. Vor allem in seiner Zeit als Generalsekretär hatte er viel mit ihr zu tun, aber auch danach blieben sie in Kontakt. Genau genommen hat er vier Frauen um sich, die ihn alle auf ihre Weise umsorgen und bemuttern.

Von Ermelinde Bauer und Christel Lammers ist immer wieder zu lesen, sie seien ihm so treu zu Diensten, dass man sie – sogar in München – abwechselnd fälschlicherweise für seine Verlobte hält. Er braucht bei vielen Dingen eine Frau, die ihm sagt, was er kaufen und wie er es anziehen soll. Die ihm frische Hemden für seine energischen Auftritte zurechtlegt und die schnell nass geschwitzten Hemden hinterher reinigen lässt. Aber falls er einer von ihnen oder beiden den Hof macht, dann muss er es auf eine Art getan haben, die sie im Unklaren darüber lässt, ob er es ernst meint oder nur eine billige Arbeitskraft sucht. Ob sie wirklich die Einzige in seinem Leben ist. Wichtiger als jede Frau scheint ihm die Politik zu sein – und die Freiheit, seinen Willen durchzusetzen. Wenn er sich dennoch für eine Frau entschiede, dann müsste sie sich ganz sicher seinem Drang nach Bedeutung unterordnen – oder sich mit viel Selbstbewusstsein behaupten. Beide – Ermelinde Bauer wie Christel Lammers – sind zeitweise an ihm interessiert. Doch Strauß ist gleichzeitig zögerlich und eine Spur zu selbstsicher. Bauer fürchtet, aus der Sekretärinnenrolle nicht herauszukommen, und Lammers hat einen Vater, der schon den Nazis in herausragender Regierungsposition diente. Strauß fürchtet, in politische Sippenhaft genommen zu werden, und widersteht der Freundin.

Im Fasching 1957 ist Strauß viel in München unterwegs. Angeblich hat er schon einige Nächte durchgefeiert, als er am Rosenmontag schließlich auf dem Ball »Traumkulisse« im Deutschen Theater landet. Immer wieder fordert er auf diesem Ball eine Frau auf, die sonst nicht viel im Münchner Nachtleben zu sehen ist. Bekannte von Strauß wundern sich, wer die Brünette sein könnte, die etwas größer ist als er. Woher kennt er sie? Auch am nächsten Abend sieht man die beiden zusammen. Gemeinsam besuchen sie den Kehrausball des *Münchner Merkur*, zu dem Strauß ein besonders enges Verhältnis pflegt. Nun stellt Strauß die Begleiterin seinen Freunden vor.

Sie heißt Marianne Zwicknagl, ist sechsundzwanzig Jahre alt und kommt aus Rott am Inn. Ihre Eltern unterhalten dort einen Hof und die Kaiser-Brauerei direkt neben dem Kloster. Doch München ist ihr keineswegs fremd. Sie ist am 21. April 1930 in München geboren, und ihre Eltern haben hier eine Zweitwohnung in Bogenhausen, wo sie einen Salon für die feine Gesellschaft unterhalten. Marianne hat zunächst Schulen in Wasserburg und Rosenheim besucht; dann drei Jahre lang das Max-Gymnasium in München. Dass sie als eines der wenigen Mädchen für den Besuch der reinen Knabenschule, auf die auch schon Franz Josef Strauß gegangen ist, eine Sondergenehmigung des Kultusministeriums erhält, zeugt von den guten Verbindungen ihres Vaters.

In ihrer Kindheit ist sie herzkrank und darf viele Aktivitäten nicht mitmachen. Aber sie erholt sich. Mit sechzehn fordert und bekommt sie ihr eigenes Zimmer in München. Dass sie sich dort in der Knabenschule behauptet, lässt auf ihr Selbstbewusstsein schließen. Sie macht 1948 ihr Abitur unter Leitung des gleichen Lehrers, der auch schon Strauß unterrichtet hat. In Zeitungsberichten heißt es später, sie habe das Abitur mit der Note »sehr gut« bestanden. Entweder schließen manche Journalisten, zu einem Einserschüler wie Strauß passe nur eine Einserschülerin, oder der Informant aus der Familie Zwicknagl kann oder will sich nicht mehr genau erinnern. In Wirklichkeit tut sie sich nicht immer so leicht wie Musterschüler Strauß. »Von ihren schriftlichen Prüfungsarbeiten war der deutsche Aufsatz nach Gliederung, Inhalt und Darstellung mangelhaft«, steht 1948 in ihrem Zeugnis. »Die Leistungen im Englischen und in der Physik fielen befriedigend, in den übrigen Fächern gut aus. Die mündliche Prüfung wurde ihr erlassen.« Ihr Betragen ist »wohlanständig«.

Anschließend besucht sie die Münchner Dolmetscherschule und macht die Übersetzerprüfung für Englisch. In den Jahren 1949/50 beginnt sie ein Volkswirtschaftsstudium an der Universität München. Damit tritt sie in die Fußstapfen ihres Vaters. Doch 1950/51 unterbricht sie ihr Studium und geht zunächst nach Grenoble, dann auf die Sorbonne nach Paris. Sie studiert und lernt Französisch. 1952 wechselt sie nach London an die School of English. In beiden Sprachen macht sie das große Examen. Danach nimmt sie in München ihr Volkswirtschaftsstudium wieder auf.

Im Mai 1955 wird sie Diplom-Volkswirt mit dem Gesamturteil »genügend«. Einzig in Betriebswirtschaft schafft sie ein »gut«. In den Fächern Öffentliches Recht, Volkswirtschaftslehre und Finanzwirtschaft reicht es nur für ein »genügend«. Ihre Prüfer bescheinigen ihr »manche Lücken und Irrtümer«. Ihre Noten lassen darauf schließen, dass sie nicht genügend Zeit in ihr Studium investiert hat oder dass es ihr einfach keinen Spaß gemacht hat. Deshalb ist fraglich, ob sie wirklich eine Dissertation erarbeiten wollte, wie es später heißt. Oder ist das vielleicht ohnehin nur eine Idee des ehrgeizigen Vaters, Dr. Max Zwicknagl, der in ihrem Verlangen, aus Rott wegzukommen und mehr zu sein als eine Brauereibesitzerstochter, einen Teil seiner eigenen Sehnsüchte und Ambitionen zu erkennen glaubt?

Marianne kehrt nach Rott zurück und übernimmt die Geschäftsführung der elterlichen Brauerei. Mit ihrer Rückkehr nach Rott kommt Schwung in die Brauerei. Der Vater hat nie viel mit der Brauerei anfangen können und schon oft überlegt, sie zu verkaufen – wenn nur die Steuern nicht den ganzen Gewinn fressen würden. Oft ist sie ihm mehr Klotz am Bein als Vergnügen, aber er verdrängt das Problem, indem er sich fern von zu Hause in Arbeit stürzt. Den Betrieb hat er verpachtet, bevor Marianne die Leitung übernimmt.

Umso mehr freut ihn, dass sich die Tochter als geschäftstüchtige Frau erweist, die den Umsatz steigert. Ihrer Schwester Brigitte gesteht er einmal seine Erleichterung darüber, dass Marianne wieder »normal« sei – offenbar hatte er sich über sie und ihre Ambitionen bereits Sorgen gemacht. Dabei sind Vater und Tochter sich in ihrem Ehrgeiz und ihren Träumen ganz ähnlich. Es gelingt Marianne, Kaiser-Bräu trotz großer Konkurrenz nach München zu »exportieren«. In den Traditionsgaststätten der Altstadt und in Schwabing hat das Bier zwar keine Chance. Aber Marianne erobert Terrain im Münchner Umland und an den Ausfallstraßen. Wenn dort ein Kiosk oder Laden aufmacht, schaut sie vorbei und preist ihr Bier an. Diese Strategie bringt Umsatz und dient Marianne bisweilen als willkommener Grund, Rott zu verlassen und nach München zu fahren.

Zwar ist »Marianndl«, wie ihre Schwestern sie nennen, in Rott zu Hause, aber sie fühlt sich dort oft fremd. Ihr fehlen enge Freunde. Dazu hat sie zu oft die Schule und den Ort gewechselt. Die Freunde am Ort, mit denen sie sich sonntags im Café trifft, können nicht immer etwas mit ihr anfangen. Einmal, da ist sie gerade zwanzig, zieht sie ein hübsches schwarzes Kleid an, aber ihre Freunde finden das komisch und fragen, ob sie Trauer trage. Ein heimlicher Verehrer, den sie jedoch nur als »Brüderchen« bezeichnet, nennt Marianne einen »Eiszapfen«. Ganz offensichtlich erwidert sie seine Gefühle nicht. Ein anderes Mal berichtet sie einem Freund frustriert vom Leben in Rott, worauf er den Eindruck hat, sie will »zuviel vom Leben«. Sie flüchtet sich in Arbeit, so sehr, dass sie Ende 1956 fürchtet, darunter zusammenzubrechen. »Jede Kette ist nur soviel wert wie ihr schwächstes Glied.«

Die Töchter sind ganz froh, wenn »Vati« unterwegs oder »in seinem Bau« ist, wie sie sein Büro im fernen Frankfurt nennen – sonst will er immer beschäftigt werden. Marianne hat Bedenken, in Rott zu bleiben, gesteht sie einem Verwandten in Hamburg. Mit ihm versteht sie sich, vielleicht, weil er nichts von ihr will. Sie telefonieren und schreiben sich, sie besuchen sich und gehen zusammen bummeln. Sie gesteht ihm, dass sie sich Sorgen mache um Vater und Mutter. Sie spürt Distanz gegenüber ihrem Vater. Ihr Verwandter warnt: Die Kühle einer Tochter dürfe sich nicht auf den Menschen oder die Frau übertragen. »Du hast eine gewisse Mauer um Dich errichtet, und es ist gut, einen solchen Schutzwall zu haben. Nur darf diese Mauer nie zur Festung werden und die Kühle des Herzens sich nicht durch die Zeit zur Kälte ausweiten.«

Als »Vati« Konsul wird, verbringen die Eltern viel Zeit in Innsbruck. Marianne ist alleine in Rott, als am 15. November 1956 nachts eingebrochen wird im Büro der Brauerei. Die Täter erbeuten eine barocke Perlenbrosche. Marianne ärgert sich. Gerade an diesem Schmuckstück hängt sie besonders. Sie vermutet die Täter im Ort. Von fünf ortsbekannten »Bazis« sind drei eingesperrt, überlegt sie. Also kommen die anderen beiden in Frage. Sie versteht nicht, warum die Kriminalpolizei nicht umgehend in diese Richtung ermittelt. Die Beamten, die sie aufsuchen, sind alle bewaffnet, aber sie sind ihr zu langsam. Sie sehen aus, »als könnte man ihnen ein Fünferl schenken, soo langsam und ein bisserl dumm … Die Leute kommen, geredet wird – uff, mir langts.« Allerdings hat auch sie keine Beweise für ihren Verdacht, nur eine Ahnung. Zumindest werden eine stärkere Beleuchtung und eine Alarmanlage installiert.

Im Herbst 1956 will sie sich erholen und fährt ein paar Tage ans ligurische Meer nach Italien. In Rapallo steigt sie in einem vornehmen Hotel ab. Die Stadt liegt auf einer Anhöhe direkt über dem Meer, und ihr Hotel bietet eine wunderbare Aussicht aufs Wasser. Die Kellner sind zuvorkommend, nur das Wetter könnte besser sein. Ihr gefällt es so gut, dass sie beschließt, ein paar Tage länger zu bleiben, schreibt sie der Mutter. Dass sie nicht immer allein ist, verschweigt sie ihr. Dabei kennt die Mutter den Freund aus München, der mit ihr Urlaub macht. Sie schlafen in getrennten Zimmern, aber es kann ihr nicht entgehen, dass er etwas für sie empfindet. Tatsächlich gesteht er ihr nach den gemeinsamen Tagen in Rapallo seine Liebe. Er wäre durchaus standesgemäß, hat Jura studiert und damit einen soliden Beruf erlernt, ist aber auch musisch interessiert. Ihre Eltern kennen und schätzen ihn und haben ihn mitunter zu ihren Abenden eingeladen. Doch Marianne will auch mit ihm nur freundschaftlichen Kontakt. Sie genießt seine Aufmerksamkeit, seine Liebe erwidert sie nicht.

An Verehrern scheint es ihr nicht zu mangeln. Doch sie kann sich für keinen von ihnen entscheiden. Sie gilt lieber als »Eiszapfen«, wie einer sie nennt, als schwierig, als eine, die nicht weiß, was sie will. Dabei weiß sie genau, dass sie keinen der Verehrer will. Von 1955 an schreibt ein Studienfreund fleißig Briefe und beklagt sich darin immer wieder, dass sie seine Briefe zu selten beantworte und wenn, dann habe sie sie gar nicht genau gelesen. »Für mich ist überhaupt die ganze augenblickliche Situation ziemlich unerträglich«, schreibt er im Juli 1956. »Ich nehme an, daß Du weißt, daß ich Dich sehr lieb habe und auch bereit bin, daraus die Konsequenzen zu ziehen. Was ich allerdings nicht weiß, ist, wieweit Deine Gefühle für mich gehen. Manchmal, vor allem, wenn ich mit Dir zusammen bin, glaube ich, daß Du mich gern hast, manchmal muß ich infolge Deines Verhaltens daran aber zweifeln.« Sie ist sich offenbar nicht sicher, bricht den Kontakt aber nicht ab und macht ihm an Weihnachten 1956 Hoffnung, dass das Christkind vielleicht die »etwas verloren gegangenen Fäden wieder zusammenspinnt«. Er glaubt nicht recht daran: »Ob das nicht etwas viel vom Christkind verlangt war. Ich glaube, man muß da doch selber auch ein bissel mithelfen.«

Franz Josef Strauß kennt Marianne schon etliche Jahre. Einmal war er zu Gast bei ihrem Vater gewesen, und bei dieser Gelegenheit war ihm auch Marianne begegnet. Damals hat er nicht sie, sondern nur den Vater wahrgenommen. Beiden Männern ging es um Politik. Mit dem Vater, einem ehemaligen Landtagsabgeordneten und CSU-Gründungsmitglied, saß Strauß gemeinsam im Frankfurter Wirtschaftsrat. Mehr noch: Die beiden Bayern teilten sich dort ein Hotelzimmer und manchmal auch die Brote, die Zwicknagl von seinem Hof in Rott am Inn mitbrachte. Als Marianne und Franz Josef sich in ihrem Elternhaus zum ersten Mal begegnen, ist sie noch ein Mädchen von dreizehn Jahren. Für Strauß ist sie nur eine der drei Töchter seines Parteifreundes. Gitte, Mariandl und Schnecki – Brigitte, Marianne und Renate. Ihn und Marianne trennen fünfzehn Jahre. In diesem Alter sind das Welten, und für Strauß ist sie damals noch ein halbes Kind.

Doch das Wiedersehen im Fasching berührt ihn und Marianne offenbar auf ganz neue Art und Weise. Er sieht in ihr nicht mehr das Kind, sondern die junge Frau. Und sie genießt seine plötzliche Aufmerksamkeit. Die Blicke der anderen Frauen bleiben ihr nicht verborgen. Viele würden gerne mit ihr tauschen. Allerdings macht Strauß am Rosenmontag auf seine Freunde noch nicht den Eindruck, als sei er verliebt. Einer sagt scherzhaft: »Du Franzl, das wär' eine Frau für Dich.« Strauß entgegnet: »Na klar. Ostern ist Verlobung.« Alle lachen, keiner nimmt ihn ernst. Aber von jetzt an ist er fast jedes Wochenende zu Gast bei der Familie Zwicknagl in Rott am Inn. Allerdings gelten seine Besuche nun nicht mehr seinem Parteifreund.

8 Dr. Max Zwicknagl

Ihr Elternhaus hat Marianne geprägt. Früh schon hat sie gelernt, dass politische Tätigkeit Gegner schafft und Opfer verlangt. Ihre einschneidendste Kindheitserinnerung an die politische Tätigkeit des Vaters ist vermutlich der Brand der Brauerei und des Gutshofes 1937. Da ist sie sieben Jahre alt. Alt genug, um die Angst und Wut der Eltern und ihrer älteren Schwester mitzubekommen. Ihr Vater hat immer wieder betont, der Hof sei wegen seiner politischen Gegnerschaft von den Nazis angezündet worden. Er hat es wohl auch geglaubt, belegen konnte er diese Vermutung allerdings nicht.

Die Zwicknagls sind keine ganz gewöhnliche Bauersfamilie in Rott. Das beweist schon der Umstand, dass Marianne von 1936 bis 1940 Privatunterricht genießt. Sie ist oft krank, das ist wohl der Hauptgrund, aber möglicherweise will der Vater sie auch vor der Ideologie der Nazis schützen. Jedenfalls ist er einige Jahre zuvor auf komische Art mit dem örtlichen Nazi-Vertreter aneinander geraten. Die Familie besitzt einen Hund. Ihr Vater bringt ihm bei, die Pfote zu heben und zu grüßen. Der Hund soll die Pfote allerdings nicht nur ein klein wenig heben, sondern sehr weit nach oben strecken. Es sieht so aus, als würde ein Mensch seinen Arm im 60-Gradwinkel heben. Max Zwicknagl bringt dem Hund das Kunststückchen zu einer Zeit bei, als die Nazis noch nicht die Macht übernommen haben und der Hitlergruß noch nicht zum guten Ton gehört. Aber als die Leute auf der Straße beginnen, einander mit erhobenem Arm zu begrüßen, wirkt die Hundedressur natürlich, als ob Hund und Herr sich lustig machen wollten über den sehr ernst gemeinten Gruß und damit letztendlich über Hitler. Das liegt Zwicknagl fern. Er ist zwar kein Nazi, und er mag nicht, dass sie ihm Vorschriften machten, aber er will auch keinen Ärger mit ihnen.

Dem Leiter der örtlichen NSDAP, Benno Ruhdorfer, ein laut Zwicknagl »fanatischer Nationalsozialist«, gefällt das Kunststück gar nicht. Ruhdorfer erstattet Anzeige gegen Zwicknagl wegen »Verächtlichmachung des deutschen Grußes«, wie sich Zwicknagl später erinnert. Er aber habe dem Hund das Kunststück nicht mehr abgewöhnen können. Der Hund konnte »natürlich nicht verstehen, dass er jetzt nach dem 30. Januar 1933 gerade diese Ehrenbezeugung nicht mehr machen dürfe«, verteidigt sich Zwicknagl. »Er sah doch, dass fast alle deutschen Herrle und Fraule so grüßten.«

Ruhdorfer kann er mit dieser Erklärung nicht beruhigen. Allerdings hat er das Glück, dass Ruhdorfer mit seiner Anzeige beim Bezirksamt Wasserburg auf einen Beamten stößt, der nicht viel Verständnis für die Klage hat. Statt Zwicknagl streng zu bestrafen, wie es der Kreisleiter der NSDAP fordert, verdonnert er ihn lediglich zu einer Geldstrafe. Dies sollte aber nicht die letzte Meinungsverschiedenheit mit Ruhdorfer gewesen sein.

Am 20. April 1933 versammeln sich etwa vierzig Personen im Kaiserbräustüberl in Rott am Inn. Ruhdorfer stellt Zwicknagl bei dieser Gelegenheit zur Rede, wie dieser später in einem Protokoll notiert. Ruhdorfer ist zu Ohren gekommen, dass Zwicknagl sich über ihn beschwert hat, weil er, Ruhdorfer, angeblich gefordert habe, man solle Zwicknagl an die Wand stellen. Ruhdorfer behauptet, dies sei eine Verleumdung, er habe eine solche Bemerkung nie gemacht. Von Zwicknagl will er nun wissen, wer sein Informant gewesen sei. Zwicknagl bleibt bei seiner Behauptung, er habe das so gehört, will aber nicht preisgeben, wer es ihm erzählt hat. Die Weigerung macht Ruhdorfer ärgerlich. Er sagt: »Wer einen Verleumder schützt, ist selbst ein Lügner und Verleumder.« Nun ist Zwicknagl empört.

Zur Strafe will ihm Ruhdorfer die Teilnahme an einem Festzug verbieten. Zwicknagl will Ruhdorfer wegen Beleidigung anzeigen. Schließlich treffen sie sich aber und einigen sich gütlich: Ruhdorfer nimmt seinen Vorwurf zurück und Zwicknagl verspricht, nicht zu klagen. Er erklärt: »Mit großer Befriedigung nehme ich Kenntnis davon, dass die nationalsozialistische Parteileitung die gegen mich erhobenen Vorwürfe sich nicht zu Eigen macht. Ich erblicke in dieser Haltung die Voraussetzung für eine in unserem Bezirk höchst ersprießliche Zusammenarbeit, wie sie auch von dem Führer Deutschlands gewünscht wird. Meine Mandate im Bezirkstag und im Gemeinderat werde ich nicht vom Standpunkt kleinlicher Parteiinteressen aus vertreten, sondern ich werde mich als objektiver und nationaler Sachwalter für die Sorgen unserer Gemeinde und unseres Bezirkes betrachten.«

In Wahrheit ist Zwicknagl mit der Politik der Nazis ganz und gar nicht einverstanden. 1937 wendet er sich an den Brauerei-Verband in Berlin und kritisiert darin den Vierjahresplan. Der Verband leitet seinen Brief der Staatspolizei zu. Zwicknagl sei als ehemaliges aktives Mitglied der Bayerischen Volkspartei als politischer Gegner bekannt gewesen, und so habe der Brief einen Anlass geboten, ihn zu verhaften, betont Heinrich Grill, der ehemalige NSDAP-Ortsgruppenleiter in Rott. Zwicknagl kommt ins Amtsgerichtsgefängnis nach Wasserburg. Am zehnten Tag seiner Untersuchungshaft bricht in seinem Anwesen in Rott ein Brand aus.

Zwicknagl ist sich später sicher, dass die Nazis den Brand gelegt haben. Beweise hat er jedoch nicht. Heinrich Grill setzt sich noch in der Nacht beim Landrat für eine Freilassung Zwicknagls ein. Der Landrat hält Grill vor, er wisse wohl nicht, was er sage und fordere, aber Grill setzt sich durch. Zwicknagl wird beurlaubt. Um 6.30 Uhr morgens drängen der Landrat und der Bezirksgendarmeriemeister den NSDAP-Vertreter Grill, Zwicknagl wieder festzunehmen. Doch Grill widersetzt sich. Deshalb wollen NSDAP-Funktionäre und Verantwortliche der Polizei nun Grill festnehmen. Doch der hat bereits einen vorgesetzten NSDAP-Mann in München informiert, der die Festnahme Grills verhindert und nach zweiwöchigem Hin und Her schließlich anordnet, auch Zwicknagl solle frei bleiben. Um dies durchzusetzen, ist Grill eigenen Angaben zufolge eigens zweimal nach München gefahren.

Zwicknagl jedenfalls dankt ihm diesen Einsatz nach Ende des Krieges, indem er ihn entlastet. Denn plötzlich ist Zwicknagl ein wichtiger Mann, an den sich viele wenden. Er sitzt in einer Spruchkammer in Wasserburg und viele erwarten sich von ihm Hilfe bei ihrer Entnazifizierung. Sein Hof scheint den Krieg gut überstanden zu haben. Jedenfalls weist eine Aufstellung aus dem Jahr 1947 aus, dass den Zwicknagls von 118 Betrieben in Rott und Umgebung mit Abstand die meisten Kühe gehören, die fast doppelt soviel Milch geben wie die Kühe des nächstgrößeren Hofs.

Sein Leben lang hat er ein gespaltenes Verhältnis zu seinem Geburtsort. Er kann ihn nur ertragen, indem er immer wieder flüchtet. Seine Frau Ilse, die aus Hamburg kommt, lässt er dann alleine zurück in Rott. Auch sie kann ihn nicht halten. Sein Ehrgeiz treibt ihn in die Städte, wo Politik gemacht wird und Entscheidungen fallen. 1946 warnt er den erzkonservativen Alois Hundhammer vor einer »schwarzen Bauernpartei«: »Wir verlieren dabei zuviel Gelände im gehobenen Bürgertum, der Intelligenz, der freien Berufe.« An diesen Leuten liegt Zwicknagl, nicht zuletzt, weil er von ihnen anerkannt werden möchte. Ihm ist wichtig, die wichtigen Leute zu kennen. Die gespaltene Haltung gegenüber seinem Heimatort, die durch das Bewusstsein, mehr zu sein als ein Bauer und Brauer, noch verstärkt wird, gibt er weiter an seine Töchter, die alle drei auswärts zur Schule gehen. Rott sei »einer der schönsten Punkte«, schreibt er einem Bekannten, aber »leider bin ich von Geburt aus kein Bierbrauer und möchte deshalb meine letzten Tage nicht in Rott zubringen. Die Zeit von 1933 bis 45 ist mir noch in recht unangenehmer Erinnerung.«

Politisch steht Max Zwicknagl zunächst der Bayerischen Volkspartei nahe. Er teilt damit die politische Einstellung des Vaters von Franz Josef Strauß. So sehr Max Zwicknagl die Enge von Rott ablehnt und so gerne er die Städte aufsucht, so begrenzt ist sein politisches Interesse. Für ihn gebe es nur Wirtschaftspolitik, genau genommen Landwirtschaftspolitik, heißt es 1948 in einem Zeitungsporträt. »Zwick«, wie ihn seine Parteifreunde nennen, versteht es, seine Fahne nach dem Wind zu richten. War er vor und unmittelbar nach dem Krieg ein Anhänger von Fritz Schäffer, so habe er sich später ihm, Müller, zugewandt, betonte später Josef Müller, der liberale Mentor von Franz Josef Strauß. Ähnlich wechselhaft ist sein Verhältnis zu Josef Baumgartner, dem ersten Landwirtschaftsminister, der später von der CSU zur Bayernpartei übertritt.

Nach dem Krieg hilft er die CSU in Rott zu gründen. Bei den ersten Wahlen schafft er den Sprung in den Landtag in München. Er gehört zu den Männern, die die Landesverfassung beraten. Das Interesse für die Landwirtschaft bringt ihn nach dem Krieg – zusammen mit Franz Josef Strauß – auch in den Wirtschaftsrat nach Frankfurt. Danach kommt er in führender Position zum Bundesernährungsministerium, wo er sich an wichtiger Stelle gefordert sieht. Schließlich gilt es, die Lebensmittelversorgung der Bevölkerung zu sichern. Der Brauereibesitzer hat seine eigenen Ansichten darüber, wie sich die Leute ernähren müssen. Bier gehört seiner Ansicht nach jedenfalls zu den wichtigen Lebensmitteln. Er protestiert gegen Braueinschränkungen. Auch als er sich später für die Verteidigungspolitik interessiert, liegt sein Ansatz in der Landwirtschaft. Denn der Aufbau der »neuen Wehrmacht« kann nur gelingen, wenn Zivilisten wie er die Ernährung der Truppen übernehmen. Damit dient er nicht nur dem Aufbau der Bundesrepublik, sondern auch seinen ureigenen Interessen.

Wenn er um seine Position fürchtet, greift Max Zwicknagl durchaus zu ungewöhnlichen Mitteln: Als ihm gegen seinen Willen ein Mitarbeiter zur Seite gestellt werden soll, gibt er im Mai 1952 bei einem Münchner Graphologen heimlich ein Schriftgutachten in Auftrag. Es sei beabsichtigt, den Herrn in leitender Stellung in seinem Amt zu beschäftigen. »Der Schreiber ist […] schon eine recht eigentümliche und ungewöhnliche Natur«, lautet die Einschätzung des Schriftfachmannes. »Sich ihn in einem Amt vorzustellen, fällt schwer.« Zwicknagl ist mit der Beurteilung zufrieden. Doch er kann nicht verhindern, dass sein Einfluss im Amt schwindet und er bald darauf gehen muss.

Weil er mit seinem Scheitern zugleich die Verwirklichung gemeinsamer Pläne gefährdet sieht, wendet er sich im November 1953 an Strauß. Es geht um den Aufbau der »zukünftigen Wehrmacht«, wie Zwicknagl sich ausdrückt. Er habe bei Finanzminister Schäffer nicht genügend Unterstützung gefunden, klagt Zwicknagl. »Wir haben uns, lieber Franz Josef, die Entwicklung der Dinge anders gedacht; sie sind aber so gekommen, wie wir immer befürchtet haben. Solange ich Angestellter im Bundesernährungsministerium bin, bin ich natürlich stark gehandicapt. Auf der anderen Seite bin ich mir klar, dass mit der Aufgabe meiner Position ein erheblicher Prestigeverlust direct und indirect eintritt [...] Ich beabsichtige nicht, mit den Händen im Schoß in Rott/Inn oder in München zu sitzen, sondern nehme den Kampf um den Ausbau der zukünftigen Wehrmacht frei und unabhängig wieder auf.«

Strauß soll Blank als Verteidigungsminister ablösen und die politische Führung übernehmen, während er, Zwicknagl, die Versorgung der Truppen in die Hand nehmen will, ein lohnendes Geschäft. Strauß und er wollen die Führung der Militärs nicht den Militärs überlassen, sondern die Politik soll die Kontrolle behalten. Zivilisten wie Strauß und er sollen ihrer Meinung nach bestimmen, was die Militärs zu tun haben. Das ist ein politisches Verdienst. Aber heißt das nicht auch, dass er bereit ist, Interessenskonflikte in Kauf zu nehmen? Zwicknagl will von Strauß wissen, »welche Hilfstruppen wir um uns scharen wollen«. Allerdings ist ihm auch bewusst, dass man ihm Vorwürfe wegen Eigennutz machen könnte. Deswegen betont er: »Bei mir handelt es sich nicht, wie ich Dir versichern kann, darum, eine Stellung zu finden, sondern mitzuhelfen, dass die künftige Wehrmacht richtig aufgebaut wird.«

Man darf davon ausgehen, dass Zwicknagl es als persönlichen Erfolg wertet, als Strauß Jahre später tatsächlich Verteidigungsminister wird. Und auch er selbst hat es noch zu etwas gebracht. 1957, als Strauß sich oft in Rott aufhält, ist Dr. Zwicknagl nun immerhin Konsul der Bundesrepublik in Innsbruck. Tatsächlich ist Max Zwicknagl jahrelang fast verzweifelt bemüht gewesen, eine derartige Position im Ausland zu erreichen, am liebsten in England oder den USA. Am Ende reicht es nur für Österreich. Als er den Posten antritt, gibt es Gerüchte, Strauß habe ihm in Bonn dazu verholfen. Eine unlautere Vorgehensweise kann man ihnen jedoch nicht nachweisen. Immerhin sind die Gerüchte und Vorwürfe so laut, dass Strauß gegen die Kritiker klagt – und gewinnt.

9 Verlobung und Hochzeit: Sonne in Rom und Regen in Rott

Am Mittwoch vor Ostern fährt Strauß in seinem grauen BMW nach Innsbruck. Er holt Marianne und deren Eltern ab und fährt mit ihnen weiter in den Süden nach Rom. Dort bleiben sie acht Tage und feiern gemeinsam die Verlobung von Marianne und Franz Josef. Zunächst ist alles geheim. Dass die Verlobung sorgfältig geplant war, wird später klar. Am Gründonnerstag treffen nämlich plötzlich bei allen Freunden und Bekannten der Familie Zwicknagl und des Herrn Minister Verlobungsanzeigen ein. Ermelinde Bauer und Christel Lammers beteuern auf Nachfrage jede für sich, sie hätten Franz Josef zur Heirat mit Marianne geraten. Auch seine Mutter Walburga signalisiert Zustimmung: »Die is wenigstens net so o'gmolt wie die anderen.«

Am Karsamstag empfängt Papst Pius XII. das Paar für eine Viertelstunde. Die Aufmerksamkeit gilt zunächst dem Bundesverteidigungsminister. Marianne Zwicknagl darf ihn – entgegen dem Protokoll – begleiten und wird dem Papst als künftige Verlobte vorgestellt. Allerdings darf sie erst am Ende der Audienz zum Papst und dem Verteidigungsminister dazutreten. Der Fotograf des Vatikans löst die heikle Frage des Protokolls, indem er unter das Foto schreibt, neben dem Papst stehe eine »unbekannte Frau«. Tatsächlich findet am Tag darauf die Verlobung statt. Nun steht freilich die junge Frau im Mittelpunkt des Medieninteresses. Zeitungen drucken das Bild vom Papstbesuch, das Marianne in einem hoch geschlossenen schwarzen Kleid zeigt. Die Nachrichtenagentur dpa und Zeitungen nennen die junge Frau versehentlich »Maria«.

Bundeskanzler Konrad Adenauer gratuliert dem Paar mit einem großen Strauß roter Nelken, den er durch die deutsche Botschaft in Rom überbringen lässt. Die ewige Stadt erweist sich nicht nur der Romantik wegen als gute Ortswahl. Das Paar bleibt von Fotografen weitgehend verschont. Sie hätten das absichtlich verhindert, indem sie sich nicht zu Stoßzeiten an populären Plätzen aufgehalten hätten, sagt Marianne Zwicknagl später. »So kamen wir ziemlich ungeschoren davon.« Einmal lassen sie sich vor der Fontana di Trevi ablichten, wie sie eine Münze hinter sich ins Wasser werfen. Das soll bekanntlich Glück bringen.

Zurück in Deutschland erhält Marianne Glückwünsche zum Geburtstag und zur Verlobung. Alte Freunde sehen ihr Bild in der Zeitung und melden sich wieder. Strauß bedankt sich bei Adenauer für seine Glückwünsche und schreibt: »Ich darf diesen Dank auch im Namen meiner Braut ausdrücken, die sich genauso wie ich darüber gefreut hat. Zugleich möchte ich Ihnen mitteilen, dass die Hochzeit am 4. Juni in Rott am Inn stattfinden wird, wo sich eine der schönsten Barockkirchen Bayerns befindet. […] Ich erlaube mir, Sie, sehr verehrter Herr Bundeskanzler, als besonderen Ehrengast einzuladen und wäre sehr erfreut, wenn Sie diese Einladung annehmen würden. […] Nach der Hochzeit würde ich gerne, auch als physische Vorbereitung für den Wahlkampf, drei bis vier Wochen Urlaub nehmen, den ich in Italien oder Spanien zu verbringen gedenke. Ein fester Plan liegt darüber noch nicht vor.«

Während Strauß die Politik im Auge hat, denkt seine Braut ans Essen. »Die Eltern habe ich gestern in München getroffen, weil wir das Hochzeitsmenü besprechen wollten«, schreibt Marianne ihrer kleinen Schwester Renate ins Landeserziehungsheim in Strein. »Es klappte dann auch vorzüglich. Außerdem waren wir bei Dall Armis zum Abendessen. Hier wird nun alles für die Hochzeit hergerichtet, und es gibt natürlich schrecklich viel zu tun.« Sie erwähnt ihre Schwester Gitte, die jetzt am Rhein lebt. »Vielleicht kann ich mit Franzl hinfahren, da ich ja dieses Wochenende in Bonn sein muss. Männchen machen.«

Männchen machen. Marianne spricht bereits wie eine abgeklärte Politikerfrau, die genau weiß, dass sie nun dem Publikum vorgeführt wird – und so schlau ist, das Spiel ihrem Mann zuliebe mitzuspielen. Sie muss sich ohnehin daran gewöhnen, dass sie von nun an die Attraktion ihres Franzl ist. Bislang war er immer der junge Herr Minister. Nun ist sie bald die »junge Frau Minister«. Selbst der *Spiegel* scheint von ihr angetan zu sein und berichtet: »Die Braut ist von sanftmütig-heiterem Wesen, doch dahinter steckt unverkennbar Energie. Sie wirkt sehr fraulich, ist gescheit und gebildet und versteht sich zu unterhalten. Sie spricht ein Hochdeutsch, das leicht bayerisch gefärbt ist, und dürfte ihrem zukünftigem Ehemann nach dem Urteil derer, die sie und den Bräutigam kennen, geistig durchaus gewachsen sein.«

Für Strauß ist sie die Frau, nach der er lange gesucht hat: Zwar wollte er nie die Nachfolge seines Vaters als Metzgermeister antreten, aber seiner Sekretärin erzählt er einmal, dass er sich die Tochter eines Brauereibesitzers zur Frau wünscht. Für den Metzgerssohn scheint das die ideale Ergänzung zu seiner Herkunft zu sein und zugleich den Aufstieg zu symbolisieren. Offensichtlich ist es ein Herzenswunsch, denn er hat schon einmal die Tochter eines Brauereibesitzers ausgeführt, doch aus der Verbindung wurde nichts.

Das Interesse der Boulevardpresse an Marianne wächst stetig. Mehrere Illustrierte wie *Quick* und *Revue* schicken Fotografen und nehmen sie beim Rosenschneiden im ehemaligen Klostergarten, im Wohnzimmer am offenen Kamin und in ihrem Büro beim Telefonieren auf – natürlich mit dem Verlobten in Bonn, behaupten sie später in der Bildunterschrift. Die Braut strahle »Anmut und Intelligenz« aus, schreiben sie. Reporter der Münchner *Abendzeitung* besuchen Marianne Zwicknagl vor der Hochzeit in Rott am Inn und bringen Mitte Mai eine große Seite-3-Geschichte über die »vielbeschäftigte und tüchtige Leiterin der Kaiser-Brauerei«. Die Reporter sind entzückt, dass sie keine »blasse, schmuckbeladene Dame gesetzten Alters« vorfinden. »Als wir Marianne Zwicknagl im Büro der Kaiser-Brauerei in Rott am Inn besuchten, saß sie mit baumelnden Beinen auf dem Schreibtisch und telephonierte.« Als die Besucher ein Glas Kognak verschütten, nehmen sie angenehm berührt zur Kenntnis, dass ihre Gastgeberin nicht ein Hausmädchen ruft, sondern lachend davonläuft, einen Lappen holt und dann kniend den Flecken vom Teppich wischt, wie die Reporter ihre Leser wissen lassen.

»Sie werden es gar nicht für möglich halten, wie wenig ich selbst über den Tag der Hochzeit und das Leben später weiß!«, bekennt Marianne Zwicknagl und sagt ihren Besuchern, dass die Hochzeit zunächst für Samstag, den 1. Juli, geplant war. »Aber da ist ausgerechnet die Landesversammlung der CSU.« Marianne Zwicknagl muss lernen, dass die Politik oft Vorrang hat im Leben ihres künftigen Mannes. Womöglich ist es für sie noch zu früh, um das ganze Ausmaß dieser Wahrheit wirklich zu begreifen. Vielleicht ist sie noch gar nicht richtig dazu gekommen, darüber nachzudenken. »Ich weiß nur, dass es im Moment entsetzlich viel zu tun gibt«, sagt sie.

Sie macht sich Sorgen: »Ich will Ihnen ehrlich sagen: Vor der Hochzeit ist mir schon Angst und Bange. Das zukünftige Leben an der Seite meines Mannes wird mir sicher Spaß machen. Ich bin ja schon von Kindheit an durch meine Eltern an Empfänge, Parties und politische Gespräche gewöhnt. Aber bis es erst einmal soweit ist, das wird hart. Hoffentlich ergeht es mir nicht so wie der armen Maria Schell bei ihrer Hochzeit. Ich will nur hoffen, dass meine Hochzeit nicht zu einem Riesenrummel und zu einer Presseschlacht ausartet. Blitzlichter und surrende Kameras am Altar, das ist bestimmt nicht das, was sich eine Braut von ihrer Hochzeit erträumt. Schließlich ist eine Hochzeit doch eine ganz private Angelegenheit.« Doch allzu große Sorgen kann sich das Paar über zu viel Publizität nicht machen. Denn als ein bekannter Fotograf bittet, exklusiv arbeiten zu dürfen, lehnen sie ab. Das Paar hätte so alle anderen Fotografen von der Feier fernhalten können, doch Strauß will es sich mit keiner Publikation verderben.

Die standesamtliche Trauung findet am Sonntag, dem 2. Juni, abends um 20.00 Uhr statt. Marianne Zwicknagl und Franz Josef Strauß müssen dazu nicht aufs Standesamt. Der Bürgermeister kommt ins Elternhaus der Braut, um die Zeremonie im Salon der Wohnung vorzunehmen. Bundesfinanzminister Fritz Schäffer und Brautvater Max Zwicknagl sind Trauzeugen. Anschließend geht das Paar mit den Angehörigen in die Klosterkirche nebenan. Am Tag darauf bereitet sich Franz Josef Strauß in München auf die kirchliche Hochzeitsfeier vor. Er kauft zwei Smokingschleifen und ein Paar feine Handschuhe und lässt sich in einem Salon am Hauptbahnhof die Haare schneiden und die Hände maniküren. In Rott am Inn soll später der Polterabend stattfinden. Die Vorbereitungen dort laufen auf Hochtouren, und die ersten Fotografen der Illustrierten treffen bereits in dem kleinen Ort ein.

Auf dem Weg nach Rott am Inn erfährt Strauß gegen 17.00 Uhr aus dem Autoradio, dass sich in Kempten im Allgäu ein schweres Unglück ereignet habe. Soldaten werden vermisst, und offenbar gibt es sogar Tote. Ihm muss sofort klar sein, dass diese Situation den Verteidigungsminister fordert. Zum Feiern gibt es nun eigentlich keinen Grund mehr. Als seine Mutter und seine Schwester mit einem selbstgebackenen Kuchen eintreffen, empfängt er sie mit der Schreckensnachricht. Eine verzwickte Situation: Obwohl die Hochzeit »im kleinen Kreis« geplant war, so ist Strauß die öffentliche Wirkung doch sehr wohl bewusst. Der Bundeskanzler, der Außenminister und weitere Polit-Prominenz haben sich angesagt. Es sollte ein Fest sein, bei dem man ihn, Strauß, von seiner besten Seite sieht. Aber kann ein Verteidigungsminister, oberster Dienstherr der Soldaten, in einer solchen Situation feiern?

Vor dem Wohntrakt der Familie Zwicknagl hat sich bereits der Chor des Sanitätsbataillons 5 von Deggendorf aufgestellt, um ein Ständchen zu bringen. Strauß tritt in die Mitte der Sänger und bittet sie, von ihrer Darbietung Abstand zu nehmen. Das Musikkorps braucht die Instrumente für das vorgesehene Platzkonzert erst gar nicht auszupacken. Schaulustige aus Rott haben Mühe, für die Absagen Verständnis aufzubringen. Sie erwarten eine große Feier. Doch nun bahnt sich eine »ganz stille Hochzeit« an, wie der Reporter des *Münchner Merkur* beobachtet. Er glaubt, seine Leser trösten zu müssen. Allerdings nicht, weil über der Hochzeit ein Schatten liegt, sondern weil die Brauerstochter nun vergeben ist und sich nun weniger um den Bierumsatz kümmern kann: »Laßt Euch nicht betrüben durch diese Nachricht, Ihr Freunde des Kaiser-Biers hell und dunkel, die Ihr zwischen Inn und Isar fröhlich zecht!«

Zum Polterabend im Gasthof »Zur Post«, der direkt neben dem Kloster und dem Elternhaus der Braut liegt, ist die Bevölkerung eingeladen. Zwar singt der Kirchenchor dabei einen Strauß-Walzer, Trachtengruppen führen Tänze auf, und der Hochzeitslader von Rott darf die Verse zu seiner 140. Hochzeit aufsagen. Aber Strauß feiert und poltert nicht einmal bis 23.00 Uhr. Er will sich in seinem BMW unbedingt noch nach Kempten chauffieren lassen. Die Gäste und die Familie der Braut sind etwas verunsichert. Hat er die Hochzeit nicht bereits wegen einer Parteiveranstaltung verschoben? Fällt sie nun buchstäblich ins Wasser?

Strauß will der Braut und ihrer Familie gegenüber offenbar den Eindruck vermeiden, er mache sich wegen einer Kleinigkeit aus dem Staub. Also nimmt er seinen künftigen Schwiegervater mit zum Unglücksort. Politik ist schließlich, was beide schon seit Jahren verbindet. Wer wäre besser geeignet als der Brautvater und Trauzeuge, um in der Familie der Braut um Verständnis für seine Situation zu werben? Jedenfalls denkt Strauß auch an die Wirkung seiner Aktion in der Öffentlichkeit. Er weiß, dass sein Besuch nur einen Zweck hat: den Leuten zu zeigen, dass er mitfühlt und sich kümmert. Dazu braucht es Bilder von ihm am Unglücksort. Also nimmt er auch Fotografen mit, die wegen seiner Hochzeit nach Rott am Inn gekommen waren. Gemeinsam fahren sie ins Allgäu. Gegen zwei Uhr nachts trifft Strauß in Kempten ein und erfährt nun genau, was sich zugetragen hat.

Die 2. Kompanie des Luftlandejäger-Bataillons 19 ist in der Ausbildung. Der Zugführer des 4. Zuges, Unterfeldwebel Schäffler, muss wegen eines kranken Fußes zusehen und überlässt die Ausbildung seiner achtundzwanzig Rekruten seinem Stellvertreter Peter Julitz. Der Dreiundzwanzigjährige ist damit offenbar aber überfordert. In guter Absicht befiehlt er seinen Rekruten nach einer Zigarettenpause: »Fertigmachen! So, jetzt gehen wir noch durch die Iller. Im Ernstfall müssen wir das ja auch tun. Los, alle mir nach!« Der Regen hat den Gebirgsfluss in einen Fluss mit stellenweise reißender Strömung verwandelt. Die Rekruten verlieren den Halt. Fünfzehn der achtundzwanzig jungen Männer ertrinken. Strauß versucht die Katastrophe später so zu erklären: »Fünfzehn junge wehrpflichtige Soldaten haben [...] durch Verquickung besonders tragischer Umstände den Tod gefunden.« Der *Spiegel* wirft ihm dies als »leere Floskel« vor und schreibt, es sei ein »absurder Tod« ohne Beispiel in der deutschen Heeresgeschichte. Zwar habe es in Friedenszeiten durchaus Unfälle gegeben, bei denen mehr Menschen ums Leben kamen. Aber nie seien Rekruten so sinnlos in den Tod geschickt worden.

Von den fünfzehn Wehrpflichtigen des Jahrgangs 1937, die vor allem aus Baden-Württemberg stammen, wird am Montag lediglich einer geborgen. Auf den Brücken drängen sich Schaulustige und beobachten, wie Taucher sich bemühen, die anderen vierzehn Toten zu finden. Vergeblich. Wolkenbruchartige Regenfälle lassen die sonst ruhige Iller zu einem Strom anschwellen. Für Dienstagnachmittag wird Hochwasser vorausgesagt. In Fangleinen verfangen sich lediglich abgerissene Äste und ein toter Schäferhund.

Der Inspekteur des Heeres, Generalmajor Hans Röttiger, eilt nach Kempten und ruft von dort seinen Presseoffizier, Gerd Schmückle, an: »Hier geht alles drunter und drüber [...] Die Empörung der Bevölkerung ist unbeschreiblich, die politischen Auswirkungen sind unübersehbar. Wir sind um Jahre zurückgeworfen.« In der Öffentlichkeit droht der Eindruck zu entstehen, dass dieses Unglück ironischerweise eine Bestätigung von Strauß' Einberufungspolitik ist. Strauß hat stets die unrealistische Planung seines Vorgängers kritisiert. Sollte man ihm nun den gleichen Vorwurf machen können? Werden zu viele junge Männer von unerfahrenen Vorgesetzten ausgebildet?

Schmückle fliegt ebenfalls eiligst zur Unglücksstelle. Von einer Brücke aus bietet sich ihm ein »gespenstisches Bild«, wie er notiert. »Dichter Nebel lag über dem Fluß. Die Lichtkegel von Scheinwerfern suchten ihn zu durchdringen, brachten aber nur eine fahle Helle zustande und konnten die Sicht nur für Sekunden frei machen. Was ich sah, wirkte wie eine unheimliche Filmszene: Sturmboote pflügten gegen die Strömung, in Linie nebeneinander, mit hochgejagten Motoren. Die Wellen, die sie verursachten, sollten die Körper der Verunglückten hochspülen und an Land werfen. Die Wasserpolizei schleppte Leichensuchgeräte durch den Fluß. Pioniere in geflecktem Kampfanzug stocherten mit langen Stangen im Wasser [...] Ein Froschmann klebte – wie eine Kröte – am Brückenpfeiler. Männer vom Roten Kreuz warteten neben Sanitätswagen.«

Die Verantwortlichen versuchen auf ihre Art zu zeigen, dass sie alles tun, um das Unglück aufzuklären. Noch vor Strauß trifft der Kommandeur der Luftlande-Division, Oberst von Baer, am Unglücksort ein. Vor den Augen der Schaulustigen zieht er eine Badehose an und watet in die Iller, »um die Strömung zu prüfen«. Als Strauß eintrifft, kommt er zu einer ähnlichen Einschätzung wie der Stabsoberjäger Peter Julitz, der seine Männer ins Wasser schickte. Strauß sagt: »Wenn ich es mir so anschaue, würde ich keine Minute glauben, daß es so gefährlich ist.« Zweimal tritt Strauß ans Wasser. Einmal, um sich informieren zu lassen, ein zweites Mal, um sich neben einem General fotografieren zu lassen. Ein übereifriger Major hatte die Fotografen bei seinem ersten Gang ans Wasser zurückgehalten. Ihm war anscheinend nicht klar gewesen, dass Strauß auch um des Fotos willen gekommen war.

Strauß suspendiert die Vorgesetzten des jungen Julitz vorläufig vom Dienst, damit sie keine Aussagen der Überlebenden beeinflussen können. Die beiden Zugführer Schäffler und Julitz werden verhaftet.

Als Strauß erfährt, was passiert ist und die vergeblichen Rettungsversuche sieht, drückt sein Gesicht »Verbitterung aus«, wie der *AZ*-Reporter beobachtet. Den wenigen Journalisten, die bis zu dieser späten Stunde ausgeharrt haben, gibt Strauß eine kurze offizielle Erklärung seines Ministeriums: »Das Unglück ist geschehen, weil offensichtlich den verantwortlichen Zugführern ein Offiziersbefehl nicht bekannt war, der derartige Selbstmordübungen wie die Durchquerung der Iller ohne besondere Vorsichtsmaßnahmen ausdrücklich verbietet.« Strauß ist nach seinen eigenen Angaben am Ende seiner Kräfte. »Dann fährt er davon, um Hochzeit zu feiern«, berichtet der *AZ*-Reporter. »Ein bitterer Tag!«

Müde und abgekämpft kehrt Strauß erst am frühen Morgen nach Rott zurück. Ihm bleiben nur wenige Stunden Schlaf. Die Öffentlichkeit nimmt den Tod der Rekruten sehr ernst, und das Ziel der Kritik ist natürlich der Verteidigungsminister. Die Stimmung äußert sich in einem Telegramm, das ein erboster Bürger aus Saarbrücken nach Rott am Inn schickt: »Manöverunglück bedeutet in allerwelt Abstemplung der Bundeswehr als unverbesserlicher preussischer Kommiss stop Fordere strengste Bestrafung der Schuldigen.« Strauß versichert der Öffentlichkeit am Tag seiner Hochzeit, alle erforderlichen Maßnahmen zur Aufklärung des tragischen Unglücksfalles seien eingeleitet. Die Bevölkerung werde »unverzüglich« über das Ergebnis der Untersuchungen unterrichtet.

Die Situation wird nicht besser durch Reaktionen wie diese aus Bonn: Will Rasner, der Geschäftsführer der CDU-Bundestagsfraktion, sagt zu Journalisten einen Satz, der die Runde macht: »Niemand ist von dem schweren Unglück an der Iller schwerer getroffen als der Bundesverteidigungsminister und seine junge Frau.« Solche Sätze sind nicht dazu angetan, Sympathien für Strauß aufkommen zu lassen. Wenn die Brautleute auch nichts für das Unglück können, so ist doch jedem, der den Satz hört, klar, dass sie keineswegs so sehr betroffen sind wie die Angehörigen der jungen Männer, die den Tod gefunden haben. Strauß selbst beweist mehr Fingerspitzengefühl und verbietet alle vorgesehenen militärischen Ehrungen bei seiner Hochzeit; mit Rücksicht auf den Tod der Soldaten würden außerdem alle Feierlichkeiten bei der Hochzeit abgesagt. Es soll ein schlichtes Fest werden – nicht ganz einfach, wenn der Bundeskanzler, der Außenminister, der Finanzminister und der Atomminister sowie einige der führenden Politiker und Generäle der Republik zu Gast sind beim Verteidigungsminister.

Der Himmel ist bedeckt. Die ganze Nacht hindurch hat es geregnet, und es nimmt kein Ende. In Regenmänteln und mit Schirmen versammeln sich schon früh am Morgen mehr als tausend Menschen vor dem Portal der Barockkirche, in der das Ereignis stattfinden soll, von dem die ganze Republik spricht. Die Menge sieht zu, wie sich die Gäste auf die Feier vorbereiten. Die Stadtkapelle aus dem nahe gelegenen Wasserburg bringt ein Ständchen. Ein Zug aus Feldjägern marschiert in die Kirche ein. Schwarze Limousinen fahren fast pausenlos vor dem Haus der Braut vor und bringen neue Gäste. Die Schaulustigen können das alles bestens sehen, denn das Haus der Braut liegt schließlich direkt neben der Barockkirche, in der die Trauung stattfinden soll. Was sonst den Mittelpunkt von Rott am Inn bestimmt, scheint heute der Mittelpunkt der Republik zu sein. Überall stehen elegant gekleidete Frauen, Männer im Frack, uniformierte Sicherheitsleute, Journalisten und Fotografen geschäftig und gespannt herum.

Viele warten darauf, dass sich die mit Blumen geschmückte Eichentüre im Hause der Familie Zwicknagl öffnet. Wenige Minuten nach elf Uhr ist es soweit. Der Brautzug setzt sich in Bewegung. Feierlich schreiten die Hochzeitsgäste zur fünfzig Meter entfernten Kirche. In diesem Augenblick hört der Regen für wenige Minuten auf, notieren die Reporter. Der Altar der Barockkirche ist mit dunkelrotem Samt bedeckt. Zu beiden Seiten des Altars stehen Vertreter des Kriegervereins, der Feuerwehr und einer Studentenverbindung.

Bundesfinanzminister Fritz Schäffer führt den Bräutigam an den Altar. Konsul Dr. Max Zwicknagl ist der Stolz anzusehen, als er seine Tochter nach vorne geleitet. Bundeskanzler Konrad Adenauer führt die Mutter Ilse Zwicknagl. Zum Einzug singt der Kirchenchor von Rott. Marianne Zwicknagl und Franz Josef Strauß knien mit ernster Miene vor dem Altar nieder. Die wichtigsten Gäste der Familie verteilen sich auf die ersten sechs Bankreihen: Walburga Strauß, die Mutter des Verteidigungsministers, sitzt im Rollstuhl am Altar. Ihr Mann war 1949 gestorben. In der ersten Reihe knien Außenminister Heinrich von Brentano, Landtagspräsident Dr. Hans Ehard und der Landesvorsitzende der CSU, Dr. Hanns Seidel. Für Bundeskanzler Adenauer ist in der Apsis eigens ein Betschemel errichtet worden. Der alte Mann im Cut fasst das womöglich als gutgemeinte Beleidigung auf. Jedenfalls bleibt er als einziger Kirchenbesucher während der ganzen Zeremonie stehen.

Kardinal Joseph Wendel zelebriert die Trauung. In einer kurzen Ansprache erinnert er an die traurigen Geschehnisse der vergangenen Nacht und gedenkt der ertrunkenen Soldaten in Kempten. Die Brautleute weist er in seiner kurzen Ansprache auf den doppelten Ernst des Tages hin. Dem Bräutigam sind die Strapazen der vergangenen Nacht anzusehen. Er wirkt während der gesamten Zeremonie übernächtigt und müde. Auch Marianne wirkt bedrückter, als man es von einer Braut erwartet. Dann stellt Kardinal Wendel die drei Fragen, die den Höhepunkt jeder Trauung bilden. Wer Franz Josef Strauß als beherzten Redner kennt, ist überrascht, wie leise und belegt seine Stimme klingt, als er dreimal mit Ja antwortet. Unter dem Surren der Filmkameras ist er kaum zu hören. Marianne Zwicknagls Stimme dagegen hören die Gäste »klar und deutlich«, wie eine Reporterin vermerkt. Franz Josef und Marianne tauschen Ringe, und der Kardinal erklärt sie zu Mann und Frau. Sie bedanken sich, indem sie seinen Ring küssen. Danach wird die Messe zelebriert, und der Kirchenchor singt.

Die Glocken läuten, als das Brautpaar die Kirche verlässt, und die Menschen jubeln.

An den amtlichen Gebäuden draußen ist der Ernst der Lage nicht mehr zu übersehen: Ministerpräsident Hoegner hat für alle öffentlichen Gebäude Trauerbeflaggung angeordnet. Strauß hat allen Einheiten und Dienststellen der Bundeswehr befohlen, Halbmast zu flaggen. An dem Tag, der eigentlich nur Glück- und Segenswünsche für Strauß und seine Frau bringen soll, schicken ihm Landtagspräsident Ehard und andere Politiker Beileidstelegramme. Mit Rücksicht auf die fünfzehn Toten hat Strauß alle weiteren Feierlichkeiten zu seiner Hochzeit abgesagt und militärische Ehrungen verboten. Feldjäger in weißem Koppelzeug stehen für das Paar Spalier, Böllerschüsse und Musikdarbietungen fallen aus. Der Bräutigam hält einen Schirm für seine Braut.

Hundert Gäste sind zu einem Hochzeitsessen in den Gasthof »Zur Post« eingeladen, an den Ort, wo das Paar am Tag davor Polterabend gefeiert hat. Die Gäste sind sorgfältig ausgesucht – fünfzig vom Bräutigam, fünfzig von der Braut. Sie sitzen unter der rustikalen Holztonnendecke des Gasthofs, die ein ausgewachsener Hecht schmückt. Für die Bewirtung ist jedoch nicht der Dorfwirt, sondern das erlesene Haus Dallmayr aus München engagiert worden. Die Menükarte bietet frische Gänseleber Lucullus, Schwalbennester-Suppe, Seezungen-Filet getrüffelt in Weinschaum, Stangenspargel in Sauce Mousseline, Poularde à la Dallmayr, Filet Mignon, Eisbombe à la Schnecki (benannt nach der 14-jährigen und jüngsten Tochter der Familie Zwicknagl) und Mokka. Zu trinken gibt es Schloß Fürstenberg Sekt, Sherry, einen 53er Naimagener Engelsgrube Spätlese und einen 53er Schloß Fürstenberg Riesling Spätlese. Die hat der neue Schwager von Strauß, der ein Weingut am Rhein besitzt, aus eigenem Anbau beigesteuert. Geschenke werden überreicht und ausgepackt. Adenauer schenkt eine silberne Kaffeegarnitur.

Der Schriftsteller Eugen Roth, der mit Max Zwicknagl einst das Internat von Kloster Ettal besucht hat und Patenonkel der ältesten Tochter ist, hält die Tischrede und spricht in seinen Versen in munterem Ton einige Wahrheiten über das Paar und sein künftiges Leben aus. Über Strauß sagt er: »Ich nehme an – er kam, sah, siegte! / fest steht nur, dass er rasch sie kriegte. / Doch ahn ich nichts vom Wann und Wie, / Obs Glück nur war – oder Strategie; […] Der Strauß ist zwar ein hohes Tier, / Jedoch als Münchner wissen wir: / Er kann – und gar bei Bier und Wein – / Ein großes Vieh mitunter sein. […] Es führt der Strauß – wir sahn's noch eben – / Ein ungemein bewegtes Leben, / Kein Ideal – für seine Frau: / Er nimmt es mit dem Dienst genau!« Weder Brautleute noch Gäste tanzen an diesem Nachmittag.

Die Münchner *Abendzeitung* berichtet noch am Dienstag in einer »Nachtausgabe« von der Feier. Auf der Titelseite prangt groß der Name Strauß – allerdings ist nicht die Hochzeit das Thema, sondern das Illerunglück und Strauß' Hinweis, derartige Selbstmordübungen seien verboten. Am Ende eines Berichts aus Rott am Inn heißt es: »Ob das Paar angesichts des Geschehens in Kempten eine Hochzeitsreise macht, wird allgemein bezweifelt.« Doch noch während die Journalisten ihre Berichte für die Abendausgabe tippen, steigen Marianne und Franz Josef in seinen BMW. Ihr Ziel ist nur ihnen bekannt. An Stelle des Chauffeurs setzt sich diesmal Strauß selbst ans Steuer. »Wir sagen niemandem, wohin es geht«, sagt seine frisch angetraute Frau Minuten vor der Abfahrt. »Wir wollen ganz ungestört sein.« Dann fahren sie in ihre Flitterwochen. Am Abend beklagt ihre Mutter Ilse Zwicknagl noch einmal das traurige Ereignis an der Iller. Es sei selbstverständlich gewesen, alle Feierlichkeiten abzusagen. »Die Trauung selbst konnten wir einfach nicht mehr verschieben.«

Am nächsten Tag druckt die *Süddeutsche Zeitung* auf Seite eins das Bild, das den ernsten Verteidigungsminister an der Unglücksstelle zeigt. Auf der letzten Seite findet sich das Bild der lachenden Brautleute mit einem lachenden Adenauer. Marianne Zwicknagl heißt nun Marianne Strauß. Falls ihr in den Wochen vor der Hochzeit noch nicht klar geworden ist, was es heißt, mit einem der mächtigsten und bekanntesten Politiker Deutschlands zusammen zu sein, so muss ihr spätestens an diesem Tag deutlich geworden sein, dass sie von nun an nicht nur mit einem Mann, sondern auch mit seiner Politik verheiratet sein würde. Wenigstens die Trauerfeier für die verunglückten Soldaten in Kempten, die einige Tage nach der Hochzeit angesetzt ist, kann ohne ihren Mann stattfinden. Diesmal haben die länger geplanten Flitterwochen Vorrang.

Die Hochzeitsreise führt Marianne und Franz Josef nach Porto San Giorgio in Italien. Sie machen Urlaub an der Adria. Erstmals können sie nun ungestört zu zweit sein. Marianne Strauß muss diese Situation herbeigesehnt haben. Es ist eine der seltenen und kostbaren Gelegenheiten, ihren Mann ganz für sich zu haben. Denn unmittelbar nach den Flitterwochen will Franz Josef Strauß sich daheim in den Wahlkampf stürzen. Die große öffentliche Aufmerksamkeit, die in diesem Wahlkampf zu erwarten ist, ist einer der Gründe für ihre große Eile bei der Hochzeit gewesen. Sie beide wollten nicht, dass über die Begleiterin von Franz Josef Strauß getuschelt würde, sagte Marianne Strauß später einmal. So hat die Politik im Kleinen wie im Großen den Zeitpunkt ihrer Eheschließung diktiert. Im Fasching aufeinander getroffen, an Ostern verlobt, an Pfingsten verheiratet.

Seit ihrer Begegnung im Fasching haben sie kaum Gelegenheit gehabt, sich wirklich kennen zu lernen. Nun ist Gelegenheit dazu, doch irgendwie ist Franz Josef Strauß die Zweisamkeit nicht gewohnt. Nach ein paar Tagen hat er offenbar genug davon. Er erinnert sich, dass seine Sekretärin Ermelinde Bauer mit ihrem Verlobten ebenfalls in Italien Urlaub machen wollte. Kurzerhand ruft er seine Sekretärin an und fragt, ob sie sich nicht alle vier treffen wollen. Ermelinde Bauer wundert sich, als plötzlich ihr Chef anruft. Sie war zur Hochzeit eingeladen, hätte sich aber nie getraut, mit den beiden in die Flitterwochen zu fahren. Aber jetzt kommt sie, die viel mehr als nur eine Sekretärin für Strauß ist, seinem Wunsch gerne nach. Die vier treffen sich und verbringen den Rest der Urlaubszeit gemeinsam.

Marianne hat nun einen Vorgeschmack darauf erhalten, was es heißt, Frau Minister Strauß zu sein. Erst muss sie die Hochzeit wegen eines Parteitermins verschieben, dann wegen dringender Dienstpflichten des Bräutigams darum bangen, ob sie überhaupt stattfindet. Schließlich verabschieden sich die Jungvermählten fast fluchtartig in die Flitterwochen, die sie dann allerdings nicht einmal alleine, sondern zusammen mit Strauß' Sekretärin und deren Verlobtem verbringen. Statt wie geplant in Italien oder Spanien in der Sonne zu liegen, liest ihr Ministerehemann den Untersuchungsbericht über das Unglück an der Iller. Schlimmer noch: Nach einem Schießunfall auf dem Truppenübungsplatz in Grafenwöhr hat er den Präsidenten des Bundestags selbst gebeten, so schnell wie möglich einen Termin für eine Aussprache zu erhalten. Zu guter Letzt muss Marianne Strauß auch noch akzeptieren, dass ihn seine Fraktionskollegen bitten, vorzeitig nach Deutschland zurückzukehren. All das geschieht unter wachsendem Druck. Politische Gegner, Zeitungskommentatoren und Wehrexperten fragen immer dringlicher, ob Strauß den Aufbau der Bundeswehr wirklich noch im Griff habe oder ob nun auch seine Bemühungen unter zu großer Eile leiden und er dem eigenen Tempo und damit der gesamten Aufgabe nicht gewachsen sei. Kurz: ob er an den gleichen Problemen scheitere, die er seinem Vorgänger vorgeworfen hatte und versprochen hatte abzustellen? Mit diesem Versprechen war er ja überhaupt erst Verteidigungsminister geworden. Die Vorwürfe setzen Strauß zu. Als er am Freitag, dem 21. Juni, elf Tage vor dem geplanten Urlaubsende, in München eintrifft, heißt es, er habe kaum Erholung gefunden auf seiner Hochzeitsreise. Am Tag davor waren nach fast dreiwöchiger Suche die letzten vier toten Soldaten aus der Iller geborgen worden.

Am Mittwoch darauf kommt es zur Aussprache vor dem Bundestag. Strauß, der sonst gerne frei spricht, hat seine Rede diesmal auf fünfundzwanzig Seiten detailliert aufgeschrieben und einstudiert. Er schildert das Unglück darin bis ins kleinste Detail. Er betont, dass Stabsunteroffizier Julitz die Durchquerung der Iller angeordnet habe, obwohl seine Vorgesetzten dies davor verboten hatten. Allerdings war Julitz bei der Belehrung nicht anwesend gewesen. Der Vorwurf, der Aufbau der Bundeswehr erfolge zu schnell, sei falsch. Gleiches gelte für den Vorwurf, »der alte Barras« sei wieder erstanden. Keiner der Wehrpflichtigen, die es ja wissen müssten, habe das bestätigt. Er behauptet: »Zusammenfassend stelle ich fest, dass sich die grundsätzlichen Überlegungen und Planungen als richtig erwiesen haben.«

So wie Strauß dem überforderten Verteidigungsminister Blank große Probleme bereitet hat, so wird sein Auftritt nun zur großen Stunde für einen anderen jungen Wehrexperten. Er heißt Helmut Schmidt, hat für die SPD in der Landesregierung in Hamburg gesessen und präsentiert sich mit seinen kundigen Fragen nun als möglicher Nachfolger von Strauß, sollte die SPD auch einmal an die Regierung kommen. »Das Parlament wurde zum Tribunal«, notiert Pressesprecher Gerd Schmückle. Schmidt sei ein »rhetorischer Bogenschütze ersten Ranges, kalt bis ans Herz«, und er feuere »Wortpfeile« ab. Schmidt greift Strauß und Adenauer zugleich an und fordert, kein Soldat dürfe mehr eingezogen werden, ehe die Ausbilder absolut fachkundig seien. Dafür erhält er viel Beifall.

10 Ein Sittenroman und eine Gefahr »für die westdeutsche Jugend«

Die Glückwunschkarten der Hochzeitsgäste und Gratulanten sind noch nicht alle beantwortet, die Zeitungsausschnitte und Fotos von der Feier noch nicht abgelegt, da stehen bereits Dinge über Franz Josef Strauß in der Zeitung, die seine junge Frau nicht gerne lesen wird. Den Vorwurf, dass er seine Hochzeit wegen des Unglücks an der Iller nicht abgesagt hat, wird sie kaum geteilt haben. Aber wie mag sie über den Vorwurf gedacht haben, dass er anderen Frauen mehrfach die Ehe versprochen habe? Dass er eine dieser Frauen angeblich fast in den Selbstmord getrieben habe? Dass er ein notorischer Bordellbesucher sei? All das steht eine Woche nach der Hochzeit am 12. Juni 1957 in der *Berliner Zeitung*.

In einem Sonderbericht breitet das Blatt diese und andere Enthüllungen genüsslich aus. Keiner ihrer Leser soll sie übersehen. Die Geschichte steht als Aufmacher auf Seite eins, und schon der Titel macht überdeutlich, worum es geht: »Skrupellos und moralisch verkommen: Kriegsminister als Heiratsschwindler«, heißt es in der Schlagzeile. Und darunter: »CSU-Journalistin an den Rand des Selbstmords getrieben / Fünf Frauen blieben sitzen / Franz Josef Strauß – der Bordell-Stammgast / Wer bezahlt die Liebes- und Alkoholtouren des Mannes, der die UdSSR ›von der Landkarte streichen‹ möchte? / Ein feines Vorbild für die westdeutsche Jugend.«

Der Bericht ist pure Propaganda und an Scheinheiligkeit kaum zu überbieten, schließlich ist die *Berliner Zeitung* eine Ostberliner Publikation, die streng auf Parteilinie liegt. Als Quelle wird die

»Umgebung« von Staatssekretär Hans Globke genannt. Aus Hans Globkes Dossiers über exponierte Mitglieder der Regierung erhielten Kanzler Konrad Adenauer und Geheimdienstchef Reinhard Gehlen regelmäßig detaillierte Informationen über »die vielfältigen Eskapaden des hemmungslosen« Strauß, schreibt die Zeitung. Dieser Hinweis ist geschickt gewählt, weil die erwähnten Männer ihn kaum dementieren können.

Strauß sei schon seit seiner Zeit als Generalsekretär »ein alter Bekannter der Münchner Sittenpolizei«. In München »macht seit langem das Wort die Runde: Der Strauß ist mehr im Bordell als am Arbeitsplatz zu finden.« Das Geld dafür stamme aus denselben »trüben Quellen«, die den Wahlkampf finanzierten: beispielsweise von der Volkswirtschaftlichen Gesellschaft Bayern e.V., deren Vorsitzender Balke zugleich Aufsichtsratschef der Wacker Chemie-Werke und Adenauers Atomminister ist. Seit 1952 erhalte er von dem Verein 5000 Mark monatlich. Auch dieser Hinweis ist geschickt gewählt, weil Strauß tatsächlich Geld von dem Verein erhält und die DDR-Propaganda den angeblich intimen Details dadurch Glaubwürdigkeit verleiht. Sie machen seine Sekretärin ebenso zu seiner Geliebten wie die Anwältin Lammers. Dass sie tatsächlich viel mit dem CSU-Generalsekretär zu tun hatte, lässt sich nicht abstreiten. Strauß habe die Aufträge an sie von »gewissen Gegenleistungen abhängig« gemacht. Die Darstellung der *Berliner Zeitung* klingt, als habe Strauß die Frau gezwungen. Die Zeitung geht sehr phantasievoll mit Gerüchten um, wonach Lammers die Nähe zu Strauß suchte. Selbst für Eingeweihte lassen sich Wahrheit und Dichtung des »Sonderberichts« nur schwer auseinander halten.

In einem Kommentar schreibt die Zeitung: »Lange haben wir uns gefragt, ob wir diese nebenstehenden Tatsachen veröffentlichen sollen. So widerlich und gemein ist das alles. Aber der Mann, von dem die Rede ist, betätigt sich nicht nur als gewissenloser Heiratsschwindler, Bordellbesucher und korrupter Politiker. Dieser Mann ist Adenauers Kriegsminister! Wir können einfach nicht schweigen, denn diesem ›leuchtenden Vorbild‹ ist die westdeutsche Jugend ausgeliefert! Dieser Mann leitet die Wiederbewaffnung des deutschen Militarismus. Dieser Mann will die westdeutsche Nato-Armee mit Atomwaffen ausrüsten. Dieser Mann hielt es nicht für nötig, seine Hochzeitsfeier auch nur um eine Woche, sein Festgelage um einen Tag zu verschieben, nachdem ihm der furchtbare Tod der 15 Rekruten gemeldet worden war! Alles das sind doch keine Zufälle. Ein schmutziges Regime spült den Abfall nach oben. Solche in jeder Beziehung gewissenlosen Ehrgeizlinge werden stets gebraucht, wenn es gilt, das deutsche Volk erneut ›herrlichen Zeiten‹ entgegenzuführen.«

Die Zeitung vergleicht Strauß mit Hitler. Den Größenwahn habe er mit ihm bereits gemeinsam, und als Beleg führt die Zeitung Zitate von Strauß und ihre Bewertung durch den *Spiegel* an. Wie Hitler sei er drauf und dran, einen Krieg anzuzetteln, der ganz Deutschland erneut ins Verderben stürze. »Wir sagen es ganz offen: Dieser Mann ist ebenso eine Gefahr für Westdeutschland wie das ganze korrupte, militaristische System, das er vertritt. Es ist bitter nötig, Westdeutschland von diesem Schmutz zu säubern. Ist das geschehen, dann wird es kaum ein ernstliches Hindernis für die Wiedervereinigung geben.«

Die Hochzeit erhält durch die Propagandalinse der Ostjournalisten plötzlich einen politischen Hintergrund. Strauß sei von Adenauer zu der übereilten Hochzeit gedrängt worden, um für den anstehenden Wahlkampf einen moralisch rechtschaffenen Mann präsentieren zu können und die Gerüchte über Alkoholexzesse und Bordellbesuche zu verdecken. So sehr habe Adenauer an der Bindung gelegen, dass er selbst in Rott am Inn darüber gewacht habe. Hinterher habe der Kanzler im engsten Kreise erklärt: »Jott sei Dank, dat er nu jeheiratet hat!« Ganz falsch ist das nicht: Tatsächlich war der Wahlkampf nicht schuldlos an der schnellen Hochzeit, wie auch Ermelinde Bauer und Marianne Strauß übereinstimmend sagten. Allerdings fand die Hochzeit nach ihren Aussagen nicht deshalb so übereilt statt, weil Strauß schmutzige

Dinge zu verbergen habe, sondern um Marianne, sofern sie ihn auf Wahlkampftour begleiten würde, nicht allen möglichen Gerüchten auszusetzen. Er will sie vorzeigen, denn er weiß, dass sie Stimmen bringen wird.

Der Aufmacher der *Berliner Zeitung* ist eine reißerische Geschichte, und wenn man sich später fragt, wie Franz Josef Strauß zu seinem Image kam, dann hat womöglich diese Geschichte auch ihren Anteil daran. Zwar handelt es sich um eine Zeitung aus Ostberlin, die in Bayern kaum zu haben ist. Aber von politischen Freunden und Gegnern wird der Bericht sehr wohl zur Kenntnis genommen. Zwar berichtet die *Süddeutsche Zeitung* in einer siebzehn Zeilen langen Meldung lediglich von einem »Sittenroman«, der Strauß »schwerer sittlicher Verfehlungen beschuldigt«. Einzelheiten seien »nicht wiederzugeben« und erscheinen »durchaus unglaubwürdig«. Die *Süddeutsche Zeitung* nennt die Anschuldigungen »haarsträubend«.

Aber die Westberliner Zeitung *Kurier* druckt noch am selben Tag einige Auszüge des Sonderberichts nach: »Die kommunistische *Berliner Zeitung* gibt sich heute den Anschein, als ob sie neuerdings gute Beziehungen zu der Umgebung des von ihr häufig scharf angegriffenen Bonner Staatssekretärs Globke unterhält.« Die Distanzierung ist kaum vernehmbar. Die *Süddeutsche Zeitung* schreibt, zwar lasse der *Kurier* die *Berliner Zeitung* als zweifelhafte Quelle erscheinen, enthalte sich aber jeglichen Kommentars. Abschriften machen die Runde. Und der Umstand, dass der *Kurier* berichtet, ist wiederum dem Rundfunk der DDR einen Bericht wert.

Wie reagiert Strauß? Nichts tun – und riskieren, dass Gegner die Vorwürfe für ihre Zwecke nutzen? Oder dagegen angehen und damit riskieren, dass die Vorwürfe durch die Reaktion erst recht Beachtung finden? Strauß beschließt zu schweigen. Pikant ist allerdings, dass der Herausgeber des *Kurier* ausgerechnet Postminister Ernst Lemmer ist – ein Kabinettskollege von Strauß. Damit gewinnen die Vorwürfe eine gewisse Beachtung und Glaubwürdigkeit, die es zumindest den politischen Gegnern von Strauß erlaubt, die Vorwürfe gegen ihn einzusetzen. Der bayerische Kultusminister Alois Hundhammer, ein überaus gläubiger Mann, dem Strauß und die von ihm eingeleitete Liberalisierung der CSU nicht unbedingt zusagen, lässt Passagen des Berichts der *Berliner Zeitung* vor der CSU-Landtagsfraktion verlesen. Damit nicht genug, Hundhammer sagt Journalisten, er habe erwartet, dass Strauß sich zu den Vorwürfen äußern oder aber der CSU-Vorsitzende Hanns Seidel eine Erklärung abgeben würde. Damit könnten die Beschuldigungen »leicht aus der Welt geschafft werden, wenn sie nicht wahr seien«, wie die *Süddeutsche Zeitung* berichtet. Weil weder Strauß noch Seidel eine solche Erklärung abgeben, will Hundhammer die Angelegenheit angeblich sogar vor dem CSU-Landesparteitag thematisieren. Er werde dabei vom CSU-Fraktionsvorsitzenden im Landtag, Prälat Meixner, unterstützt, heißt es. Damit würden die Vorwürfe in der Öffentlichkeit diskutiert und so legitimiert werden. Für Strauß, der immerhin eine christliche Partei im christlichen Bayern vertritt, wäre das eine Katastrophe. Das *Neue Deutschland* berichtet am 4. Juli gar, Hundhammer und Meixner »verlangten Strauß wegen seines Liebeslebens aus der Partei auszustoßen«. Das wäre eine Sensation so ganz nach dem Geschmack des SED-Blattes, in Wirklichkeit bleibt dies aber eine Phantasie des *Neuen Deutschland.*

Dennoch ist die ganze Sache für Strauß höchst unangenehm. CSU-Generalsekretär Fritz Zimmermann holt ihn in Bonn aus einer Pressekonferenz, um ihm von Hundhammers Reaktion in München zu berichten. Strauß äußert sich zwar zunächst nicht zu den Vorwürfen, schickt aber zwei Bonner Vertraute, die Abgeordneten Richard Stücklen und Richard Jäger, in einer Maschine der Bundeswehr nach München, um Hundhammers Plan zu vereiteln. Aufgrund von Hundhammers Reaktion handelt es sich nicht länger nur um einen unbelegten Sittenroman, über dessen Details niemand berichten will, sondern die Angelegenheit hat sich nun zu einem handfesten Streit innerhalb der Partei ausgewachsen, über den Zeitungen selbstverständlich berichten. Damit zieht die Sache nun Kreise. Die Enthüllungen werden wiederholt, wenn auch nur pauschal angedeutet und umschrieben. Die Beteiligten beteuern immer wieder, es handle sich um ein übles Machwerk der »ostzonalen« Propaganda, das Hundhammer offenbar für eigene Zwecke missbraucht habe. Aber mancher Leser mag sich gefragt haben, ob vielleicht nicht doch etwas an den Unterstellungen und Vorwürfen dran ist.

Die bundesdeutschen Zeitungen übergehen den Bericht zum großen Teil. Doch die knappe Meldung, die die *Süddeutsche Zeitung* am 14. Juni auf Seite zwei druckt, ärgert Strauß. Er weist seinen persönlichen Referenten, Buchs, an, sich bei Werner Friedmann, dem Chefredakteur der *Süddeutschen Zeitung*, zu beschweren. Friedmann ist bereit, eine Erklärung des *Kurier* auf der Leserbriefseite abzudrucken. Darin schreibt die innenpolitische Redaktion des *Kurier*: »Allerdings hielten wir das Faktum, dass ein derartiger Schauerroman unter großen Schlagzeilen überhaupt publiziert werden kann, für bemerkenswert genug, dass wir es unseren Lesern nicht vorenthalten wollten. Abgesehen von der Überschrift ›Sittenroman aus Ost-Berlin‹ schien uns dabei wirklich jeder weitere Kommentar überflüssig.« Eine schwache Begründung, wie jeder Leser merken muss. Immerhin kann Strauß nun darauf verweisen, dass auch der *Kurier* trotz seines kommentarlosen Abdrucks die angeblichen Enthüllungen für einen Schauerroman hält. Damit scheint die Sache bereinigt zu sein. »Herr Buchs war mit dieser Lösung ausdrücklich einverstanden«, notiert Friedmann am 21. Juni in einer Aktennotiz.

Doch Strauß hat Bedenken, ihm reicht der Leserbrief nicht. Vielleicht ist ihm die Leserbriefseite nicht wichtig genug. Noch ehe der Brief gedruckt ist, lässt er am 20. Juni seinen Pressereferenten, Herrn Roewer, ein Fernschreiben an die *Süddeutsche Zeitung* schicken. Strauß »ersucht« die *SZ*, zusätzlich zu dem Leserbrief nun auf Seite zwei unter Hinweis auf die Meldung über den Sittenroman folgende Erklärung abzugeben: »Die SZ betont nochmals, dass sie sich von dem Inhalt dieses Propagandaartikels in aller Form distanziert. Sollte der Eindruck entstanden sein, dass die SZ die Glaubwürdigkeit des genannten Berichts überhaupt zur Debatte stellen wollte, so wird dies bedauert. Die Redaktion der SZ wollte lediglich auf die im Osten übliche Methodik des politischen Kampfes hinweisen, die sie selbst schärfstens verurteilt, und ihrem Erstaunen über die kommentarlose Wiedergabe im ›Kurier‹ Ausdruck geben.« Aus der Zuschrift des *Kurier* ergebe sich, dass eine Kommentierung lediglich aufgrund der Berliner Verhältnisse »nicht erforderlich« erschien, so der Erklärungsvorschlag von Strauß. Der Minister weist die Chefredaktion in seinem Fernschreiben darauf hin, dass die Meldung vom 14. Juni »den Anspruch auf volle Rehabilitierung auslöst, weil die Bezugnahme auf ein anderes Presseorgan als Urheber verleumderischer Behauptungen nicht entlastet«. Sein Vorschlag stelle »die mildeste Form der Rehabilitierung« dar, die er erwarten dürfe.

Chefredakteur Werner Friedmann sieht die Dinge anders. Am folgenden Tag telefoniert er mit dem Pressereferenten von Strauß und lehnt den Abdruck des Vorschlags von Strauß »ausdrücklich und eindeutig« ab, wie er in der Aktennotiz vom 21. Juni festhält. In Friedmanns Augen wäre das eine »Entschuldigung«, die er nicht leisten will. Er teilt Roewer mit, »dass an der Meldung der SZ nichts zu beanstanden sei, da sie keinerlei Auszüge aus dem Bericht der ›Berliner Zeitung‹ bzw. des ›Kurier‹ gebracht hat und überdies diesen Bericht als unglaubwürdig bezeichnete«. Friedmann sagt, Strauß könne sich durch die Meldung der *SZ* nicht in seiner Ehre getroffen fühlen. Die *SZ* sei »bis an die Grenze der Loyalität« durch den Abdruck der Erklärung des *Kurier* gegangen. Er sehe »keinen Grund, irgend etwas Übriges zur ›Rehabilitierung‹ des Ministers zu tun«. Roewer bleibt nach dieser Abfuhr nichts übrig, als sie zur Kenntnis zu nehmen und sich mit dem Hinweis, er werde sich mit Strauß besprechen, zu verabschieden. Friedmann lässt im Archiv eine »rote Mappe« über den Vorgang anlegen. Das heißt: Niemand darf die Texte ohne Erlaubnis einsehen.

Immerhin kann Strauß den Streit mit Hundhammer entschärfen. Der CSU-Landesvorstand berät die Angelegenheit im Beisein von Strauß in einer Sondersitzung. Man kommt überein, dass Strauß sich nicht zu den Vorwürfen äußern müsse, stattdessen solle sich Hundhammer für sein Vorgehen entschuldigen. Dieser lehnt ab und verlangt stattdessen eine Erklärung des Landesvorsitzenden Hanns Seidel, die dieser leider nicht von sich aus gegeben habe. Daraufhin tritt Seidel vor die Presse und sagt: »Es handelt sich um ein übles Machwerk, das man gar nicht hart genug qualifizieren kann.« Der Landesvorsitzende, der Landesvorstand und die Landtagsfraktion müssten es ablehnen, zu diesen Angriffen gegen Strauß Stellung zu nehmen. »Sie sind ein Teil einer von der KPD gesteuerten Kampagne.« Damit hatte Seidel Stellung genommen, ohne etwas zu den Vorwürfen zu sagen. Immerhin hatten er, Strauß und Hundhammer ihr Gesicht gewahrt. In Anwesenheit von Hundhammer erklärt Seidel, dass Hundhammer und Strauß ihre Meinungsverschiedenheit in einem Telefonat bereinigt hätten.

Zu diesem Ausgang hat vermutlich auch beigetragen, dass Anhänger von Strauß mittlerweile Front machen gegen Hundhammer. Der CSU-Mann habe dem Ansehen der Partei Schaden zugefügt, heißt es intern. Man müsse deshalb überlegen, ihn aus der Partei auszuschließen. Diese Drohung und die Erklärung Seidels lassen Hundhammer einlenken. Während er vor der Landtagsfraktion und vor Journalisten noch beklagt hat, dass der Mann, dem ein ausschweifendes Leben angelastet werde, immerhin unlängst den Papst getroffen habe und von einem Kardinal getraut wurde, versichert er in dem Telefonat mit Strauß, dass er die Enthüllungen ebenfalls »vorbehaltlos« verurteile. Als habe es die Auseinandersetzung mit der *Süddeutschen Zeitung* und dem West-Berliner *Kurier* nie gegeben, stellt Hanns Seidel daraufhin zufrieden fest, dass die westdeutsche Presse die Beschuldigungen ignoriert habe: »Für uns ist der Fall erledigt, und er wird auch die Nürnberger Landesversammlung nicht mehr beschäftigen.«

Nur für die *Berliner Zeitung* ist der Fall noch nicht erledigt. Das Blatt hat offenbar Gefallen gefunden an der Verbreitung der Anschuldigungen und dem Wirbel, den es damit auslöst. Gemeinsam mit der Parteizeitung *Neues Deutschland* berichtet es genüsslich über den Streit zwischen Hundhammer und Strauß. Die Beilegung erwähnt die Zeitung natürlich nicht. Damit nicht genug: Im Juli veröffentlicht sie einen vierseitigen Sonderdruck der gesamten fragwürdigen Berichterstattung über Strauß – natürlich nur, weil die Nachfrage aus dem Westen nach den Enthüllungen so groß sei. Inzwischen haben diese Enthüllungen, für die die *Berliner Zeitung* zunächst außer dem Hinweis auf die »Umgebung« von Adenauers Staatssekretär keine detaillierten Quellen nennt, durch die Reaktion Hundhammers an Gewicht gewonnen. Strauß und seine Anhänger können zwar darauf verweisen, dass der Bericht journalistisch unseriös sei, doch das Image des Verteidigungsministers ist beschädigt.

Die Münchner *Abendzeitung* bringt über eine ganze Seite drei Karikaturen und zeigt damit, wie groß das Medien- und Leserinteresse an dem Thema ist: Im ersten Bild fordert ein hünenhafter, selbstbewusster Hundhammer von einem kleinen, jungenhaften Strauß eine Rechtfertigung über dessen »unsittliches Leben«. Im zweiten Bild fordert Hundhammer von einem fast gleich großen, sich aufbäumenden Strauß eine Antwort. Und im dritten Bild ist Strauß riesengroß und selbstbewusst, und der kleine, verängstigte Hundhammer sagt entschuldigend und fast unter Tränen: »Aber ich hab' doch gar nichts gesagt.« Jedem Leser wird klar, dass Strauß einen Sieg gegen Hundhammer davongetragen hat. Bei jedem Leser bleibt aber auch hängen, dass Strauß angeblich ein »unsittliches Leben« führt und damit Anlass zu Fragen gibt. Er gewinnt den Ruf eines bayerisch-krachenden Frauenhelden und verliert den Ruf eines glaubhaften, christlichen Politikers. Er gewinnt eine Schlacht, aber er ist dabei, einen Krieg zu verlieren.

11 Minister Strauß sieht Gelb

Am Vormittag des 29. April 1958 ist Franz Josef Strauß auf dem Weg zum Bundeskanzler ins Palais Schaumburg. Vor dem Kanzlersitz verbietet ein kreisrundes rotes Schild mit einem weißen Querbalken allen Autos die Einfahrt: *Außer Kfz des Bundeskanzlers*, heißt es darauf. Minister und Staatssekretäre sind es gewohnt, das Schild zu missachten. Auch Strauß macht das oft so und fährt bis vor den Dienstsitz. An diesem Tag aber regelt einige Meter davor, an der Kreuzung Koblenzer Straße/Reuterstraße, der junge Polizist Siegfried Hahlbohm den Verkehr. Auf sein Handzeichen hin muss der Chauffeur des Ministers, Leonhard Kaiser, den mausgrauen BMW mit dem Kennzeichen BD 18–1 anhalten.

Für den Geschmack des Ministers dauert das Warten zu lange. Als er aus einer entsprechenden Armbewegung des Polizisten zu erkennen glaubt, nun Vorfahrt zu haben, weist er seinen Chauffeur an, weiterzufahren. Mit Mühe und Not lenkt Kaiser den Wagen des Ministers über die Kreuzung. Eine Straßenbahn muss Notbremse und Sandstreuer ziehen, um einen Zusammenstoß zu verhindern. Beinahe hätte Kaiser einen Unfall verursacht. Er ist sich dessen bewusst und geht deshalb gleich, nachdem er Strauß abgeliefert hat, zu dem Polizisten zurück und sagt, er sei auf ausdrückliche Weisung des Ministers losgefahren. Offenbar will der Chauffeur mit dem Hinweis eine Anzeige verhindern, doch der Polizist entgegnet, er werde in jedem Fall Anzeige erstatten.

Damit könnte die Angelegenheit erledigt sein. Aber als Strauß von der Anzeige erfährt, ist er verärgert. Auf der Rückfahrt am

Nachmittag lässt Strauß am Podest des Polizisten halten, steigt aus und spricht ihn auf den Vorfall am Morgen an. Hahlbohm empfindet dies als erneute Behinderung des Verkehrs. Er bestätigt dem Minister, dass er Anzeige erstatten will. Darauf Strauß in schroffem Ton: »Geben Sie mir Ihren Namen.« Unklar ist, ob Strauß auch sagt: »Ich werde dafür sorgen, dass Sie von dieser Kreuzung verschwinden!« In Zeitungsberichten wird ihm das später vorgeworfen. Jedenfalls erwidert Hahlbohm: »Fahren Sie weiter, Herr Minister! Ich habe nur korrekt gehandelt.«

Tatsächlich erstattet der Polizist Anzeige gegen den Chauffeur von Strauß. Die Bonner Staatsanwaltschaft leitet ein Ermittlungsverfahren gegen ihn ein und erfährt dabei, dass Kaiser bereits wegen verschiedener Verkehrsdelikte vorbestraft ist, darunter zweimal wegen Körperverletzung. Kaiser hatte also guten Grund, zu dem Polizisten zurückzugehen und nachzufragen. Ein halbes Jahr später wächst sich die Angelegenheit von heute auf morgen zu einer großen Mediengeschichte aus. Strauß ist daran nicht ganz unschuldig, denn nach dem Vorfall reicht er beim nordrhein-westfälischen Innenministerium eine Dienstaufsichtsbeschwerde gegen den Polizisten ein. Er zeigt ihn zudem wegen Gefährdung des Straßenverkehrs an und will eine Versetzung des Hauptwachtmeisters erreichen. Strauß verbindet die Beschwerde mit einigen Anschuldigungen, die gar nichts mit dem konkreten Fall zu tun haben. Er wirft der Polizei vor, Jagd auf ihn zu machen und ein »politisches Kesseltreiben« gegen ihn zuzulassen. So habe sie während des Wahlkampfes zugelassen, dass Steine auf seinen Wagen geworfen wurden. Ein anderes Mal sei eine Wahlkundgebung durch Pfiffe und Zwischenrufe gestört worden, und die anwesende Polizei habe trotz seiner Aufforderung, etwas zu unternehmen, nichts getan. Auf die Beschwerde hin wendet sich Hahlbohm an seine Kollegen und an die Gewerkschaft, und diese wendet sich an den Polizeipräsidenten, der sich öffentlich hinter seinen Polizisten stellt. Er habe alles richtig gemacht. Hätte der Chauffeur von Strauß sein Fahrzeug durch den Ministerständer gekennzeichnet, hätte der Polizist den Wagen nach eigenem Ermessen vorwinken können. So aber sei er ein Verkehrsteilnehmer gewesen wie jeder andere.

Als der Vorfall an die Öffentlichkeit kommt, avanciert Siegfried Hahlbohm zum vielleicht bekanntesten Verkehrspolizisten der Bundesrepublik. Zeitungen berichten wochenlang und drucken auch die angebliche Drohung von Strauß, die Strauß allerdings abstreitet und selbst Hahlbohm nicht gehört hat. Als die Staatsanwaltschaft einen Lokaltermin an der fraglichen Kreuzung ansetzt, sind neben Freunden und Bekannten des Polizisten auch ein Mercedes der SPD und vor allem junge Frauen zu sehen, die dem Polizisten Blumen, Zigaretten und Kognak überreichen. Kollegen beglückwünschen ihn zu seinem »Mannesmut vor Fürstenthronen«. Hahlbohm samt Frauen und Blumen gibt ein wunderbares Bild ab, das Zeitungen gerne drucken. »Blumensegen für tapferen Polizisten, der Minister Strauß anzeigte«, heißt es in der Titelzeile einer Boulevardzeitung. Hahlbohm ist nun »Held des Tages«. Selbst der *Münchner Merkur*, der Strauß sonst so wohlgesonnen ist, findet lobende Worte für den Polizisten.

Zwar hat er nicht Strauß, sondern seinen Fahrer angezeigt. Aber das spielt in der öffentlichen Wahrnehmung längst keine Rolle mehr. Der Polizist symbolisiert einen relativ Machtlosen, der mit Zivilcourage für das Recht aller eintritt. Strauß dagegen symbolisiert einen Mächtigen, der mit Arroganz und Willkür seinen Willen durchsetzen will. Die Rollen sind verteilt, und Strauß kann in seiner Rolle nur verlieren. Die Öffentlichkeit diskutiert, ob auch Strauß angezeigt und seine Immunität aufgehoben gehört.

Längst nehmen sich auch seriöse Zeitungen des Vorfalls an und sehen in dem kleinen Vorfall Hinweise auf Grundsätzliches. »Was ganz allgemein zu denken gibt, ist das Rigorose in Herrn Strauß«, kommentiert die *Süddeutsche Zeitung*. »Tiefenpsychologen müssten ihre negative Freude dran haben. Bei seiner politischen Karriere hat unser bayerischer Landsmann bisher schon einige Rot-

Lichter überfahren, und er würde sich wohl auch im Weiterstreben nicht allzu skrupelvoll aufhalten lassen. Man sieht ja, wie eilig er's auf dem Weg zum Palais Schaumburg hat.« Der Kommentar mag mit einem Augenzwinkern geschrieben sein. Doch die Leser nehmen ihn ernst. Martin Dersen aus Bonn findet das Intermezzo »langsam lächerlich« und beklagt, dass sich die Opposition nun derart »armseliger Mittel« bediene. Dr. Franz Koch aus München führt den Gedanken der *SZ* jedoch noch weiter: »Früh übt sich, was ein Diktator werden will [...] Jetzt ist es ›nur‹ die Straßenverkehrsordnung, die man bewusst übertritt, bald werden es die Gesetze der Demokratie und das Grundgesetz sein.« Hedwig Rahn mahnt: »Das ist der böse Anfang zum furchtbaren Ende.«

Die Sache ist hochpeinlich für Strauß und droht, ihm völlig aus den Händen zu gleiten. Das sehen auch Leute so, die eigentlich auf seiner Seite stehen. Sein Pressesprecher Schmückle rät ihm, einzulenken. Strauß könnte sich entschuldigen und großzügig über die Übertreibungen der politischen Gegner und der Zeitungen hinwegsehen und sich darüber lustig machen. Aber das kann er nicht. Er will Recht bekommen.

Die Sache soll vor Gericht und droht Strauß stärker hineinzuziehen. Eigentlich ist in Bonn nur Leonhard Kaiser wegen Gefährdung des Straßenverkehrs angeklagt. Strauß wird lediglich als Zeuge geladen. Aber die Öffentlichkeit sieht Strauß auf der Anklagebank. In gewisser Weise hat sie damit sogar Recht, denn die Staatsanwaltschaft macht die Frage der Aufhebung der Immunität von Strauß vom Verlauf des Verfahrens abhängig. Die Verhandlung soll zeigen, ob Strauß für das Verhalten seines Fahrers verantwortlich ist und auch er mit einer Anzeige rechnen muss.

Der nordrhein-westfälische Innenminister weist die Beschwerde zurück. Hahlbohm wird korrektes Verhalten bestätigt. Er habe seine Befugnisse »nicht überschritten und sich auch sonst korrekt verhalten [...] Es hat sich auch nichts dafür ergeben, daß dem Polizeihauptwachtmeister Hahlbohm politische oder unsachliche Gründe für sein Verhalten unterstellt werden könnten.« Strauß will das offenbar nicht wahrhaben. Zunächst betont sein Ministerium, die Beschwerde sei nicht abgeschlossen. Am Tag darauf bestätigt es die Ablehnung. Der öffentliche Eindruck wird dadurch nicht besser. Der Innenminister betont, er werde das Verfahren gegen Hahlbohm einstellen, falls Strauß nicht neues Material vorlege. Genau das verspricht Strauß zu tun. Die Auseinandersetzung ist zu einem Schauspiel geraten, das in die nächste Runde geht. »Der kalte Krieg zwischen Bundesverteidigungsminister Strauß und dem Bonner Verkehrspolizisten Hahlbohm geht weiter«, schreibt die *Frankfurter Allgemeine Zeitung*. Die Entwicklung des Falles sei zweifellos unangenehm für Strauß, denn die bundesdeutsche Öffentlichkeit ergreife begeistert die Partei des Polizisten.

Als ein Leserbriefschreiber der Münchner *Abendzeitung* Strauß in Schutz nimmt, trifft eine Flut von Briefen ein, die das Verhalten des Ministers verurteilen. Die *FAZ* sieht Strauß in einer misslichen Situation: Da er »offenbar von seinen bajuwarischen Landsleuten und Parteifreunden nun auch noch ermuntert wird, sich von den ›Preußen‹ in Nordrhein-Westfalen nicht auf die Schultern legen zu lassen, ist ihm eine stille, einlenkende Bereinigung der Angelegenheit versperrt. In keiner Rolle aber hat sich der sonst ›starke‹ Franz Josef Strauß unbehaglicher gefühlt als in der des Staatsbürgers in Zivil, der aus eigener Unbedachtheit den Staatsdiener in Uniform anging und jetzt erlebt, wie das Publikum vom Parkett bis zum vierten Rang jede Szene des Spectaculums hingerissen verfolgt und mitspielt.«

Strauß wendet sich nun gegen den Überbringer der Nachricht und ersucht das Bonner Polizeipräsidium zu klären, auf welchem Weg seine Dienstaufsichtsbeschwerde an die Öffentlichkeit geriet. Strauß sieht darin eine Indiskretion, möglicherweise sogar »Geheimnisverrat«. Nach Bekanntwerden der Anfrage warnt die SPD Strauß vor einem Kleinkrieg gegen den Polizisten. Strauß zeige mit seinem Verhalten, »dass Intelligenz ein Ding und Klugheit wieder ein anderes Ding ist«.

Als Hahlbohn einige Tage nicht mehr Dienst tut am Bonner Kanzlereck, wittert die Presse eine Aktion gegen ihn. Diese Vermutung sehen Journalisten bestätigt, als sie erfahren, er sei nach Bad Godesberg zu einem Schießkurs abkommandiert. Die Polizei muss in einer Presseerklärung betonen, dass Schießen Teil der Ausbildung und damit Routine sei. Sie versichert, Hahlbohm werde danach wieder den Verkehr am Kanzlereck regeln. Auch seriöse Zeitungen drucken diese Neuigkeiten. Hahlbohm ist nun nicht nur der bekannteste und der beliebteste, sondern auch der am genauesten beobachtete Verkehrspolizist der Republik.

Die Gewerkschaft ÖTV stellt ihn nicht nur zum Personalrat der Kreispolizeibehörde, sondern auch zum Hauptpersonalrat im Innenministerium in Nordrhein-Westfalen auf. In der Begründung heißt es: »Für uns alle ist Hahlbohm ein Vorbild, und wir müssen ihm für seine Haltung dankbar sein. Er hat uns bewiesen, dass auch Minister nicht außerhalb der Gesetze stehen. Wäre es anders, müssten wir befürchten, dass die Rechtsstaatlichkeit in unserem demokratischen Staate zu Ende und die Gleichheit vor dem Gesetz aufgehoben ist.« Spätestens an dieser Stelle der Entwicklung kommen manchem Beobachter Bedenken, worum es hier eigentlich geht. Die *Süddeutsche Zeitung* versucht diese Bedenken in einem *Streiflicht* zum Ausdruck zu bringen: »So weitgehende Schlüsse zieht man heute aus einer schlichten, wenn auch erfreulichen Erfüllung des Reglements, aus einer Portion juristisch gesicherter Zivilcourage und aus der Anwendung allgemeinverbindlicher Gesetze auch auf Ministerwägen.« Immerhin stehen Autofahrer auch sonst mit Verkehrspolizisten eher auf Kriegsfuß.

Zwei Wochen später, Mitte Oktober, kommt es zur Gerichtsverhandlung. Korrespondenten aus dem In- und Ausland, die sonst aus dem Parlament berichten, finden sich im Amtsgericht in Bonn ein. Der Andrang auf Saal 126 ist so groß, dass die Polizei eine halbe Stunde vor Beginn den Zugang sperrt. Die Anwesenden erfahren, dass Kaiser nicht dreifach, sondern sechsfach vorbestraft sei. Hahlbohm sagt, er habe Kaiser kein Zeichen gegeben.

Von einer Drohung, wonach Strauß ihn von der Kreuzung verschwinden lasse, weiß Hahlbohm nichts. Dann sagt Strauß aus.

Als er aufgerufen wird, laufen die Fotografen sogar hinter den Richtertisch, um ihn besser ins Bild zu bekommen. Strauß spricht ruhig, seine Aussage dauert fünfzehn Minuten: Nach fünfminütigem Warten habe er einen Wink des Polizisten als Aufforderung gedeutet und sich gedacht, nun müsse man »schnell schalten und rüber«. Das Armzeichen habe er als Gelb gedeutet. Er habe seinem Fahrer gesagt: »Na endlich, jetzt kommen wir ja rüber.« Er wisse aber nicht, ob Kaiser das gehört habe. Grundsätzlich habe sein Fahrer volle Entscheidungsfreiheit. Er habe ihm keine Weisung erteilt. Im Übrigen »ist gleichgültig, ob ich um 9.55 oder um 10.05 Uhr im Bundeskanzleramt bin«.

Hahlbohm habe er am 29. April zum ersten Mal an der Kreuzung gesehen und den Eindruck gehabt, dass er – im Gegensatz zu seinen Kollegen – mit der Verkehrsregelung »nicht richtig fertig« werde. Er, Strauß, könne das sehr wohl beurteilen, schließlich habe er seit dreiundzwanzig Jahren den Führerschein. Als ungehörig empfindet er es, dass Hahlbohm ihm nach dem Gespräch am Nachmittag etwas Unverständliches nachgebrüllt habe. Er aber müsse sich von keinem Polizisten anbrüllen lassen. Strauß bemüht sich vor Gericht, sein Image zu verbessern. Er erwähnt, dass er die Kreuzung schon 5000-mal überquert und zu den Kollegen von Hahlbohm ein gutes Verhältnis habe. Als einmal einer angefahren wurde und im Krankenhaus lag, habe er ihm sogar Blumen bringen lassen.

Am Tag darauf plädiert der Staatsanwalt nach der Beweisaufnahme auf eine Geldstrafe in Höhe von 320 Mark wegen »rücksichtsloser Verletzung der Vorfahrt«. Kaisers Verteidiger verlangt dagegen Freispruch mangels Beweisen und wirft Hahlbohm vor, entgegen seinen vereidigten Angaben lägen bereits einige Beschwerden gegen ihn vor. Zudem hätten seine Vorgesetzten erwogen, ihn vom Kanzlereck abzuziehen, weil er irreführende Zeichen gebe. Tatsächlich hatten sich wohl zwei Feldwebel – also Untergebene von Strauß – über den Polizisten beschwert.

Als das Gericht den Prozess nach dreieinhalbstündiger Verhandlung vertagt, um die Glaubwürdigkeit von Hahlbohm zu prüfen, berichtet die Münchner *Abendzeitung* darüber fünfspaltig auf Seite eins. Bekannt wird zudem, dass Strauß im August seine Kommandeure anwies, für beispielhaftes Verkehrsverhalten der Soldaten zu sorgen. Strauß schrieb: »Wiederholte, auch leichtere Verkehrsverstöße können auf charakterliche Mängel schließen lassen.«

Zehn Tage später verhandelt Verkehrsrichter Wollersheim erneut. Der Verteidiger von Kaiser bietet zwanzig Zeugen für seine Behauptung auf, Hahlbohm sei seinen Vorgesetzten schon öfter wegen missverständlicher Handzeichen aufgefallen. Fünf Zeugen werden gehört. Allerdings stellt sich heraus, dass sie selbst Verkehrssünder waren. Als keiner von ihnen Hahlbohm belasten kann, bricht der Richter die weitere Vernehmung ab. Die Vorgesetzten stellen Hahlbohm das beste Zeugnis aus.

Das Bonner Amtsgericht verurteilt Leonhard Kaiser zu 100 Mark Geldstrafe, ersatzweise zu zehn Tagen Haft. Er habe fahrlässig, aber nicht rücksichtslos gehandelt, wie vom Staatsanwalt vorgeworfen. An der korrekten Zeichengebung von Hahlbohm hat der Richter nichts zu bemängeln. Strauß und sein Fahrer hätten die Verkehrslage verkannt. Eigens betont der Richter, er habe sich nicht durch die sensationelle Behandlung des Falls beeinflussen lassen, was stimmen mag. Er sagt weiter, durch eine genaue Untersuchung habe das Gericht vermieden, dass einer der beiden Gegner zum Helden, der andere zum Märtyrer gestempelt werde.

Zwar fordert niemand mehr, die Immunität des Ministers aufzuheben. Aber das, was der Richter auszuschließen glaubt, ist ohnehin längst geschehen.

12 Ein guter Freund und die Fibag-Affäre bringen Strauß in Bedrängnis

Franz Josef Strauß sitzt zwar die meiste Zeit in Bonn. Zugleich ist er jedoch Generalsekretär der CSU und verbringt einige Zeit mit dem Aufbau der Partei. Dazu gehört, die SPD und die konkurrierende Bayernpartei klein zu halten. Dabei wird besonders ein Mann zum wichtigen Verbündeten: Er heißt Hans Kapfinger, ist 1902 als Sohn eines Briefträgers in dem kleinen Ort Adldorf in Niederbayern geboren, studiert in München Jura, promoviert über »Die Vorgeschichte des politischen Katholizismus in Bayern«, heiratet eine Frau, die er aus der katholischen Jugendbewegung kennt, und wird Journalist in Straubing.

Er bringt es dort vom Lokalredakteur bis zum Chefredakteur des *Straubinger Tagblatts* und zeigt in seinen Artikeln Abneigung gegen die Nationalsozialisten. Nach dem Reichstagsbrand schreibt er: »Hitler müsste auf seinen Geisteszustand geprüft werden.« Er ist Anhänger der Bayerischen Volkspartei, und die Kirche ist für ihn die wahre Macht. Er setzt sich ein für Glauben und Moral. Eigentlich hätte er überhaupt Pfarrer werden sollen. Wer sollte das nicht in Niederbayern, wenn es nach den Eltern ginge? Sie haben ihn übrigens auf den Namen Hans Evangelist getauft.

Er glaubt sich durch seinen Verleger geschützt, doch er täuscht sich. Als ihn die Nationalsozialisten 1933 verhaften, führen sie ihn durch den ganzen Ort, um allen zu zeigen, was mit ihren Gegnern passiert. Nach zweieinhalb Tagen kommt Kapfinger wieder frei. Von seinem Widerstandsgeist ist bei seinen weiteren Stationen in

Nürnberg, Coburg und Bamberg jedoch nichts mehr zu lesen, im Gegenteil. In Leipzig wird er Pressereferent beim Messeamt, dann in Berlin stellvertretender Schriftleiter einer Zeitschrift für die Nationalsozialisten. *Die Deutsche Werbung* heißt das Blatt – und Kapfinger ist als Nummer zwei de fakto ihr Chefredakteur. Er lebt gut in Berlin und kauft 1943 billig ein Haus in Charlottenburg, das Juden aufgeben müssen. Kurz vor Kriegsende wird er gar zum Chefredakteur des *Wirtschaftsblatts* der Gauwirtschaftskammer befördert. Von der Einberufung bleibt er verschont und muss die schlimmen Nachkriegszeiten nicht so sehr fürchten wie andere.

Er hat gelernt, zu überleben. Jetzt wohnt er in der sowjetischen Zone. Was liegt näher, als für die kommunistische *Berliner Zeitung* zu arbeiten? Kapfinger wird also Kommunist. Später findet sich sogar sein Parteibuch der KP, das er allerdings als Fälschung hinstellt. Er unterhält gute Kontakte zu den Russen, doch es zieht ihn zurück nach Niederbayern, denn dort bauen die amerikanischen Besatzer gerade eine demokratische Presse auf. Sie suchen Leute, die sich den Nazis erkennbar in den Weg stellten, und stoßen auf ein Foto, auf dem der verhaftete Kapfinger von den Nazis durch Straubing geführt wird. Offenbar ein mutiger Journalist. Sie suchen ihn, treffen aber nur seine Frau an und lassen ihm in Berlin ausrichten, dass sie ihm eine Lizenz für eine Zeitung in Passau anbieten.

Kapfinger lässt sich diese Chance nicht entgehen. Endlich kann er sich an seinem Verleger rächen, weil der ihn damals nicht gegen die Nazis geschützt hat. Dem Sohn des Verlegers, mit dem er einst zusammen studiert hat und der ihn nach Straubing vermittelt hat, macht er hemmungslos Konkurrenz. Er kämpft mit allen Mitteln: Verleumdungen, Drohungen, Klagen. Kleine Lokalblätter haben keine Chance gegen Kapfinger. Nach und nach kauft er siebzehn Lokalblätter in den Landkreisen um Passau herum auf. Die *Passauer Neue Presse* wird die bestimmende Zeitung in Niederbayern. Die Auflage liegt bald bei über 100 000 Exemplaren. Als Verleger schreibt Kapfinger zunächst Artikel, die verständnisvoll mit den

Kommunisten umgehen. Er ist ja selbst einer gewesen, wenn auch nur ein paar Monate lang.

Kapfinger bleibt empfänglich für die Strömungen der Zeit. Das macht ihn erfolgreich. Auch Fragen der Moral bleiben wichtig für ihn, aber er richtet sich neu aus. Er wird Anhänger der Bayernpartei, die sich in der Nachfolge der Bayerischen Volkspartei sieht, und verhilft ihr zu großen Erfolgen. Strauß fürchtet die Bayernpartei sogar noch mehr als die SPD. In den fünfziger Jahren muss sich die CSU Niederbayern mit der Bayernpartei teilen. Für Franz Josef Strauß ist deshalb ein gleichgesinnter Zeitungsmann in dieser Region besonders wichtig. Schließlich schlägt sich Kapfinger auf die Seite der CSU. Er ist jetzt – wie Strauß – erklärter Gegner der Kommunisten. Die beiden freunden sich an. Der *Spiegel* nennt seine Zeitung »CSU-Blasrohr«. Kapfinger hält Strauß den Rücken frei gegen dessen Gegner und Parteifreunde.

Er hat selbst viel erlebt und ist nicht kleinlich im Kampf gegen Liberale und Kommunisten. Bei der Verfolgung seiner ehrgeizigen Ziele ist ihm manches Mittel recht. Er träumt davon, in München der *Süddeutschen Zeitung* mit einer auflagenstarken konservativen Tageszeitung den Rang abzulaufen. Damit nicht genug, Kapfinger will zudem ein konservatives Wochenmagazin gründen und damit Rudolf Augstein und dessen *Spiegel* Konkurrenz machen. Für den ehrgeizigen Strauß ist Kapfinger somit ein wichtiger Verbündeter. Er und Strauß rechnen Augstein ohnehin zu den Kommunisten.

Zu ihren gemeinsamen Gegnern zählt neben Rudolf Augstein auch der Gesellschafter und Chefredakteur der liberalen *Süddeutschen Zeitung*, Werner Friedmann. Auch Friedmann hat sich vom Lokalredakteur hochgearbeitet. Mit dem Argument, wenigstens einer der Gesellschafter müsse Journalist sein, schafft er nachträglich sogar den Sprung in ihren Kreis. Nachdem die von SPD und Bayernpartei geführte Viererkoalition die Regierungsmacht verliert und beide Parteien im Spielbanken-Prozess von der CSU vernichtend geschlagen worden sind, gilt Friedmann mit seinen Kommentaren gegen die Wiederbewaffnung und seinen Auftritten im *Bayerischen Rundfunk* in der Öffentlichkeit als einer der einflussreichsten Gegner von Strauß.

Friedmann hat ein paar Vorlieben. Er schätzt Gesellschaft, lässt sich gerne bewundern, und er mag junge Frauen. Auch sehr junge Frauen. Und er ist sehr sparsam. Zusammen ergibt das eine Kombination, die ihm zum Verhängnis wird. Er wirft ein Auge auf Frauen im eigenen Verlag. Statt sich ein Appartement zu leisten, nutzt er die Wohnung des Kolumnisten und Junggesellen Siggi Sommer, wenn er mal schnell eine Bleibe benötigt. Und weil ein Chefredakteur nicht einfach ohne Grund ein Lehrmädchen in sein Büro bestellen kann, hilft ihm Sommer auch beim ersten Kontakt.

Die fünfziger Jahre sind eine Zeit, in der Politiker und Zeitungsmänner ihre hohen moralischen Grundsätze besonders betonen und sich gegenseitig versichern, dass die Öffentlichkeit Privates strikt von der Politik zu trennen habe. Privates geht niemanden etwas an, deshalb ist es ja privat. Diese Sicht der Dinge ist eine der wenigen Gemeinsamkeiten von Friedmann, Strauß und Kapfinger. Offiziell. Aber der Glaube, intime Dinge privat halten zu können, während man öffentlich etwas anderes predigt, macht sie auch verwundbar, als Täter wie als Opfer. Sie wissen, dass man Gegner am besten durch Berichte über moralische Verfehlungen vernichten oder wenigstens verwunden kann, und sie wissen viel über einander.

Strauß und Kapfinger kommen Gerüchte über Friedmanns Lebenswandel zu Ohren. Strauß ärgert sich noch immer über ihn. War es nicht ausgerechnet Friedmann, der 1957 in seiner Zeitung auf den »Sittenroman« über sein angeblich unmoralisches Leben hinwies und eine vollständige Korrektur ablehnte? Strauß informiert Ende 1958 einen Staatsanwalt über Friedmann und die Gerüchte über ihn. Er ärgert sich noch mehr im Kreis von Unionsfreunden, wie später der *Spiegel* berichtet, dass die Justiz nicht gegen Friedmann vorgeht.

Dann kommt ihm der Zufall zu Hilfe. Als sich die Gesellschafter der *Süddeutschen Zeitung* in einer Auseinandersetzung um finanzielle Unregelmäßigkeiten und um die politische Linie ihres Blattes gegenseitig moralische Verfehlungen vorhalten, benennt eine ihrer Rechtsanwältinnen kurzerhand Kapfinger als Zeugen gegen Friedmann. Eigentlich ist die Auseinandersetzung privat, doch sie bleibt es nicht, denn die Staatsanwaltschaft erfährt davon. Diesmal ist ein junger Staatsanwalt überzeugt, Friedmann treibe Unzucht mit einer Abhängigen. Der Chefredakteur wird von seinem Schreibtisch weg verhaftet und kommt in Untersuchungshaft.

In München ist man schockiert. Konkurrenzzeitungen schweigen über den Vorfall. Anders Kapfinger in Passau. Er hat gegen Friedmann schon in anderer Angelegenheit prozessiert und verloren. Auf solch eine Gelegenheit hat er nur gewartet und schreibt – unter Pseudonym – als Erster darüber. Er sieht einen »unglaublichen Sumpf« und fordert: »Der Sumpf muß trockengelegt werden.« Mit anderen Worten, Friedmann müsse bestraft werden. Er vergleicht den Konkurrenten sogar mit Goebbels. Tatsächlich stürzt der Chefredakteur über das Gerichtsverfahren, in dem ihm die Staatsanwaltschaft Kuppelei vorwirft. Die Affäre macht Schlagzeilen. Friedmann wird 1960 zu sechs Monaten Haft verurteilt. Er muss seinen Stuhl als Chefredakteur räumen. Wie es der Zufall will, hat er kurz davor einen Mann mit der Wehrberichterstattung betraut, der auf die Linie von Strauß einschwenkt und der nun ebenfalls der Kuppelei verdächtigt wird. Ausgerechnet jetzt, wo die Zeitung ihm zustimmt, muss Strauß erneut um die politische Linie der Zeitung bangen.

Kapfinger jedoch kann zufrieden sein. Berichte übers Intimleben bringen keine Auszeichnungen, aber sie sind effektiv. Nachdem er sein Ziel erreicht hat, versichert er seinen Lesern seine Unschuld: »Weder Strauß noch Dr. Hans Kapfinger haben mit der Verhaftung Friedmanns das Geringste zu tun. Sie wurden von ihr selbst überrascht.« Freilich habe er bereits vor Jahren Material über Friedmann erhalten. »Aber ich lehnte es ab, auf dem politischen Sektor mit privaten Mitteln zu kämpfen. Auch Strauß wusste aus anderer Quelle von dem Material. Er zeigte Friedmann ebenfalls nicht an.« Beim *Stern*-Journalisten Erich Kuby hinterlässt der Passauer Verleger allerdings einen ganz anderen Eindruck: Kapfinger habe »die Methode, politische Auseinandersetzungen in der Sexualsphäre zu führen, zwar nicht gerade erfunden, aber in der Bundesrepublik doch erst richtig heimisch gemacht«, schreibt Kuby.

Tatsächlich hat Kapfinger keine Hemmungen, private Details über angebliche Frauengeschichten des Berliner Bürgermeisters Willy Brandt zu veröffentlichen. Die Recherchen lässt er sich einiges kosten. Inzwischen hat er eine wöchentliche Zeitschrift namens *Aktuell* lanciert, die von München aus den *Spiegel* bekämpfen soll, zunächst aber vor allem mit sich selbst zu kämpfen hat. Die politischen Vorwürfe Kapfingers sind seltsam: Er wirft Brandt vor, nicht ehrlich zu sein, weil er früher Herbert Frahm geheißen habe. Weil er sich von Norwegen aus gegen die Nationalsozialisten engagierte, wirft Kapfinger ihm vor, Deutschland verraten zu haben. »Wer ist eigentlich dieser Willy Brandt?«, »Irreführung der Wähler?«, »Abtreten, Willy Brandt!« Kapfinger schreibt so immer wieder.

Es kommt zu Prozessen, und Kapfingers Angriffe machen Schlagzeilen. Als hätte er sich mit Kapfinger abgesprochen, greift Strauß in Wahlkampfreden später die Vorwürfe seines Freundes auf und erklärt: »Jeder, der sich um das höchste Amt bewirbt, muss seine Vergangenheit lückenlos aufzeigen können!« Allerdings verliert Kapfinger vor Gericht gegen Brandt und muss 30000 Mark an ihn zahlen. Zudem wird bekannt, dass er keineswegs nur Opfer der Nazis war.

Schon seit geraumer Zeit überlegt Kapfinger, seine guten Verbindungen zu Strauß auch auf andere Art zu nutzen. Zeitweise ist im Gespräch, dass er für den Bundestag kandidieren soll. 1959 lernt er in München den Kaufmann Lothar Schloß kennen. Der Mann hat viele Geschäftsideen, aber bisher sind sie nur Luftschlösser gewesen. Momentan arbeitet er an einer ganz großen Nummer. Eine sichere Sache, wenn Kapfinger mitmacht. Kapfinger muss gar nicht viel tun, nur seinen Kontakt zum Herrn Verteidigungsminister einbringen. Es geht um Wohnungen, die man für amerikanische Soldaten bauen will. Fibag nennt sich das Projekt, kurz für Finanzbaugesellschaft. Auf dem Papier ist das Projekt das größte Wohnungsbauprojekt, das jemals in Deutschland in Angriff genommen worden ist: 5434 Wohnungen für rund 300 Millionen Mark sind geplant.

Es klingt unglaublich, was der Münchner Kaufmann Lothar Schloß erzählt. Ausgerechnet dieser Mann, der nur ein Semester Architekturstudium vorweisen kann und mit all seinen bisherigen Bauprojekten gescheitert ist, soll das Riesenprojekt verwirklichen? Die Teilhaber glauben daran. Kapfinger kann es sich leisten, sich zu beteiligen, denn er muss kein Risiko eingehen. Der Schlüssel zum Erfolg sollen ja seine Kontakte zu Strauß sein. Damit haben sie das Geschäft so gut wie in der Tasche, glauben Schloß und seine Partner. Strauß soll ihnen die Türen zum amerikanischen Verteidigungsministerium öffnen. Damit Kapfinger auch wirklich mitmacht, erhält er 125000 Mark der Finanzeinlagen zugesprochen. Das sind fünfundzwanzig Prozent des Stammkapitals.

Er weiß, wie wichtig Strauß ist. Anfangs hat Kapfinger gar vierzig Prozent für sich gefordert – schließlich ist er nicht allein. Er will mit dem Geld seine Zeitung in München finanzieren. Schade nur, sagt Kapfinger, dass er mit »ihm« teilen müsse. So berichten es später übereinstimmend Lothar Schloß und ein weiterer Teilhaber und bezeugen das in eidesstattlichen Versicherungen. Alle gehen davon aus, dass Kapfinger von Strauß spricht. Schließlich hat er eben darauf hingewiesen, dass Strauß für das Geschäft unbedingt nötig sei.

Zunächst sieht es aus, als würde alles so funktionieren, wie die Teilhaber es sich ausgedacht haben. Tatsächlich bringt Kapfinger den Verteidigungsminister dazu, einen Brief zu schreiben. Statt an den amerikanischen Amtskollegen persönlich, schreibt Strauß ganz allgemein. Falls der Minister das Schreiben in den Müll wirft, könne Schloß es auch bei anderen Stellen verwenden, meint Strauß. Es lautet:

»To whom it may concern: Betr. Rental Guarantee Housing Project.

Um das vorgenannte Projekt zu realisieren, wurde von Herrn Schloß eine Aktiengesellschaft gegründet und von ihm heute den Ministerien die Planungsunterlagen, Kostenberechnungen und Finanzierungsvorschläge eingereicht. Ich begrüße und befürworte die Ausarbeitung dieser Vorlagen, weil sie der Durchführung eines im gemeinsamen Interesse liegenden Planes dienen. Ich bitte, Herrn Schloß bei seiner weiteren Arbeit jede Unterstützung zu gewähren.

Strauß.«

Schloß erhält das Schreiben am 1. Juni 1960. Es ist ein erster Schritt, finden Schloß und Kapfinger. Zwei Wochen später will sich Schloß von Strauß persönlich empfehlen lassen. Er fliegt dazu eigens nach Washington, als Strauß dort auf Staatsbesuch ist, und verschafft sich eine Einladung zu einem Empfang. Aber Strauß weist ihn zurück, er will ihn bei dieser Gelegenheit nicht kennen. Zu Hause erzählt Schloß Kapfinger von dem Misserfolg. Kapfinger sagt: »Dann muß er halt schreiben.« Am 20. Juni 1960 schreibt »er« auf seinem Ministerbriefpapier tatsächlich an seinen Amtskollegen im amerikanischen Verteidigungsministerium:

»The Hon. Thomas S. Gates
Secretary of Defense
Pentagon, Washington 25, DC

Sehr geehrter Herr Kollege!

Nach den meinem Ministerium zugegangenen Informationen ist die amerikanische Armee daran interessiert, eine beträchtliche

Zahl von Wohnungen für Angehörige der US-Army in Deutschland zu bauen. Das Bundesministerium für Verteidigung hat damit unmittelbar nichts zu tun, hat aber die Pläne des Architekturbüros Lothar Schloß, München, die bei ihm eingereicht sind, geprüft und Herrn Schloß die in Abschrift beigefügte Bestätigung ausgestellt. Es handelt sich um dieselbe Firma, die bereits im Jahre 1956 das amerikanische Unterkunftprojekt in Frankreich bearbeitet hat. Dieses Projekt wurde dann aus verständlichen Gründen einer französischen Firma übertragen.

Ich weise darauf hin, daß die von dem Architekturbüro Schloß vorgelegte Planung hier geprüft und als brauchbar bezeichnet worden ist. Wenn Sie daran interessiert sind, das Unterkunftsprojekt der US-Armee in Deutschland weiter zu verfolgen, bitte ich, diese Ihren Experten bekannte Planung prüfen zu lassen und zu verfolgen.

Mit freundlichen Grüßen
gez. Strauß«

Strauß übernimmt die Formulierungen von Schloß fast wörtlich und erweckt damit einen falschen Eindruck. Weder er noch sein Ministerium haben die Pläne geprüft. Gates reagiert nicht. Kapfinger und Schloß bedrängen Strauß, sie bräuchten unbedingt eine Kopie des Briefes, um damit arbeiten zu können. Strauß tut, was Kapfinger wünscht, und schickt ihm eine Abschrift dieses Briefes, dazu ein Begleitschreiben, datiert vom 4. August 1960. Zunächst haben Schloß und seine Teilhaber offenbar im Sinn, auch Bundesmittel für das Projekt zu beantragen, doch daraus wird nichts, wie Strauß jetzt schreibt.

»Lieber Hans!

In der Beilage übersende ich Dir Durchschrift meines Briefes an den amerikanischen Verteidigungsminister Mr. Gates […] Nach den geltenden Bestimmungen ist die Bundesrepublik nicht weiter verpflichtet, zusätzliche Wohnungen für die Familien der amerikanischen Streitkräfte zu finanzieren. Deshalb haben Bundesrechnungshof und Finanzministerium es abgelehnt, dieses Projekt aus dem deutschen Haushalt zu finanzieren [...] Ich muß mich deshalb auf den befürwortenden Einfluß eines nicht zuständigen Ministeriums beschränken [...] Ich glaube, wir sollten auch bei den Amerikanern nicht allzu stark drängen, weil das erfahrungsgemäß zu negativen Rückschlüssen und negativen Reaktionen führt.

Mit freundlichen Grüßen!
Dein Franz Josef Strauß.«

Ein bemerkenswertes Schreiben. Strauß ist nicht zuständig, und sein Ministerium hat das Projekt auch nicht geprüft. Später sagt er, sein Einsatz in dieser Sache sei etwas ganz Normales gewesen. Im gesamten Jahr erhalte sein Büro mehr als 5000 ähnliche Anfragen, die man bearbeite. Ganz wohl ist ihm aber offenbar nicht, als er den Brief an Kapfinger aushändigt. Warum sonst bittet er ihn um Zurückhaltung? Vielleicht ist ihm zu sehr bewusst, dass Kapfinger zu Unvorsichtigkeiten neigt.

Neben Geschäftssinn ist Kapfinger – wie Friedmann – auch große Sparsamkeit zu Eigen. Und ähnlich wie Friedmann hat Kapfinger sexuelle Neigungen, die ihm, in Kombination mit seiner Sparsamkeit, im Weg stehen. Im vierten Stock seines Verlagshauses hat er sich eine kleine Wohnung einbauen lassen. Manchmal arbeitet er lange und kann dann im Verlag übernachten. Manchmal lässt sich die Wohnung auch für andere Gelegenheiten nutzen.

Monate bevor Strauß die Briefe schreibt, hat Kapfinger in seinem Büro Besuch von Frau I., die einen finanziell freigiebigen Mann sucht, und sich sehr schnell auf Intimitäten einlässt. Kapfinger sagt später, es sei bereits in der ersten Stunde der Begegnung dazu gekommen. Kapfinger leiht ihr 5000 Mark. Bald danach stellt er Frau I. Frau B., seiner ehemaligen Freundin, vor. Alle drei verbringen zusammen Zeit in der Verlagswohnung. Was bei dieser und zwei weiteren Begegnungen in Kapfingers Privatwohnung zwischen den dreien vorfällt, ist hinterher heftig umstritten. Fest steht nur, dass Kapfinger es genießt, wenn ihn die Frauen an seinen Fußsohlen kitzeln. Seine ehemalige Freundin scheint sehr eifersüchtig zu sein.

Kapfinger hat Geld. Man sieht es ihm nicht an, aber er ist vielfacher Millionär und besitzt Wohnungen in München und auf Teneriffa. Doch Kapfinger verschenkt nichts. Irgendwann fordert er sein Geld zurück, und Frau I. fühlt sich von ihm bedrängt. Er hat ihr von dem Geschäft mit Strauß erzählt, und sie wiederum hat sich einem Geschäftsmann anvertraut, der Kapfinger überhaupt nicht leiden kann und ihr zu einer Anzeige rät. Es ist nämlich in den fünfziger Jahren strafbar, sich mit zwei Frauen gleichzeitig zu vergnügen. Eine missliche Situation, die auch dadurch nicht besser wird, dass Kapfinger das Zusammensein mit den beiden Frauen dem Vertrauten von Frau I. gesteht. Als ihm der Ernst der Lage klar wird, weiht er seine Geschäftspartner ein. Schloß soll Frau I. Geld geben, damit sie schweigt. Ein anderer Partner soll ihren Rechtsbeistand und Mitwisser beschwichtigen.

Die Geschäftspartner haben Angst, dass im Zuge eines Verfahrens Details über die Fibag bekannt werden und die Verbindung zu Strauß Schaden nehmen könnte. Sie versuchen die ehemalige Freundin und ihren Vertreter zu überreden, die Klage fallen zu lassen. Später ist davon die Rede, dass Kapfinger ihr einen Geldbetrag geboten habe, der ihr zu niedrig gewesen sei. Kapfinger wiederum beschuldigt sie, ihn erpresst und 50000 Mark gefordert zu haben. Jedenfalls schickt Kapfingers Gespielin seinen politischen Gegnern Werner Friedmann und Willy Brandt Material über sein Intimleben. Friedmann reicht das Material an seinen Anwalt weiter, berät sich – und unternimmt nichts. Brandt übergibt das Material der Staatsanwaltschaft. Es kommt zum so genannten »Triolen-Prozess« in Passau.

Kapfinger versucht vergeblich, den Prozess zu verhindern. Einmal muss er vertagt werden, weil Frau B. ein Herzversagen erleidet. Dann wird bekannt, dass Kapfinger versucht hat, die Staatsanwaltschaft zu beeinflussen. Er hat keine Hemmungen, auch seine Zeitung einzusetzen, um die Vorwürfe zu widerlegen. Der Unternehmer, der Frau I. hilft, veröffentlicht ihre Version in einem Schaukasten, um Kapfingers Informationsmonopol zu umgehen. Zeitungen in der ganzen Republik berichten mit einem vielsagenden Schmunzeln über Kapfingers Doppelmoral und zitieren genüsslich seine Aussage, Frau I. habe wohl geahnt, dass ihm »Moral nicht so wichtig« sei. Am Ende wird Kapfinger zu einer Bewährungsstrafe verurteilt.

Die Verbindungen zu seinen dubiosen Geschäftspartnern liegen nun offen. Als sich die Partner untereinander verkrachen, geraten die Empfehlungsschreiben von Strauß an die Öffentlichkeit. Zum Ärger von Strauß und Kapfinger ist es wieder einmal der *Spiegel*, der sie publiziert. Damit ist der fragwürdige Einsatz von Strauß für ein fragwürdiges Projekt von fragwürdigen Leuten publik. Ein neuer Skandal namens Fibag.

Es ist bedenklich, Empfehlungen für Freunde auszusprechen, gerade in diesem Fall. Nicht nur, weil Schloß eben keinen guten Namen als Architekt und Bauherr hat. Im Gegenteil, Strauß muss ihm erst einige Aufträge zukommen lassen, damit er sich ein Büro leisten und einen Mitarbeiter anstellen kann. Bedenklich ist auch, dass Strauß behauptet, die Pläne von Schloß seien geprüft worden, obwohl nichts dergleichen geschehen war. Die *Frankfurter Allgemeine Zeitung* schreibt über den Brief an Gates: »Ein Minister, der einen solchen Brief aus seinem Haus hinausgehen lässt, scheint einen wesentlichen Unterschied zwischen Deutschland und dem Balkan aus den Augen verloren zu haben.«

Noch viel bedenklicher ist ein angeblicher Hinweis Kapfingers, wonach er seinen Anteil am Gewinn mit Strauß teilen müsse. Diese Äußerung führt dazu, dass der *Spiegel* ausführlich über die Angelegenheit berichtet. Geschickt versichert Augstein, er glaube nicht, dass Strauß sich persönlich bereichern wolle. Strauß müsse aber Kapfinger wegen des Hinweises, er erhalte die Hälfte der Gewinne, verklagen – andernfalls müsse man davon ausgehen, dass der Hinweis wahr sei. Offenbar glaubt Augstein, auf diese Art Strauß unter Druck setzen und die Beziehung zu Kapfinger sprengen zu können. Aber Strauß verklagt Kapfinger nicht. Kapfinger versucht sich aus der Affäre zu ziehen, indem er versichert, er habe den Hinweis nicht ernst gemeint. Später sagt er, er habe Strauß auf keinen Fall erwähnt, auch nicht im Scherz.

Der *Spiegel* spitzt zu und druckt, was gegen Strauß spricht. Weil er im Oktober 1958 einen Milliardenauftrag zum Bau von Starfighter-Kampfflugzeugen gegen den Rat von Experten an die amerikanische Firma Lockheed vergibt und nicht die Mirage des französischen Unternehmens Dessault kauft, wird über den Grund gerätselt. Später wird bekannt, dass Lockheed auch bei anderen Projekten viele Provisionen verteilte, um den Zuschlag zu erhalten. Zudem ist der deutsche Repräsentant von Lockheed Strauß' alter Duzfreund Hauser aus gemeinsamen Schongauer Tagen. Alle Geschichten gegen Strauß zielen in die gleiche Richtung: Immer wieder handeln sie von Vetternwirtschaft, ohne die Vorwürfe wirklich belegen zu können. Ein Untersuchungsausschuss des Bundestags hat den Vorwurf der Bestechung später jedenfalls nicht bestätigt.

Am 5. April 1961 bringt das Heft eine Titelgeschichte, die »völlig außerhalb der Norm, der Tradition und des üblichen Stils journalistischer Berichterstattung« liegt, schreibt Wolfram Bickerich, *Spiegel*-Redakteur und Biograph von Strauß. »Es handelte sich – da eigentliche Nachrichten als Inhalt fehlten – um einen reinen Kommentar gegen Strauß aus Anlass seiner Wahl zum Parteichef der CSU.« Die Geschichte trägt den Titel »Der Endkampf« und leitet denselben zwischen Strauß und Augstein ein. Der *Spiegel* schreibt: »Unter politisch denkenden Menschen gibt es keine Diskussion mehr darüber, dass der nächste Krieg am wahrscheinlichsten aus Angst vor einem Präventivschlag des Gegners ausbrechen würde, als ein Präventiv-Präventiv-Krieg sozusagen; dass es somit keine dringlichere Aufgabe gibt als die, das Misstrauen stückchenweise abzubauen und stückchenweise durch konkrete Sicherungen zu ersetzen.« Der Verleger selbst hat den Text geschrieben. Ländern, die wie China, die Bundesrepublik oder Israel Grenzstreitigkeiten und Ansprüche gegen ihre Nachbarn haben, dürfe nicht die Fähigkeit zugestanden werden, den totalen Atomkrieg auszulösen, so Augstein.

»Trotz dieser weltweiten Strömung der Vernunft ist in der Bundesrepublik ein Mann groß geworden, der das Mißtrauen zwischen den Großstaaten genährt und der für die Bundesrepublik Waffen gefordert hat, die den ›Selbstmord‹ eines sowjetischen Angreifers und damit den Selbstmord der Menschheit auslösen könnten. Als einziger Prätendent auf den Sessel des Bundeskanzlers kann dieser Mann sich auf eine Hausmacht stützen, ja gleich auf eine doppelte Hausmacht: auf die Bundeswehr, die er zu einem Instrument seiner Karriere gestempelt, und auf die bayerische CSU, die ihn vor drei Wochen einmütig zu ihrem Vorsitzenden, will sagen zu ihrem ›Chef‹ gewählt hat.« Augstein zitiert namhafte ausländische Publikationen, die vor Strauß warnen. Dann schreibt er, warum er diesen Titel genau jetzt bringt: Es geht um eine Entscheidung.

»Vor drei Wochen hat dieser Franz Josef Strauß, 45 Jahre alt, den vorletzten Schritt in Richtung auf den Kanzler-Sessel getan. Müßig ist jetzt das jahrelange Raunen und Mosern geworden, ob er denn wohl auch wirklich der deutschen Demokratie nicht zu Leibe gehen werde, warum er sich selbst immer im Wege stehe, warum er sein eigener schlimmster Feind sei [...] Die Bundesrepublik, den Rücken zur Wand, muß jetzt mit ihm fertig werden, indem sie ihn entweder annimmt oder abschüttelt.« Der *Spiegel* resümiert: »Ob die CDU oder die SPD künftig Wahlen gewinnen wird, ist nicht mehr so sehr von Belang. Wichtig erscheint allein, ob Franz Josef Strauß ein Stück weiter auf jenes Amt zumarschieren kann, das er ohne Krieg und Umsturz schwerlich wieder verlassen müßte.«

In der Kolumne »Lieber *Spiegel*-Leser« schreibt Augstein: »Die

Mittel und Methoden, mit denen Strauß ganz selbstverständlich und fast naiv hantiert, können vom Nachfolgestaat des Hitler-Reichs nicht verkraftet werden.« Mit dieser Geschichte, die Augstein selbst als »eine Art Kriegserklärung« bezeichnet, beginnt nicht nur der Endkampf zwischen den beiden Kontrahenten, sondern auch eine jahrelange juristische Auseinandersetzung.

Strauß moniert »mehr als hundert Beleidigungen« und erstattet Strafanzeige. Als die Staatsanwaltschaft Hamburg das Verfahren im Februar 1962 einstellt, zieht der Anwalt von Strauß, sein Schulfreund Hartwig Cramer, der in Nürnberg wohnt, dort vor das Landgericht. Strauß bekommt in acht von 62 beanstandeten Behauptungen Recht. Das Gericht verbietet außerdem den gesamten Artikel. In der Berufung untersagt das Oberlandesgericht Nürnberg zehn Behauptungen, auch das Zitat von *Time*, wonach Strauß einem Maßkrug ähnele. Augstein legt Verfassungsbeschwerde gegen das Urteil ein und wird abgewiesen. Er will aber nicht akzeptieren, dass Strauß seine Angreifer mit Kommunisten gleichsetzt, weil Publikationen in Ostberlin und Moskau gerne den *Spiegel* zitieren.

»Rudolf Augstein verbrauchte seinen Haß gegen Franz Josef Strauß«, schreibt Gerd Schmückle, der Pressemann von Strauß. »Mit brillanter Feder schwelgte er in einer überhitzten Fehde. Er hatte sich gegen Wiedervereinigung, NATO, Wehrpflicht, Notstandsgesetzgebung und Atomwaffen engagiert. Und meistens meinte er Strauß.« Der *Spiegel* überhäuft ihn mit Vorwürfen, Kritik und Enthüllungen. Wenige Wochen nach der Kriegserklärung beginnt der *Spiegel* die Enthüllung der Fibag-Affäre. Nicht immer spiegelt das Nachrichtenmagazin die ganze Wirklichkeit. Manchmal behilft es sich mit Halbwahrheiten. Aber in der Regel erfindet der *Spiegel* nichts, betont der Politikprofessor Theodor von Eschenburg im Hinblick auf die Strauß-Berichterstattung.

»Die Wirkung solcher journalistischer Zersägetechnik ist für jeden Politiker verheerend«, so Pressesprecher Schmückle. »Doch meinte ich, es gehöre zum Beruf des Politikers, auch solche fieberhaft erzeugten, wie im Delirium geschriebenen Polemiken auszuhalten.« Viele der Beiträge waren seiner Ansicht nach »mit strenger Objektivität« geschrieben. Strauß liest den *Spiegel* selten. »Zuletzt gar nicht mehr. Als könne er sich durch Nichtlesen den Wundschmerzen entziehen, die ihm Augstein zufügte. Erst allmählich, wie von Erstaunen übermannt, erkannte er, dass ihm da eine Fehde auf Leben und Tod angesagt war.«

Zunächst sagte Strauß seinem Pressesprecher, er solle auf die Angriffe des *Spiegel* eingehen. »Dann mahnte er mich zur Zurückhaltung. Schließlich wünschte er keine Erwiderungen mehr.« Umso heftiger beginnt er zu prozessieren. »Ich hielt das für grotesk. Er aber meinte, er stünde unter dem Druck seiner Parteifreunde. Klage er nicht, dann heiße es, die Vorwürfe müssten stimmen. Klage er, würde ihm unterstellt, sein Ungestüm zerre jeden vor Gericht, der ihn kritisiere.«

Strauß gewinnt teilweise vor Gericht und verliert doch vor der Öffentlichkeit. »So harmlos, wie er sich selbst gerne darstellte, war Strauß natürlich auch nicht«, betont sein Pressemann. »Dazu war er zu leidenschaftlich, zu angreiferisch, zu streitlustig. Wenn er wie ein Hauskater zu schnurren begann, wurde er langweilig. Gelegentlich versuchte er sich in dieser Rolle. Als Verstellungskünstler.« Der Erfolg ist mäßig. Schmückle formuliert es so: »Ich sah dann, dass der Schauspieler Strauß dem Rhetoriker nicht ebenbürtig war.«

Der Kampf zwischen Augstein und Strauß wird zu einem Kampf um alles oder nichts. Fast achtzig Geschichten über den Politiker und den Privatmann Strauß bringt der *Spiegel* in den drei Jahren vor der *Spiegel*-Affäre. Der Kampf wird immer erbitterter, als wollten die Beteiligten eine Entscheidung herausfordern. Augstein schießt aus der Deckung auf Strauß. Der Minister ist durch sein Amt im Nachteil und kann nicht mit gleicher Munition zurückschießen. Oder doch?

Es ist jedenfalls keine leichte Zeit für Strauß. »Kaum jemand konnte 1962 sagen, es stehe gut um ihn. Am wenigsten er selbst«, findet Schmückle. Er hat das Gefühl, Strauß schlittere in eine Lebenskrise hinein. »Ich beobachtete Stimmungsschwankungen, wie sie erfolgreiche Männer in der Lebensmitte heimsuchen, wenn sie glauben, ihrem Beruf zu viel geopfert zu haben. Öfter als nötig spielte er mit dem Gedanken, die Last des Amtes abzuwerfen und denen zu übergeben, die doch alles besser wüssten. Er träumte vom Leben eines Ministerpräsidenten oder gar eines einfachen Abgeordneten.«

Freilich hält diese Stimmung bei Strauß nicht lange an. Er kämpft, denn er will nicht nur sein Amt behalten, sondern er will bis ganz nach oben und Adenauer beerben. 1961 billigt der Verteidigungsminister, dass er dienstintern als »FJS« figuriert – in den USA war ein Mann namens JFK US-Präsident geworden. Auch FJS will Regierungschef werden. Am 10. Juli 1961 treffen sich Strauß und CSU-Generalsekretär Friedrich Zimmermann heimlich im Haus des Kaufhausbesitzers Helmut Horten mit Erich Mende, dem Vorsitzenden der FDP, und zwei weiteren FDP-Funktionären. Sie vereinbaren, Adenauer zum Rücktritt zu drängen und Ludwig Erhard zu seinem Nachfolger zu machen. Die FDP soll den Wechsel öffentlich fordern, Strauß hinter den Kulissen in der Union darauf hinarbeiten. Erst in der Schlussphase des Wahlkampfs sollen er und die CSU offen gegen Adenauer auftreten.

Beide wollen einen Kanzler, der schwächer ist als Adenauer. Die Liberalen erhoffen sich bei Erhard mehr Einfluss. Strauß rechnet sich aus, dass er zunächst Außenminister und Vizekanzler wird. Nach einer Zwischenphase will er Erhard ablösen. Dass Adenauer beim Bau der Berliner Mauer eine schlechte Figur macht und in Bonn passiv wirkt, kommt Strauß nicht ungelegen. Zunächst läuft alles wie geplant: Die FDP spricht sich gegen Adenauer aus, die CSU schließt sich der Meinung an.

In der Wahlnacht äußert sich auch Strauß in einem Fernsehinterview entsprechend. Doch als Adenauer am Amt festhält, kommt es anders: Strauß ist nun der erste, der umkippt. Zwei

Tage nach seinen Äußerungen im Fernsehen in der Wahlnacht macht er einen Rückzieher. CSU-Landesgruppe und Unionsfraktion sprechen sich für Adenauer aus. Adenauers Misstrauen gegenüber Strauß wächst. Angeblich hatte der Kanzler seinen Verteidigungsminister schon einmal entlassen wollen, weil Strauß den Atomkrieg vorbereitet habe, aber Adenauer ließ sich umstimmen.

Vertrauen ist der Kern der Politik, das weiß auch Strauß. Ein Politiker, der bei seinen Parteifreunden und beim Volk kein Vertrauen genießt, muss abdanken. Um Vertrauen wirbt er daher im Wahlkampf im August und September 1961. Dazu lässt Strauß eine Broschüre entwerfen, die ihn als »Mann unseres Vertrauens« vorstellt. Strauß benennt darin vier »Tatsachen«: Alle bisherigen Erfolge seien gegen das NEIN der SPD erzielt worden. Die SPD vertrete das Gegenteil ihrer bisherigen Politik, indem sie zwar für die Verteidigung eintrete, aber dem Wehretat die Zustimmung verweigere. »Tatsache ist, dass Franz Josef Strauß unbeirrbar und entgegen gehässiger Anfeindungen im Interesse des Wählers alle jene Voraussetzungen schuf, die uns heute im Rahmen der Nato Friede und Freiheit garantieren.« Der Wahlkreis habe seit Bestehen der Bundesrepublik »keinen Unfähigen« in den Bundestag entsandt. »Tatsache ist, dass kein anderer Kandidat dieser Wahl als Volksvertreter mehr für unseren Wahlkreis tun kann als Franz Josef Strauß, der Parteivorsitzende der CSU, der drittgrößten Partei der Bundesrepublik, der langjährige Minister, der neben Kanzler Adenauer schwerste Verantwortung zu tragen hat. Deshalb ist Strauß der Mann unseres Vertrauens.«

Strauß wirbt mit Dankschreiben von Bürgermeistern aus seinem Wahlkreis. Sie sollen zeigen, dass er für das Wohl der Bürger verantwortlich ist. Neben Panzer, Starfighter und Kriegsschiffen ist Strauß im Gespräch mit Offizieren und im Kreise von Rekruten zu sehen. Er demonstriert Bodenhaftung und Verbundenheit mit einfachen Leuten. Manchmal unterrichte er selbst junge Rekruten, heißt es. Ein Bild zeigt ihn mit hochgekrempelten Ärmeln, auf dem Tisch ein halbvolles Weißbierglas. Strauß sei »der geblieben, der er immer war: ein aufrechter Mann mit dem Herz am rechten Fleck. Einer von uns, ein echter Bayer, und er macht kein Hehl daraus. Seine ›Halbe‹ schmeckt ihm so gut wie der Leberkäs.«

Geschickt spannt er auch seine Familie für seine Zwecke ein. Ein Foto zeigt ihn mit seiner Mutter: »Daß Strauß trotz aller Beanspruchung nie seine betagte Mutter vergißt, sagt wohl vielen von uns mehr über den Menschen Strauß als das schönste Wahlplakat.« Ein großes Bild zeigt ihn mit Frau Marianne und den beiden Kindern. Im Arm der Mutter liegt das Baby Franz Georg, der kleine Maxi sitzt zwischen den Eltern. Im Bildtext steht: Strauß »hat eine Familie, zwei Buben. Seine Arbeit dient der Zukunft aller Kinder. Auch sie wollen in Freiheit leben. Wir alle sind verpflichtet, ihm dabei zu helfen. Darum ist dein Kandidat Franz Josef Strauß.« Strauß hat Vertrauen bitter nötig. Vielleicht mehr als er denkt hängt davon seine politische Zukunft ab.

Was die Vorwürfe in Sachen Fibag betrifft, so muss Strauß dem Bundestag zweimal Rede und Antwort stehen. Zunächst schriftlich auf eine kleine Anfrage der SPD hin. Er reicht die Antworten in den Parlamentsferien im Juli 1961 ein. Keiner scheint sich nach der Sommerpause dafür zu interessieren. Anfang März 1962 kommt es vor dem Landgericht Nürnberg-Fürth zum Prozess über die Fibag. Dabei sagt Hans Kapfinger im Zeugenstand, möglicherweise habe er die Bemerkung, dass er teilen müsse, doch gemacht. Allerdings habe er die Bemerkung nicht auf Strauß, sondern den Kaufmann Winkel bezogen. Der Vorsitzende Richter zweifelt an dieser Einschränkung. Nun will die SPD wissen, ob nicht doch Strauß gemeint war, und beantragt einen Untersuchungsausschuss. Das Gremium soll prüfen, ob Strauß seine Dienstpflichten verletzt hat.

Am 13. April 1962 muss Strauß in den Zeugenstand. Er tritt selbstbewusst vor die Abgeordneten. Seine Aussage füllt 120 Protokollseiten. Strauß entzieht sich den Vorwürfen, verschweigt Dinge oder sagt – zumindest meint das der *Spiegel* – schlicht die

Unwahrheit. Am Ende kann man ihm nichts beweisen. »Strauß verlässt den Zeugenstand mit der Bescheinigung, er sei ein Ehrenmann«, schreibt ein Bonner Korrespondent der *Süddeutschen Zeitung*. Einen ersten Bericht des Ausschusses verwirft das Parlament. Die CDU beantragt, den Ausschuss zu beenden. Die SPD widersetzt sich. Erst als der Koalitionspartner der CDU, die FDP, ebenfalls für eine Fortführung stimmt, kann weiter untersucht werden. Die FDP hat Strauß offenbar nicht verziehen, dass er Monate davor seine Absprache für ein gemeinsames Vorgehen gegen Adenauer gebrochen hat.

Der Fibag-Untersuchungsausschuss ist noch nicht abgeschlossen, da kommt der *Spiegel* im September mit einer neuen Enthüllung. Wieder geht es um den Vorwurf, Strauß verbinde Geschäftliches und Privates auf unzulässige Weise. Im Mittelpunkt steht Aloys Brandenstein. Er ist jahrelang so arm, dass er sich Geld fürs Telefonieren leihen muss. Eines Tages erwähnt er einem Bekannten gegenüber seine Beziehungen zur Familie Zwicknagl, die er gut kennt. Die Töchter nennen ihn liebevoll »Onkel«. Sein Bekannter macht ihn darauf aufmerksam, dass Marianne Zwicknagl den Verteidigungsminister geheiratet habe und bearbeitet ihn, bis er den alten Kontakt zu den Zwicknagls wieder aufnimmt. Er schickt Marianne Strauß einen Lebenslauf, und als er kurze Zeit später anruft, erzählt ihm Max Zwicknagl, seine Tochter habe ihn weitergeleitet.

Alles Weitere ergibt sich. Brandenstein ist plötzlich in Kontakt mit Offizieren, spricht mit ihnen über eine mögliche Beschäftigung und wird schließlich im Zusammenhang mit Rüstungsgeschäften im Millionenbereich ein wichtiger Vermittler, so etwa für einen Munitionskauf im Wert von 80 Millionen Mark. Er ist an großen Einkäufen beteiligt und verdient damit plötzlich viel Geld. Das Ministerium vermittelt ihn außerdem an eine belgische Rüstungsfirma, die ihm monatlich 7500 Mark zahlt.

Er zieht von seiner Einzimmerwohnung in eine Villa nach Bad Godesberg und erzählt offen im Bekanntenkreis herum, wie er zu dem Reichtum gekommen ist. Er möchte jeden wissen lassen, wie sehr Marianne und Franz Josef Strauß ihm geholfen haben. Irgendwann stößt der *Spiegel*-Reporter Bernt Engelmann auf die Geschichte und schreibt sie auf. Sie erscheint im September 1962 und verstärkt den Eindruck, dass Augstein und Strauß um alles oder nichts kämpfen. Für den *Spiegel* ist sie ein neuerlicher Beleg dafür, »was Außenseiter unter Berufung auf den Minister erreichen konnten, weil die Umgebung des Ministers Strauß – zu Recht oder Unrecht – davon ausging, dass der Chef des Hauses die Begünstigung wünschte«.

In dem Artikel ist auch noch von einem zweiten Fall die Rede. Es geht um den Rechtsanwalt Dr. Peter Deeg, einen Mann, der nichts vom Rüstungsgeschäft versteht, aber ein Duzfreund von Strauß ist. Er belegt diese Duzfreundschaft mit privaten Briefen. Das reicht – so der *Spiegel* – auch für Deeg, um als Vermittler bei Millionenaufträgen tätig werden zu dürfen, etwa bei einem Granaten-Auftrag über 22 Millionen Mark. Die Mitarbeiter von Strauß finden das offensichtlich ganz normal.

Unterdessen kommt der Fibag-Ausschuss zum Ende. Eine Bundestagsmehrheit bestätigt Strauß – nach fünfstündiger Debatte – am 25. Oktober 1962 in einem zweiten Abschlussbericht, dass er seine Dienstpflicht nicht verletzt habe. Zwar verwickelt sich Kapfinger vor dem Ausschuss in Widersprüche. Aber ob Strauß der zweite Mann der »Gruppe Kapfinger« ist und sich selbst bereichern wollte, kann nicht geklärt werden. Die Mehrheit im Ausschuss sind Abgeordnete der Regierungsparteien, die Strauß wohlgesonnen sind. Die Minderheit hat manche Zweifel, kann sich aber nicht durchsetzen. In einem Interview sieht Strauß in der Fibag-Affäre »eine Kampagne, deren Hintergrund-Rechercheure in Pankow sitzen« – die also von der DDR gesteuert sind. Die *Neue Zürcher Zeitung* zweifelt an dieser Sicht der Dinge und bemerkt trocken: »Die Kommunisten haben die obskuren Geschäftsleute, die sich an Strauß heranmachten, und die Ministerbriefe für sie schließlich nicht erfunden.«

Strauß könnte erleichtert sein, wenn er nicht einen neuen Untersuchungsausschuss fürchten müsste – diesmal zu den Affären um »Onkel Aloys« und »Dr. Peter Deeg«. Zwei Tage davor hat die SPD zu den neuerlichen Enthüllungen des *Spiegel* bereits eine kleine Anfrage an ihn gerichtet. Die Antworten legt er – knapp und etwas übereilt – ebenfalls am 25. Oktober vor. Wenn sie in den folgenden Tagen nur wenig Schlagzeilen machen, dann hat das einen besonderen Grund: Am Tag darauf beginnt die Durchsuchung des *Spiegel*, die seinen Sturz einleitet.

»Es steht noch dahin, ob die Affäre Strauß nur seine ziemlich sichere Anwartschaft auf das Bundeskanzleramt gekostet hat«, schreibt Erich Kuby auf den letzten Seiten seines Buches über die Affäre, *Im Fibag-Wahn*, das im November 1962 erschienen ist. Fast prophetisch muten seine Worte an: »Es geht nicht an, Strauß' Verhalten in der Affäre nur an den Folgen für seine Karriere zu messen. Nicht der Parteipolitiker Strauß allein ist in Fibag verwickelt gewesen, es war vor allem der Minister Strauß, und das hat Strauß allzu wenig bedacht. […] Es wird sich zeigen, dass Fibag unterirdisch lebendig bleiben wird. Die Öffentlichkeit wendet sich anderen Sorgen zu, die sie für größer hält […] Aber Fibag wird in der öffentlichen Meinung zu einem Schlüsselwort werden. Resignation steckt darin, aber auch etwas Lauerndes. Der Mann, der sich von seinem Freund Kapfinger nicht zu befreien wusste, wird sich nicht von Fibag befreien können, so lange er in der Öffentlichkeit steht.«

13 Die *Spiegel*-Affäre: Strauß stürzt

Anfang Oktober 1962 will sich Franz Josef Strauß erholen und macht ein paar Tage Urlaub in seinem Ferienhaus in Issambres in der Nähe von Nizza. Es fällt ihm schwer, den *Spiegel* und die Auseinandersetzungen mit Augstein für eine Weile zu vergessen. Immerhin hat der einflussreiche Journalist ihm nun offen den Krieg erklärt. Strauß befürchtet neue Angriffe, schreibt er am 6. Oktober dem Fraktionsvorsitzenden der Union, Heinrich von Brentano: »Aber ich glaube, wir müssen nunmehr aktiv den Kampf aufnehmen, sonst wird bald Herr Augstein, dessen Sympathien für Schröder unverhohlen gezeigt werden, bestimmen, wer in einer Spitzenposition sein darf oder wer was wird.« Strauß würde gerne verhindern, dass Außenminister Gerhard Schröder Kanzler wird.

Am 8. Oktober fliegt sein Presseoffizier Gerd Schmückle mit der Kurierpost zu ihm nach Südfrankreich. Es ist Montag, und so kauft der Oberst unterwegs den *Spiegel*, der unter dem Titel »Bedingt abwehrbereit« ausführlich über das Herbstmanöver der Nato, Fallex 62, berichtet. Der *Spiegel* schließt sich darin der Kritik der USA am deutschen Verteidigungskonzept an. Statt mit Raketen und Atomwaffen, wie es Strauß vorschwebt, könne eine Verteidigung nur mit ausreichend Soldaten gesichert werden. Zudem kranke das System Bundeswehr noch an vielen Stellen und sei nur »bedingt abwehrbereit«. Bei einem kommunistischen Angriff wäre die Bundeswehr schnell geschlagen. Schmückle liest den Artikel im Flugzeug und findet ihn »weniger schlimm als befürchtet«.

Verantwortlich für den Bericht ist laut Impressum der stellvertretende Chefredakteur Conrad Ahlers. Er hat dafür wochenlang recherchiert und sich die Sorgen von hohen Offizieren angehört, die die Atomwaffen-Strategie ihres Ministers ablehnen. Im *Spiegel* wird die Geschichte nicht als besonders dringlich wahrgenommen. Sie liegt wochenlang herum, und der Erscheinungstermin wird mehrfach verschoben. Als sie endlich gedruckt wird, nimmt sie kaum einer wahr. Augstein ahnt das. In der Redaktionskonferenz an diesem Montag nimmt er die Nummer 41/62 in die Hand, hebt das Heft hoch und fragt spöttisch: »Hat wohl keiner gelesen?« Für Kundige sind die Einsichten, die Ahlers verbreitet, keine Enthüllung.

Schmückle kennt Ahlers gut. Der Journalist ist einst Fallschirmjäger gewesen und weiß in Militärfragen Bescheid. Schmückle mag ihn, weil er gute Umgangsformen hat und sich eine eigene Meinung leistet. Um ein Haar wären die beiden Kollegen geworden. Denn 1957 sucht Strauß zwei Pressesprecher und trägt Schmückle und Ahlers die Jobs an. Strauß ist damals daran gelegen, einen guten Draht zum *Spiegel* herzustellen. Würde er mit Ahlers nicht zwei Fliegen mit einer Klappe schlagen? Ahlers kennt die Arbeit. Er war bereits Sprecher unter Balke, dem Vorgänger von Strauß. Strauß hat sich sein Angebot fein ausgedacht: Er hätte einen guten Pressesprecher, und der hätte zugleich einen guten Draht zum *Spiegel*. Doch Ahlers sagt ab, und Schmückle muss den Posten alleine übernehmen.

Man kennt sich also. Es ist auch nicht das erste Mal, dass der *Spiegel* kritisch über das deutsche Konzept der Verteidigung berichtet und damit Aufsehen erregt. Einige Monate zuvor, im Juli 1962, wirft ein Oberst der Reserve, der Würzburger Professor Friedrich August Freiherr von der Heydte, dem *Spiegel* wegen eines Artikels Landesverrat vor, weil er angeblich Militärgeheimnisse preisgebe. Am 6. September erwirkt der *Spiegel* vor dem Landgericht Hamburg eine einstweilige Verfügung gegen Heydte. Daraufhin erstattet dieser am 1. Oktober 1962 bei der Bundesanwaltschaft Anzeige gegen den *Spiegel* wegen Landesverrats.

Ahlers ist sich bewusst, dass das Thema heikel ist. Mit der neuen Geschichte über das Herbstmanöver will er kein Risiko eingehen und gibt den Text vor Erscheinen einem Offizier des Bundesnachrichtendienstes sowie dem Hamburger Innensenator Helmut Schmidt. Sie sollen bitte prüfen, ob Passagen gestrichen werden müssen. Tatsächlich schreibt er auf ihren Rat hin mehrere Stellen um. Als die Geschichte dann erscheint, ist die Bundesanwaltschaft gerade mit der strafrechtlichen Prüfung des von Heydte beanstandeten Artikels befasst. Sie registriert »Bedingt abwehrbereit«.

In Südfrankreich ist es schwül, die Luft flimmert, Schirokko ist angesagt. Schmückle trifft Strauß auf der Terrasse seines Ferienhauses in Badehose an. Der Minister ist braungebrannt. Strauß arbeitet die Kurierpost auf. Er ist sichtlich bemüht, seinen Besuch schnell wieder loszuwerden. Schmückle erwähnt den Artikel im *Spiegel* und sagt ihm, er sei harmloser als gedacht, aber er möge selbst lesen. Strauß macht eine abwehrende Handbewegung. Schmückle wisse doch, dass er das Blatt nicht lese. Schmückles Urteil genüge ihm. Also nimmt der Offizier das Heft wieder mit nach Bonn.

Als er dort eintrifft, erfährt er zu seinem Erstaunen, dass der Artikel im Ministerium als große Gefahr wahrgenommen wird. Vom schwersten Landesverrat in der deutschen Geschichte ist die Rede. Selbst die Pressestelle ist unter Beschuss. Zwei Wochen vorher hat Schmückle verhindert, dass ein Journalist wegen Landesverrats angezeigt wurde. Nun ist Schmückle besorgt, dass er die Brisanz des Artikels womöglich unterschätzt und Strauß deshalb falsch informiert hat. Er telefoniert im Hause herum und nimmt überall Panik wahr, nur nicht bei dem für Sicherheitsfragen zuständigen Mitarbeiter, der eigentlich am meisten hätte alarmiert sein müssen. Offenbar ist sein eigenes Urteil doch nicht so falsch. Er erfährt auch von einer weiteren Anzeige des Würzburger Professors gegen den *Spiegel* und dass im Ministerium ein Gutachten erstellt werde, ob der Text tatsächlich Geheimnisse verrate. Langsam kommt eine Aktion gegen den *Spiegel* in Gang.

Am 12. Oktober – die neue *Spiegel*-Geschichte ist vier Tage alt – schreibt Strauß aus dem Urlaub an Adenauer: »Inzwischen haben – für mich nicht überraschend, weil zur Beeinflussung meiner Entscheidung angekündigt – neue Angriffe gegen mich begonnen, die eine raffinierte Vermengung richtiger Details mit falschen Behauptungen darstellen. Die hier angewandte Methode sollte Gegenstand einer ernsten Untersuchung und Ausgangspunkt energischer Maßnahmen werden. Der publizistische Terror ist genauso eine kriminelle Angelegenheit wie der gewaltsame.«

Am 15. Oktober kehrt Strauß aus seinem Urlaub zurück. Am Tag darauf lässt er sich von seinen Mitarbeitern über den Stand der Dinge informieren. Er ordnet an, dass alle Stellen den Gutachter zu unterstützen haben. Adenauer beschwichtigt Strauß am Tag darauf in einer Antwort auf seinen Brief, er habe einen Gesetzesentwurf gegen Beleidigungen in Auftrag gegeben. »Sobald der Entwurf vorliegt, komme ich auf die Angelegenheit zurück.« Vermutlich ist Strauß zu diesem Zeitpunkt bereits aktiv geworden. Vermutlich war er es, der von der Heydte zu der Anzeige angestiftet hat. Jedenfalls sind die beiden gut bekannt, und der Reserveoberst wird vom Minister wenig später – als sei eine Belohnung fällig – zum Brigadegeneral der Reserve befördert.

Am 17. Oktober unterrichtet Strauß den Präsidenten des Bundesnachrichtendienstes, Reinhard Gehlen, über das Ermittlungsverfahren. Gehlen hat Strauß bereits vor einiger Zeit vor dem *Spiegel* gewarnt. In dessen Redaktion befinde sich eine kommunistische Spionagezelle. Die Information muss auf Strauß wie eine Bestätigung seiner Vorurteile über Augstein und seine Zusammenarbeit mit Moskau und Ostberlin gewirkt haben.

Am 18. Oktober bittet die Bundesanwaltschaft das Verteidigungsministerium förmlich um ein Gutachten. Dabei ist von Bedeutung, dass sie die Anfrage über das Justizministerium stellt. Abends um 18.00 Uhr informiert Strauß Kanzler Adenauer über den Verdacht des Landesverrats und das in Arbeit befindliche Gutachten. Die beiden besprechen die Angelegenheit »eingehend«, wie Strauß später in einem Gesprächsprotokoll an Adenauer festhält. »Sie haben meine Informationen entgegengenommen und erklärt, dass ich alles, was zur Aufklärung des Verrats militärischer Geheimnisse notwendig ist, veranlassen solle.«

Adenauer fordert, die Betroffenen ohne Ansehen von Rang und Namen zu verfolgen. Er versichert Strauß, dass er voll hinter dem Verfahren stehe, und wünscht, auf dem Laufenden gehalten zu werden. Strauß weiter: »Wir waren uns beide darüber einig, dass der Kreis der einzuweihenden Personen auf das dienstlich unumgänglich notwendige Maß beschränkt werden müsse, weil sonst ein Verrat zu befürchten sei.« Konkret befürchten sie, der FDP-Justizminister könnte die Ermittlungen an seinen Parteifreund Augstein weitergeben. Strauß berichtet Adenauer, der *Spiegel* habe geheimes Material über den Justizminister, das diesen erpressbar mache. Er wisse aus eigener Erfahrung, »dass der *Spiegel* aus nichts vieles und aus einer Kleinigkeit alles machen kann«.

Am selben Tag warnt ein Mitarbeiter des Bundesnachrichtendienstes den *Spiegel*, es seien Ermittlungen im Gange. Treibt BND-Chef Gehlen ein doppeltes Spiel? Will er Strauß eine Falle stellen? Gehlen verfolgt schon immer seine ganz persönlichen Interessen: Er sammelt Dossiers über Politiker. Er spricht mit Vielen, und ihm behagt nicht alles, was Strauß macht. Dass Strauß einen eigenen militärischen Geheimdienst aufbauen will, empfindet Gehlen als Bedrohung für den BND.

Am 19. Oktober erhält Strauß eine Kopie des Gutachtens. Es bestätigt den Verrat militärischer Geheimnisse. Mit seinem Staatssekretär Hopf bespricht er, sich aus den Ermittlungen gegen den *Spiegel* herauszuhalten, weil ihm das falsch ausgelegt werden könnte. Er überträgt seinem Staatssekretär alle Kompetenz für diesen Fall, so, als sei er weiter im Urlaub.

Am 22. Oktober bespricht ein Mitarbeiter von Strauß das Gutachten mit der Bundesanwaltschaft. Am selben Abend beauftragt Innenminister Hermann Höcherl die Sicherungsgruppe in Bad Godesberg, gegen Augstein und den *Spiegel* zu ermitteln. Strauß unterrichtet Adenauer davon und sagt, er halte die Angelegenheit für »schwerwiegend, weil sie an die Grundfesten unseres Staates rühre«, wie Strauß in seinem Protokoll festhält. »Ich habe Sie weiter gefragt, ob Sie als Bundeskanzler und Regierungschef mit Ihrer vollen Autorität die Maßnahmen, die zur Strafverfolgung der Beschuldigten und zur Aufdeckung des Sachverhalts notwendig sind, decken und ob ich mich darauf verlassen und im gegebenen Fall berufen könne. Sie haben diese Frage mit Ja beantwortet und hinzugefügt, dass ich jederzeit sogar eine schriftliche Bestätigung von Ihnen darüber haben könnte. Ich habe erwidert, daß mir das klare Wort des Regierungschefs genüge und daß ich deshalb auf eine schriftliche Bestätigung verzichte. Im Vertrauen hierauf habe ich in Ergänzung dessen, was Staatssekretär Hopf auf seiner Ebene tun konnte, gehandelt und das nach bestem Wissen und Gewissen.«

Strauß sichert sich also nach allen Seiten ab. Er überträgt seinem Staatssekretär die Verantwortung, um behaupten zu können, er habe mit den Ermittlungen nichts zu tun. Aber zugleich lässt er sich von Adenauer Deckung geben für alle Maßnahmen, die er persönlich trifft. Strauß scheint für alle Fälle gerüstet, ohne später Verantwortung für sein Tun übernehmen zu müssen. Doch im Nachhinein wird Strauß feststellen, dass er an diesem Abend einen entscheidenden Fehler gemacht hat. In Washington tritt um 19.00 Uhr Ortszeit Präsident John F. Kennedy vor die Mikrofone von Rundfunk und Fernsehen und erklärt 100 Millionen Amerikanern, die Sowjetunion habe auf Kuba Atomraketen stationiert und bedrohe die gesamte westliche Welt. Damit erhalten über Nacht die Ermittlungen gegen den *Spiegel* eine ganz neue Dynamik. Droht der Ausbruch des 3. Weltkrieges? Nun scheint es dringend geboten und gerechtfertigt, schnell gegen Landesverräter vorzugehen.

Am 23. Oktober erlässt ein Ermittlungsrichter des Bundesgerichtshofes Haftbefehle gegen Augstein und Ahlers wegen des dringenden Verdachts des Landesverrats. Zugleich ergehen Durchsuchungsbefehle. Augstein wird zudem der Bestechung beschuldigt. Dafür gibt es keinen Beleg, aber ein Bundesanwalt erhebt den Vorwurf, weil sich damit eine Durchsuchung auf den gesamten *Spiegel* ausdehnen lässt, auch auf die Buchhaltung.

Am 24. Oktober besprechen sich Staatssekretär Volkmar Hopf aus dem Verteidigungsministerium und Staatssekretär Walter Strauß aus dem Justizministerium. Der Verteidigungsminister ist die meiste Zeit anwesend und teilt seinem Namensvetter mit, Adenauer habe angeordnet, den Kreis der beteiligten Personen mit Wissen über die bevorstehende Aktion möglichst klein zu halten. Deshalb solle er Justizminister Wolfgang Stammberger nicht darüber informieren. Der FDP-Minister Stammberger wird damit zum wiederholten Mal umgangen. Denn der Antrag der Bundesanwaltschaft für ein Gutachten war zwar in seinem Amt eingegangen, dort aber zurückgehalten worden, wie eine spätere Untersuchung ergibt. Stammberger ahnt nicht, dass das Gutachten längst erstellt war. Er wartet darauf und denkt, er bekomme es vor der Aktion zu sehen, um ein Urteil abzugeben. Statt dessen erfährt er erst nach der Aktion aus der Zeitung davon.

Am Abend gibt Bundespräsident Heinrich Lübke einen Empfang auf Schloss Brühl. Strauß soll dabei – laut Informationen des *Spiegel* »stark alkoholisiert«, nach eigenen Angaben »in einem Zustand der Übermüdung und allgemeinen physischen Überlastung« – angekündigt haben, dass man gegen den *Spiegel* vorgehen werde.

Am 25. Oktober debattiert der Bundestag über die Ergebnisse des Fibag-Untersuchungsausschusses. Die Abgeordneten entlasten Strauß, und die Sicherungsgruppe erhält den Hinweis, dass Augstein in Düsseldorf gesehen worden sei.

Am 26. Oktober fährt ein Mitarbeiter des Verteidigungsministers nach Karlsruhe und drängt den Bundesanwalt zur Eile, sonst erführe der *Spiegel* zu früh von der Aktion. Um 15.00 Uhr fahren zwei Beamte der Sicherungsgruppe nach Düsseldorf, um Augstein zu beobachten und festzunehmen, sollte die Gefahr bestehen, dass er sich absetzt. Um 18.30 Uhr wird Augstein festgenommen. Augstein gibt an, nicht Augstein zu sein, sondern Fischer. Um 19.30 Uhr melden die Beamten dem Bundesanwalt, dass der vermeintliche Augstein tatsächlich ein anderer ist, nämlich Erich Fischer, der Düsseldorfer Anzeigenleiter des *Spiegel*. Im Gegensatz zu dem 38-jährigen Verleger ist der 53-jährige Anzeigenleiter von großer Statur.

Um 20.00 Uhr wird Fischer entlassen. Nun haben die Beamten ein Problem: Was, wenn Fischer Augstein vor der bevorstehenden Festnahme warnt? Was, wenn Augstein Beweismaterial vernichtet? Um das zu verhindern, ordnet der Bundesanwalt den sofortigen Vollzug der Haft- und Durchsuchungsbefehle an. Um 21.00 Uhr besetzen acht Beamte der Sicherungsgruppe die Redaktion des *Spiegel* in Hamburg und sperren Telefone und Fernschreiber. Zugleich wird die Redaktion in Bonn durchsucht. Chefredakteur Johannes K. Engel wird festgenommen.

Verleger Augstein ist jedoch nicht zu finden. Chefredakteur Claus Jacobi erklärt, Augstein sei um 20.00 Uhr aus dem Haus gegangen. Er wird angewiesen, die sechzig Mitarbeiter nach Hause zu schicken. Aber Jacobi weigert sich: Es ist Freitagabend, und die Redakteure arbeiten fieberhaft an der Ausgabe für den nächsten Montag. Die Beamte vom Sicherheitskommando fordern drei Überfallkommandos der Hamburger Polizei als Verstärkung an, die nach mehrmaliger Aufforderung helfen, die Mitarbeiter aus dem Verlag zu schicken. Büros werden verschlossen und versiegelt. Elf Mitarbeiter dürfen schließlich bleiben und unter Aufsicht von elf Polizeibeamten an der aktuellen Ausgabe weiterarbeiten.

Um 22.00 Uhr wollen zwei Beamte Conrad Ahlers, den Autor des Berichts, festnehmen, erfahren aber von einer Verwandten, dass er sich mit seiner Frau in Spanien aufhalte. Um 22.30 Uhr durchsuchen Beamte die Privatwohnungen des Verlegers und der beiden Chefredakteure. Verleger John Jahr kündigt an, Augstein werde sich am 27. Oktober mittags zur Vernehmung stellen. Zwischen 22.00 und 23.00 Uhr kommt Franz Josef Strauß ins Verteidigungsministerium und lässt sich von seinem Staatssekretär Hopf über den Fortgang der Aktion informieren. Um 23.00 Uhr ruft Hopf den Leiter der Sicherungsgruppe, Brückner, an und sagt, die Verhaftung von Ahlers in Spanien müsse veranlasst werden. Brückner sieht sich dazu nicht in der Lage und bezweifelt, dass eine Auslieferung aufgrund des politischen Charakters des Delikts überhaupt zulässig sei. Hopf erklärt, das Verteidigungsministerium werde »auf eigenem Wege« versuchen, Ahlers festnehmen zu lassen. Gegenüber dem Justizministerium regt Hopf den Erlass von Steckbriefen von Augstein und Ahlers an, bleibt damit aber erfolglos.

Am 27. Oktober kurz nach 24.00 Uhr bestellt Franz Josef Strauß eine Telefonverbindung mit dem Militärattaché der Deutschen Botschaft in Madrid, Oberst Achim Oster. Um 0.45 Uhr telefoniert Strauß mit dem Kanzler der Deutschen Botschaft und gibt ihm den Auftrag, Oberst Oster solle in einer äußerst wichtigen und dringenden Angelegenheit binnen einer halben Stunde anrufen. Wörtlich sagt Strauß: »Ich verpflichte Sie, über dieses Telefongespräch mit niemandem zu sprechen als mit dem Oberst Oster. Dies ist ein dienstlicher Befehl; ich handle in diesem Augenblick auch im Namen des Herrn Bundeskanzlers und des Herrn Außenministers. Haben Sie alles klar verstanden?« Oster kennt Ahlers gut. Wenige Tage vorher haben sie sich noch in Madrid getroffen. Natürlich weiß Oster, wo sich das Ehepaar Ahlers aufhält. Vielleicht weiß Strauß nicht, wie gut Oster mit Ahlers befreundet ist, aber in seinem Ministerium weiß man Bescheid. Schon Tage zuvor hat Oster im Gespräch mit Kollegen den Besuch von Ahlers erwähnt.

Um 1.00 Uhr telefoniert Hopf mit dem Leitenden Regierungskriminaldirektor Dickopf in Wiesbaden und erklärt, Ahlers müsse sofort festgenommen werden. Dickopf erwidert, das Bundeskriminalamt könne das wegen des politischen Charakters des Delikts über Interpol nicht erbitten. Zur gleichen Zeit erfährt die Sicherungsgruppe, dass sich das Ehepaar Ahlers in Torremolinos bei Malaga aufhalte und am nächsten Tag vermutlich nach Marokko reisen werde.

Um 1.25 Uhr ruft Oberst Oster zurück. Strauß sagt: »Herr Oberst Oster, ich komme soeben vom Bundeskanzler, und dies, was ich jetzt zu sagen habe, ist ein dienstlicher Befehl.« Ahlers müsse sofort festgenommen werden, damit der Generalbundesanwalt von ihm erfahren könne, wo sich das Leck im Verteidigungsministerium befinde. Augstein habe sich nämlich bereits nach Kuba abgesetzt. Oster entgegnet, ohne Handhabe könne er bei den spanischen Behörden nichts unternehmen. Strauß erkundigt sich bei Hopf und teilt Oster dann mit, der Haftbefehl sei bereits unterwegs. Oster solle die spanischen Behörden um vorläufige Festnahme bitten.

Zwischen 1.00 und 2.00 Uhr erfährt Hopf vom Justizministerium, dass eine Auslieferung aus Spanien nicht verlangt werden könne. Dessen ungeachtet lässt er Oster im Glauben, das Gegenteil sei der Fall. Nach 2.00 Uhr trifft sich Oster in Madrid mit Legationsrat Feit von der Deutschen Botschaft, unterrichtet ihn von dem Befehl und erwähnt, der Haftbefehl sei bereits unterwegs. Staatssekretär Hopf habe das im Beisein des Ministers bestätigt. Beide begeben sich nun zu Konsulatssekretär Kunz, der den Leiter der spanischen Interpol, Hauptkommissar Pozo Gonzales, in dessen Wohnung anruft. Sie tragen ihm vor, worum es geht, und versichern ihm, der Haftbefehl sei unterwegs.

Gonzales weist die Dienststelle in Malaga an, Ahlers sofort festzunehmen. Während in Deutschland leitende Beamte sich gegenseitig versichern, dass man Interpol in dieser Angelegenheit nicht einschalten könne, informiert Oberst Oster den Geschäftsträger der deutschen Botschaft über die jüngsten Ereignisse. Dieser drängt Oster, den Haftbefehl sofort herbeizuschaffen. Gegen 3.00 Uhr werden Conrad Ahlers und seine Frau im Hotel Los Nidos in Torremolinos geweckt, festgenommen und nach Malaga gebracht. Gegen 5.00 Uhr ruft Oberst Oster Verteidigungsminister Strauß im Ministerium an und informiert ihn über die Festnahmen.

Als Strauß sich gegen 6.00 Uhr zu seinem Haus am Venusberg chauffieren lässt, schlägt er sich vor Freude auf den Schenkel und ruft: »Die Schweine – jetzt haben wir sie endlich!« Dann berichtet er seinem Fahrer Otto Finger, dass der wichtigste Verräter in Spanien gefasst sei und man nun endlich beweisen könne, dass es sich bei den »*Spiegel*-Banditen« um vaterlandslose Gesellen handle, die erst Staatsgeheimnisse verraten und sich dann abgesetzt haben. Vielleicht denkt Strauß tatsächlich, dass Augstein sich bereits nach Kuba abgesetzt habe und Ahlers nach Marokko fliehen wolle, wie die Ermittler zunächst vermuten. Als Oster erfährt, Ahlers sei nun festgenommen, ruft er Strauß in dessen Wohnung an und reicht ihm diese Neuigkeit nach. Strauß unterrichtet Adenauer. Gegen sieben Uhr ruft er noch im Verteidigungsministerium an und bittet den Offizier vom Dienst, sich um die Übermittlung des Haftbefehls zu kümmern.

Als der Staatssekretär im Auswärtigen Amt, Karl Carstens, den Geschäftsträger in Madrid bittet, auf die Festnahme von Ahlers hinzuwirken, erfährt er zu seiner Überraschung, dass dies bereits erfolgt sei – und zwar angeblich auch im Auftrag des Auswärtigen Amtes, wie Strauß in der Nacht gesagt hatte. Um 14.30 Uhr wird tatsächlich der Haftbefehl übermittelt, allerdings trägt er den Zusatz: »Das Bundeskriminalamt schlägt vor, den festgenommenen Ahlers zu befragen, ob er einem Transport mit einer Maschine der Deutschen Lufthansa zustimmt, die ohne Zwischenlandung von Madrid nach Frankfurt fliegt. Bitte umgehend antworten.« Mit anderen Worten: Ahlers soll freiwillig zurückfliegen. Um 21.00 Uhr unterschreibt das Ehepaar Ahlers eine entsprechende Erklärung.

Am 28. Oktober fliegt das Ehepaar Ahlers um 15.20 Uhr von Madrid nach Frankfurt, wo Conrad Ahlers nach seiner Ankunft um 19.15 Uhr verhaftet wird. Augstein hat sich freiwillig gestellt. Spätestens zu diesem Zeitpunkt muss Strauß klar sein, dass weder Augstein noch Ahlers fliehen wollten.

Am 29. Oktober beschwert sich der Verleger John Jahr beim Bundesjustizminister: »Seit drei Tagen sind die Büros des *Spiegel*-Verlages in Hamburg besetzt, den Mitarbeitern des Verlages ist der Zutritt verwehrt. Dadurch wird ihnen die Fortsetzung ihrer Arbeit unmöglich gemacht [...] Durch dieses Verhalten verstärkt sich der Verdacht, dass auf diesem Wege eine unbequem gewordene Zeitschrift wirtschaftlich ruiniert und für die Öffentlichkeit mundtot gemacht werden soll.«

Am 30. Oktober demonstrieren Studenten in Frankfurt und die Liga für Menschenrechte in Berlin gegen die Razzia beim *Spiegel* und die Festnahmen. Strauß erklärt in einem Interview in der Frankfurter *Abendpost*, dass er »persönlich oder die Leitung dieses Hauses mit der Ingangsetzung dieser Aktion gar nichts zu tun haben«.

Am 31. Oktober erklärt Justizminister Wolfgang Stammberger gegenüber Kanzler Adenauer, er wolle zurücktreten. Die Regierungskoalition befindet sich in der Krise. Wird die FDP aussteigen? Mittlerweile demonstrieren aufgebrachte Menschen in Berlin, Hannover, Braunschweig und Hamburg. Eine Podiumsdiskussion in Hamburg kann wegen zu großen Andrangs nicht stattfinden.

Am 1. November findet die Podiumsdiskussion unter Leitung von Professor Eugen Kogon statt. Es kommen angeblich mehr als 4000 Zuhörer. Zentrales Thema ist, ob Strauß sein eigener Gutachter gegen Augstein sein könne. Henri Nannen, der Chefredakteur des *Stern*: »Kein Journalist konnte vorher feststellen: Wo ist die Grenze? Und in dem Augenblick, in dem man die Grenze überschritten hat, sagt der Betroffene, der Partei ist […]: Du hast die Grenze überschritten.« Der Hamburger CDU-Abgeordnete Dr. Gündisch sagt: »Der große Kampf, den wir seit längerer Zeit zwischen *Spiegel* und Herrn Strauß beobachten, der wird in absehbarer Zeit einer gewissen Entscheidung zugeführt werden.«

Am 2. November schreibt Ernst Müller-Meiningen jr. in der *Süddeutschen Zeitung*: »Die Presse muß die Freiheit haben, alles zu sagen, damit gewissen Leuten die Freiheit genommen wird, alles zu tun.« Er beklagt den »höchst allgemeinen, unerträglich verwaschenen Sammeltatbestand für Staatsgeheimnisse« und betont, »die Art des Vorgehens gegen den *Spiegel* ist ein für sämtliche Rechtsstaaten des zwanzigsten Jahrhunderts beispielloser Vorgang«.

Am 3. November fragt Werner Friedmann, der frühere Chefredakteur der *Süddeutschen*, in der *Abendzeitung*, »warum wir gegen die inflagrante Verletzung demokratischer Grundrechte und gegen die in ihren Methoden einer Diktatur würdigen Polizeiaktion so zaghaft protestieren«. *Bild* fordert von der Regierung »Endlich Farbe bekennen!« und schreibt: »Was also ist das Unbehagliche an der *Spiegel*-Affäre? Vor allem das: Man weiß nur, daß die Herren vom *Spiegel* sitzen, und daß *Spiegel*-Räume beschlagnahmt sind. Alles andere in dieser Angelegenheit ist unklar. Keiner, kein Amt und keine Behörde, will den *Spiegel*-Redakteur Ahlers in Spanien verhaftet haben.«

Strauß versichert in einem Interview mit dem Nürnberger *8-Uhr-Blatt* über die Aktion: »Es ist kein Racheakt meinerseits. Ich habe mit der Sache nichts zu tun. Im wahrsten Sinne des Wortes nichts zu tun!« Das Verteidigungsministerium habe nur Amtshilfe geleistet. Er habe mit Staatssekretär Hopf vereinbart, »daß die ganze *Spiegel*-Angelegenheit allein von Staatssekretär Hopf bearbeitet werden solle«.

Am 4. November ist noch immer unklar, ob die Regierungskoalition Adenauers mit der FDP halten wird. Wird die SPD ihre Oppositionsrolle spielen? Spekuliert sie ihrerseits auf eine Koalition, und wird sie deshalb kritische Fragen hinter langfristigen Zielen zurückstellen? Der SPD-Bundestagsabgeordnete Wenzel Jaksch fordert den Rücktritt von Strauß. Am Abend widmet das Fernsehmagazin *Panorama* der Affäre eine ganze Sendung. Vielen, die mit den Meldungen und Kommentaren in den Zeitungen wenig anfangen konnten, wird deutlich, dass diese Affäre eine Polizeiaktion ist, bei der Anlass und Reaktion in keinem Verhältnis zueinander stehen. Die Festnahme von Ahlers, sagt der Moderator, sei »fast schon zu einer gesonderten Staatsaffäre geworden«.

Am 5. November erklärt Strauß der *Augsburger Allgemeinen*, Justizminister Stammberger sei vom Generalbundesanwalt sehr wohl über das Ermittlungsverfahren unterrichtet worden. Auf dem Titelbild des *Spiegel* erscheint Augstein; im Heft ist ein ausführlicher Bericht über die Aktion. Die Auflage ist von 500 000 auf 700 000 erhöht worden und dennoch bald ausverkauft. Die SPD-Zeitung *Vorwärts* fordert: »Minister Strauß muß zurücktreten.« Die Koalition beschließt ihr Fortbestehen. Der Fraktionsgeschäftsführer der SPD, Karl Mommer, legt dem Bundestagspräsidenten achtzehn dringliche Fragen vor, die die SPD bereits in der nächsten Sitzung stellen möchte.

Am 6. November legt die spanische Regierung Dokumente vor, wonach Ahlers eindeutig nicht aufgrund spanischer Willkür festgenommen wurde. Entscheidend war vielmehr ein Telefonanruf aus Deutschland. Damit hat das Parlament erstmals einen Ansatzpunkt: Wer hat in Spanien angerufen und die Festnahme von Ahlers veranlasst? Der Fall Ahlers rückt in den Vordergrund.

Am 7. November beginnt eine Fragestunde zu den Vorfällen gegen den *Spiegel*. Sie gerät zum Höhepunkt der Auseinandersetzung.

Der Bundestagspräsident muss die Fragestunde, die zeitlich begrenzt ist, in eine dreitägige allgemeine Debatte umwandeln. Am ersten Tag müssen sich die Minister Höcherl, Stammberger und Strauß abstimmen, wer antwortet. Strauß hält sich raus. Höcherl, der am wenigsten weiß, muss antworten. Immer wieder wird er Dinge gefragt, auf die er nur antworten kann, dazu könne er nichts sagen. Strauß sitzt neben dem Innenminister auf der Regierungsbank, als ginge ihn das alles gar nichts an.

Kanzler Adenauer versucht abzulenken. Er ist erbost über die Fragen der SPD und meldet sich ungefragt zu Wort. »Nun, meine Damen und Herren«, sagt er und klopft mit den Knöcheln immer wieder auf das Pult, »wir haben einen Abgrund von Landesverrat im Lande«. Denn wenn von einem Blatt, das in einer Auflage von 500000 Exemplaren erscheint, »systematisch, um Geld zu verdienen, Landesverrat getrieben wird« ... Die Opposition unterbricht ihn, empört über das Rechtsverständnis Adenauers, und protestiert lauthals. Der Politikprofessor Theodor von Eschenburg sagt später, er teile die Meinung Augsteins oftmals nicht. Aber ihm sei ein Magazin, das Geld verdiene und daher unabhängig sein könne, lieber als eines, das von einer Institution oder einem Unternehmen abhängig sei.

Am nächsten Tag kommentiert Sebastian Haffner in der *Süddeutschen Zeitung*: »Das, was im Allgemeinen als ›die Begleitumstände der *Spiegel*-Affäre‹ bezeichnet wird, ist in Wahrheit die Affäre selbst [...] Fest steht, daß eine offensichtlich von langer Hand vorbereitete, an drei Orten synchron einsetzende Nacht- und Nebelaktion gegen ein wichtiges Oppositionsorgan stattgefunden hat, wobei in mindestens einem Falle (Ahlers) Freiheitsberaubung im Amt begangen worden ist, ein schweres, mit Zuchthaus bedrohtes Verbrechen. Fest steht, daß diese Aktion hinter dem Rücken und unter absichtlicher Ausschaltung des verfassungsmäßig verantwortlichen Ministers stattgefunden hat – ein Vorgang, der an Geheimbündelei und Hochverrat grenzt. Fest steht, daß aus einer Durchsuchung der *Spiegel*-Redaktion eine Besetzung gemacht worden ist, und daß diese Besetzung heute noch, nach 12 Tagen, weitgehend andauert.«

Haffner warnt: »Noch ist nichts entschieden, noch stehen die Dinge auf des Messers Schneide.« Er spricht von einem »schweren Verdacht, der sich unvermeidlicherweise gegen Personen in hohen Ämtern, darunter einen Bundesminister, richtet.« Den Namen Strauß nennt er nicht. Aber er fordert, diesen »Personen in hohen Ämtern« Macht und Amt zu nehmen.

Strauß gerät unter Druck. Im Kanzleramt überlegt Adenauer mit dem Staatssekretär im Auswärtigen Amt, Karl Carstens, mit Innenminister Hermann Höcherl und weiteren Mitarbeitern, wie man Strauß helfen könne. Strauß habe mit dem Anruf in Madrid zwar seine Kompetenzen überschritten, sagt Carstens. Weisungsberechtigt sei nur sein Amt gewesen. Aber wenn Strauß sich an ihn oder an sein Amt gewandt hätte, wäre Ahlers auch festgenommen worden. Carstens baut Strauß eine goldene Brücke: Er solle den formalen Fehler zugeben und erhalte in der Sache Deckung von ihm. Er, Hermann Höcherl und Richard Stücklen beschwören ihren Parteifreund stundenlang, diese Möglichkeit am zweiten Tag der Aussprache zu nutzen. Gegen 2.30 Uhr in der Nacht auf den 8. November sagt Strauß zu. »Ja, er sieht zwar nicht ein, dass er falsch gehandelt habe, aber wenn man dies so auslegt, […] dann sei er bereit, eine Erklärung in diesem Sinne abzugeben«, erinnert sich Stücklen. Ein Rettungsversuch in letzter Sekunde.

Am 8. November fragt der SPD-Abgeordnete Fritz Erler, ob Oster die Verhaftung von Ahlers veranlasst habe. Höcherl weicht aus, will sich aber nicht mehr vor Strauß stellen und rät, »dass der Herr Verteidigungsminister auf diese Frage antwortet«. Nun ist Strauß gefordert. Höcherl geht davon aus, dass Strauß wie besprochen seine Erklärung abgibt. Doch Strauß legt ausschweifend dar, die Strafverfolgungsbehörden hätten Oster »auf dem Wege der Amtshilfe« vom Haftbefehl unterrichtet und ihn »in der bei Behörden üblichen Weise angewiesen, diese Tatsache den spanischen Behörden mitzuteilen«. Kein Wort von seiner eigenen Rolle, keine Entschuldigung, kein Wort von der Erklärung, die er in der Nacht mit seinen Parteifreunden besprochen hat. Aus irgendeinem Grund hat Strauß es sich anders überlegt. »Leider hat er in dieser schicksalhaften Stunde nicht die Größe und den Mut aufgebracht, diese Erklärung abzugeben«, bedauert Richard Stücklen.

Mommer fasst nach: »Wer hat die Weisung an Herrn Oster gegeben, die Festnahme von Herrn Ahlers zu veranlassen?« Eine einfache Frage. Strauß jedoch sieht »in der Fragestellung [...] eine Behauptung, die in dieser Form wohl nicht zutrifft. Eine deutsche Behörde kann diese Veranlassung überhaupt nicht treffen.« Strauß zufolge hat das Verteidigungsministerium zwischen 1.00 und 2.00 Uhr nachts durch die Sicherungsgruppe den Aufenthaltsort von Ahlers erfahren. Wie sich später herausstellt, hatte er zu diesem Zeitpunkt bereits nach Oster verlangt, womöglich bereits mit ihm gesprochen. Und auch das Verteidigungsministerium hatte zuvor bereits versucht, Oster unter dessen Privatnummer zu erreichen.

Am 9. November fragt der SPD-Abgeordnete Fritz Erler erneut, »ob Staatssekretär Hopf, der Herr Verteidigungsminister selbst oder wer sonst« mit Oster telefoniert hat und damit den Anstoß zur Festnahme von Ahlers gab. Strauß mokiert sich über die Frage und wiederholt das am Vortag Gesagte. Nichts damit zu tun? Er erklärt noch einmal das »Nichts« und weist darauf hin, dass die Sicherungsgruppe ein besonderes Interesse an Ahlers gehabt habe. Die Sicherungsgruppe habe deshalb nachts angerufen. Dann sagt er etwas, was die Abgeordneten elektrisiert: »Da der Militärattaché – ich weiche dem nicht aus, das wäre eine völlig falsche Annahme oder Unterstellung – bei Anruf den Sachverhalt nicht kennen wollte, sondern sagte: ›Ich kenne nur die Stimme des Ministers‹, bin auch ich mit ihm verbunden worden und habe ihm das wiederholt, was vorlag.« Damit gibt Strauß erstmalig zu, dass er es war, der mit Oster telefoniert hat. In Wahrheit hatte Strauß den

Kanzler der Botschaft angerufen, nach Oster verlangt, und dieser rief dann Strauß an. Oster wusste also genau, mit wem er sprach, und musste nicht betonen, er wolle mit ihm sprechen, weil er nur seine Stimme kenne.

Auf die Frage, ob er Oster angewiesen habe, die spanischen Behörden zu informieren, sagt Strauß: »Bei einer so gründlichen Kenntnis der Behördenorganisation, wie ich sie bei Ihnen voraussetzen darf, dürfte doch bekannt sein, dass ich kein Recht dazu habe.« Das war nicht die Frage. Von dem Haftbefehl habe er nur durch die Sicherungsgruppe erfahren. Auch das ist eine völlig andere Darstellung, als es später die beteiligten Diplomaten und Beamte gegeben haben. Auf die Frage, »ob das Verteidigungsministerium die Übermittlung des Haftbefehls an Oster beim Bundeskriminalamt veranlasst« oder nahe gelegt habe, sagt Strauß: »Mir ist davon nichts bekannt.« Nach den Aussagen der Beamten allerdings hat Oster erklärt, Strauß habe in seinem nächtlichen Telefonat behauptet, der Haftbefehl sei unterwegs.

Schließlich fragt Mommer: »Herr Minister, glauben Sie, dass Sie nach dem, was Sie uns heute in dieser Sache gesagt haben, noch die Behauptung aufrechterhalten können, die Sie in der Öffentlichkeit aufgestellt haben, dass Sie nämlich mit diesem ganzen Verfahren nichts, gar nichts zu tun hatten?« Strauß will »die Fakten noch einmal aufzählen« und weist darauf hin, dass er die Amtsgeschäfte seinem Staatssekretär übergeben habe. »So ist es geblieben bis zu der Nacht von Freitag auf Samstag, als ich davon verständigt wurde, dass Herr Ahlers angeblich mit Wissen des deutschen Militärattachés seine Reise in das Ausland unternommen habe.«

Sieben Stunden debattieren die Abgeordneten in den drei Tagen. Vieles bleibt ungeklärt. Strauß muss immer wieder die gleichen Fragen beantworten, so oft, dass am Ende der Unions-Abgeordnete Spies scherzhaft fragt: »Herr Bundesminister, sind Sie bereit, Fragen, die Sie bereits zehnmal und öfter fast mit dem gleichen Wortlaut beantwortet haben, auf Tonband zu geben, damit

1 Franz Strauß als Schüler.

2 Franz Strauß mit Schwester Maria in den vierziger Jahren.

3 Franz Strauß (rechts) als Soldat 1943.

4 Josef Müller: Der politische Ziehvater riet Franz zum Doppelnamen Franz Josef.

6 Rechts: Franz Josef Strauß mit seiner Mutter Walburga bei ihrem 80. Geburtstag 1957.

5 Seine erste große Rede 1952 brachte ihm viele Briefe – und machte ihn zum Minister.

7 An Fasching gesehen, an Ostern verlobt, an Pfingsten verheiratet: Marianne und Franz Josef Strauß 1957.

9 Rechts: Marianne und Franz Josef werfen eine Münze in die Fontana di Trevi in Rom.

8 Beim Besuch bei Papst Pius XII. entstand das erste offizielle Foto des Paares.

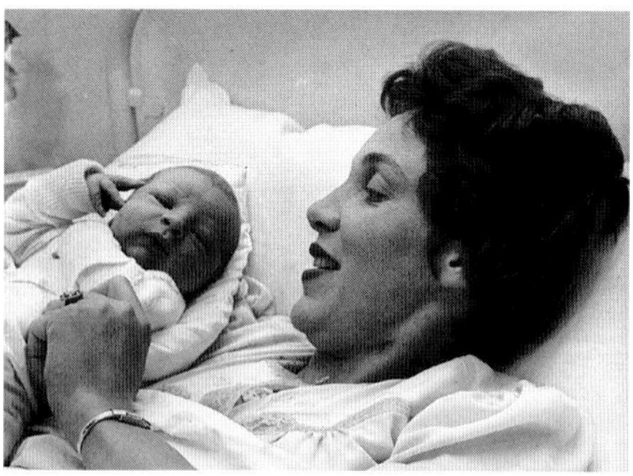

10 Kanzler Konrad Adenauer war Ehrengast der Hochzeit in Rott am Inn.

11 1959 kam Max Josef zur Welt.

12 Rechts: Als Verteidigungsminister baute Strauß die Bundeswehr auf.

13 Familie Strauß in den sechziger Jahren: Franz Georg (links) kam zwei Jahre nach Max zur Welt, ein Jahr nach ihm Monika.

14 Franz Josef Strauß erwarb 1968 den Flugschein – zunächst nur für Privatflugzeuge. Hier inspiziert der Verteidigungsminister 1961 einen Starfighter.

15 Links oben: Mit fast kindlichem Eifer begeisterte sich Strauß für alles, was schnell war: Flugzeuge, Autos und Motorräder.

16 Oben: Marianne wurde von ihrem Mann 1965 als Zeugin im Prozess gegen Rudolf Augstein benannt. Ihre Mutter Ilse Zwicknagl begleitete sie zur Vernehmung.

17 Franz Josef Strauß mit dem neunjährigen Max.

18 Als Wahlkampfredner zog Franz Josef Strauß Tausende an – seine Bewacher schützten ihn mit Schirmen vor Eiern.

19 Strauß hasste Hitler – und wurde von Gegnern immer wieder mit ihm verglichen.

20 Max fotografiert den Vater bei seinen Auftritten.

21 Tochter Monika will helfen, den Vater zum Bundeskanzler zu machen.

22 Franz Georg versorgt den Vater bei einer Wahlkundgebung.

23 Oben: Familie Strauß 1982 in München: »Wir sind wie Eisbären.«

24 Beim Starkbieranstich auf dem Nockherberg wird 1983 der heimliche König von Bayern gekrönt.

25 Die Kinder stützen Franz Josef Strauß bei der Beerdigung seiner Frau Marianne 1984.

26 Nach dem Tod der Mutter schlüpft Monika Hohlmeier in die Rolle der First Lady.

27 Renate Piller musste ihre Ehe annullieren lassen, weil Strauß sie heiraten wollte.

28 Max, Franz Georg und Monika mit Maria und Michael Hohlmeier bei der Beisetzung des Vaters.

29 Die ganze Stadt war still, als Pferde in der Dämmerung den Sarg mit Strauß durch die Ludwigstraße zogen.

30 Oben: Die politischen Ziehsöhne von Strauß holten die Tochter an die Spitze der Partei.

31 Max Strauß und sein Verteidiger Wolfgang Dingfelder beim Prozess in Augsburg 2004.

32 Monika Hohlmeier vor ihrem Auftritt nach dem Untersuchungsausschuss des Bayerischen Landtags 2005.

interessierte Mitglieder dieses Hauses außerhalb der Fragestunde die Antworten sich anhören können?« Das Protokoll verzeichnet Heiterkeit, Beifall und Unruhe. Nach drei Tagen ist klar, dass Strauß mit der Aktion gegen den *Spiegel* mehr zu tun hat, als er zugibt. Die Opposition wirft ihm Lüge vor.

Am 10. November weist die CSU die Forderung der SPD zurück, Strauß müsse zurücktreten. Die SPD bewerte Randerscheinungen höher als den dringenden Verdacht des Landesverrats.

Am 13. November analysiert der Tübinger Politikprofessor Theodor Eschenburg die Affäre und die Debatten vor dem Bundestag in einem Vortrag in der Universität Hamburg. Er ist vorsichtig mit Schuldzuweisungen an Strauß und legt dar, dass man einige Dinge, die Strauß zum Vorwurf gemacht werden, auch anders sehen kann. Es gehe hier eigentlich um drei Streitpunkte: die Rüstungspolitik des Ministers, das persönliche Verhalten des Ministers und die Wahrung der Verschwiegenheitspflicht in Bundeswehrangelegenheiten. Kompliziert sei es, weil in allen drei Fällen die Gegner (Augstein ./. Strauß) identisch seien.

Das Verteidigungsministerium habe jedenfalls durchaus ein berechtigtes Ressortinteresse, sich um die Informationslücke und um Ahlers zu kümmern. Ob Strauß das Ermittlungsverfahren angeregt hat, sei deshalb »relativ uninteressant«. Ein anderer Minister hätte das auch getan. Abgesehen von der Nichtunterrichtung des Justizministers sei das Ermittlungsverfahren durchaus korrekt geführt worden. Es helfe auch nichts, von Gestapo-Methoden oder einer Nacht- und Nebelaktion zu sprechen. »Wir haben sie erlebt, das war viel grauenhafter – und es geschah bewusst.« Hier liege »wahrscheinlich allenfalls« Fahrlässigkeit vor. Dass Strauß seinem Namensvetter im Justizministerium eine Schweigeempfehlung gegeben hat, werde behauptet, sei aber nicht bewiesen.

Schließlich kommt der Professor zur Fragestunde im Bundestag, die er »blamabel« nennt. Abgeordnete seien zur Antwort verpflichtet. »Das ist der ganze Sinn des parlamentarischen Systems [...] Woran liegt denn dieses Nicht-Antworten, Halbwahr-Antworten, Verschleiern und Vertuschen? Ist das einfach obrigkeitlicher Hochmut? Das glaube ich nicht. Ist es ein schlechtes Gewissen? Möglich. Ist es Angst vor dem Parlament oder der Öffentlichkeit? Vielleicht.«

Für Eschenburg ist entscheidend, dass viele Leute Strauß aufgrund der vorangegangenen vielen kleinen Affären zutrauen, seine Kompetenzen überschritten und eigenmächtig gehandelt zu haben. »Es ist dies eine Personenkrise [...] Hier hat sich unentwegt Misstrauen abgelagert. Es gab jedes Mal Erregung, sie wurde vergessen. Aber nun plötzlich ist dies alles aufgebrochen [...] Es fehlt das Zutrauen zu der rechtsstaatlichen pupillarischen Sicherheit des Herrn Bundesverteidigungsministers Franz Josef Strauß. Man traut ihm alles zu, dem hochintelligenten, sehr gebildeten, willensstarken Mann. Aber das eine erwartet man nicht von ihm: den Respekt vor den rechtsstaatlichen Schranken.« Eschenburg bezweifelt, dass Strauß aus Rache gehandelt hat. Aller Wahrscheinlichkeit nach sei er nicht Initiator der Aktion, aber dass ihm die Initiative zugetraut werde, dass ihm dabei ganz bestimmte Motive unterstellt werden, »ist seine Schuld, auch wenn er in diesem einen Fall nicht schuld sein sollte«.

Durch sein Verhalten vor dem Bundestag sei schließlich aus der Aktion gegen den *Spiegel* unversehens ein »neuer Fall Strauß« geworden. »Vielleicht hat Strauß in der Fragestunde sein Verhalten im Fall Ahlers vertuscht und verschwiegen, weil er den Eindruck nicht aufkommen lassen wollte, dass er der eigentliche Urheber der *Spiegel*-Affäre und damit der Hauptinteressent wäre. Aber die Vertuschung, das Verschweigen, das verspätete Teilgeständnis (das auch nur erfolgte, weil die spanische Regierung mit Aufklärung drohte) – kurz, sein Verhalten in der Fragestunde des Parlaments löste eine neue Krise um seine Person aus.« Es gehe nicht um seine Politik, sondern ausschließlich um seine Person. »Strauß kämpft um sein Privileg, dank seiner Position und dank seiner politischen

Fähigkeiten die Ordnung des parlamentarischen Systems nicht beachten zu müssen.« Die SPD beantragt, Strauß zu entlassen. Adenauer will ablenken. Er hat herausgefunden, dass der BND die Ermittlungen gegen den *Spiegel* an das Magazin verraten habe. Deshalb verdächtigt er BND-Chef Gehlen, mit dem *Spiegel* zu konspirieren, und will ihn festnehmen lassen. Der Justizminister lehnt ab.

Am 18. November sagt Strauß gegenüber der *Welt am Sonntag*: »Ich bleibe Verteidigungsminister. Eine andere Entwicklung kann ich mir nicht vorstellen.«

Am 19. November treten die fünf Minister der FDP aus der Regierung zurück, um Strauß zum Rücktritt zu zwingen. Der Ernst der Lage wird ihm bewusst. Er muss sich nun um Adenauers Loyalität sorgen. Wird der Kanzler weiter hinter ihm stehen? Strauß fühlt sich mehr denn je zu Unrecht kritisiert und schreibt einen ausführlichen Brief an Adenauer, in dem er den Kanzler protokollartig an ihre Unterredungen und Abmachungen erinnert. Er endet das Schreiben mit den Worten: »Ich stehe für das ein, was ich getan habe, einschließlich der möglichen Konsequenzen, die sich daraus ergeben können, muss aber auch Sie, Herr Bundeskanzler, bitten, in dieser schwerwiegenden Angelegenheit die Gesamtheit der Dinge in Ihr Urteil einzubeziehen und danach zu verfahren. Jetzt ist Ihre Stunde gekommen, weil die ganze Regierung und unsere ganze Politik angesprochen sind und auf dem Spiel stehen.« Adenauer muss sich im Klaren sein, dass Strauß ihn in die Affäre hineinziehen möchte. Er muss sich auch im Klaren sein, dass Strauß dies ein Leichtes wäre, denn Strauß muss nur Adenauers Zusagen öffentlich machen. Dazu genügt, das Gesprächsprotokoll an die Presse zu geben. Das würde der ohnehin geschwächte Kanzler im Amt nicht überleben.

Am 25. November gerät die Wahl in Bayern zu einer Bestätigung von Strauß. Die CSU erhält mehr Stimmen als zuvor und kann ihre Mehrheit eindrucksvoll ausbauen. Das stärkt Strauß zwar auch in Bonn, keineswegs aber bundesweit. Im Gegenteil: Der Sieg in Bayern zu einer Zeit, in der er im Rest des Landes abgelehnt wird, ist ein Ergebnis, das ihn lebenslang begleiten wird. Es steht für den lokal begrenzten Erfolg und eine großflächige Ablehnung von Strauß.

Am 26. November sind sämtliche Räume der *Spiegel*-Redaktion wieder freigegeben. Adenauer spricht mit Strauß. Der stellvertretende Vorsitzende der SPD, Herbert Wehner, und Vertreter Adenauers tauschen sich aus, ob eine große Koalition möglich sei.

Am 27. November will Franz Josef Strauß Adenauer nicht mehr decken und berichtet der Unionsfraktion, dass er ihn bereits am 18. Oktober über die Ermittlungen informiert habe und Adenauer sich dafür ausgesprochen habe »durchzugreifen, damit die Informanten wirklich zu Tage gebracht werden«. Zum ersten Mal macht er die Verwicklung des Kanzlers deutlich, doch niemand greift seinen Hinweis auf. Ähnlich ergeht es Strauß vor dem Fraktionsvorstand. Am folgenden Vormittag geht Strauß nicht zur Kabinettssitzung, sondern spricht stattdessen vor dem Fraktionsvorstand. Er betont noch einmal, dass nicht er die Verantwortung für die Aktion gegen den *Spiegel* trage, sondern Adenauer. Er, Strauß, brauche einen Untersuchungsausschuss nicht zu fürchten. Adenauer erfährt davon und wiederspricht Strauß am Nachmittag. Er ist »verärgert«.

Am 29. November verhandeln Union und FDP über eine Umbildung der Regierung. Die FDP sagt eine Einladung des Bundeskanzlers zum Abendessen ab, weil sie nicht mit Strauß an einem Tisch sitzen will. Die *Deutsche Presseagentur* berichtet: »Zum Entsetzen vieler CDU-Politiker versucht Strauß, dem Bundeskanzler die Hauptverantwortung für die Begleitumstände der *Spiegel*-Affäre zuzuschieben. Strauß gab – so war aus Kreisen der CDU/CSU zu erfahren – vor den Führungsgremien der Unionsfraktion eine Darstellung der Vorgänge, die im Gegensatz zu den Ausführungen Adenauers stand. Der Kanzler stellte dies richtig und war umso mehr verärgert, als sich Strauß bei einer Kabinettssitzung entschuldigen ließ, um dann zum selben Zeitpunkt im CDU/CSU-Fraktionsvorstand den Kanzler in der *Spiegel*-Affäre anzuklagen. Unterrichtete Kreise sprechen von einer tiefgreifenden persönlichen Auseinandersetzung zwischen Strauß und Adenauer [...] Aus allem geht deutlich hervor, dass Strauß [...] den Kampf um seine Position im Kabinett weiterführen will.« Damit sind die Vorwürfe gegen Adenauer öffentlich.

Die Bundestagsfraktion der CDU stellt sich hinter Adenauer und bescheinigt ihm in einer Erklärung, richtig gehandelt zu haben. Der Bundeskanzler habe in Zusammenhang mit der *Spiegel*-Affäre »im Einzelfall keine Weisung erteilt. Das gilt auch für die Frage der Nichtunterrichtung des Justizministers.« Adenauer beruft sich nun offenbar auf den Einzelfall und verschweigt, dass er gegenüber Strauß sämtliche Aktionen gebilligt hat.

Die Erklärung besagt das Gegenteil des Protokolls, das Strauß Adenauer geschrieben hatte. Es steht Aussage gegen Aussage. Aber die Glaubwürdigkeit von Strauß ist angeschlagen. Er könnte spätestens jetzt an die Öffentlichkeit gehen und Adenauers Rolle voll und ganz publik machen. Dann stünde das Wort des Verteidigungsministers gegen das Wort des Kanzlers. Aber Strauß hat nur sein eigenes Protokoll. Er hat keinen Beleg, den Adenauer unterschrieben hätte. Er muss erkennen, dass er einen Fehler gemacht hat, als er Adenauer sagte, er bestehe nicht auf einer schriftlichen Bestätigung, ihm genüge das Wort des Kanzlers. Nur eine solche Erklärung würde ihm jetzt helfen und Adenauer blitzschnell stürzen. Doch Strauß kann nichts belegen. Er hat keine Chance.

Am 30. November erklärt Strauß seinen Rücktritt. Die CSU rügt das Verhalten der FDP. Der FDP-Abgeordnete Thomas Dehler kommentiert, es sei »schlimmer Zynismus, den Schuldigen Franz Josef Strauß zum Märtyrer erheben zu wollen«. Strauß habe sich als Mann erwiesen, »dem der Sinn für Maß, für Wahrheit und für Recht fehlt [...] Sein Maß ist voll [...] Wer seine Kollegen im Kabinett und den Deutschen Bundestag irreführt, wer fortgesetzt in trübe Affären verstrickt ist und sich nicht verpflichtet fühlt, sie restlos aufzuklären, wer [...] seine politischen Gegner, aber auch Staatsanwälte und Richter ins Gefängnis, ins Zuchthaus und ins Moorlager oder gar an den Galgen schicken will, verkörpert nicht das hohe Ethos für das Amt des Oberbefehlshabers der Bundeswehr, er hat auch die Grundlage für die vertrauensvolle Zusammenarbeit in einem Kabinett zerstört.«

Es ist noch gar nicht lange her, da hat Strauß sich seinen Wählern als Mann des Vertrauens präsentiert. Genau das hat er nun verloren. Ihm fehlt das Vertrauen des Kanzlers, der FDP und der Wähler. Er hat es selbst verspielt. Zwar ist er ehrgeizig genug, Adenauer zu stürzen, aber er ist nicht überlegt und eiskalt genug, den Plan umzusetzen. Die *Spiegel*-Affäre ist anders als alle Affären davor. Sie ist größer und, wie sich herausstellt, zu groß für Strauß. »Die Aktion gegen den *Spiegel* hatte sich als Büchse der Pandora erwiesen«, schreibt Adenauers Biograph Henning Köhler. »Ursprünglich hatte Strauß beabsichtigt, mit Hilfe der Justiz das Magazin nachhaltig zu treffen, indem Augstein und wichtige Mitarbeiter wegen Landesverrats längere Gefängnisstrafen erhielten und zugleich oppositionelle Kreise im Offizierkorps entdeckt und ausgeschaltet würden. Die Affäre erhielt jedoch schnell eine Eigendynamik, die nicht mehr zu steuern war.«

Strauß ist allerdings nicht über seine Taten und Untaten gestürzt, sondern über den Versuch, sie zu vertuschen. Es ist die Lüge vor dem Parlament, die ihn stürzt. Daran ist er ganz alleine schuld. Er hat die Wahl gehabt und hätte die Wahrheit sagen können. Doch für Strauß ist ein Widerruf nicht akzeptabel. Als Politiker steht man zu seinem Wort. Das macht ihn glaubwürdig in den Augen seiner Anhänger. Womöglich hat Strauß den eigenen Lügen selbst geglaubt.

Er verlegt sich darauf, dass er das Ermittlungsverfahren nicht eingeleitet habe. Das mag stimmen. Aber es ist eine Tatsache, dass er seinen Militärattaché beauftragt hat, Ahlers verhaften zu lassen, und er hat dieses Eingreifen vor dem Bundestag verschwiegen. Er konnte sich nicht dazu entschließen, frühzeitig die Wahrheit zu sagen, obwohl Parteifreunde ihm nachdrücklich dazu rieten. Ihm, dem stets vorgeworfen wird, übereilt und impulsiv zu handeln, wird hier sein Zögern zum Verhängnis. Darin liegt die Ironie seines Sturzes. Die Öffentlichkeit will einen Politiker, der die Folgen einer Entscheidung bedenkt, bevor er entschlossen handelt. Vielleicht ist Strauß in Wahrheit gar nicht so weit von diesem Ideal entfernt, aber sein persönliches Verhalten, seine vielen Affären haben dazu geführt, dass die Öffentlichkeit das Gegenteil ihn ihm sieht. Seine Schuld liegt darin, dass er die Öffentlichkeit mit seinem Verhalten immer wieder in dieser Wahrnehmung bestärkt hat – am meisten auf dem Höhepunkt der *Spiegel*-Affäre. So betrachtet, scheint sein Sturz geradezu unvermeidbar gewesen zu sein.

Am Ende findet sich Strauß in einer Situation, in der es nur noch einen einzigen Ausweg gibt: den Rücktritt »anzunehmen«. Dies ist die erste große Niederlage im Leben von Franz Josef Strauß. Das Ende seines Aufstiegs. Der Fall ereignet sich in dem Augenblick, in dem er sich kurz vor Erreichen seines großen Zieles wähnt, Kanzler zu werden. Es ist ein Moment, der ihn all den anderen, die er seit seiner Kindheit scheinbar so mühelos überrundet hat, näher bringen könnte, als er es je war. Bisher ist er nur in Siegen gereift. Das ist einfach. Nun muss er lernen, dass er verwundbar ist, und nun wird sich erweisen, ob er wirklich reifen kann. Was wird er aus seiner Niederlage lernen? Welche Lehre seinen Kindern mit auf ihren Weg geben?

14 Das Rätsel um die Bau-Union

Als Strauß am Nachmittag vor dem Bundestag seinen Rücktritt ankündigt, hält sich zufällig eine Reisegruppe aus seinem Wahlkreis Schongau und Weilheim in Bonn auf. Sein alter Freund Ernst Weeber, mit dem er im Krieg gekämpft und nach dem Krieg die CSU aufgebaut hat, erlebt einen erstaunlich gelösten Franz Josef Strauß. Er habe keine Spur von Bitterkeit gespürt, sagt Weeber. Hadert Strauß mit seinem Schicksal? Zieht er sich zurück? Will er niemanden sehen? Nichts von alledem sei zu sehen gewesen, sagt Weeber. Man habe sich am Abend im Bierstüberl der bayerischen Vertretung getroffen und fröhlich Wein getrunken. »Strauß blieb lange sitzen, bis sein Fahrer ihm sagte, nun müsse er aber heimfahren«, erinnert sich Weeber.

Die offizielle Abschiedsfeier für Strauß findet im Luftwaffenstützpunkt in Köln/Wahn statt. Viel zu schwache Glühbirnen erzeugen eine matte, kalte Stimmung. In ihrem fahlen Licht sehen die Gäste aus »wie eine Gespenstergesellschaft«, erinnert sich Schmückle. Er findet die Atmosphäre trostlos. Neben Strauß sitzt am Ehrentisch Adenauer, aufrecht wie immer. Der Kanzler und die anwesenden Politiker und Offiziere wissen um die Verdienste von Strauß. Die Bundeswehr steht mit 460000 Soldaten und ist in das Nato-Bündnis eingegliedert. Adenauer hält die Abschiedsrede und sagt, wenn sich die Leidenschaften erst einmal beruhigt hätten, werde Strauß wieder in der vordersten politischen Linie zu finden sein. »Außer Adenauer glaubte im Saal kaum jemand daran«, beobachtet Schmückle. Neben ihm sitzt Admiral a.D.

Heye und brummt vor sich hin, Strauß sei für immer untergegangen.

Nach der Feier erheben sich alle, um ins Freie zu gehen. Dort stehen die Musiker des Wachbataillons mit Pfeifen und Trommeln bereit zum Zapfenstreich. Doch auf dem Weg nach draußen geschieht etwas Überraschendes: Junge Soldaten, die ihre Vorgesetzten und die Politiker bedient haben, laufen auf Adenauer und Strauß zu und umringen sie. Sie klatschen Beifall und bitten um Autogramme. Ein Uneingeweihter könnte meinen, Adenauer und Strauß befänden sich auf dem Höhepunkt ihrer Macht, nimmt Schmückle irritiert zur Kenntnis.

Aber hat der Sturz von Strauß nicht etwas Ironisches an sich? Während er die Bundesrepublik militärisch wehrhafter und sicherer macht, gibt er sich selbst immer öfter Blößen, provoziert Angriffe und setzt seine eigene Existenz mehr und mehr aufs Spiel. Der oberste Sicherheitspolitiker Deutschlands führt sich selbst in eine unsichere Zukunft. Strauß selbst sieht das allerdings anders. Nicht er sei schuld an seinem Sturz, vielmehr sei er ein Opfer linker Journalisten, die es mit der Wahrheit nicht genau nähmen und ihn mit ihren angeblichen Enthüllungen verleumdeten. Die Vorwürfe um Fibag sind ihm zufolge aus der Luft gegriffen. In der Tat hat der Untersuchungsausschuss nicht beweisen können, dass sich Strauß dabei bereichert hat. Aber schließlich ist die Affäre ja auch publik geworden, ehe überhaupt Gewinne zu verteilen waren. Auch der Vorwurf, Strauß gehöre die Hälfte von Kapfingers Anteil, hat sich nicht beweisen lassen. Es gibt Indizien, die dafür sprechen. Und es gibt welche dagegen.

Seine Schuld scheint Glaubenssache zu sein: Man ist einfach für ihn – oder gegen ihn. Man sieht ihn als zu Unrecht Verfolgten – oder als endlich zur Strecke gebrachten Gauner. Keiner kann sehen, dass Strauß noch ganz andere Interessen verfolgt und dass sein Sturz auch für sie Folgen hat. Wie auch? Die Details dieser heimlichen Interessen werden erst sieben Jahre nach seinem Tod bekannt und auch dann nicht weiter beachtet. Sie werfen aber ein erhellendes Licht auf die ungelösten Fragen der Affäre Fibag und auf die Bereitschaft von Strauß, Grenzen zu überschreiten.

Dazu muss man sich ins Gedächtnis rufen, dass mit Strauß auch Fritz Zimmermann in Bonn aufgestiegen ist. Er und Franz Josef Strauß kennen sich seit nach dem Krieg. Beide saßen im Kreis von Josef Müller und haben den Aufbau der CSU gemeinsam miterlebt. Als Josef Müller in Bayern Justizminister wird, macht er Fritz Zimmermann zu seinem Referenten. Während sich Müller durch eigene Schuld über die Jahre in Affären verstrickt und tiefer sinkt, bis er schließlich seine Kandidatur um das Amt des Münchner Oberbürgermeisters gegen einen unbekannten Nachwuchsmann der SPD namens Hans-Jochen Vogel verliert, nutzt Zimmermann seine Kontakte für seinen Aufstieg. Er geht nach Bonn und steigt im Windschatten von Strauß auf. Beide haben Müller hinter sich gelassen und ihren Lehrer überrundet, was Müller zumindest im Fall von Strauß offen zugibt und als Erfolg bezeichnet.

Im Februar 1960 ist Friedrich Zimmermann Generalsekretär der CSU und Bundestagsabgeordneter. Er hat sich durch einen Meineid in der Spielbankenaffäre unfreiwillig den Namen »Old Schwurhand« erworben, aber davon abgesehen sind die Folgen der Affäre für ihn nicht sonderlich erwähnenswert. Für die CSU ist entscheidend, dass die Bayernpartei derart geschwächt ist, dass sie sich davon nie wieder erholen und keine ernsthafte Konkurrenz mehr darstellen wird.

Als sich am 22. Februar 1960 einige Männer in einer Münchner Anwaltskanzlei zusammenfinden, um ein Unternehmen zu gründen, nimmt die Öffentlichkeit davon keine Notiz. Die Teilhaber verständigen sich auf den Namen Bayerische Union, Wohnungstreubau- und Bauberatungsgesellschaft mbH, kurz: Bau-Union. Die Firma soll Wohnungen für Bundeswehrsoldaten bauen. Die Muttergesellschaft hat ihren Sitz in Bremen. Die Bundeswehr befindet sich im Aufbau, und Wohnungen für Soldaten werden dringend gebraucht. Alles scheint in Ordnung und die Bau-Union für ihren Unternehmenszweck besonders gut geeignet zu sein. Sie verfügt nämlich über Fachwissen, um das sie die Konkurrenz beneiden muss. Gleich mehrere Teilhaber sind Architekten, die am Bau ihrer Entwürfe verdienen wollen. Wesentlich bedeutsamer noch ist der Umstand, dass der Bundestagsabgeordnete Friedrich Zimmermann Aufsichtsratsvorsitzender des Unternehmens wird.

Denn Zimmermann ist trotz seines jugendlichen Alters bestens vernetzt. Als ehemaliger Beamter im bayerischen Justizministerium und amtierender Generalsekretär der CSU kennt er Lokalpolitiker und Beamte in ganz Bayern. Als Bundestagsabgeordneter in Bonn verfügt er außerdem über Kontakte zu Kollegen, die über neue Kasernen entscheiden, aber damit nicht genug. Aufgrund seines freundschaftlichen Verhältnisses zu Franz Josef Strauß kann er sich vom Verteidigungsminister persönlich über den Stand der Planungen unterrichten lassen, und das lange, bevor konkurrierende Firmen davon erfahren. Stellt bereits diese Insiderposition einen Interessenskonflikt dar, so hat Zimmermann selbst auch besonderen Zugang zu sensiblem Fachwissen. Er sitzt nämlich im Verteidigungsausschuss des Bundestages. Private Geschäfte mit den exklusiv in diesem Ausschuss behandelten Themen verbieten sich eigentlich. Aber Zimmermann profitiert davon, dass zunächst niemand Notiz nimmt von der Gründung und den Plänen der Bau-Union.

Zimmermann verdient 1960 nicht mehr als 2000 Mark monatlich. Das behauptet er zumindest 35 Jahre später. Also hat er eigentlich kein Geld für derartige Investitionen. Aber er ist nicht nur Generalsekretär der CSU, er fungiert auch als ihr Schatzmeister und hat somit Zugang zu den Konten, auf denen das Parteivermögen liegt. Warum also nicht die Finanzen der Partei in Anspruch nehmen? Er würde das Geld nicht verbrauchen, sondern nur eine gewisse Zeit für eigene Zwecke nutzen und es dann zurückgeben. Es wäre nicht einmal notwendig, den anderen Mitgliedern der Partei davon zu erzählen – mit einer Ausnahme: Franz Josef Strauß. Ohne den Chef der Landesgruppe geht in Finanzdingen nichts.

Strauß ist *der* Geldeintreiber und erhält regelmäßig große Spendenbeträge, die er direkt verwaltet oder dem Schatzmeister gibt. Das Finanzamt wird davon nicht immer informiert.

Doch die Zustimmung von Strauß ist kein Problem. Strauß und Zimmermann sind einer Meinung, die Parteigelder für das private Engagement zu nutzen. Dass sie sich in dieser Frage einig sind, muss nicht verwundern, denn Zimmermann hält seine Anteile treuhänderisch. Der wahre Teilhaber der Bau-Union heißt Franz Josef Strauß. Zwei Monate, nachdem Strauß vor dem Bundestag in einem Untersuchungsausschuss seine Unschuld in Sachen Fibag beteuert und versichert hat, er habe sich mit seinen als Minister erworbenen Informationen und Kontakten keinen privaten Vorteil verschaffen wollen, beteiligt er sich am 15. Juni 1962 über seinen Strohmann Zimmermann an der Bau-Union. Zimmermann übernimmt 125 000 Mark – das entspricht einem Viertel der Anteile. Das Geld stammt von einem »Sonderkonto«, über das der Parteivorsitzende nach Gutdünken verfügt.

Um die Brisanz der Abmachung zwischen Zimmermann und Strauß zu verstehen, muss man sich in Erinnerung rufen, dass der Verteidigungsminister mit exklusivem Insiderwissen aus seinem Ministerium Geschäfte macht. Niemand weiß davon. Weder sein Regierungschef Adenauer, noch seine engen Mitarbeiter im Verteidigungsministerium, noch die Öffentlichkeit, die ihn gewählt und bezahlt hat, damit er Politik macht, aber nicht private Geschäfte. Auch seine Parteifreunde bei CDU und CSU wissen nichts.

Dabei verfahren Strauß und Zimmermann auf eine Art, die Finanzbehörden und Mitglieder Entsetzen und Zornesröte ins Gesicht treiben müsste: Ohne zu fragen verwenden sie Gelder, die der Partei gespendet worden sind. Sie machen alles unter sich aus. Mit anderen Worten: Noch während der Untersuchungsausschuss zu Fibag läuft und die Öffentlichkeit über die Redlichkeit von Strauß rätselt, lässt sich Strauß mit der Hybris eines Kriegers, der sich unverwundbar wähnt, auf ein Projekt ein, das noch viel fragwürdiger und verwerflicher ist als alles, was ihm im Fall Fibag vorgeworfen wird.

Ein Projekt allerdings, bei dem er viel sicherer zu Geld kommen sollte – immerhin geht es diesmal nicht um eine Empfehlung an eine fremde Regierung. Und er braucht auch keine fragwürdigen Zwischenmänner wie die Herren Schloß oder Kapfinger. Diesmal ist Strauß an allem direkt beteiligt: am Informationsfluss und an den Gewinnen. Der *Spiegel* tauft die Bau-Union-Affäre 35 Jahre später deshalb um in »Fibag II«. Es ist eine Art »Neue Heimat« – nur eben nicht gewerkschaftlich gesteuert, sondern nach Manier der CSU.

Bei der Gründung 1960 beträgt das Stammkapital 100000 Mark. Einige Monate später wird es auf 300000 Mark und am 15. Juni auf 500000 Mark erhöht. Das Unternehmen kauft zahlreiche Grundstücke an Orten, in denen die Bundeswehr Kasernen errichten oder beziehen will. Doch trotz bester politischer Verbindungen gerät die Bau-Union ins Trudeln. Die Verbindlichkeiten übersteigen schnell das vorhandene Kapital, und die Hypotheken reichen bei weitem nicht. Bereits 1964 ist die Liquidität der Bau-Union »äußerst angespannt«, wie Wirtschaftsprüfer zwei Jahre später feststellen. Sechs Jahre nach ihrer Gründung muss die Bau-Union Konkurs anmelden. 525 Gläubiger sind zutiefst verärgert über ausstehende Verbindlichkeiten in Höhe von fünf Millionen Mark. Ihre Forderungen betragen ein Vielfaches – allerdings bestreiten die Verantwortlichen der Bau-Union die Berechtigung mancher Forderungen.

Im August 1966 beantragt die Bau-Union einen Vergleich. Das Verfahren wird im November 1966 eröffnet. Als sich die aufgebrachten Gläubiger im Schwurgerichtssaal des Münchner Justizpalastes versammeln, fehlt Zimmermann. Als die Richterin erfährt, dass er in einem Restaurant in der Nähe zu Mittag sitzt, schickt sie einen Gerichtsboten und fordert ihn auf, vor seine Gläubiger zu treten. Zimmermann will nicht und lehnt ab. Vielleicht sieht er einfach nicht ein, warum er für Strauß auch noch die Wut der Gläubiger entgegennehmen soll. Ohnehin deckt er ihn und muss dafür viel Kritik und viele Ohrfeigen einstecken.

So zeichnen die Analysen der Wirtschaftsprüfer ein für den Aufsichtsrat wenig schmeichelhaftes Bild: Aufgrund der Unterfinanzierung hätten die »Aufsichtsorgane der Gesellschaft schon im Sommer 1965 Maßnahmen veranlassen müssen.« Nach Meinung der Wirtschaftsprüfer haben sie ihre Aufsichtspflicht grob verletzt: »Untersuchungen einzelner Geschäftsvorfälle lassen unseres Erachtens Untreue-Tatbestände erkennen, wodurch die Zahlungsunfähigkeit zunächst verschleiert und hinausgeschoben wurde.« Untreue? Zeitungen spekulieren, dass der Bankrott ein betrügerischer ist.

Die Vorwürfe sind derart heftig, dass Zimmermann vom Amt des Schatzmeisters zurücktreten muss. Journalisten spekulieren über das Ende seiner politischen Karriere. Sie lasten ihm die politische Verantwortung und den Interessenskonflikt an. Und sie fragen, wie Strauß wohl mit seinen Verfehlungen umgehen wird. Niemand ahnt, wie die Rollen zwischen Strauß und Zimmermann verteilt sind. Niemand ahnt, dass es noch einen einfachen Grund für den Konkurs der Bau-Union gibt: Mit dem Sturz von Strauß hat sie ihr wichtigstes Kapital verloren, den frühzeitigen Zugang zu exklusiven Informationen aus dem Verteidigungsministerium und die Möglichkeit, die Politik des Bundeswehraufbaus zu steuern.

Der Bundestagsabgeordnete Wolfgang Pohle tritt die Nachfolge Zimmermanns als Schatzmeister an. Als er sich in die Konten einarbeitet, stößt er natürlich auch auf die Bau-Union. 1967 weiht Zimmermann ihn in das Geheimnis ein. Pohle macht eine Aktennotiz, so unglaublich klingt, was Zimmermann ihm erzählt. Pohle schreibt: »Er legte mir dabei auch den seinerzeit zwischen ihm und dem Landesvorsitzenden geschlossenen Treuhandvertrag vor.« Über die Herkunft des Geldes notiert er: »Dr. Zimmermann erläuterte mir im Einzelnen, dass er die für die Bau-Union verwandten Beträge – entsprechend diesem Treuhandvertrag – dem zu seiner Verfügung stehenden Sonderkonto I entnommen habe.«

Nach Pohles Tod geraten die Akten durch einen Zufall an die Öffentlichkeit und zeigen: Strauß kennt keine Grenzen, wenn es darum geht, politische und private Interessen zu verbinden. Der Fall der Bau-Union ist besser und eindeutiger belegt als Fibag und jede andere Korruptionsaffäre, die Strauß je als falsch abtat. Es ist sein größter Skandal. Und zugleich ein Skandal, der ihm nie zum Vorwurf gemacht worden ist. Er bleibt sein Geheimnis.

15 Nach dem Sturz – FJS will endlich Recht bekommen

Zum ersten Mal in seinem Leben ist Strauß wirklich gescheitert. Das kann eine Chance sein für jemand, der sie wahrnehmen will. Vielleicht ist Strauß froh, dass Druck von ihm genommen ist, vielleicht denkt er, dass er nach einer kurzen Übergangszeit und dem vorhersehbaren Abgang von Adenauer umso schneller an die Spitze der Regierung zurückkehren kann. Vielleicht hat er aber auch gar nicht begriffen, wie tief er gefallen ist. Strauß will jedenfalls sofort wieder nach oben. Bereits im Oktober 1962 lässt er über den Münchner Oberbürgermeister Hans-Jochen Vogel vorfühlen, ob die SPD auf Bundesebene zu Koalitionsgesprächen mit der CSU bereit sei. Auf Landesebene und in München habe die Zusammenarbeit in der Vergangenheit doch recht gut funktioniert. Ähnliches müsse doch auch auf Bundesebene möglich sein. Strauß lässt Vogel ausrichten, er sei mit jedem Ministerium zufrieden, auch mit dem Postministerium.

Es klingt wie der Versuch eines Verzweifelten. Offenbar will Strauß umgehend seine Rückkehr in die Regierung vorbereiten, folgert Vogel, und gibt das ihm seltsam erscheinende Ansinnen an den SPD-Parteivorstand nach Bonn weiter. Dort will man von Strauß und einer Zusammenarbeit mit ihm jedoch nichts wissen und winkt ab. Zu offensichtlich ist das Angebot von Strauß das eines Bettlers, zu frisch der Eindruck, dass man ihm nicht trauen kann. Hat er nicht begriffen, was sein Sturz bedeutet? Man traut ihm nicht mehr. Erstmals gehört er nun zu den Verlierern in

Bonn. Verlorenes Vertrauen wiederzugewinnen ist eine schwierige und langwierige Sache. Strauß hat das offenbar nicht verstanden.

In den Tagen und Wochen nach dem Sturz registriert Marianne Strauß irritiert, dass manche Bekannte, die eben noch stolz die Nähe des Herrn Minister und seiner Gemahlin suchten, nun auf Distanz gehen. Nicht, dass ihr Selbstbewusstsein von der Beachtung dieser Menschen abhängig wäre. Sie hat kein Mitleid nötig. Aber seltsam findet sie es schon. Ganz glücklich ist sie in Bonn ohnehin nie gewesen. Jetzt drängt sie ihren Mann, nach Rott am Inn umzuziehen. Das Thema ist nicht neu, sie reden schon seit geraumer Zeit über einen Umbau und den Bezug einer Wohnung dort. Die Schwiegereltern raten sogar schon seit Jahren dazu. Es wäre doch schön, wenn Franzl und Mariandl auch in Rott wohnten. Vor allem wollen sie natürlich Maxi, Franzi und Moni in ihrer Nähe haben.

Mariannes Elternhaus ist immer noch so etwas wie der Mittelpunkt der ganzen Familie. Und Platz genug ist da, sagen ihre Eltern. Seit Jahren schon sprechen sie immer wieder darüber, ohne dass etwas passiert. Das ganze Jahr 1962 steht Strauß unter Druck. Fibag-Ausschuss und Enthüllungen des *Spiegel* setzen ihm zu. Max Zwicknagl steht vor dem Ende seiner Zeit als Konsul in Innsbruck. Er und seine Frau bereiten sich auf die Rückkehr nach Rott vor und renovieren zugleich ihre Wohnung in München-Bogenhausen. Naheliegend, dass sich »Vati und Mami«, wie sie sich selbst nennen, Gedanken machen, ob nicht vielleicht die ganze Familie zumindest hin und wieder in Rott zusammenleben könnte.

Am 6. September 1962 wird Franz Josef 47 Jahre alt. Seine Schwiegermutter verbindet die Geburtstagsgrüße mit langen Ausführungen, wie sie und ihr Mann sich den Ausbau vorstellen. Strauß ist offenbar erstaunt und verärgert, dass er die Arbeiten vorfinanzieren soll. Das scheint sich nicht mit seiner Vorstellung zu decken, in eine wohlhabende Familie eingeheiratet zu haben.

Nach vielem Hin und Her über die Modalitäten einigt man sich aber, und die Familie Strauß zieht nach Rott am Inn – weit weg von Bonn. Für die Kinder ist das auf alle Fälle ein Glück, denn es ist doch viel interessanter und schöner, hier in dem ehemaligen Kloster mit seinem Garten aufzuwachsen, als in der Wohnung auf dem Bonner Venusberg. Man kann die Berge sehen und zu Fuß zum Fluss gehen. Omi und Opa wohnen im selben Haus. Im Dorf gibt es Bauernhöfe mit Tieren. Man kann beim Bierbrauen zusehen und auf die Straße laufen, ohne Angst vor Autos haben zu müssen. Es gibt Bäume, auf die früher schon die Mutter und Tanten geklettert sind. Die Kinder wachsen behütet auf, und sie erleben eine unbeschwerte, glückliche Kindheit.

Zum 70. Geburtstag ihrer »lieben Omi« Ilse Zwicknagl am 28. Januar 1975 dichten sie: »Vor nun einem Dutzend Jahren, als wir noch kleine Kinder waren, zogen wir vom Rhein zum Inn, es war ein großer Neubeginn. Max war vier und Franz erst zwei, auch Monika war schon dabei, doch sie war ein Baby noch, das auf allen Vieren kroch [...] Das große Haus in Rott am Inn – einst lebten Mönche drin, war im Erdgeschoß für uns bereit, alle Räume schon im neuen Kleid und der Park in seiner Frühlingspracht, schien gerade wie für uns gemacht. Im ersten Stock war es besonders schön, da konnte man zur guten Omi gehen, auch der Opi hatte uns sehr lieb, o Herr, die ew'ge Ruh ihm gib! Wir sehn ihn noch im Garten gehen, die geliebten Rosen zu besehn, im Garten bauten wir ein Zelt, ringsherum gehörte uns die Welt.«

Die Kinder leben in einer heilen Welt. Falls die Mutter sich manchmal Sorgen macht, dann lässt sie es die Kinder nicht spüren. »Als wir Kinder waren, haben wir von den Angriffen auf unseren Vater nichts gemerkt«, sagt Franz Georg, »das verdanken wir unserer Mutter. Mit ihrer Umsicht und Energie hat sie es geschafft, alles von uns fernzuhalten.« Die Mutter ist die Bestimmende in der Erziehung der Kinder. Der Vater kann es sich leisten, immer »ein sehr großzügiger Vater« zu sein, wie seine Frau sagt. Wenn einmal ein Machtwort fällig wird, dann spricht sie es.

Aber die Kinder haben ohnehin Respekt vor ihrem Vater, denn sie erleben ja immer wieder, welchen Respekt andere erwachsene Männer ihrem Vater entgegenbringen.

Ob sie den Fall ihres Vaters mitbekommen haben und spüren, wie sehr ihm der Sturz zu schaffen macht? Solch ein Fall birgt immer auch die Chance zur Ehrlichkeit. Aber wird Strauß sie nutzen? Und wie soll es überhaupt weitergehen? Soll er die Politik aufgeben? Das tun, was er eigentlich immer tun wollte, bevor er in die Politik ging? Eine akademische Karriere anstreben? Ist es andererseits dafür nicht längst zu spät? Soll er aufgeben, was er in der Politik erreicht hat? Der Sturz war ein Schock für ihn, auch wenn er das nicht zugeben will. Kann er sich noch auf sich und sein Gefühl verlassen?

Seine Frau bestärkt ihn, weiterzumachen. Sie glaubt, dass er ein Leben lang damit hadern würde, wenn er nun aufgäbe. Sie spornt ihn an, weiterzukämpfen. Das ist nicht einfach. Er muss Selbstsicherheit zurückgewinnen. Dabei sei, laut Marianne, seine seelische Verfassung stark von äußeren Erfolgen abhängig. Die Kinder erleben einen Vater, der sich nicht zufrieden geben will mit dem Misstrauen seiner Umwelt. Der zeigen will, dass er das nicht verdient hat.

Strauß ist es gewohnt, auch oder gerade bei Kleinigkeiten, sein Recht vor Gericht zu erstreiten. Einmal hat er 1961 sogar einen Münchner Buchhändler und Autor wegen Beleidigung verklagt, nur weil der Mann unter Pseudonym in einer politisch-literarischen Flugschrift den Bundesverteidigungsminister einen »Säbelraßler« nennt und einen »nur an seiner persönlichen Macht interessierten Politiker«. Strauß stellt Strafantrag – und verliert. Der *Spiegel* ist allerdings ein anderes Kaliber als ein junger Autor im Selbstverlag. Aber vermutlich reizt es Strauß deshalb umso mehr, vor Gericht Recht zu erhalten. Als Rudolf Augstein 1964 in einem Kommentar Strauß Korruption unterstellt und als Beleg anführt, Strauß habe nicht gegen ihn geklagt, reagiert Strauß auf die Provokation, indem er Augstein verklagt.

Er will vieles klarstellen und ist fieberhaft bemüht, doch noch Recht zu bekommen. Geradezu obsessiv arbeitet er seinen Sturz auf, schreibt lange, umständliche Ausführungen, die nur den Zweck haben, sich selbst zu beweisen, dass er Recht hat. Dann kann er auch anderen versuchen klarzumachen, dass man ihm Unrecht getan hat. Zunächst allerdings weigert er sich monatelang, vor der Bonner Staatsanwaltschaft zu erscheinen und Fragen zur Festnahme von Conrad Ahlers zu beantworten. Er will nicht verstehen, dass gegen ihn wegen des Verdachts der Freiheitsberaubung im Amt ermittelt wird. Auch dass der Deutsche Bundestag im Dezember 1963 seine Immunität aufhebt, will er nicht verstehen. Und er geht lange Zeit trotz wiederholter Aufforderung nicht zur Vorladung des Ermittlungsrichters. Dabei wird das Verfahren gegen ihn später ohnehin eingestellt; ebenso die Verfahren gegen Ahlers und Augstein.

Nach außen hin scheint er der Alte zu sein, als er sich im April 1964 von Günter Gaus im Fernsehen befragen lässt und gesteht, dass er eine gewisse Angst habe, über sich selbst nachzudenken. Gaus fragt, wie er sich seinen schnellen Aufstieg erkläre. Strauß sagt: »Darüber habe ich nie nachgedacht. Denn wenn Politiker anfangen, über ihre Karriere nachzudenken, dann ist sie meistens ohnehin schon vorbei.« So weit ist Strauß noch nicht. Immerhin klingt er nachdenklich, wenn er relativiert, dass »meine angeblich vorhandenen Vorteile und Fähigkeiten genauso übertrieben werden wie meine ohne Zweifel vorhandenen Nachteile und Schwächen«. Aber er wird nicht konkret.

Ab Oktober 1964 schreibt Strauß im vierzehntägigen Wechsel mit Willy Brandt Kolumnen für den *Stern*. Für manchen seiner Kritiker ist das nur schwer verdaubar. Der Reporter Erich Kuby reicht die Kündigung bei *Stern*-Chef Henri Nannen ein. Als im April im Konkurrenzblatt *Quick* von einem anonymen Autor unter dem Titel »Der Versager des Jahres« ein heftiger Angriff auf Außenminister Gerhard Schröder, den Strauß nicht leiden kann, erscheint, hat Nannen als Autor Strauß im Verdacht. Nannen beklagt, der Artikel stelle »vieles in den Schatten, was hierzulande an politisch persönlicher Diffamierung bisher üblich war«. Vielleicht ärgert ihn aber auch nur, dass die Angriffe nicht im *Stern* erschienen sind. Jedenfalls will er es »nicht zulassen, dass Sie weiterhin im *Stern* wohlanständige Belanglosigkeiten von sich geben«, wie er in einem offenen Brief an Strauß schreibt. Überschrift: »Sie sind entlassen!« Strauß streitet ab, den anonymen Angriff verfasst zu haben. Er klagt gegen Nannens Vorwürfe und erwirkt eine einstweilige Verfügung.

Vielleicht ahnt Strauß, dass es letztlich nicht aufs Rechthaben ankommt, sondern auf Glaubwürdigkeit. Aber er lässt es sich nicht anmerken. Er will belegen, dass man ihm Unrecht getan hat. Die Jahre nach dem Sturz sind eine Phase seines Lebens, in der seine Kinder lernen könnten, dass der Vater Fehler gemacht hat. Aber seine Fehler zuzugeben, dazu ist er offenbar nicht bereit. Bei den Kindern muss der Eindruck entstehen, dass skrupellose Feinde ihren Vater zu Unrecht gestürzt haben – aus reinem Machtkalkül. Dass die Wahrheit komplizierter ist und nicht nur Strauß' Gegner überzogen reagiert haben, sondern er Misstrauen gegen sich provoziert hat, das werden sie von ihm vermutlich nicht hören.

Doch wer keine Fehler zugibt, kann auch nicht aus ihnen lernen. Vielleicht hat er gar keine Chance dazu, weil er sich selbst im Weg steht. Denn, müsste er nicht auch die Sache mit der Bau-Union klären? Allerdings würden seine Gegner dann erst recht aufschreien und sich bestätigt fühlen. Keiner würde ihm dann noch irgend etwas glauben. Strauß trifft sich wiederholt mit den Finanzberatern der Partei und ist bei diesen Gelegenheiten sehr bemüht zu verbergen, dass er der Nutznießer in der Angelegenheit Bau-Union sein wollte.

Marianne ist bei diesen Gesprächen mit dabei, und sie tritt auch in München im Prozess gegen Augstein auf, der sich von März bis Mai 1965 über mehrere Prozesstage hinzieht. Ursprünglich will Strauß strafrechtlich klagen, aber das lehnt die Staatsanwaltschaft ab. Sie kann kein allgemeines Interesse an der Klärung der Frage sehen, ob Strauß der »Hauch der Korruption« anhaftet, wie Augstein 1964 mit einer Zusammenstellung von Zitaten und Vorwürfen zu belegen versuchte. Daraufhin reicht Strauß eine Zivilklage ein. Der Prozess ist ein Ereignis: Augstein und Strauß Auge in Auge vor dem Richter! Die beiden schenken sich gegenseitig nichts, und die Öffentlichkeit hat ein klares Bild über ihre Rollen: Strauß hat Augstein ins Gefängnis gebracht, Augstein Strauß zu Fall.

Am ersten Verhandlungstag ist der Andrang der Zuschauer so groß, dass die Beteiligten in den größten Saal des Münchner Justizgebäudes umziehen müssen. Aus sämtlichen Richtungen werden Stühle und Bänke herbeigetragen. Am ersten Verhandlungstag kommt Strauß nicht und lässt sich entschuldigen. Seine Frau nimmt auf dem Stuhl Platz, der für ihn reserviert ist. Geklärt werden soll die Frage, ob Strauß sein Vermögen auf rechtmäßige Art erworben hat und ob bei der Vergabe von Rüstungsaufträgen alles mit rechten Dingen zugegangen ist.

Es erscheint der Herausgeber des *Münchner Merkur*, der Strauß von 1953 bis 1957 monatlich 250 Mark gezahlt hat und erklären muss, wofür. Strauß war »Kontaktmann, Anreger und Ideenbringer«. Auch ohne die Anwesenheit von Strauß ist die Stimmung gereizt. Als Augstein und sein Anwalt Otto Gritschneder von Zeugen immer mehr Details wissen wollen, protestiert der Anwalt von Strauß: »Vielleicht kommt auch noch die Frage nach dem letzten ehelichen Verkehr des Klägers.« Darauf Gritschneder: »Nach dem letzten ehelichen bestimmt nicht.«

Der Bundestagsabgeordnete Friedrich Zimmermann berichtet als zweiter Schatzmeister der CSU, Strauß erhalte seit 1951 einen monatlichen Dispositionsfond in Höhe von 5000 Mark von der Volkswirtschaftlichen Vereinigung oder anderen Förderern aus der Wirtschaft, über den er frei verfügen könne. Zimmermann betont, es existiere eine lückenlose Buchführung, und bestätigt Strauß: »Ich habe bei der jetzigen Überprüfung nicht festgestellt, dass Strauß etwas für persönliche Zwecke entnommen hat.« Allerdings muss Zimmermann zugeben, dass Strauß entscheidet, was ein politischer Zweck ist, und dass die Gelder »im weitesten Sinne« für politische Zwecke ausgegeben werden. Zimmermann habe aber »keine erkennbar privaten Ausgaben« gefunden.

Auch sein Namensvetter Job Zimmermann, ein Vorstandsmitglied der Volkswirtschaftlichen Vereinigung, wird gefragt, ob Strauß die Beträge für private Zwecke verwendet habe. Antwort: Strauß sei »als ehrbarer Partner« nie kontrolliert worden. Gritschneder fragt Zimmermann, was er zu der Bemerkung des früheren BMW-Vorstandsmitgliedes Enzensberger sage, es müsse aufhören, dass man über Job Zimmermann die Häuser von Strauß finanziere. Zimmermann hat diese Bemerkung nie gehört. Jedenfalls habe man die Schecks für politische Zwecke ausgestellt. Augstein will wissen, warum man sie dann nicht an die CSU ausgestellt habe. Der Vorsitzende Richter lässt diese Frage nicht zu, weil nicht die CSU die Beklagte sei, wie er sagt.

Dann nimmt die 34-jährige Marianne Strauß im Zeugenstuhl Platz. Sie tritt »ruhig und bescheiden, aber auch bestimmt auf«, wie die *FAZ* notiert. »Haben Sie bitte keine Angst, gnädige Frau, dass ich Sie mit meinen Fragen hereinlegen will«, sagt Augsteins Anwalt Gritschneder. Marianne gibt Auskunft über die Grundstückskäufe, kann sich aber nicht an alles erinnern. Sie beginnt: »Wir haben im Juni 1957 geheiratet. Etwa 1957/58 sind die Grundstücke in Schwabing gekauft worden. Dann kam entweder das Grundstück in Buch oder das erste Grundstück in Südfrankreich. 1964 haben wir dann dort ein zweites Grundstück gekauft, da die bisherigen Räumlichkeiten im Hinblick auf unsere drei Kinder zu klein geworden sind.« Das Geld stamme aus gemeinsam ersparten Mitteln. »Bei uns ist alles gemeinsam.« Dann wird sie zur Affäre um »Onkel Aloys« befragt: Ja, sie habe seine Bewerbung an das Ministerium ihres Mannes weiter geleitet, aber außer Tischdecken und Porzellanfiguren hätten sie oder ihr Mann kein Geld von ihm erhalten.

An späteren Prozesstagen stehen und sitzen sich Strauß und

Augstein gegenüber und würdigen sich kaum eines Blickes. Beide reagieren jedoch heftig, als Richter Jäger einen Vergleich vorschlägt und um entsprechende Formulierungen ringt. Strauß stellt hohe Forderungen. Er verzichtet auf Geld, verlangt aber einen ausführlichen Widerruf im *Spiegel.* Augstein lehnt das ab. Er ist nicht an einem Vergleich interessiert. Jetzt und ein für allemal müsse geklärt werden, ob Strauß korrupt war in seinem Amt.

Nacheinander treten in dem Zivilprozess vor dem Landgericht München viele der Beteiligten auf, die *Spiegel*-Lesern aus den Artikeln über Strauß bekannt sind. Zwar erscheint »Onkel Aloys« nicht, sondern schickt nur ein Attest aus der Schweiz. Aber die halbe Familie Strauß ist da – neben Franz Josef und Marianne auch ihre Mutter Ilse, außerdem sein Geschäftspartner Richard Thiermann, mit dem zusammen er Grundstücke und Wohnungen in Schwabing und am Ammersee besitzt. Freunde und Verwandte kämpfen für Strauß. Auch der Passauer Verleger Hans Kapfinger wird aufgerufen. Selbst der Verteidiger von Strauß ist ein bekanntes Gesicht: Reinhold Kreile, der Steuer- und Finanzberater von Marianne und Franz Josef Strauß. Jahrelang wird der Anwalt als CSU-Politiker und Steuerexperte im Bundestag sitzen.

Für Strauß ist das Verfahren ein Risiko, weil er beweisen muss, dass er als Minister sein Amt rechtlich einwandfrei geführt hat. Der Anwalt von Augstein, Otto Gritschneder, präsentiert bereits am ersten Verhandlungstag ein 80-seitiges Dossier mit teilweise neuen, bislang nicht publizierten Vorwürfen. Strauß bezeichnet es als »Machwerk«, das Augstein offenbar von »*Spiegel*-Agenten« habe recherchieren lassen. Tatsächlich sind darin einige Vorwürfe, die unter die Gürtellinie gehen, die Strauß aber leicht entkräften kann. So ist beispielsweise von der amerikanischen Schauspielerin Jayne Mansfield die Rede, die Strauß während einer Reise in den USA näher kennen gelernt haben soll. In der fraglichen Zeit, in der sie mit Strauß zusammen gewesen sein soll, war sie jedoch im siebten Monat schwanger und ging nicht aus. Sie kenne Herrn Strauß nicht, habe ihn nie getroffen. Wegen solchen und ähnlichen Vorwürfen entwickelt sich das Dossier zum Bumerang für Augstein. Denn das Gericht erhält schließlich den Eindruck, dass Augstein tatsächlich auf sehr fragwürdige Weise gegen Strauß vorgeht.

Am 15. Juli 1965 urteilt das Landgericht München: Augstein möge schriftlich widerrufen, dass Strauß nicht widersprochen habe, ein Vermögen erworben zu haben, »wie es ein Politiker seit 1945 nicht auf normalem Wege erlangen konnte«. Weiter, dass Dr. Brandenstein (Onkel Aloys) zu Strauß »einen Koffer oder eine große Aktentasche voll nagelneuer Fünfzigmarkscheine« gebracht habe. Ferner muss Augstein eine Erklärung abgeben, wonach er folgende Vorwürfe nicht aufrecht erhält: dass Strauß Dr. Brandenstein ganz außerordentlich große Rüstungsaufträge zugeschoben habe oder zuschieben habe lassen, dass Strauß »ein der Korruption schuldiger Minister« sei, der während seiner Ministerzeit Geld angenommen habe, das ihm nicht gehörte. Schließlich muss Augstein auch zurücknehmen, dass Strauß die Gewinne der Fibag-Affäre mit Kapfinger habe teilen müssen. Augstein muss Strauß 25000 Mark zahlen. Eine beantragte höhere Entschädigungssumme lehnt das Gericht ab. Strauß gewinnt aber nicht in allen Punkten: Ein Viertel der Kosten muss er tragen; den Rest Augstein, der klar der Verlierer des Verfahrens ist.

Als das Urteil bekannt wird, schickt Adenauer ein Telegramm nach Rott am Inn: »Von Herzen freue ich mich über das vernichtende Urteil gegen Augstein. Endlich einmal ist Ihnen für all Ihre Arbeit und Sorge eine öffentliche Genugtuung zuteil geworden. Mit vielen Grüßen Ihr Adenauer.« Drei Wochen später bedankt sich Strauß und schreibt: »Das Gericht hat ein objectives, wenn auch sehr vorsichtiges Urteil gefällt, sich jedenfalls nicht unter Druck setzen lassen. Was ich im Laufe dieses Prozesses erlebt habe, kann nur als Gangsterjournalismus übelster Sorge [sic!] bezeichnet werden. Wenn das so weitergeht, kann man nur sagen: Videant Consules!«

Innerhalb kurzer Zeit produziert Strauß gemeinsam mit treuen Anhängern unter dem Titel »Apropos Strauß« eine Dokumentation, die auf 200 Seiten dem *Spiegel* und *Stern* viele Unrichtigkeiten vorhält. Strauß ist demnach nur ein »Sündenbock«, schreibt der Herausgeber Karl Friedrich Grau von der Studiengesellschaft für staatspolitische Öffentlichkeitsarbeit in der Einleitung. Für ihn müsste »eine besondere Höchstklasse des Bundesverdienstkreuzes in einmaliger Ausfertigung geschaffen werden – und zwar mit dem einzigen Zweck, sie an Franz Josef Strauß zu verleihen. Dieser Mann hält nämlich heute die Bundesrepublik zusammen.«

Das Buch erscheint ohne Angaben von Autoren. Adenauer schreibt in einem Vorwort: »Ich habe die Angriffe, die konzentrisch gegen F.J. Strauß gerichtet werden, bedauert. Ich habe nichts gefunden, was diese konzentrischen Angriffe rechtfertigt. Herr Strauß ist ein kluger und einfallsreicher Politiker. Ich finde es nicht richtig, wenn man über ihn herfällt und ihn beschimpft, ohne daß man die Vorwürfe mit sachlichem Material untermauert.« Aufmerksame Leser registrieren besonders das Begriffspaar »klug und einfallsreich«. Strauß scheint den Sieg über Augstein genüsslich auszukosten.

Nach dem Sieg über Augstein muss Strauß umso mehr wurmen, dass Augstein das Urteil des Landgerichts München nicht in seiner Gänze akzeptieren will. Zwar zahlt er an Strauß die 25000 Mark, zu denen er verurteilt wurde. Aber die eigenhändig unterschriebene Erklärung, auf die es Strauß eigentlich ankommt, verweigert er jahrelang. Seinen Lesern versichert Augstein: »Ich habe nicht den Beruf, gegen Strauß zu prozessieren.« Und prozessiert weiter. Strauß ist längst Finanzminister gewesen, als Augstein Jahre später in letzter Instanz abgewiesen wird und unterschreiben muss.

Dass Strauß letztlich doch noch Recht bekommt, hätte er vermutlich gerne seine Mutter wissen lassen, die immer sehr besorgt um ihn gewesen ist. Mitten während der heftigen Angriffe auf ihren Sohn stirbt Walburga Strauß am 18. Juni 1962. Der Sohn befindet sich auf einer Reise in den USA, die er vorzeitig abbricht.

In seiner Grabrede berichtet der Pfarrer, wie sie den Ehering ihres 1949 im Alter von 73 Jahren verstorbenen Mannes, den sie bis wenige Wochen zuvor neben ihrem eigenen Ring getragen hatte, an Ostern nach der Kommunion vom Finger nahm und ihm gab – für die Kirche. »Es war ergreifend«, sagt der Pfarrer. »Es war schon wie eine Ahnung, dass sie bald ihren letzten Weg antreten sollte.« Alles, was sie habe, sollte nach ihrem Tod Gott und der Kirche gehören. Dem Pfarrer habe sie erzählt, dass sie oft für die Priester und Bischöfe und für den Frieden in der Welt bete – und natürlich für ihre Kinder und Enkelkinder, besonders auch für ihren Sohn Franz Josef. »Seine weiten Flüge ist sie im Geiste mitgeflogen«, sagt der Pfarrer am Grab. Ihre letzten Worte waren: »Ich warte auf meinen Sohn!«

Während der Prozess gegen Augstein im Gange ist, zwingt Marianne ihren Mann hin und wieder zu Auszeiten. Wenn zu viel los ist in München, Bonn oder Rott am Inn, schaltet sie einfach das Telefon ab, dann herrscht Ruhe. So macht sie es an Ostern 1965. Sie findet die Feiertage »sehr nett und gemütlich«. Im Mai fahren sie und die Kinder für drei Wochen ins Ferienhaus nach Südfrankreich. Zum Baden nehmen sie meistens ein Picknick mit, dann können sie auch über Mittag am Strand bleiben. »Dies geht aber nur dann, wenn es nicht zu heiß ist, denn sonst kriegt man Kopfweh von der vielen Sonne«, warnt Marianne. Der Sonnenschirm sei dort unten jedenfalls »wichtiger als die Sonne – davon kriegt man leicht mehr als genug«.

Monika ist jetzt drei. Der Papa, der sich eine kindliche Liebe zu Autos, Motorrädern und Flugzeugen erhalten hat, spielt gerne Auto für seine Tochter. Sie darf ihm auf die Nase drücken, um den Motor anzulassen. Dann brummt »das Auto«. Monika hat viel Spaß dabei. Marianne lässt sich gerne »in der Sonne braun braten« und sieht den Kindern zu, wie sie schon fast schwimmen können. Besonders freut sie sich immer auf das »fast«. Wenn ihre »beiden Manderl« prusten und sie aufpassen muss, dass sie nicht zu viel Wasser schlucken. Familie Strauß hat übrigens auch einen Jagdhund namens Waldo, den Franz Josef manchmal ausführt. Die

Kinder fürchten sich vor ihm, weil er unheimlich viel Kraft hat und sie gerne im Spiel umwirft.

Monika ist »recht eitel«, wie ihre Mutter feststellt, als ihre Tochter vier Jahre alt ist. Maxi, der älteste Sohn, geht mit Begeisterung in die Schule. Allerdings erstreckt sich die Begeisterung nicht auf die Hausaufgaben, die er unnötig findet. Maxi muss außerdem lernen, sich einzuordnen, denn laut seiner Mutter möchte er immer gerne etwas Besonderes sein. Darin sei er seinem Vater nicht unähnlich. Sein jüngerer Bruder Franzi kommt erst in die Schule und ist stinkeifersüchtig darauf, dass Maxi schon in die Schule gehen darf und er noch nicht.

Marianne ist stolz darauf, eine Mutter zu sein, die »immer für unsere Kinder da« ist. Anders als in anderen Politikerfamilien gibt es bei ihr keine »Wohlstandsvernachlässigung«, wie sie es nennt. Als die Kinder schon groß sind, sagt sie, Max, Franz Georg und Monika »haben nie eine Mutter gehabt, die ihre Kinder ohne Frühstück in die Schule schickte, weil sie eine Verabredung mit dem Golflehrer hatte«. Die Kinder begehren nicht auf – das wäre im Erziehungskonzept von Marianne Strauß auch nicht vorgesehen gewesen. Sie gibt ihnen genug Freiheiten, sagt sie, und sie haben keinen Grund, sich gegen die Eltern zu wenden. Wann immer die schlagfertige Frau mit dahingehenden Fragen konfrontiert wird, reagiert sie mit Unverständnis, als könne sie sich das einfach nicht vorstellen.

Der Vater ist zwar nicht mehr Minister, aber wohin er kommt und was er auch tut, er steht immer unter Beobachtung. Selten ist die Presse gleichgültig oder neutral, oft ist sie misstrauisch. Im November 1963 erwirbt er den Jagdschein. Bei einem anderen würde sich vermutlich niemand dafür interessieren, ob dabei alles mit rechten Dingen zugegangen ist, aber bei Strauß ist das anders. Er legt die Prüfung in Niedersachsen ab, nicht in Bayern, aber der Jagdschein wird in Bayern ausgestellt. Die niedersächsische Jägerordnung schreibt jedoch vor, dass die Prüfung am Hauptwohnsitz stattfindet. Es genügt die Ahnung eines Regelverstoßes, und die Öffentlichkeit nimmt fortan jede Wendung der Sache wahr, als handle es sich dabei um eine neue Affäre. Hat Strauß etwa seine Kontakte widerrechtlich eingesetzt, um den Jagdschein zu ergattern?

Im Juli 1964 berichtet die dpa darüber, und das niedersächsische Landwirtschaftsministerium beginnt eine Untersuchung, die sich allerdings nicht gegen Strauß, sondern gegen die zuständigen Behörden richtet. Heraus kommt, dass die Prüfer in mehreren Punkten von den Regeln abgewichen sind. Unzulässig war die Einzelprüfung, zudem war nicht die vorgeschriebene Zahl Prüfer anwesend. Die Erklärung, Strauß habe sich nach Angaben des zuständigen Regierungspräsidenten in Norddeutschland prüfen lassen, weil er Aufsehen in Bayern vermeiden wollte, klingt fadenscheinig. Als Dank habe er den Jägern 300 Mark gespendet. Also wieder: Unregelmäßigkeiten, Heimlichtuerei und Geld. An sich geht es um eine Kleinigkeit, aber sie bestätigt die Vorurteile.

Strauß wundert sich, dass über seine Jägerprüfung nun plötzlich öffentlich diskutiert wird. Im August 1964 stellt die CSU-Landesleitung klar, dass er sich ordnungsgemäß beim zuständigen Landratsamt in Schongau in Bayern angemeldet habe. Aus technischen Gründen sei die Prüfung dort im November 1963 aber nicht möglich gewesen. Daraufhin habe ihm die zuständige Behörde schriftlich bestätigt, er könne sie in einem anderen Bundesland ablegen, also habe Strauß sich in Niedersachsen angemeldet. Für die anderen Unregelmäßigkeiten seien die Prüfer, nicht aber der Bewerber verantwortlich zu machen. Im September erfahren die Leser des *Niedersächsischen Jägers*, dass vor Strauß bereits zwei andere Minister der Union dort ihre Prüfung abgelegt haben. Das Fachblatt spricht nun von der »Jagdschein-Affäre«, bestätigt aber, dass Strauß sich korrekt verhalten habe. Das niedersächsische Landwirtschaftsministerium kommt nach einer Untersuchung zu dem Ergebnis, dass Strauß die Prüfung nicht zu wiederholen braucht. Immerhin.

Im Herbst 1966 reisen Marianne und Franz Josef nach Persien. Sie werden verwöhnt, weil die Gastgeber glauben, den nächsten

Bundeskanzler vor sich zu haben. Im Oktober desselben Jahres baut Mariannes Vater Max Zwicknagl gesundheitlich stark ab. Er leidet an Arthrose in beiden Hüftgelenken und klagt über schwere Hüftgelenksbeschwerden und zunehmende Schmerzen. Anfang 1969 stirbt er nach längerer Krankheit. Ein Jugendfreund schreibt Marianne: »Dein Vater hat ausgelitten [...] Du warst die beiden letzten Jahre und insbesondere in den letzten Monaten von einer außerordentlichen Tapferkeit und Hingabefähigkeit; ich habe Dich sehr bewundert und bin dankbar, daß ich wenigstens einige Male merken durfte, wie schwer es auch Dir fällt, stets tapfer, ausgeglichen und selbstsicher sein zu müssen. Gerade aber in diesen Momenten bist Du es besonders gewesen.«

16 Noch einmal studieren

Nach seinem Rücktritt sucht Strauß ein neues Fachgebiet. Er löst sich von der Sicherheitspolitik und kehrt zurück zu einem Fach, das er einst studiert hat, um nicht von einer akademischen Karriere abhängig zu sein: Wirtschaft. Genau genommen hat ihn das Thema nie losgelassen. Nach dem Krieg hat er während der Währungsreform in Schongau und danach im Frankfurter Wirtschaftsrat bereits viel mit wirtschaftlichen Überlegungen zu tun gehabt. Und war nicht der Aufbau der Bundeswehr auch ein gewaltiges Projekt, was die Investitionen betraf?

Als hätte er nie etwas anderes getan, nimmt er nun Stellung zu Finanzfragen. Er führe sogar in seinem Auto allerlei Fachliteratur zum Thema mit sich, heißt es. Ab 1963 studiert Strauß an der Universität München Volkswirtschaftslehre. Im Januar 1964 gibt er in Bonn eine Kostprobe seines Wissens, als er in einer Rede über wirtschaftliche Aspekte der Verteidigung vor dem Bundestag plötzlich von »input« und »output« spricht. Er reichert seine Rede derart mit Fachbegriffen an, dass ihn ein Abgeordneter der SPD auffordert: »Wollen Sie nicht mal deutsch sprechen?«

Zwei Jahre lang besucht Strauß immer wieder Vorlesungen an der Universität München. Allerdings hat er viel zu tun, und zum Studieren bleibt nicht viel Zeit. Von acht geplanten Vorlesungen zu Finanzwissenschaft und Handelsrecht im fünften Semester im Winter 1965 muss er drei wieder streichen. Im Sommer 1965 will er an die Universität Innsbruck wechseln. Was ihn dazu bewegt, ist nicht ganz klar. Ist es tatsächlich so, dass der Stoff dort kompakter dargeboten wird und Innsbruck deshalb für ihn, der wenig Zeit hat, besser geeignet ist? Oder verspricht er sich, dort mit weniger Aufwand zu einem Abschluss zu kommen?

Ein erst 36-jähriger Professor jedenfalls, den er aus Bonn kennt und der nun in Innsbruck liest, empfiehlt ihm diese Universität nicht, um billig an einen Doktortitel zu kommen, den er im Übrigen schon habe. Vielmehr sei das Studium dort auf das Wesentliche konzentriert. Man kennt sich aus der Union. Clemens-August Andreae ist Mitglied der CDU und sitzt in einem Ausschuss der CSU. Strauß hat Vertrauen zu ihm. Er lädt ihn zu einer Besprechung nach Rott und – zusammen mit seiner Frau – zu seiner Geburtstagsfeier ein.

Professor Andreae ist hocherfreut über den neuen Studenten und will ihm alles recht machen. Man ist sich schnell einig. Strauß rechnet drei Jahre für das Studium, und man vereinbart, dass er über den Aufbau der Bundeswehr promoviert. Nichts leichter als das. Korrigieren soll die Arbeit ein Professor, der bereits im Zweiten Weltkrieg als Kanonier unter Strauß gedient hat. Strauß muss nur täglich den Wirtschaftsteil der *Neuen Zürcher Zeitung* lesen, um auf dem Laufenden zu sein, rät sein Professor.

Doch noch ehe Strauß sein Studium aufnimmt, kommen Professor Andreae Bedenken wegen des Themas der Dissertation, »und zwar vor allen Dingen deswegen, weil man sagen würde können, Minister Strauß schreibt seine Memoiren in der Form einer Dissertation«. Aber er hat schon eine Lösung parat: Strauß solle sich mit »Raumordnung und Regionalpolitik« im Hinblick auf die Kompetenzen verschiedener Behörden beschäftigen. Sein Doktorvater sei bereits informiert. Ob Strauß sich über den Vorschlag freut, ist nicht bekannt. Jedenfalls schickt ihm sein Professor ein Buch über Raumordnung und Landesplanung. Ob Strauß sich nicht mit der Planung im Bayerischen Wald beschäftigen wolle?

Ende Juni besucht Manfred von Conta, der Wiener Korrespondent der *Süddeutschen Zeitung*, die Universität in Innsbruck. Professor Andreae kann ihn »mit Mühe« dazu bringen, seinen Bericht auf das Wintersemester zu verschieben. Während Strauß in Südafrika Urlaub macht, taucht auch eine Reporterin des Münchner *Spiegel*-Büros in Innsbruck auf und erkundigt sich bei Professor Andreae nach den Plänen von Strauß. Sie lässt sich nicht auf später vertrösten. Eine Woche, nachdem sich der im Urlaub weilende Strauß hat einschreiben lassen, berichtet sie, dass Strauß laut Studienordnung an mindestens zwei Tagen in der Woche in Innsbruck studieren müsse – als ahne sie, dass Zeit bei Strauß immer ein knappes Gut ist.

Die Professoren versichern, dass sie dem prominenten Studenten »nicht die geringsten Vorteile zuschustern wollen«. Um Strauß vor falschen Mutmaßungen durch Journalisten zu bewahren, hat Professor Andreae sogar empfohlen, Strauß solle seine Pläne auf einer Pressekonferenz darlegen, »damit nicht in drei Jahren, wenn er plötzlich Doktor ist, alle fragen: Hat er den so gemacht wie den Jagdschein?« Der Artikel trägt den Titel »Dr. Inns.« Jedenfalls strebe Strauß mit diesem Titel nach der Bundestagswahl 1969 ein Ministeramt für Finanzen oder Wirtschaft an. Ein Foto zeigt Strauß, wie er in einem Buch liest und dabei eine Tasse Kaffee trinkt. Die Wirkung: Sein Dr. ist offenbar eine Angelegenheit, die er mit österreichischer Gemütlichkeit angeht.

Der Artikel ist nicht nach Strauß' Geschmack. Unterschwellig erweckt er den Eindruck, als wolle Strauß sich erneut einen Vorteil verschaffen, der ihm nicht zusteht. Dazu kommt der Hinweis des Professors auf seinen Jagdschein. Strauß ist offenbar erstaunt, dass sein Studium in Innsbruck mehr Aufsehen erregt als die Zeit in München. Vielleicht vermutet er, Professor Andreae habe die Berichterstattung mehr angeregt als notwendig. Jedenfalls lässt er Andreae seine Unzufriedenheit wissen. Der antwortet zerknirscht: »Was ich bei unserer Besprechung in Rott nicht voraussehen konnte, ist die Tatsache, dass Innsbruck eine kleine Universität ist und alle Ereignisse dort eine sehr viel größere Resonanz finden, als das an Massenuniversitäten üblich sein dürfte. Infolgedessen hat Ihr Fall auch mehr Resonanz erfahren als in München.« Und er entschuldigt sich.

Strauß ist zweifelsohne ein besonderer Student: Als seine Pläne für eine Dissertation bekannt werden, melden sich mehrere potenzielle Doktorväter bei ihm. Im Herbst 1966 scheint das Studium endlich in Gang zu kommen. Marianne Strauß schickt am 25. Oktober Studienbuch und Ausweis nach Innsbruck. Nicht einmal die Zeit zum Ausfüllen der Unterlagen hat ihr Mann. Die Mitarbeiter der Universität Innsbruck müssen auch das für ihren bekanntesten Studenten übernehmen.

Die Betreuung seines wichtigsten Studenten verschafft Professor Andreae eine gewisse Bedeutung. Strauß weiß die aufmerksame Betreuung zu schätzen, wenngleich sich Professor Andreae manchmal sehr aufdringlich benimmt. Einmal will er Strauß für die Leitung einer Organisation gewinnen, die er mitgegründet hat, und ständig versucht er ihm Gesprächspartner und Journalisten zu vermitteln, so dass Strauß den Eindruck gewinnen muss, sein Drängen, er möge doch bitte endlich wieder nach Innsbruck kommen, habe weniger mit dem Studium als mit Dingen zu tun, die Andreae persönlich am Herzen liegen. Er versucht Strauß mit österreichischen Regierungsmitgliedern zusammen zu bringen und bietet ihm für diese Unterredungen großzügig seine Wohnung an. Er versucht Interviews zu vermitteln, etwa mit dem Chefredakteur von *Capital*, Adolf Theobald, und dem ORF.

Zeitungen, Zeitschriften und Radio haben über die Studienpläne berichtet, Professoren haben Ideen für eine mögliche Dissertation geliefert und sich um allerlei Termine für den Herrn Minister bemüht. Was fehlt, ist die Anwesenheit des Studenten Strauß. Es ist unklar, ob ihm sein Sommersemester anerkannt werden kann.

Für das Wintersemester 1966 wird ihm der Besuch von sieben Veranstaltungen zur deutschen Rechtsgeschichte, Deutschem Bürgerlichen Recht, Staatsrecht usw. eingetragen. Danach übernimmt offenbar ein Assistent die Betreuung des prominenten Studenten. Die Vorlesungen im Wintersemester 1966/67 sind zu Ende, als er Ende März 1967 Marianne Strauß um Mitteilung bittet, »ob überhaupt und mit welchem Tempo Ihr Mann sein Innsbrucker Engagement weiter betreiben wird«.

Die Akademiker in Innsbruck bemühen sich weiter um Strauß, aber Strauß hat keine Zeit. Am 29. April 1967 informiert Marianne Strauß den Assistenten: »Leider wird mein Mann vorläufig nicht in der Lage sein, seine Studienpläne weiterzuverfolgen.« Sie bittet, ihren Mann zu exmatrikulieren und das Studienbuch zurückzusenden. »Mein Mann bedauert außerordentlich, dass seine Pläne durch die politischen Entwicklungen nicht zur Durchführung kamen, aber wie die Dinge jetzt liegen, ist ein Weiterstudium in Innsbruck einfach undurchführbar.«

Strauß mag nicht viel studiert haben, aber der Eindruck in der Öffentlichkeit ist ein anderer. »Strauß hat sich gewandelt«, schreibt *Spiegel*-Redakteur Conrad Ahlers, den Strauß einst aus Spanien holen ließ, Anfang 1966 im CDU-nahen Magazin *Civis*. Nicht so sehr seine Politik habe sich geändert als vielmehr seine Persönlichkeit. »Geblieben sind Temperament und Vitalität, doch sind Durchsetzungskraft und -wille gebrochener, als sie erscheinen. Spürbar ist auch eine deutliche Unsicherheit, eine Bereitschaft zum Fragen und sich selbst in Frage zu stellen, ein Werben um Vertrauen, wo früher vornehmlich Mitkämpfer geworben werden wollten. Dies alles ergibt ein mehrdeutiges Bild, erweckt den Eindruck einer so oder so unvollendeten Geschichte, deren Schluß sowenig abzusehen ist wie die Bahn, in der sie schließlich verlaufen wird.«

Aber ist er wirklich ein anderer? Wer eine Entschuldigung der Regierung für die Vorfälle der *Spiegel*-Affäre erwartet, wartet vergeblich. »Ich hätte einige Dinge anders machen müssen«, weiter geht Strauß lange Zeit nicht. Am 6. September 1965 allerdings, seinem 50. Geburtstag, ist er ungewohnt offen und nachdenklich. Als ihn der *Münchner Merkur* nach seinen Unzulänglichkeiten und Fehlern fragt, antwortet er: »Erstens, dass ich in vielen Fällen aus Gutmütigkeit oder auch aus dem Bedürfnis heraus, anderen Menschen zu helfen, Unterschriften gegeben habe, die ich vielleicht bei ganz genauer Prüfung des Sachverhalts entweder nicht hätte geben sollen oder auch nicht gegeben hätte. Hand in Hand damit auch eine oft zu weitgehende Vertrauensseligkeit, die dann missbraucht worden ist. Ich weiß nicht, ob man das als Fehler bezeichnen kann, dass ich an der Verfolgung meiner sachlichen Ziele mit großer Hartnäckigkeit und Entschlossenheit gekämpft habe, was sicherlich manche Menschen in meiner Umgebung oder auch außerhalb meiner Umgebung vor den Kopf gestoßen hat.« Das ist wohl so ziemlich das Äußerste an Selbstreflexion, was von Strauß zu erwarten ist. Immerhin.

Erneut ist Strauß gescheitert. Diesmal mit dem Plan, sein Studium mit einer Dissertation über den Aufbau der Bundeswehr zu beenden. Doch diese Niederlage kann er leicht verschmerzen, denn für ihn ist das gescheiterte Studium ein Gewinn. Vermutlich sollte es ohnehin nur helfen, ihn für ein Ministeramt im Bereich Wirtschaft oder Finanzen kompetent erscheinen zu lassen, und das hat er erreicht.

Als Bundeskanzler Ludwig Erhard zurücktritt, bilden CDU/CSU und SPD eine große Koalition. Am Sturz von Erhard ist sein Parteifreund Strauß nicht ganz unschuldig. Ein Beobachter notiert: »War es unmöglich, mit Strauß zu regieren, wie die *Spiegel*-Affäre scheinbar ergeben hatte, so war es offenbar ebenso unmöglich, ohne ihn zu regieren.« Strauß ist am Zustandekommen der großen Koalition beteiligt und wird Finanzminister. Ganz so, wie er es mit seinem Studium geplant hat. »Der Wiederaufstieg von Strauß ging so schnell, dass man als Kabarettist gar nicht nachkommt«, klagt der Kabarettist Dieter Hildebrandt. Conrad Ahlers, den Strauß einst vergeblich als Pressesprecher gewinnen wollte und der ihm so große Wandlungsfähigkeit bescheinigt, wandelt sich übrigens auch. Er avanciert vom *Spiegel*-Redakteur zum Regierungssprecher.

Selbst die Aufarbeitung seiner Vergangenheit gelingt Strauß

schließlich, als der Journalist Thomas Dalberg eine Biographie schreibt, die er und seine Schwester Maria autorisieren. Das Buch erscheint 1968 und stellt Strauß als verkannten Politiker dar. Die Affären kommen nur am Rande vor und wenn, dann als Verschwörungen des *Spiegel* gegen Strauß. Laut dieser Biographie hat Strauß immer alles richtig gemacht und am Ende Recht behalten.

Doch ausgerechnet seine Rolle bei der Bau-Union droht öffentlich zu werden. Strauß ist wütend auf Zimmermann, weil seine 125000 Mark verloren sind, und er außerdem die 500 Gläubiger auszahlen soll. Zimmermann ist wütend auf Strauß, weil er für seine Loyalität öffentlich angegriffen wird. Einmal droht Zimmermann 1967 den Treuhandvertrag zu kündigen – damit wäre die Rolle von Strauß öffentlich. Schatzmeister Pohle kann das verhindern. Um Zimmermann ruhig zu stellen, setzt die Partei eine Untersuchungskommission ein, die ihn 1968 entlastet. Doch als Strauß erfährt, dass er wegen einer Rückbürgschaft über eine Million Mark zahlen soll, ist er erneut wütend auf Zimmermann und schimpft im Kreis von Parteifreunden immer wieder »in ziemlicher Offenheit«, wie die *Passauer Neue Presse (PNP)* im Juli 1969 berichtet. Denn Zimmermann hat ihn gedrängt, die Bürgschaft zu unterschreiben. Im April 1970 ist die Zahlung fällig. Nun wollen »eine ganze Reihe von Bundestagsabgeordneten« laut *PNP* wissen, ob sie aus der Parteikasse oder aus dem persönlichen Vermögen von Strauß beglichen werde. Strauß schweigt. Auch diesmal hat er Glück, denn Pohle kann die Gläubigerbanken zufriedenstellen: Strauß verliert keinen Pfennig seines Privatvermögens. Von den Sonderkonten muss er 1,7 Millionen Mark hergeben. Pohle holt den Großteil der Summe mit Spenden herein. 300000 Mark spendet Pohle selbst.

17 Die Kinder kommen in die Politik

Als Finanzminister der großen Koalition lebt Strauß seit 1966 wieder in Bonn. Seine Frau bleibt mit den Kindern in Rott. Franz Josef und Marianne führen eine Wochenendbeziehung: Er kommt am Samstag nach Hause und fährt am Sonntagabend wieder. Die Kinder sind es nicht anders gewohnt und hinterfragen die Situation nicht. »Das war einfach so«, sagt Monika. »Wir wussten nicht, wer unser Vater ist«, sagt Franz Georg. Auf die Rundfrage des Lehrers, was denn der Vater arbeite, antwortet die sechsjährige Monika: »Genau könnt' ich des jetzt gar ned sagen. Aber jedenfalls ist er meistens in Bonn.« Jeden zweiten Sonntag ist Kindersonntag. Da dürfen die Kinder den Tagesablauf mitbestimmen und ein Programm aufstellen. »Das macht ihnen einen Heidenspaß«, sagt ihre Mutter damals. »Besonders wenn wir abends essen gehen und sie sich bestellen dürfen, was ihnen schmeckt.«

Rückblickend bereuen die Kinder diese Zeit nicht, obwohl der Vater selten da war. »Rott am Inn war ein Paradies für uns«, sagt Monika. Hinter dem Klostergebäude liegen Getreidefelder und Kartoffeläcker, die Kinder können im Heu spielen, und die Bauern nehmen sie manchmal auf dem Traktor mit. Allerdings sind Leibwächter um sie herum. Aber es ist so viel Platz, dass sie nicht sehr stören. Manchmal versuchen die Kinder, die Beamten ohne deren Wissen ins Spiel zu integrieren. Einmal setzt sich Franz Georg in den weißen VW Käfer eines Beamten und dreht damit ein paar Runden. Die Mutter sieht das Fahrzeug und wundert sich, warum der Polizist immer im Kreis fährt.

In Bonn nimmt Franz Josef für etwa zwei Jahre einen Mitarbeiter bei sich auf. Doch um 1968 benötigt er plötzlich Privatheit, wie sein Biograph Wolfram Bickerich berichtet: »Er hat Ulli kennen gelernt, eine 17-jährige Primanerin aus bester Kölner Familie. Ihr hilft er in seiner Freizeit bei den Schularbeiten. Zum Abitur schenkt er ihr ein Auto, einen gebrauchten VW-Käfer; und er überlegt ernsthaft, ob er mit Ulli ein neues, anderes Leben beginnen kann. Er ist bereit, den Skandal in Kauf zu nehmen.«

Seine Position als Chef einer christlichen Partei hätte er damit ernsthaft gefährdet, aber er will das Risiko eingehen, meint Bickerich. Doch Marianne will die Ehe nicht kampflos aufgeben. Sie fährt nach Köln, um mit den Eltern von Ulli zu sprechen. Daraufhin trennt sich ihr Mann von dem Mädchen und »weinte bittere Tränen«, wie sein persönlicher Referent und Vertrauter Marcel Hepp notiert. Das Mädchen, Ulrike Pesch, heiratet 1974 den damaligen Finanzstaatssekretär und späteren Bundesbankpräsidenten Otto Pöhl.

Nach dem Ende der Affäre führen Franz Josef und Marianne weiterhin eine Wochenendbeziehung. Als im August 1969 ein Reporter von *Quick* nach Rott kommt, um zu sehen, wie viel Zeit Strauß im Wahlkampf für seine Familie bleibt, sagt seine Frau: Jetzt im Wahlkampf sehe sie ihn »immer nur stundenweise. Nur als er sich neulich den Arm brach, da hatte ich ihn ein bisschen öfter.« Was sie selbst für den Wahlkampf ihres Mannes tue? »Ich sitze in der ersten Reihe des jeweiligen Wahlkampflokals und blicke zu ihm auf. Er steht da oben und redet. Und sonst …« In diesem Augenblick tritt Franz Josef Strauß ins Zimmer. Er hat die letzten Worte seiner Frau gehört: »Und sonst sollst du ein fesches Madl sein, a bisserl repräsentieren. Des genügt.«

Will sie, dass ihr Mann Kanzler wird? Sie gehöre zu der Gruppe von Leuten, die das »auf keinen Fall« will, und zwar aus »vielleicht sehr egoistischen Gründen«. Als Finanzminister kann er sich wenigstens am Wochenende der Familie widmen. »Ob er das als Bundeskanzler noch könnte, bezweifle ich.« Der Reporter fragt

Franz Josef Strauß, ob er nicht besser Junggeselle geblieben wäre, da er nur den Sonntag für die Familie hat. Es antwortet der Politiker Strauß: »Das wäre nicht besser. Erstens hat man durch seine Frau Kontakt mit den Problemen einer Hausfrau, einer Mutter. Und zweitens findet man in der Ehefrau den so wichtigen seelischen Ausgleich.« Kein Wort von Liebe.

In den Jahren zwischen 1968 und 1972, also im Alter von sechs bis zehn Jahren, steht Monika der Mutter nahe, sagt sie, danach will sie gar nichts mehr von ihren Eltern wissen. »Ich wollte schon richtig erwachsen sein und mir keine Bussis mehr geben lassen.« Die politischen Aktivitäten nimmt sie nur am Rande wahr. »Ich bin in dieser Hinsicht sehr behütet aufgewachsen«, sagt Monika. Den Umzug von Rott nach München organisiert Marianne so, dass die Kinder keine allzu großen Brüche in der Schule erleben. Sie achtet darauf, dass auch körperbehinderte Kinder ihre Klassen besuchen. Das ist ihr, die sich als Kind durch eine Krankheit behindert vorkam, wichtig. Die Reporterin Nina Grunenberg befragt für ein Porträt in der *Zeit* auch Bekannte von Marianne. Ihnen zufolge neige Marianne Strauß zu Patentrezepten, allerdings hätten sich solche Rezepte bei ihren Kindern auch bewährt.

Als die Familie nach München umzieht, ist das für Monika trotzdem ein »Kulturschock.« In Rott haben sich die Kinder gestritten und im nächsten Augenblick wieder vertragen. In München kommt es vor, dass ein Mädchen aus der Schule sagt: »Mein Papi mag deinen Papi nicht, deswegen mögen wir dich auch nicht.« Das tut ihr »extrem weh«, wie sie später sagt. Sie hat schwer zu kämpfen mit dem Umstand, dass ihr Vater einen so großen Schatten wirft, und sie spürt, wie kalt es in diesem Schatten sein kann. Manchmal sei sie deshalb einfach nur traurig und verkrieche sich in ihrem Zimmer, sagt sie.

Als Willy Brandt 1974 zum Rücktritt gezwungen wird, ist sie zwölf Jahre alt. Die Familie wohnt in einem Hochhaus am Listseeweg in München. Um zwei Uhr früh klingelt das Telefon. Monika tapst zum Apparat. Was sagen Sie zum Rücktritt des Bundeskanzlers? Verwechselt der Herr am anderen Ende sie mit ihrer Mutter? Sie will nur eins und sagt ihm das auch: Sie möchte bitte weiterschlafen! Die Kinder leben ein durch Sicherheitsvorkehrungen recht eingeschränktes Leben. Dazu kommt noch die Angst vor dem Terror der Baader-Meinhof-Bande. Im Hochhaus endet der Lift im 13. Stock, den Weg in den 14. Stock versperren rund um die Uhr eine Gittertür und ein Wachtposten. Als die RAF konkrete Morddrohungen ausspricht, werden die Geschwister kurzerhand ausquartiert. Für mehrere Wochen lebt Monika bei einer befreundeten Familie und hat zeitweise überhaupt keinen Kontakt mit Zuhause. 1975 entdecken Polizisten in einer gegenüberliegenden Wohnung eine konspirative Terroristengruppe, die einen Anschlag auf die Familie plant. Deshalb entscheiden sich die Eltern im Jahr nachdem Max ins Gymnasium gekommen ist, fluchtartig in ein noch nicht fertiges, festungsartiges Haus in Sendling zu ziehen. »Meine Mutter hat diese Zeit stark belastet«, schreibt Monika später. »Die Angst um ihre Familie hat sogar zu manchem Nervenzusammenbruch geführt.«

Ständig bewachen acht Polizisten das Haus. Freunde, die zu Besuch kommen wollen, sollen sich möglichst vorher anmelden und müssen den Ausweis vorzeigen, bevor man sie einlässt. Wohin die Kinder auch gehen, Sicherheitsbeamte begleiten sie. Im Laufe der Jahre gewöhnen sie sich an die Herren. Als sich einige Jahre später ihr erster Freund an der Haustüre von ihr verabschiedet, hätten sie das gemerkt und sich diskret zurückgezogen, sagt Monika.

Mehr und mehr bekommen die Kinder mit, dass der Vater nicht nur bewundert wird, und oft werden sie stellvertretend für ihn angefeindet. Ab 1972 bringt eine Gruppe von Kritikern aus dem Umfeld der SPD ein *Schwarzbuch Franz Josef Strauß* heraus, in dem sie ihm Lücken und Verdrehungen in seiner Biographie während der Nazizeit und eine gefährliche Nähe zum Gedankengut und der Sprache der Nationalsozialisten vorhalten. Dazu liefern sie einen Überblick über alle seine Affären von »Onkel Aloys«

über Starfighter bis zu Fibag. Strauß selbst hält sich allerdings auch nicht mit Kritik an seinen Kritikern zurück.

Wenn die Angriffe auf Strauß auch eine gute Seite haben, dann die, dass sie den Zusammenhalt der Familie festigen. Wenn sie besonders schlimm werden, und das ist regelmäßig der Fall, dann hat die Familie wenigstens sich. In solchen Situationen entwickelt sie den inneren Halt, der sie zusammenstehen lässt. Monika beschreibt das später einmal so: »Wir sind wie Eisbären.« Franz Georg ergänzt: »Die verteidigen ihre Familienmitglieder, wenn es sein muß, gegen den Rest der Welt.« Sie leben in Harmonie. Sieht die Mutter, dass diese Harmonie einen Preis hat? Dass das Leben mit den steten Angriffen, der Verdrängung und der Harmonie den Kindern kaum Raum lässt, ein realistisches Bild ihrer Eltern zu entwerfen? Die Kinder stehen zu Vater und Mutter, sie sind sensibel und merken genau, wenn ihr Vater und sie angegriffen werden. Und sie wissen, wie sie sich schützen müssen und dass sie nicht alles an sich heranlassen dürfen.

Im März 1977 werden Journalisten auf die beiden Söhne von Franz Josef Strauß aufmerksam. Im Stadtteil Giesing steht im Kreisverband 5 der Münchner CSU die Wahl eines Vorsitzenden an. Der Amtsinhaber Richard Hundhammer tritt erneut an und gilt als Favorit. Immerhin ist der 49-jährige Hundhammer, Sohn des CSU-Gründers Alois Hundhammer, Mitglied des Landtags, und in seiner dreijährigen Amtszeit als Vorsitzender hat er sich nichts zu Schulden kommen lassen. Sein Gegenkandidat Norbert Graßl fordert ihn mit dem Hinweis heraus, die Jugend müsse in den Vorstand. Graßl selbst ist allerdings nur vier Jahre jünger. Hundhammer kontert, dass viele Parteijugendliche nicht einmal im Verbandsgebiet wohnen. Beispielsweise die beiden Söhne von Strauß, die eigentlich im Kreisverband 7 wohnen. Der eine ist Vize der Jungen Union, der andere Vorstandsmitglied der Schüler-Union. Beide haben sich unter der Anschrift ihrer Tante Maria angemeldet, bei der sie aber nicht wohnen.

Tatsächlich steigt die Zahl der Mitglieder in der Amtszeit von

Hundhammer plötzlich von 400 auf 600 an. Hundhammer denkt sich nichts dabei, sondern freut sich darüber, dass auch die beiden Söhne von Franz Josef Strauß, Max und Franz Georg, in seinen Kreisverband eingetreten sind. Er nimmt sie als »nette Kerle« wahr, mit denen er sich gut versteht. Erst als in der entscheidenden Vorstandssitzung plötzlich Max mit viel Verve für seinen Gegner eintritt, dämmert es ihm, dass die Zuwächse aus fremden Gebieten und das Engagement von Max vielleicht doch kein Zufall sind. Doch da hat er schon mit 26 zu 32 Stimmen verloren. Neben Max rückt auch Maria Strauß, die Tante des Jungen und Schwester von Franz Josef, in den Vorstand auf.

Die Nachricht verbreitet sich schnell – zumal die Namen Hundhammer und Strauß eine lange schwierige Geschichte verbindet. Sogar der *Spiegel* interessiert sich dafür. Die Väter mochten sich nie, und Strauß hat sicherlich nicht vergessen, dass Hundhammer 1957 im Landtag einen Bericht über sein angeblich unsittliches Leben vortrug. Übt Max nun späte Rache? »Ich kann nicht ausschließen, dass die Strauß-Kinder im Übereifer ihrem Vater einen Gefallen erweisen wollten«, sagt der neue Vorsitzende, Norbert Graßl. Hundhammer sagt: Er könne sich nicht vorstellen, dass Franz Josef Strauß »so kleinkariert denkt«. Der *Spiegel* druckt ein Bild des achtzehnjährigen Max, das einen gut aussehenden, strahlenden, smarten jungen Mann zeigt. Max Strauß wirkt so jugendlich frisch, als könne ihn nichts aufhalten.

Wer sind Max und Franz Georg, die Söhne von Strauß, die sich beide politisch engagieren? Im August 1977 besucht ein Reporter des *Münchner Merkur* die Familie Strauß, um mit den beiden Söhnen zu sprechen. Max ist achtzehn, sein Bruder Franz Georg sechzehn. Längst sind die beiden den Eltern über den Kopf gewachsen. Der Vater misst 1,79 Meter, Max 1,83 Meter, sein »kleiner« Bruder 1,93 Meter. Max empfängt den Reporter mit großer Selbstverständlichkeit, bringt ihn in sein Zimmer im ersten Stock und führt das Wort. Sein Bruder kommt hinzu, hält sich im Gespräch allerdings zurück. Beide tragen kurze Haare und verwaschene Jeans. Beide haben einen »Stereotick«. Franz Georg hört gerne Mozart und Beethoven. Max hat eine Anlage, die sein ganzes Zimmer beherrscht. Er ist Plattensammler, und oft müssen ihn die Sicherheitsleute in Musikläden begleiten. In der Schule sind beide eher Mittelmaß. Max ist Schulsprecher, von dem laut *Münchner Merkur* andere behaupten, er gebe sich bei Versammlungen manchmal zu arrogant. Offenbar lässt sich der Ältere gerne als Max Josef ansprechen – und erinnert dadurch an seinen Vater.

Vor allem Max sagt deutlich seine Meinung. Das Popkonzert von Pink Floyd neulich in der Olympiahalle fand er nicht so »stark«, es war ihm »zu maschinell«. Der Sänger der Rolling Stones, Mick Jagger, dagegen ist »schon ein wilder Typ«.

In der Schule, dem Dante-Gymnasium, spielen sie Shakespeare. Max liest Solschenizyn und »Amüsantes aus dem Bundestag«. Vieles, was sie lesen, hat der Vater »organisiert«.

Sie kommen auch auf das Thema Politik. Max will anderen durchaus ihre Meinung lassen, auch den Kommunisten. Er überlegt, Jura zu studieren, allerdings könne es ja durchaus sein, »dass es in Europa vielleicht mal scheppert, das muss man sehen, die russischen Panzer sind ja nicht nur dazu da, dass man mit ihnen spazieren fährt«. Dann sei Amerika das einzig freie Land, und dort könne man als deutscher Jurist sicher wenig anfangen. Falls also die Russen »uns überrollen«, glaubt er mit einem technischen Studium oder einer Banklehre mehr anfangen zu können. Deshalb favorisiert er eine Banklehre mit anschließendem Betriebswirtschaftsstudium. Franz Georg hat noch keine konkreten Berufsvorstellungen: »Ich hab ja noch drei Jahre Schule vor mir. Ich hab' Zeit.«

Max wirkt auf den Reporter wie einer, der »jugendlichen Übermut« mit »unbekümmerter Burschikosität« und der »Attitüde des politischen Routiniers« verbinden will. Prügeln würde er sich nie, »schon gar nicht, wenn man keine Chance hat«. Den Vietnamkrieg fand er »verantwortungslos«: »Entweder i schiaß in einem Krieg so, dass i g'winn, oder i schiaß net.«

Brandt ist »eigentlich entsetzlich führungsschwach«, meint Max, Goppel habe als bayerischer Ministerpräsident die Stellung eines »bayerischen Königs«. Wehner bewundert er ehrlich, weil er sich durchsetzen kann. Das deckt sich zufällig mit Äußerungen des Vaters. Den bewundert Max übrigens am meisten, seinem Bruder geht es nicht anders. Gefragt, was genau sie am Vater bewundern, finden sie die Frage schwierig, denn eigentlich bewundern sie alles an ihm. Franz Georg sagt, ihn beeindrucke am meisten sein ungeheurer Durchblick, dass er zu allem eine wirklich fundierte Meinung habe. Max findet gut, dass er an Prinzipien festhalte. Seine Schlagfertigkeit und seinen Wortwitz mögen sie beide.

Sie erzählen auch, ihre Eltern wollten nicht, dass die Kinder sie politisch beerbten. Doch während die Mutter abwiegelt, ihre Söhne betätigten sich »nur auf Vereinsbasis«, gehen sie beide immerhin dreimal die Woche zu Veranstaltungen ihrer Ortsgruppen. Von einem Strauß-Familienclan in der Politik könne man auf jeden Fall nicht reden, betonen beide. Ob sie sich in der Zukunft politisch betätigen würden, wissen sie nicht. Den Landtag halten beide jedenfalls für uninteressant, auch weil sie da wohl immer im Schatten ihres Vaters stehen würden. Kommunalpolitik finden sie dagegen gut. Max Josef spielt auch mal im Kopf durch, wie es wäre, Bundeskanzler zu sein, »obwohl ich mit dem Schmidt wirklich nicht tauschen möchte«.

Wenn sie etwas vom Vater wollen, schicken sie mitunter ihre Schwester »Mausi« vor: Der kann er kaum etwas abschlagen. Mit siebzehn Jahren ist Monika diejenige, die den Vater auch mal dumm von der Seite anreden darf. Der Vater verzeiht ihr immer. Referenten wissen das und bitten sie manchmal um ihre Hilfe. Selbst die Mutter sagt: »Du musst ihn jetzt einmal anreden.«

Hin und wieder gibt auch die Mutter Interviews. Reporterinnen berichten dann beeindruckt, ihre Gesten hätten etwas Großzügiges, Selbstbewusstes. Auf Besucher wirkt sie wie eine Frau, die ihren eigenen Kopf hat. Und diesen Eindruck geben sie durchaus weiter: Marianne Strauß ist weder Heimchen am Herd noch emanzipiert. Sie lebt ihr eigenes Leben und liebt ihre Freiheit. Sie durchschaut viel, kann viel und hat recht dezidierte Ansichten.

Nicht, dass sie »die Preißn« ablehnt, wie die Eltern von Franz Josef. Das liegt ihr schon alleine deshalb fern, weil ihre Mutter aus Hamburg stammt und sie dort Verwandtschaft hat. Als Mädchen und junge Frau ist sie dort gerne zu Besuch gewesen. Zudem hat sie in ihrer Kindheit von den Eltern erfahren, dass sie wegen ihrer Heirat angefeindet wurden. Ein führender Abgeordneter der Bayernpartei, Jakob Fischbacher, warf ihrem Vater öffentlich in Versammlungen eine »bluatige Schand« vor, weil Max Zwicknagl eine protestantische Hamburgerin geheiratet hatte.

Doch Marianne Strauß hat keine allzu gute Meinung von den Menschen im Norden. Sie glaubt, dass einzig Bayern noch Traditionen bewahrt, Werte, wie die Familie hochhält und dadurch fähig ist, Bindungen zu bewahren. Sie hat immer Zahlen parat, um zu belegen, dass die sozialliberale Koalition die Familien zerstört und Scheidungen fördert. Kein Wort davon, dass sich die Zeiten geändert haben und Frauen materiell nicht mehr so abhängig sind. Nach ihrem Dafürhalten sind ganz einfach »die Roten« schuld. Dabei ist Marianne Strauß keineswegs jemand, der die Sprüche von Franz Josef einfach ungeprüft übernimmt.

Sie ist kein Mitglied der CSU, aber ihr Weltbild stimmt grundsätzlich mit dem ihres Mannes überein. Sie glaubt, »die Roten« wollten Traditionen zerstören, und sie glaubt auch zu wissen, warum: »Der bindungslose Mensch, das ist, was heute gewollt wird«, sagt sie. »Dann ist der Mensch nämlich manipulierbarer.« Dass auch das Gegenteil der Fall sein kann, und Menschen, die sich von Traditionen lösen, kritisch auf Obrigkeiten schauen und frei und unabhängig leben, passt nicht in ihr Weltbild. Ihre Wirklichkeit scheint ihr Recht zu geben: Ihre Kinder wirken normal, sie haben keine Allüren, und sie proben keinen Aufstand. Sie wachsen natürlich in die Gedankenwelt und Aufgaben der Eltern hinein.

Als die Münchner *Abendzeitung* Frau Strauß einmal fragt, ob sie sich vorstellen könnte, dass die Kinder, »dem Familienstandpunkt trotzend«, irgendwann einmal ins gegnerische Lager überwechseln könnten, lautet die Antwort: Für sie »käme das einer Katastrophe gleich, die Kinder bei den Roten, nein, das könnte sie sich nicht vorstellen, eine Welt würde für sie einstürzen«. Als eine Reporterin der *Zeit* sie darauf anspricht und meint, es wäre doch normal, »wenn die Jungen sich von einer so beherrschenden Figur wie Franz Josef Strauß herausgefordert fühlten, ihre Kräfte zu messen«, muss Marianne Strauß lachen und reiht die Frage ein in die Strauß-Klischees.

»Mein Mann«, sagt sie dann, »ist ein großzügiger Vater. Er verkündet auch nicht am Wochenende seine Prinzipien. Wissen Sie, wir in Bayern wissen, was Freiheit ist.« Mit anderen Worten: Die Kinder haben keinen Grund, sich gegen ihn aufzulehnen und sich mit ihm zu messen. Von Verwandten in Hamburg glaubt sie zu wissen, dass dort alles pünktlich und genau abzulaufen hat und die Kinder gehorchen müssen. In Bayern dagegen kenne man dieses Wort überhaupt nicht. Hier spreche man von folgen lernen und begreifen lernen. Über einem festen Rahmen mit religiöser Unterbauung würden große Freiheiten gewährt. Die Kinder wissen nur: »Man ist da und passt auf. Dann klappt's.« Es klingt alles sehr einfach. Sie will die Welt ihrer Kinder »unantastbar machen«, wie sie sagt. »Uns kam es darauf an, die Kinder von innen auszupolstern und stark zu machen.«

Franz Josef Strauß zieht seine Kinder zwar nicht mit Gewalt auf die Bühne der Politik, aber so wie Freunde Teil der Familie sind, so kommen die Kinder mit Teilen des Freundeskreises in Berührung. Max nehmen die Eltern mit auf Reisen – etwa in die USA. Franz Georg wird Präsident des Franzensclubs, des Küchenkabinetts seines Vaters. Monika tritt – obwohl sie Abitur macht – auf vielen Wahlkampfveranstaltungen mit auf. So werden alle drei Kinder eingebunden. Sie sehen die Welt mit den Augen der Eltern und teilen die Welt ein in Freund und Feind nach dem Muster, das ihnen die Eltern vorleben. Sie stehen zusammen wie eine Mauer. Merken sie selbst, dass sie so nicht lernen, Vater und Mutter distanzierter wahrzunehmen? Vielleicht nicht. Dabei könnte eine gewisse Abgrenzung gegen die Eltern hilfreich sein, um erwachsen zu werden.

Der Franzensclub ist eine Erfindung von Friedrich Jahn, dem Firmpaten von Max Josef. Strauß hat eine Schwäche für Aufsteiger wie Jahn, solche Leute sind ihm nahe. Teilen nicht alle Aufsteiger ein ähnliches Schicksal? In seiner Kindheit in Linz ist Jahn noch ärmer als Strauß. Er muss hungern und betteln. Später wird er Kellner im *Bayerischen Hof* in München. Sein Aufstieg beginnt, als er in der Amalienstraße in Schwabing, nur fünf Gehminuten vom Geburtshaus von Strauß, Hühnersuppe für Studenten kocht. Ein Gast, der die Suppe leid ist, rät ihm dringend, doch mal etwas anderes anzubieten. Jahn steigt um auf Hendl. Am ersten Tag muss er die Hälfte selber essen. Doch bald ist sein *Wienerwald* ein In-Lokal. Er öffnet Filialen in ganz Europa und macht das Grillhendl zum Fastfood, lange vor dem Zeitalter der Fastfoodketten.

Bald hat er so viele Lokale im In- und Ausland, dass er immer für eine neue Geschichte gut ist. Eine Münchner Zeitung berichtet 1963, Strauß sei im *Wienerwald* im New Yorker Hotel *Waldorf Astoria* zu Gast gewesen. Am Nebentisch habe Marilyn Monroe gesessen. Strauß habe sich von Jahn mit ihr bekannt machen lassen, und später habe Jahn sie zu ihm aufs Zimmer gebracht. Als der Artikel erscheint, ärgert sich Jahn. Er prozessiert, und es fällt ihm leicht, das Gegenteil zu belegen, denn 1963 gibt es noch gar keinen *Wienerwald* in New York. Zur Verhandlung wird auch Strauß geladen, der tatsächlich erscheint. Strauß und Jahn kennen sich nicht und geben das so zu Protokoll. Jahn gewinnt den Prozess. Anschließend gehen beide zum *Franziskaner,* wo sie sich kennenlernen und Strauß Jahn bei Weißwürsten und Schnäpsen das Du anbietet.

Zwei Jahre später eröffnet Jahn tatsächlich ein Lokal im Hotel Waldorf Astoria, in dem er Schauspielerinnen wie Marilyn Monroe, Liz Taylor und Grace Kelly, Politiker wie Präsident Nixon, die Kennedy-Brüder und Willy Brandt bewirtet. Es geht Schlag auf Schlag mit seinen Neueröffnungen, und Strauß feiert mit, so oft er kann. Er ist auch dabei, als Jahn 1971 ein Restaurant am Times Square eröffnet. Gegen ein Uhr nachts sind sie im Plaza Hotel, das direkt gegenüber dem Central Park liegt. Man wünscht sich Gute Nacht. Aber Strauß will noch nicht schlafen, und er geht noch mal ins Freie. Über das Folgende gibt es unterschiedliche Darstellungen. Fest steht, dass Strauß seine Brieftasche an eine Prostituierte verliert. Unklar ist, ob er sie angesprochen hat, wie Zeitungen mutmaßen, oder ob sie ihn ausgeraubt hat, wie Strauß behauptet.

Strauß und Jahn schätzen sich. Strauß mag Hendl und auch, dass Jahn eine Cessna Propellermaschine kauft, um seine Restaurants in aller Welt besuchen zu können. Beide sind Hobbypiloten. Bald kauft Jahn eine zweite Cessna, dann ein zweistrahliges Düsenflugzeug, schließlich noch einen Hubschrauber. Er gründet eine Fluggesellschaft und lässt an seinem Wohnhaus einen Hubschrauberlandeplatz anlegen. »Somit war mein Wohnsitz an das internationale Flugnetz angeschlossen«, wie Jahn sagt. So einen Spezi mag Strauß. Durch Jahn verfügt er immer über eine Mitfluggelegenheit. Jahn seinerseits bewundert die Intelligenz und Macht von Strauß. Der Wirt schätzt seine Gesellschaft freilich auch, »weil er gut und viel essen und trinken mochte«. Strauß ist »der ideale Gast, obwohl ich ihn nie wirklich betrunken erlebt habe«.

Nur einmal ist Jahn froh, dass Strauß eine Reise nach Übersee kurzfristig absagt. Die Maschine muss nämlich notlanden, und der Pilot errechnet hinterher, dass das Benzin mit dem Gewicht von Strauß nicht bis zum Festland gereicht hätte. In fünfzehn Jahren eröffnet Jahn über 350 Restaurants und beschäftigt 5000 Mitarbeiter. Anfang der siebziger Jahre darf Jahn unter Protesten der etablierten Wirte sogar mit einem Zelt aufs Oktoberfest. Für Jahn ist das natürlich ein Grund zum Feiern, und bei Knödelsuppe und

Bier verkündet er in seinem Festzelt zu Ehren von Franz Josef Strauß die Gründung eines Franzensclubs.

Präsident des Clubs wird Franz Josefs Sohn Franz Georg. Der Gymnasiast darf hin und wieder eine kleine Rede halten. Auch wenn er dabei ins Schleudern und Stottern kommt, ist sein Vater stolz auf ihn. Mitglied werden beispielsweise der Anwalt Franz Dannecker, der Journalist und spätere Politiker Franz Schönhuber, der Verlegersohn Franz Burda und der CSU-Politiker Franz Heubl, aber auch die Politiker Friedrich Zimmermann und Max Streibl. Im Laufe der Jahre entwickelt sich der Club zu einem seltsamen Küchenkabinett um Strauß, dessen Mitglieder oft mehr über seine politischen Pläne erfahren als seine Parteigenossen. Auch der Skifahrer Franz Klammer wird einmal eingeladen. Oder Franz Hofmann, der ehemalige Fluglehrer von Strauß. Jahn selbst heißt Friedrich, aber alle rufen ihn nur »Hendl«. Mitglied im Club wird, wer Freund von Franz Josef oder Namensvetter ist oder wer prominent und reich oder einflussreich ist. Jahn ist reich und übernimmt die Rechnungen für die Clubaktivitäten. Franz Josef entscheidet, wer ihm nützt und wen er gerade zum Freund haben will. Gern gesehen ist beispielsweise auch der zurückhaltend auftretende Anwalt Reinhold Kreile, der Aufsichtsratsvorsitzende des Flick-Konzerns. Mit ihm ist Strauß schon lange befreundet. Er regelt seine Steuerangelegenheiten und sitzt dank Franz Josef als Finanzexperte im Bundestag.

Im Juni 1975 fliegen die Mitglieder auf Einladung von Jahn im Privatjet nach Athen und segeln acht Tage lang durch die Ägäis. Die Reise lässt sich Franz Schönhuber zufolge auf die Kurzformel bringen: »Der Meister dozierte, die Jünger lauschten.« Zwischendurch liest Strauß Herodot im Original, abends entwirft er politische Strategien. In die allgemeine Bewunderung ist laut Schönhuber sogar sein eigenwilliger Schwimmstil mit eingeschlossen. Strauß schwimmt stets stehend im Wasser und prustet dabei »wie ein Walroß«, erinnert sich Schönhuber. Weil Strauß für alles eine Erklärung hat, belehrt er sein Publikum, dies sei am wenigsten kräfteraubend. Leider kommt er nicht recht vom Fleck damit. Auf der Insel Skyathos setzt er zum Landgang eine Mütze auf, wie sie Helmut Schmidt sonst immer trägt, und streitet sich mit einem Politikstudenten über Entspannungspolitik. In Philippi rekonstruiert er die antiken Schlachten aus dem Gedächtnis. Zurück in München geht es zu Kalbshaxen und Fassbier in den »Franziskaner«, wo sich Jahn und Strauß einst kennen gelernt haben.

An der nächsten gemeinsamen Reise nach Assisi nimmt auch Präsident Franz Georg teil. Strauß selbst sitzt am Steuer des Flugzeugs, mit dem die Truppe nach Perugia fliegt. In dem Wallfahrtsort nehmen sie an einem Gottesdienst teil. Strauß erklärt sich bereit zu ministrieren. Die zahlreichen deutschen Touristen staunen, als sie plötzlich Strauß sehen, wie er demütig in die Knie geht und dem Pfarrer zur Seite steht. Nach der Messe muss Strauß Autogramme geben. Mit einem Mönch streitet er sich um die Auslegung eines kirchenlateinischen Satzes. Strauß bleibt Sieger. Einmal kehrt der Franzensclub auf dem Nockherberg ein und krönt Franz Josef zum König. Er bekommt eine Krone auf den Kopf gesetzt und einen weißen Pelz um die Schultern gelegt und scheint die Zeremonie sehr zu genießen. Ein anderes Mal reisen die Franzen nach Venedig. Franz Burda ist besorgt, als Strauß nach Mitternacht noch nicht im Hotel ist, und informiert die Polizei. Als Strauß vergnügt zurückkommt, ärgert er sich, weil er womöglich an die Schlagzeilen aus New York denken muss. Dabei war er diesmal nur mit einem italienischen Wirtschaftsmanager unterwegs gewesen.

1980: Im Wahlkampf mit Marianne und Monika

Strauß hat seinen alten Traum, Kanzler zu werden, nicht aufgegeben. Nach dem Ende der großen Koalition, in der er als einer der liberalsten Köpfe der Union saß, ändert er sein Auftreten gegenüber der SPD und wird zu einem ihrer schärfsten Kritiker. 1976 würde er gerne kandidieren, muss aber Helmut Kohl den Vortritt lassen. Schließlich vertritt Kohl den weitaus größeren Teil der Union. Aber mit den regelmäßig guten bayerischen Wahlergebnissen im Rücken will sich Strauß nicht geschlagen geben. Zunächst wechselt er nach München und verdrängt dort Alfons Goppel aus dem Amt des Ministerpräsidenten.

Aus dieser Position heraus tritt Strauß 1979 gegen seinen Amtskollegen Albrecht in Niedersachsen mit dem Anspruch an, die gesamte Union 1980 gegen Kanzler Helmut Schmidt zu vertreten. Hat die Union vier Jahre nach der Niederlage gegen Schmidt eine Chance? Selbst viele Leute innerhalb der Union zweifeln daran. Einer will es wissen: Fritz Zimmermann. Er möchte seine Karriere nicht in der Opposition beenden, drängt Strauß zur Kandidatur, ringt ihm die Zusage ab und geht damit sofort an die Öffentlichkeit, bevor Strauß es sich noch einmal anders überlegt. Tatsächlich wählt die Union 1979 Franz Josef Strauß zum Herausforderer von Schmidt. Er setzt sich auch oder vor allem durch, weil er droht, die CSU bundesweit auszudehnen. Aber viele CDU-Wähler sind mit seiner Kandidatur nicht einverstanden und rühren keinen Finger für Strauß.

Marianne Strauß hält sich zunächst zurück, sie ist ja nicht einmal Mitglied der CSU. Im März 1980 besucht der Bonner Leiter der ARD, Friedrich Nowottny, Marianne Strauß und will wissen, ob es ihr Spaß mache, als Frau des Bayerischen Ministerpräsidenten nun eine ganz andere Rolle zu spielen. Marianne Strauß reagiert gereizt: »Wieso eine andere? Vorher war die Position meines Mannes auch nicht gering, oder?« Sie habe immer schon repräsentiert, ihr Mann sei ja auch früher schon Minister gewesen. »Er hatte immer einen hohen Rang.« Nowottny will das Thema wechseln und fragt sie, wie sie zur Emanzipation stehe. Sie sagt Nowottny, die »falsch verstandene Emanzipation ist heute das eigentliche Problem«. Dann nimmt das Gespräch doch noch ein versöhnliches Ende.

Nowottny: »Was geben Sie jetzt als Berufsbezeichnung an?«
Frau Strauß: »Ehefrau, weil ich das für einen Beruf halte.«
Nowottny: »Kochen Sie auch für Ihren Mann?«
Frau Strauß: »Ja, wenn es sich ergibt, wenn er es sich wünscht.«
Nowottny: »Und dann wird er auf Diät gesetzt?«
Frau Strauß: »Nein, er mag und isst, was gut schmeckt.«
Nowottny: »Er ist also ein guter Futterverwerter. – Wie macht Ihr Mann eigentlich seine Reden?«
Frau Strauß: »Er schreibt sie selbst auf. Er hat ja eine akribische, beinahe umständlich zu nennende Arbeitsweise. Er liest unendlich viel. Damit ist er voll beschäftigt, und das liebt er. Er hat dann einen Wust von Zeug um sich herum. Natürlich bekommt er sehr oft eine Rede geliefert.«
Nowottny: »Einen Entwurf?«
Frau Strauß: »Ja, den findet er auch recht gut, aber dann schreibt er etwas völlig Neues.«
Nowottny: »Ich habe den Eindruck, wir leben in einer Republik, in der alles und jeder schlechtgemacht wird.«
Frau Strauß: »So ist es leider, und das ist schrecklich.«

Je mehr ihr Mann in den Wahlkampf gezogen wird, desto stärker engagiert sich auch Marianne Strauß. Erstmals in ihrer Ehe sitzt sie nicht nur in der ersten Reihe bei seinen Reden und hört zu, sondern zieht selber in den Wahlkampf. Sie tritt nicht nur in München, im Allgäu oder nahe ihrer Heimat auf. Sie fährt nach Ulm, Bielefeld, Duisburg. Ihr Publikum merkt, dass sie ihren eigenen Kopf hat, und damit kommt sie gut an. Die Wahlberater ihres Mannes lassen sie machen, auch wenn ihnen nicht alles gefällt. Sie wirkt für viele glaubwürdiger als die gewohnten Wahlkämpfer, wenn sie sagt, sie sei die Frau »des am meisten diffamierten Politikers in Deutschland«. Sie stellt sich selbst die Frage »Wie wirken diese seit Jahren dauernden Kampagnen gegen meinen Mann auf meine Familie?« Ihre Antwort: »Fast gar nicht.«

Im August 1980 ist Marianne Strauß mit Monika zu Gast im

Haus des Handwerks in Bielefeld. Marianne verweist auf das Lächeln ihrer Tochter. »Das ist echt und kommt von innen heraus«, wird sie eine Woche später im *Spiegel* zitiert. Das Blatt hat eigens einen Reporter entsandt, der drei Seiten lang über den Wahlkampf von Mutter und Tochter berichtet.

Marianne Strauß sagt, sie sei allein »für den privaten Teil unseres Lebens zuständig«. Die Wahlkämpferin sagt, sie komme »nicht als Wahlrednerin«, auch nicht als »Zusatz- oder Ersatz-Politikerin«. CSU-Generalsekretär Edmund Stoiber räumt allerdings ein, dass hinter ihrem Engagement sehr wohl eine politische Absicht stecke – eben die, dass sie nicht über Politik reden solle. Marianne Strauß will den Deutschen unpolitisch Politik verkaufen.

Für ihren Mann wirbt sie mit ihrer Person. Die ganze Familie Strauß wirbt und kämpft für den Papi. Dabei spielt Marianne Strauß durchaus auch mit den Klischees. Sie reist durch Norddeutschland und zeigt den »Preußen«, dass Strauß alles andere als eine typisch bayerische Hausfrau zur Frau hat. Statt eines verdrucksten Heimchens, das nicht öffentlich auftreten kann, tritt eine selbstbewusste Frau auf, die spottet, die Anwesenden hätten wohl ein »verhuschtes« Weib »mit Dutt« erwartet. Stattdessen steht ihnen eine sonnengebräunte und selbstsichere Frau, hochgewachsen und sympathisch lächelnd, gegenüber. Wenn Franz Josef im Norden eine Attraktion, aber zugleich ein Risiko ist, dann ist Marianne gleichzeitig eine Attraktion und Geheimwaffe.

Natürlich spricht sie über die Familie, das ist schließlich ihr ureigenes Thema. Sie spricht über den Wert der Familie an sich und wie sie, ihr Mann und ihre Kinder diesen Wert leben. Sie redet auch davon, dass Max und Franz Georg, obwohl 21 und 19 Jahre alt, noch daheim leben. Statt das zu beklagen oder sich darüber lustig zu machen, stellt sie es als positiv dar. Und weil sie nichts Gekünsteltes an sich hat, nimmt man ihr ab, dass sie sich ehrlich darüber freut.

Monika Hohlmeier macht zwar Abitur, aber sie verbringt auch viel Zeit mit ihren Eltern im Wahlkampf und unterstützt ihren

Vater, indem sie sich für Wahlkampfplakate fotografieren lässt. Auch die anderen Familienmitglieder beteiligen sich. Marianne und Monika erleben nun, dass Kritik und Anfeindungen auch gegen sie selbst gerichtet sind, aber dadurch identifizieren sie sich nur stärker mit Franz Josef. Eine distanzierte Sicht der Kinder auf den eigenen Vater scheint weniger möglich denn je.

Trotz aller Bemühungen verliert Franz Josef Strauß die Wahl gegen Helmut Schmidt. Er bleibt Ministerpräsident in Bayern, und von seinen Kindern tritt in den folgenden Jahren vor allem Franz Georg öffentlich in Erscheinung. Immer wieder macht der jüngere Sohn Schlagzeilen. Zunächst ist das nicht seine Schuld: Aufgrund eines Computerfehlers wird er nicht zur Musterung geladen und kann in Frankfurt seine Ausbildung zum Werbekaufmann absolvieren. Dann wird der Fehler entdeckt, und er muss zur Bundeswehr. Im März 1982 vertritt der 20-Jährige seinen älteren Bruder, der vom Ortsverband Oberding der Jungen Union im Landkreis Erding bei München zu einem politischen Frühschoppen eingeladen ist. Er soll über das Thema »Wo führt die Politik von SPD und FDP für die Jugend hin?« sprechen. Endlich kann er zeigen, was er vom Bruder und vor allem vom Vater gelernt hat.

Aber entweder hat er sich nicht richtig vorbereitet, oder in ihm erwacht plötzlich der Drang, die globale Lage zu beurteilen. Jedenfalls widmet sich Strauß in seiner zweistündigen Rede der Polenfrage, der Affäre um die Neue Heimat und dem Einmarsch der Russen in Afghanistan. In Erinnerung bleibt den anwesenden Jugendlichen vor allem eines, nämlich dass sie in Bonn von vielen unfähigen Leuten regiert werden. Strauß sagt das noch etwas drastischer. Verteidigungsminister Apel ist für ihn ein Lump. Das Beschäftigungsprogramm der Regierung? Unsinn. Journalisten des *Stern* und des *Spiegel*? Lauter Lumpen. Es sei eine »Schande für die Demokratie«, dass der *Spiegel* jede Woche Akten aus dem Innenministerium abdrucke.

Fest steht jedenfalls: »Die Deppen da droben«, gemeint ist wieder die Bundesregierung, müssen schleunigst abgewählt werden. Und es wird schnell klar, dass der Ausdruck »Lumpen« sein absolutes Lieblingswort ist. Vielseitig verwendbar. Er gilt für Bonn, aber auch für deren Gegner, etwa wenn er darüber schimpfen muss, dass Bonn »die kommunistischen Lumpen in Vietnam« unterstützt. Lumpen gibt es übrigens auch in Kambodscha. (»Den Lumpen muß einmal gesagt werden, wo's langgeht.«) Es gibt sie in Ministerien ebenso wie bei der Presse. Überall ist Franz Georg von Lumpen umstellt. Manchmal wird er ein wenig deutlicher: Einen früheren Staatssekretär bezeichnet er als »Superdepp, der so ein Rindviech war, dass er bald wieder hinausgeworfen wurde.«

Ein Lokalreporter der *Süddeutschen Zeitung* schreibt mit und berichtet ausführlich. Er tut das zwar nicht im Hauptblatt, das die Münchner und Hamburger lesen, sondern in der nur lokal verbreiteten Ausgabe der *Erdinger Neuesten Nachrichten*. Aber dafür hat er dort sehr viel Platz. Sein Bericht erscheint am 17. März 1982 mit dem Titel »Lump, Superdepp, Rindviech« und nimmt eine Dreiviertelseite ein. Die Angriffe auf den *Spiegel* versucht der Reporter damit zu erklären, dass Franz Georg Strauß zur Zeit der *Spiegel*-Affäre geboren sei und diese womöglich als »entscheidendes Baby-Trauma« erlebt hat.

Mit feiner Ironie versucht der Reporter das Positive zu sehen: »Verglichen mit diplomatischem Geschwätz so mancher Politiker war es erfrischend, endlich jemand zu hören, der so klar die Sprache des einfachen Volkes spricht; noch etwas mehr Wortreichtum aber hätten sich die begeisterten Eittinger und Oberdinger vielleicht doch gewünscht. Vor allem, um noch klarer mit Hans Apel zu kontrastieren, ›diesem Kerl‹, dem der junge Strauß ›einen Wortschatz von vielleicht dreihundert Wörtern‹ bescheinigte.« Und dann zitiert er noch einmal Franz Georg Strauß: »Mehr nicht, mehr ganz sicher nicht. Es ist ja nicht zu fassen […] der Mensch hat ein Auftreten – eine Katastrophe.« Genüsslich bringt auch der *Spiegel* einen kleinen Artikel über Strauß junior und seinen zweistündigen »globalpolitischen Rundumschlag«. Die *Süd-*

deutsche Zeitung berichtet nun auch in ihrer Hauptausgabe über den »politischen Amok- und Stapellauf des Buben«.

Die Aussagen sorgen für Ärger und Empörung bei der Opposition –, als hätte der Vater gesprochen. Der Junge habe wohl versucht, das Vakuum zu füllen, das aufgrund einer USA-Reise des Vaters entstanden sei. SPD und FDP in Bayern betonen, bei einem Vater, der Schriftsteller als »Ratten und Schmeißfliegen« und Volksvertreter als »Vollidioten« bezeichnet, müsse man sich nicht wundern. »Der Apfel fällt nicht weit vom Stamm«, betont die FDP, dankbar dafür, »dass ihr Einblick in die häuslichen Tischgespräche der Familie Strauß« gestattet worden sei. Gemessen an seinem Sohn erscheint der Vater den Gegnern ab sofort als »außerordentlich feinsinniger und stets um Differenziertheit bemühter Staatsmann«.

Franz Josef Strauß übergeht die Ironie und versucht, seinen Sohn in Schutz zu nehmen, er sei eben »ein Mitglied der kritischen Jugend«. Gegenüber *Quick* sagt Franz Josef Strauß: »Franz Georg gehört zur protestierenden Jugend, aber er greift weder Polizisten an noch kämpft er auf Barrikaden, schmeißt Fenster ein, plündert Geschäfte oder zündet Autos an.« Er gebe seinem Unmut, dass Lebensgrundlagen seiner Generation »durch die Bonner Misswirtschaft erheblich beeinträchtigt« werden, in politischen Diskussionen »kräftig Ausdruck«.

Vielleicht kommen ihm aber doch Bedenken, ob der Auftritt des Sohnes wirklich so gelungen gewesen ist. Denn vier Wochen nach seiner bemerkenswerten Rede spricht Franz Georg, erneut mit Spannung erwartet, noch einmal im Landkreis Erding. Wieder ist das Thema »Jugend in Gefahr«. Franz Georg Strauß will die Dinge zurecht rücken und beklagt, er sei falsch oder aus dem Zusammenhang zitiert worden. Er zitiert aus dem Duden, um zu belegen, dass das Wort »Lump« nichts Schlimmes sei. Es handle sich einfach um einen »süddeutschen mundartlichen Ausdruck für einen ungeschickten, einfältigen Menschen«. Dabei seien die »kommunistischen Lumpen« in Vietnam doch in Wirklichkeit sogar »Verbrecher«. Dass er den *Spiegel* als »Schande für die Demokratie« bezeichnet habe, bestreitet Strauß. Rhetorisch ist er bei seinem zweiten Auftritt vorsichtiger. Kein Depp, kein Lump, kein Superdepp umgibt Strauß an diesem Tag. Er beharrt allerdings darauf: In Bonn sitzen unfähige Politiker, die abgewählt gehören.

18 Mariannes Unfall und Tod – 22. Juni 1984

Marianne Strauß gilt nun als Landesmutter. Es ist ein Titel, mit dem sie manchmal ihre Probleme hat, aber es hat keinen Sinn, sich dagegen zu wehren. Wohin sie auch kommt, immer wieder wird sie als Landesmutter angesprochen. Nicht nur sie findet den Titel komisch: Im Herbst 1983 macht sich der Karikaturist der *Süddeutschen Zeitung*, Dieter Hanitzsch, darüber lustig. Er greift die Bezeichnung in seinem Buch *Franz Josef I.* auf. Bei der Vorstellung des Buches wählt er eine Szene, in der »Bayern wieder Königreich« wird: Marianne und Franz Josef sitzen beim Kaffeetrinken, sie im Blümchenkleid, er in Pantoffeln. Sie sagt, wenn sie doch schon überall als Landesmutter angesprochen werde, dann könne man ja »gleich die Konsequenzen ziehen und mich zur Königin machen«. Franz Josef lässt sich umgehend mit seinem Mitarbeiter Stoiber verbinden und sagt ihm, »ab heut is Bayern wieder Monarchie und morgen is Inthronisation«.

Als Hanitzsch die Krönungsgeschichte im Rahmen einer Gala vorstellt, sitzt auch Familie Strauß im Publikum – und amüsiert sich bestens. Strauß schreibt Hanitzsch folgende Widmung in sein Buch: »Viele herzliche Grüße vom Arbeitgeber ohne Dividende.« In den folgenden Wochen wird Strauß oft gebeten, das Buch zu signieren, und er tut es gerne. Bald findet Marianne allerdings, dass sich das Buch ein wenig zu gut verkauft und dass sich hier jemand auf Kosten ihres Mannes bereichert.

Daher wendet sie sich mit einer eigentümlichen Forderung an den Süddeutschen Verlag: Sie will am Erfolg des Buches und seiner Vorläufer aus den Jahren 1978 und 1979 beteiligt werden. »Leider vermisse ich immer noch Ihre Abrechnung eines Honorars für die Karikaturenbände«, schreibt sie, als hätten sie oder ihr Mann die Zeichnungen angefertigt oder einen Urheberanspruch darauf. »Ich wäre Ihnen sehr verbunden, wenn Sie das Honorar für die Abrechnungszeiträume 1981 bis 1983 in Höhe von 15 Prozent demnächst überweisen würden.«

Marianne Strauß geht es »ums Prinzip, nicht ums Geld«, wie sie betont. Dafür will sie sogar vor Gericht gehen, kündigt sie an. Sonst werde demnächst noch »eine Franz-Josef-Strauß-Butter vertrieben und ein Bierkrügel«, sagt sie. Immerhin schafft sie es mit ihrem Anliegen ins *heute-journal* des ZDF. Ob sie die Forderung wirklich ernst gemeint habe? »Ja schon. Mein Mann unterschreibt seit vier Jahren nun sehr, sehr viele dieser Bücher. Die Unterschrift ist zu einer schweren Belastung geworden, und das kann so nicht weitergehen.« Es müsse zumindest einmal eine Anerkennung fällig sein. Ihr Mann dürfe nicht ungefragt vermarktet werden. Im Übrigen sei die Forderung ihr Alleingang und nicht mit ihrem Mann abgesprochen.

Größer als der Erfolg einer Musterklage sei freilich das Risiko, dass Frau Strauß sich damit lächerlich mache, glaubt der *Spiegel*. Denn Karikaturen von Politikern und anderen Personen der Zeitgeschichte könnten nun mal honorarfrei und ohne Zustimmung des Betroffenen veröffentlicht werden. Das Hamburger Nachrichtenmagazin vermutet denn auch andere Gründe hinter der dreisten Forderung von Marianne Strauß: Ihr Mann verdiene lediglich 20000 Mark im Monat, die Mietshäuser in München »geben trotz eines von Frau Strauß angestrengten Prozesses um Mietpreiserhöhungen auch nicht das her, was sie sollten. Und die ererbte Brauerei der geborenen Zwicknagl gehört leider schon längst dem Spatenbräu.«

Mit anderen Worten: Die studierte Volkswirtin suche nach neuen Einnahmequellen und habe offenbar erfahren, dass die Auflage der Bücher mittlerweile bei 120000 Exemplaren liegt. Der

Süddeutsche Verlag lehnt die Forderung ab. Natürlich ist die ganze Angelegenheit sofort Sache der Kabarettisten. Gerhard Polt und Dieter Hildebrandt erhalten bei einer Vorstellung in den Münchner Kammerspielen tosenden Applaus für eine aktuelle Einlage über das Verhältnis von Marianne Strauß zum Geld. Dazu verlesen sie lediglich ihren Forderungsbrief an den Süddeutschen Verlag, einschließlich der angegebenen Konto-Nummer 215 7600 der Familie Strauß bei der Deutschen Bank, München.

Dieter Hanitzsch nimmt die Forderung gelassen: Weil ja nicht nur der Zeichner vom Politiker, sondern auch der Politiker von der Popularität der Zeichnungen profitiere, fordere er fünfzehn Prozent der Einkünfte, die Strauß als Politiker erzielt, »also ohne Airbus«. Die SPD macht sich lustig über den Geschäftssinn von Frau Strauß und schickt einen Scheck über 111 Pfennig in die Staatskanzlei. Schließlich habe man schon oft den Namen Strauß benutzt und in den Meldungen damit »schöne öffentliche Erfolge erzielt«.

Marianne Strauß kann über solche Dinge offenbar weniger lachen. Der Eindruck, dass sie sehr genau aufs Geld schaut und schnell zu einer Klage neigt, verstärkt sich, als im April bekannt wird, dass sie sich mit ihrem Nachbarn in der Hirsch-Gereuth-Straße in Sendling streitet und auf ganz ähnliche Art und Weise mit ihm umgeht. Die Vorgeschichte: Der Nachbar hat zehn Jahre zuvor eine Garage gebaut. Hinterher stellt sich heraus, dass der Bau 40 Zentimeter ins Nachbargrundstück ragt. Er einigt sich mit den Nachbarn, den Grund zu kaufen. Doch dann wechseln die Besitzer, und Familie Strauß zieht in dem Nachbarhaus ein. Zunächst will auch sie den Grund verkaufen, doch irgendwann ändert Marianne Strauß ihre Meinung. Der Nachbar müsse den Überbau »unverzüglich entfernen«, lässt sie ihn wissen. Außerdem müsse er 2480 Mark plus Zinsen für die Nutzung nachzahlen. Der Streit über die Höhe der Zahlung geht vors Landgericht.

Ist es unfair, dass Zeitungen solchen Begebenheiten viel Platz einräumen, aber nur wenig über die vielen sozialen Auftritte von Marianne Strauß berichten? Sie setzt sich für den Bau eines Heimes für MS-Kranke ein. Sie lädt Behinderte zum Kaffeetrinken in den Spiegelsaal der Residenz ein und fährt mit ihnen mit dem Zug nach Italien. Sie sorgt dafür, dass ihr Mann Familienpolitik in Bonn sehr wichtig nimmt. Einmal trifft sie sich mit Leonore von Tucher, der ehemaligen Schulfreundin ihres Mannes, die inzwischen dem Bayerischen Senat angehört. Sie wollen chinesisch essen gehen. Marianne Strauß holt Leonore von Tucher zu Hause ab. Dort sieht sie deren Wintermantel hängen und sagt unvermittelt, den Mantel bräuchte sie für eine ihrer Hilfsaktionen. Sie würde ihn gerne verschenken. Schön, sagt Frau von Tucher, aber sie habe nur den einen und sie brauche ihn. Dann lässt sie sich aber doch von Marianne Strauß überreden, ihn herzugeben und sich einen neuen zu kaufen.

Die beiden Frauen kennen sich schon viele Jahre. Früher sind sie bei einem Treffen einmal heftig aneinander geraten, und Marianne Strauß wurde dabei so laut, dass sich Anwesende sehr über sie wunderten, sagt Leonore von Tucher. Mittlerweile bewege sie sich auf sehr viel charmantere Art. »Sie hat viel dazu gelernt.« Sie setzt sich mit ihrer Popularität für die Schwachen ein und findet nichts dabei, wenn sie gegen eine Mieterin in den eigenen Wohnungen auf eine Mieterhöhung klagt, obwohl die Miete ohnehin schon über dem ortsüblichen Niveau liegt. »Wofür sie sich stark macht, das erscheint ihr als recht und billig«, schreibt ein Journalist über sie.

Anfang des Jahres 1984 lädt Oskar Hatz, der Chefkolumnist der *Passauer Neuen Presse,* sie ein, auf einer ganzen Seite ihren Alltag, ihre soziale Arbeit und ihre Motivation dafür zu beschreiben. Ihr Leben an der Seite von FJS schildert sie so: »Anstelle einer ausgiebigen Hochzeitsreise kamen zahllose Wahlkampfveranstaltungen [...] Wie viele Politikerfrauen musste ich mich im Alltag mit den drei Kindern alleine zurechtfinden.« Im Gegensatz zu früher sagt sie nun, die *Spiegel*-Affäre, die Wahlkämpfe, die Kampagnen »gehen natürlich auch an der eigenen Familie nicht spurlos vorüber«. Aber sie setze bei der Bewältigung auf Gottvertrauen.

Seit sechs Jahren ist sie nun die Frau des Bayerischen Ministerpräsidenten. Sie hat die Rolle der Landesmutter angenommen, wenngleich sie den Begriff nicht mag. Dieses »Amt« füllt sie gewissenhaft aus, nimmt viele soziale Termine wahr, weiht Altenheime und Kliniken ein, spricht Kranken und alten Leuten Mut zu, lädt sie in die Residenz ein und trifft sich mit Jugendlichen. Sie hat einen vollen Terminkalender. Natürlich könne sie die hohen Erwartungen nicht erfüllen. »Was ich aber tue, so gut ich es kann, ist offen sein, zuhören, Mut machen und konkret helfen, wenn dies im Einzelfall möglich ist.« Ihre Arbeit leiste sie »überwiegend im Stillen«, weil die wichtigen Dinge im Stillen »besser gedeihen«.

Mit Nachdruck tritt sie für die Institution der Ehe ein. »Alles sieht so aus, als ob unserem Land nach der Halbierung der Geburtenzahl noch eine familiäre Katastrophe großen Ausmaßes bevorstünde. Wenn die junge Generation nicht die Möglichkeit hat, ihr persönliches Lebensglück auf einer tragfähigen ethischen und materiellen Grundlage aufzubauen, und wenn künftig nicht mehr für die Erhaltung bestehender Ehen getan wird, dann fürchte ich, dürfte es kaum möglich sein, die Zahl der Scheidungen mit ihren verheerenden Folgen einzudämmen.« Vor allem Kinder müssten dann unter Entwurzelung und fehlendem Selbstbewusstsein leiden. Marianne Strauß belegt diese Warnung wie gewohnt mit einigen Zahlen, nur dass sie die Schuld jetzt nicht mehr der SPD gibt. Es ist ja die Union, die jetzt regiert. Der Artikel erscheint im Februar 1984. Ohne dass sie es weiß, wird er Marianne Strauß' Vermächtnis an die Öffentlichkeit. Als sie im Juni an Gürtelrose erkrankt und mit Fieber im Bett liegt, nehmen Boulevardzeitungen daran Anteil. Max erzählt Journalisten, sie habe große Schmerzen. Leser melden sich, geben Ratschläge und wollen ihr helfen. Sie lässt ausrichten, sie sei sehr gerührt.

Mitte Juni reist Franz Josef Strauß in seiner Eigenschaft als Bundesratspräsident nach Zagreb. Sein Sohn Franz Georg begleitet ihn. Während Strauß mit jugoslawischen Politikern debattiert, hält sich Max in der Münchner Stadtwohnung auf. Seine kranke

Mutter hat alle Termine abgesagt. »Ich kann noch nicht aus dem Haus gehen«, sagt sie einer Journalistin am Telefon. »Ich muss mich schonen.« Vermutlich hat sie sich bei einem Krankenbesuch mit der schmerzhaften Vireninfektion angesteckt. Zehn Tage lang spritzt sie täglich Cortison. Zwei Leibwächter bringen sie am 21. Juni nach Wildbad Kreuth, wo die Familie im so genannten »Königshaus« Wohnrecht hat. Nachbar ist Herzog Max von Bayern. Sie will drei Tage bleiben, um sich in der idyllischen Bergwelt nahe Österreich zu erholen. Allerdings will sie auch hier die Wohnung nicht verlassen, doch sie überlegt es sich anders.

Freitag, 22. Juni 1984. Am Abend fährt sie ins kaum fünf Kilometer entfernte Rottach-Egern am Tegernsee. Sie besucht Elisabeth Payr, eine ehemalige Nachbarin und Freundin, die fünfzehn Jahre älter ist. Die beiden kennen sich aus gemeinsamer Jugendzeit in Rott. Marianne Strauß ist alleine unterwegs, obwohl sie auf Wunsch jederzeit einen Begleiter anfordern kann. Andererseits ist es nichts Ungewöhnliches, dass sie bei einem privaten Kurzbesuch auf Begleitschutz verzichtet. Die Jugendfreundinnen sprechen über die Kinder. Marianne erzählt, dass Max gerade sein Staatsexamen in Jura mache, dass Franz Georg bald fertig sei mit dem Militärdienst und dann wieder zu Hause wohnen werde. Und dass Monika sich so gut mit ihrem Mann Michael verstehe und am Montag eine Aufnahmeprüfung für ein Spracheninstitut machen wolle – wie einst sie selbst. Sie sagt ihrer Freundin, dass sie die Gürtelrose fast überstanden habe und sie sich wieder besser fühle. Sie nehme schwache Schmerzmittel. Gegen 21.30 Uhr macht sich Marianne Strauß auf den Heimweg.

Von Rottach-Egern kommend fährt sie vorbei an Kreuth die kleine Steigung hinauf nach Wildbad Kreuth. Sie fährt seit 34 Jahren unfallfrei und gilt als sichere Fahrerin. »Sicher wie ein Mann«, wird man hinterher sagen, weil sich niemand erklären kann, wie passieren konnte, was passiert ist. Statt der sanften und übersichtlichen Linkskurve nahe dem Kreuther Ortsteil Scharling zu folgen, fährt sie geradeaus. Ihr Mercedes 230 E poltert übers Bankett, reißt einen Weidezaun nieder, rast fast 100 Meter parallel zur Fahrbahn über eine Wiese, reißt Sträucher und einen kleinen Baum um, fliegt über eine Böschung vorbei an einem ungeteerten Viehweg und prallt auf der anderen Seite der Böschung gegen einen Baum.

Etwa neun Stunden später entdeckt am Samstag um 7.45 Uhr ein Busfahrer und Nebenerwerbslandwirt das von mitgerissenen Zweigen halb verdeckte Wrack des schweren Fahrzeugs. Es befindet sich zwischen zwei Bäumen, nur einen Steinwurf von der Straße entfernt. Das gesamte Vorderteil ist zusammengeknautscht, das Dach ist eingedrückt, die Windschutzscheibe zertrümmert. Der Aufprall war so stark, dass der Wagenheber aus dem Kofferraum flog und die robuste Bauweise keinen Schutz bieten konnte. Der Landwirt ruft sofort die Kreuther Grenzpolizei, die Minuten später eintrifft. Bald kreisen Hubschrauber über der Unfallstelle oder landen nahe der Bundesstraße. Das Unfallopfer ist eingeklemmt, und die Feuerwehr muss einen Baum fällen, um die Fahrerin herausschweißen zu können. Jede Hilfe kommt zu spät. Das Opfer ist mit dem Kopf gegen die Windschutzscheibe geprallt. Polizeibeamte finden den Führerschein, ausgestellt unter der Nummer 1168 vom Landratsamt Wasserburg. Nun wissen sie: Die Tote ist Marianne Strauß. Sie ist 54 Jahre alt.

Nirgendwo sind Bremsspuren zu sehen. Ermittler und Journalisten, Freunde und Bekannte rätseln tagelang, warum sie nicht gebremst hat. Ist sie einem Tier ausgewichen? War sie eingeschlafen? Stand sie unter dem Einfluss starker Medikamente? Hat plötzlich ihr Herz versagt? Immerhin hatte sie damit bereits in der Jugend starke Probleme gehabt. Sie hatte TB, war herzkrank und durfte deshalb keinen Sport machen. Aber das ist lange her. Die Ursache bleibt ein Rätsel.

Die Polizei alarmiert Max. Der Sohn versucht daraufhin, den Vater zu erreichen. Gegen 12.30 Uhr winken Polizisten die Wagenkolonne von Franz Josef Strauß – immerhin zwei Polizeiautos und acht weitere Fahrzeuge – etwa 30 Kilometer von Ljubljana entfernt auf eine Raststätte. Franz Georg wird ans Telefon gebeten. Am Apparat ist ein Beamter der Staatskanzlei. Als der Vater die Nachricht erfährt, wird er kreidebleich. Er bricht den Besuch sofort ab, fährt in die slowenische Hauptstadt und fliegt mit einer Bundeswehrmaschine vorzeitig nach München zurück. Aus dem Flugzeug telefoniert er mit Max und bittet diesen, ihn am Flugplatz Neubiberg abzuholen. Zusammen mit seiner Schwester Monika holt Max den Vater ab. Die Kinder stützen ihn und helfen ihm ins Dienstauto. Am Flugplatz ist als Vertreter der Staatsregierung auch Justizminister August R. Lang zur Stelle, um sein Beileid auszusprechen. Strauß' Schwester Maria erfährt bei einer Preisverleihung in München von dem Unglück und bricht in einen Weinkrampf aus.

Zu diesem Zeitpunkt ist Marianne Strauß bereits in die Aussegnungshalle in Kreuth gebracht worden; ihr Fahrzeug ist von der Polizei sichergestellt. Die Staatsanwaltschaft München II untersucht das Wrack hinsichtlich möglicher Manipulationen. Allerdings schließt die Polizei Fremdverschulden aus. »Die schweren Kopfverletzungen lassen den Schluss zu, dass Frau Strauß sofort tot war«, sagt Friedrich Bäuerlein, der Direktor der Grenzpolizei in Kiefersfelden. Anwohner geben zu Protokoll, in der Nacht davor einen »dumpfen Krach« gehört zu haben, ohne die Ursache zu ahnen. Bis Samstagnachmittag sperren 50 Polizisten den Unfallort weiträumig ab. Bereits um 12.00 Uhr läuft die Nachricht im Radio, und es treffen immer mehr Journalisten und Fotografen am Unfallort ein. Der Kreuther Ortsteil Scharling liegt in Rufweite der Unfallstelle. Als sich die Nachricht herumspricht, pilgern Bürger der Ortschaft trotz heftigen Regens zu dem Wrack. »Es gießt in Strömen. Der Himmel weint«, beschreibt ein Reporter des *Münchner Merkur* später seine Eindrücke. Bald liegen an der Böschung neben einem Hohlweg überall Blumen verstreut.

Am Sonntag wird das Ergebnis der Obduktion bekannt. Gerichtsmediziner der Universität München sprechen von einem

Genickbruch. Nach dem Bruch des 1. Halswirbels sei eine zentrale Lähmung eingetreten. Marianne Strauß war auf dem Heimweg nicht angeschnallt, vielleicht, weil der Gurt der Gürtelrose wegen gedrückt hätte. Mittlerweile strömen die Menschen zur Unglücksstelle, links und rechts der Fahrbahn parken Fahrzeuge. Männer stehen fassungslos im Regen, Frauen weinen und beten still. Betroffen sprechen sie über den einsamen Tod. Bei *Bild* meldet sich nach Darstellung der Zeitung anonym ein Mann und sagt in gebrochenem Deutsch: »Ich schuld an Frau Strauß.« Er sei in angetrunkenem Zustand gefahren, als ihm der Mercedes entgegen gekommen sei und ausweichen musste. Die Polizei hält dieses Szenario für möglich, aber doch sehr unwahrscheinlich. Ein Fremdverschulden an dem Unfall schließt sie weiterhin aus.

Am Montag berichtet die *Welt* von Gerüchten in München, wonach der CSU-Chef nach diesem schweren Schicksalsschlag möglicherweise »noch einmal seine Kräfte mobilisiert und in die Bonner Regierung drängt«. Daran sind seine Parteifreunde nicht unschuldig. Auslöser sind – wieder einmal – Äußerungen von Friedrich Zimmermann, wonach die FDP das Wirtschaftsministerium abgeben müsse, weil sie über keinen geeigneten Kandidaten verfüge. Strauß dagegen wäre geeignet. Zimmermann sagt dies dem *Spiegel*, allerdings schon vor dem Unfall. Strauß sagt indes nichts, er will kein Statement abgeben, sondern in Ruhe gelassen werden, und schließt sich für 40 Stunden in seinem Haus in München-Sendling ein. Außer den Kindern dürfen nur vier Freunde zu ihm: Mercedes-Händler Karl Dersch, Anwalt Franz Dannecker sowie die Politiker Tandler und Stoiber. Strauß grübelt über die Unfallursache und über sein Leben nach. Er glaubt, Mariannes Herz habe kurzfristig versagt. In der Todesanzeige schreibt er: »Unsere Familie hat ihren Mittelpunkt verloren.« Die Beisetzung soll unter Ausschluss der Öffentlichkeit im Kreis der Familie stattfinden. Sein Sohn Franz Georg versucht ihn über die rätselhafte Ursache hinwegzutrösten: »Ort und Zeit spielen keine Rolle. Es war ihr auferlegt.«

Hunderte von Kondolenzschreiben gehen in der Staatskanzlei ein: Ronald Reagan und George Bush kondolieren aus Washington, Margaret Thatcher aus London, François Mitterrand aus Paris. Willy Brandt und bayerische SPD-Abgeordnete trauern – ebenso wie Fürst von Thurn und Taxis, Henry Kissinger, das schwedische Königspaar und der Präsident von Togo. Sogar DDR-Staatschef Erich Honecker spricht sein Beileid aus. Die Fernsehmoderatorin Petra Schürmann sagt: »Es war ein Schock für mich, ein persönlicher Schlag. Sie war eine so warmherzige Frau, einfach eine Persönlichkeit.« Inzwischen ist der Sarg nach Rott gebracht worden und steht in der Privatkapelle der Zwicknagls. Trachtenvereine halten Ehrenwache, während Franz Josef Strauß, die Kinder und andere Angehörige nacheinander Abschied nehmen. Franz Josef Strauß verharrt fünfzehn Minuten schweigend vor dem Sarg.

Ebenfalls am Montag kann Monika Hohlmeier *Bild* entnehmen, dass sie nun »First Lady« von Bayern ist. Sie will ihren Vater in der schweren Stunde nicht alleine lassen und zieht gemeinsam mit ihrem Mann zu ihm in die Münchner Wohnung. Dort übernimmt sie die Rolle der toten Mutter und legt ihrem Vater Hemd und Anzug heraus. Käthi Schmid, die Marianne zwei Jahrzehnte lang beim Großziehen der Kinder half, gehört praktisch zur Familie. Sie will auch künftig Franz Josef und seinem ältesten Sohn Max den Haushalt führen.

Statt im engsten Familienkreis findet die Beisetzung in Rott am Inn am Donnerstag nun doch in aller Öffentlichkeit statt. Ein Sprecher der Staatskanzlei erklärt, dass der »Familienkreis« in diesem Fall weiter auszulegen sei: »Dazu gehören auch alle Personen, die sich der Familie verbunden fühlen.« So ist neben engen Freunden der Familie wie dem Filmproduzenten Luggi Waldleitner, Wienerwald-Gründer Friedrich Jahn, Anwalt Franz Dannecker und Werbefachmann Walter Schöll das bayerische Kabinett fast vollständig vertreten. Innenminister Friedrich Zimmermann und Verteidigungsminister Manfred Wörner repräsentieren die Bundesregierung. Der amtierende Bundesratspräsident, der schleswigholsteinische Ministerpräsident Uwe Barschel, fliegt eigens mit einem Hubschrauber ein.

Bei der einstündigen Trauerfeier in der Benediktinerkirche wirkt Franz Josef Strauß angeschlagen und muss von seinen Kindern gestützt werden. Erstmals ist zu sehen, wie sehr er getroffen ist. In sich zusammengesunken sitzt er in der ersten Bankreihe, vor ihm steht der dunkle Mahagonisarg, geschmückt mit einer blau-weißen Rautenfahne und weißen Orchideen. Auf einer grau-goldenen Schleife steht: »Dein Franz Josef, Deine Kinder Max, Franz und Monika.« Auf Wunsch von Strauß sind die schweren Holztore der Kirche für die Bürger von Rott geöffnet. Mehr als 100 müssen dennoch draußen bleiben, während über dem strahlend blauen Morgenhimmel nun schwere Gewitterwolken aufziehen. Die dunklen Wolken erzeugen eine düstere Stimmung in der Barockkirche, leises Donnergrollen ist zu hören.

Der Witwer wirkt apathisch. Seine Schwester Maria und sein Sohn Max sprechen ihm mehrfach zu, offenbar um ihn zu trösten. Franz Georg blickt versteinert. Minister, Verleger und Unternehmer sind mit ihren Frauen gekommen. Einige Reihen hinter Strauß lässt der Industrielle Friedrich Karl Flick, auf dessen Jacht die Familie mehrfach Urlaub gemacht hat, seinen Tränen freien Lauf. Aenne Burda und Julia von Siemens blicken ernst und betroffen. Domkapitular Anton Maier erwähnt die glückliche Kindheit von Marianne in Rott und die Ehe mit Franz Josef Strauß. »Sie war ihm Stütze, sie war ihm Halt, und sie bot Geborgenheit«, sagt der Geistliche. Chor und Orchester spielen das Requiem von Mozart. Als Mariannes Lieblingslied »Meerstern, ich dich grüße« ertönt, weinen Vater und Kinder.

Unter Glockenleuten geleiten Gebirgsschützen den Sarg über den Kaiserhof zum angrenzenden Friedhof in die Privatkapelle. Kränze säumen den Weg, es wimmelt von Trauernden. Etwa 1000 Menschen stehen Schirm an Schirm im strömenden Regen. Franz Josef Strauß und seine Kinder haken sich unter, um sich gegenseitig zu stützen. Ein Bild mit Symbolkraft, das viele Zeitungen drucken. Marianne Strauß wird neben ihrem Großvater, ihrem Vater und den Vorfahren der Brauerfamilie Kaiser liegen, in die die Zwicknagls einst eingeheiratet haben. Wie bei den anderen verschließt eine Marmorplatte ihre Gruft. Darauf steht in Frakturschrift ihr Name.

Fünfzig Minuten lang nimmt Strauß Beileidsbekundungen der 350 Trauergäste entgegen. Dann bleibt er mit seinen Kindern einige Minuten allein in der Gruft zurück. Der Leichenschmaus findet am Nachmittag im Gasthof »Zur Post« statt – am selben Ort, wo Franz Josef und Marianne 27 Jahre zuvor geheiratet haben. Es gibt Leberspätzlesuppe, Tellerfleisch und Schweinsbraten. Wieder rückt Tochter Monika in den Fokus der Medien: »Liebevoll tröstete Monika ihren weinenden Vater«, betitelt die Münchner *Abendzeitung* den Bericht über die Beisetzung.

Seit dem Unfall berichten Zeitungen nun fast täglich von dem Unglück und den Trauerfeierlichkeiten. Am Samstag, dem 30. Juni, erscheint das CSU-Parteiorgan *Bayernkurier* und zeigt, dass Marianne Strauß nicht nur Ehefrau eines Politikers gewesen ist, sondern dass ihre Medienpräsenz und ihr Image für die ganze CSU ein politischer Faktor gewesen sind. Die gesamte Titelseite ist ihr gewidmet. Die Trauer um die Frau des bayerischen Ministerpräsidenten sei »weltweit und allgemein«, schreibt Chefredakteur Wilfried Scharnagl und behauptet, »niemand kann sich daran erinnern, dass in unserer Zeit der Tod eines prominenten Mitmenschen je ein solches Beben ausgelöst hätte«. Und: »Was Franz Josef Strauß an Höhen erreicht und an Tiefen durchgestanden hat, hatte seinen Kraftquell und seinen ruhenden Pol gleichermaßen in Marianne Strauß.« Im Gedenken an sie stiftet die CSU einen Preis für beispielhafte Leistungen im sozialen Bereich.

Am Nachmittag des Samstag drängen sich schon zwei Stunden vor Beginn der Trauermesse Menschenmassen vor den Absperrgittern am Münchner Liebfrauendom. Erzbischof Friedrich Wetter zelebriert den Trauergottesdienst. Radio und Fernsehen übertragen live. Es ist »ein Requiem wie ein Staatsbegräbnis«, schreibt die

Abendzeitung. Bundespräsident Karl Carstens und sein Nachfolger Richard von Weizsäcker sowie Bundestagspräsident Rainer Barzel und ihre Gattinnen sitzen in der ersten Reihe, dahinter Kanzler Kohl und seine Frau. Bei Sonnenschein stehen vor der Kirche etwa 2000 Menschen und hören die Predigt über Lautsprecher. »Wir trauern«, sagt Erzbischof Wetter, »aber nicht wie jene, die keine Hoffnung haben [...] Marianne Strauß bleibt unser [...] sie war uns eine wahre Landesmutter.« In der Kirche drängen sich neben den 500 offiziellen Trauergästen viele, viele Menschen, die mit Bussen aus ganz Bayern angereist sind. Man spricht von insgesamt 6000 Menschen, die im Dom und davor Abschied nehmen von Marianne Strauß.

Sie sehen, wie die Kinder ihren Vater in die Mitte nehmen. Monika geht neben ihm, links und rechts außen Max und Franz Georg. Daneben Ilse Zwicknagl, die greise Mutter der Verstorbenen. Strauß betet die lateinische Messe mit. Der Opernsänger Hermann Prey singt die zweite Strophe der Matthäus-Passion »Wenn ich einmal soll scheiden«. Nach der Predigt steht Strauß als Erster zum Gebet auf, als habe ihm die Feier neue Kraft gegeben. Das Requiem endet mit der Bayern-Hymne. Nach der Trauerfeier empfängt Strauß 1000 Trauergäste in der Residenz. Zuvor hat er in seinem Haus schon den Kanzler, den Bundespräsidenten und seinen Nachfolger getroffen. Nach dem Requiem im Dom beginnt für ihn wieder der Alltag. Er eilt wieder zwischen München und Bonn von Termin zu Termin.

Am 2. Juli druckt der *Spiegel* einen Nachruf von 56 Zeilen Länge. Das Heft gesteht der Frau eines Politikers damit mehr Bedeutung zu als manchem Politiker. Eine Ehre, auf die sie vermutlich gerne verzichtet hätte. Das Nachrichtenmagazin erinnert daran, dass sie in Bayern als »wahrhafte Landesmutter« geehrt, ihr »mütterliches Wesen« gepriesen wurde und sie selbst sich gerne auf das Rollen-Klischee vom Kraftquell eines Politikers reduziert hat. Doch Marianne Strauß »war alles andere als ein unpolitisches Heimchen am Herd«, meint der *Spiegel* und erinnert an ihre Herkunft, ihr Studium, ihr öffentliches Eintreten für die Familie und daran, dass sie es war, die ihren Mann nach der *Spiegel*-Affäre 1962 davon abhielt, sich aus der Politik zurückzuziehen. Der Nachruf ist sachlich gehalten, enthält sich jeder Häme und ist sogar von leisem Respekt geprägt. So hat sich Franz Josef Strauß Berichte über sich vermutlich immer gewünscht. Gut möglich, dass er zum ersten Mal mit einem Artikel in dem Hamburger Magazin einverstanden ist.

19 Die Kinder nehmen Abschied vom Vater und kommen doch nicht von ihm los

Je älter Max wird, desto mehr macht er darauf aufmerksam, dass er vor allem eins ist: Der Sohn von Franz Josef. Zwar bittet er Journalisten, seinen zweiten Vornamen Josef doch wegzulassen, als sei ihm der Hinweis auf den Vater peinlich. Viele haben jedoch den Eindruck, dass er damit in Wirklichkeit gerade auf den Zweitnamen und den berühmten Vater hinweisen will. Neben Windsurfen und Rockmusik interessiert sich Max fürs Fotografieren und liefert einer Münchner Agentur eigene Bilder von seinem berühmten Vater. Freilich ist er der einzige Fotograf mit zwei eigenen Personenschützern im Tross von Strauß. Schon als 17-Jähriger begleitet er seinen Vater auf Termine und fungiert mit den Jahren nicht nur als Fotograf, sondern oft auch als Privatsekretär. Geschäftsfreunde des Vaters werden auch seine Freunde.

Ohnehin ist die Fotografie nur Hobby. Er will eine Banklehre machen, dann Betriebswirtschaft oder Jura studieren. Als 19-Jähriger sagt er: »Berufsfotograf werde ich ebenso wenig wie Politiker.« Als Strauß 1980 nach dem Attentat auf dem Oktoberfest an den Tatort eilt, ist auch der selbstbewusste Max dabei. Der ehemalige Münchner Oberbürgermeister Hans-Jochen Vogel fragt, wer das denn sei. Als man ihm sagt, das sei doch der Strauß-Sohn, fragt er verwundert, ob Strauß-Sohn denn nun in Bayern schon ein Titel sei.

Manchmal hilft es offenbar, der Sohn dieses Vaters zu sein. Im Mai 1982 eifert der 23-jährige Max seinem Vater nach, was dessen

Hobbys betrifft, und geht als Gast der Industriellenfamilie Opel in Österreich auf die Jagd. In der Nacht schießt er einen Birkhahn, was in Österreich, wo Max sich auf die Jagd macht, erlaubt ist. Zwischenzeitlich hat Max jedoch die Grenze überquert und befindet sich nun in Bayern, wo der Birkhahn ganzjährig geschützt ist. Ein Jäger hört den Schuss und stellt den Schützen mit dem Gewehr im Anschlag. Strauß beteuert, er habe nicht gemerkt, dass er die Grenze überschritten habe.

Der ihn begleitende österreichische Jäger bietet seinem bayerischen Kollegen mehrfach an, er dürfe im Nachbarland auch einmal einen Birkhahn schießen, wenn er sie beide laufen ließe. Ein nutzloses Angebot, weil das ja ohnehin erlaubt ist. Dafür wird der Österreicher Monate später nicht nur wegen Wilderei, sondern auch wegen versuchter Bestechung zu einer Geldstrafe verurteilt. Das Verfahren gegen den Sohn des Ministerpräsidenten dagegen stellt der Amtsrichter, ein Mitglied der CSU, ein. Max Strauß habe glaubhaft versichert, sich in Österreich zu wähnen. Möglich, dass in Max Strauß aufgrund solcher Erfahrungen der Glaube wächst, in Bayern schütze ihn sein Name.

Max ist jung, sieht gut aus und geht abends zum Tanzen und Gesehenwerden ins schicke P1 und zeigt sich mit der Tochter von Renate Thyssen, mit der er befreundet ist. 1985 wird der 26-jährige Max Strauß von der Jungen Union für den Landtag vorgeschlagen. Sein Vater und der Rest der Familie halten das offenbar für keine gute Idee. Franz Josef Strauß rät ihm sogar dringend davon ab. »Laß lieber die Finger davon, Du verleidest dir dein ganzes Leben!«, zitiert *Bild* den Vater. »Du sitzt dann bis ins hohe Alter im Landtag, trägst 1000 Drucksachen mit dir herum, kriegst irgendwann eine goldene Verdienstmedaille. Dabei könntest Du in einem normalen Beruf große Karriere machen.« Schwester Monika und Bruder Franz Georg warnen ihn ebenso. Max, der bereits eine Banklehre hinter sich hat, verspricht, es sich noch einmal zu überlegen, bis er in einigen Monaten sein Jurastudium abgeschlossen hat. Eigentlich will er Wirtschaftsanwalt werden.

Max Strauß kann sich in München viel erlauben, aber er probt auch anderswo seine Grenzen. Im November 1986 kommt es zu einem Zwischenfall, der Schlagzeilen macht, als Max mit seinem Vater nach Saudi-Arabien reist. Genau genommen reist Max einige Tage früher nach Riad, um vor Ort Termine im Verteidigungsministerium vorzubereiten. Die Botschaft erfährt davon durch Zufall. Als der deutsche Botschafter, Walter Nowak, Strauß im Hotel aufsucht, sagt dieser, man wolle Nowak bei den Terminen nicht dabei haben, weil er ja berichtspflichtig sei. Doch dann darf der Diplomat doch mit. Bei der Abschlussbesprechung mit Politikern kommt es zu einem Eklat. Nowak erläutert die zurückhaltenden deutschen Waffenexport-Richtlinien. Daraufhin flüstert Max Strauß ihm etwas ins Ohr und sagt den überraschten Gastgebern, das sei die private Meinung des Diplomaten. Im Übrigen würde sich nach der nächsten Wahl sowieso alles ändern. Zeitungen behaupten, Max Strauß habe zu Nowak »Halt's Maul!« gesagt.

Franz Josef Strauß, der vorzeitig abgereist war und sich und den Freistaat durch seinen Sohn vertreten ließ, ist verärgert – nicht über seinen Sohn, sondern über Nowak. Staatskanzleiminister Edmund Stoiber wirft Nowak vor, »eine sehr unglückliche Figur« abgegeben und die Gastgeber »zutiefst beleidigt« zu haben. Nur dem Einschreiten von Max Strauß sei es zu verdanken, dass die Gastgeber das Gespräch nicht abgebrochen hätten. Die mitgereisten bayerischen Unternehmer hätten sich jedenfalls bei Max Strauß bedankt. Die SPD findet es undemokratisch, dass ein Mitglied der Familie an Staatsgesprächen teilnimmt. Im Bundestag kommt es zu einer kleinen Anfrage über die Rolle von Max Strauß. Die Regierung stärkt Nowak den Rücken. Das Auswärtige Amt bemerkt, es entziehe sich seiner Kenntnis, in welcher Eigenschaft Familienmitglieder mitgereist seien. Die *Abendzeitung* fragt: »Ist Bayerns Staatsregierung ein Familienbetrieb von Franz Josef Strauß?«

Vielleicht ist der Einspruch des Vaters gegen die Politikpläne des Sohnes 1985 so deutlich ausgefallen, weil er und der Rest der Familie bereits andere Pläne für den ältesten Sohn haben. Max soll – und das schon seit etwa 1982 – das Vermögen der Familie mehren. Dazu gehören allerlei Investitionen, beispielsweise in Supermärkte. Gemeinsam mit einem Bekannten seines Vaters, dem Unternehmer Karlheinz Schreiber, investiert er viel Geld der Familie in Kanada. Allerdings vertut sich Schreiber mit seinen Projekten und verliert das Geld zum Ärger von Franz Josef.

Schreiber glaubt aber weiter an lohnende Investitionen in Kanada. Er will der Regierung im Auftrag des Rüstungsunternehmens Messerschmidt-Bölkow-Blohm, an dem der bayerische Staat beteiligt ist, Hubschrauber vermitteln. Strauß sitzt bei MBB im Aufsichtsrat. Zum Erstaunen des damaligen Generalbevollmächtigten Kurt Pfleiderer erhält MBB aus München die Aufforderung, sich des Herrn Schreiber als Vermittler zu bedienen. Allerdings droht die Sache an einem Einfuhrstopp Kanadas zu scheitern. Doch Schreiber weiß Rat. Gezielt wenden er und Max Strauß sich an den Oppositionskandidaten Brian Mulroney und »unterstützen« ihn mit mehreren Hunderttausend Dollar. Karlheinz Schreiber und Max Strauß gingen damals bei Mulroney ein und aus, erinnert sich dessen damaliger Büroleiter Pat MacAdam.

Als Mulroney die Macht übernimmt, fallen die Einfuhrbeschränkungen. Schreiber vermittelt 1985 zwölf Hubschrauber und kommt dadurch zu viel Geld. Die Hubschrauber kosten 25 Millionen Dollar, davon sind 1,2 Millionen Dollar als Provision vorgesehen. Weil MBB sich über den Einstieg in den nordamerikanischen Markt freut, erhält Schreiber statt vier immerhin acht Prozent Provision. Dann verkauft Schreiber Mulroneys staatlicher Fluglinie auch noch 34 Airbus-Flugzeuge für 1,5 Milliarden Dollar. Darüber kann Franz Josef Strauß sich freuen, denn er ist Aufsichtsratsvorsitzender von Airbus, und das Unternehmen hatte sich vor diesem Geschäft in einer Krise befunden. Für jedes Flugzeug fließen 150000 Dollar Provision nach München. Schreiber zahlt das Geld auf ein Schweizer Rubrikkonto mit dem Namen

»Master beziehungsweise Maxwell« ein. Später fließt nur noch für Maxwell Geld, daraus folgern die Ermittler später, dass »Master« gestorben ist. Ein Hinweis auf Strauß.

Monika Strauß tritt mit siebzehn Jahren in die Junge Union ein, deren Vizevorsitzender in Bayern damals Max Strauß heißt. Freiheit bedeutet für sie nicht, eine andere Partei zu wählen. Freiheit heißt, frei zu sein, ihren Vater und seine Partei zu unterstützen, ohne seinen Beruf ergreifen zu müssen. Sie macht viel Sport: Sie reitet, spielt Tennis, treibt Leichtathletik. »Ich kann zwar nie wie meine Freundinnen mal allein einen Einkaufsbummel machen«, sagt sie in einem Interview mit *Bild am Sonntag*. »Aber für so einen Vater nehme ich das gern in Kauf.«

Ihr Bruder Franz Georg bringt die Loyalität, die die Kinder gegenüber dem Vater empfinden, zum Ausdruck, indem er auf die Kinder von Willy Brandt verweist, die ihren Vater kritisieren. »Darum ist Willy Brandt für mich als Politiker unglaubwürdig. Wenn ein Politiker nicht einmal die eigenen Söhne auf seiner Seite hat, wie will er dann andere überzeugen?« Ihr Vater zwinge ihnen nie eine Meinung auf, er diskutiere viel mit ihnen. Aber »wenn wir, die wir an der Quelle sitzen, nicht an ihn glauben würden, wäre das für ihn ein Armutszeugnis«. Monika beklagt: »Mich regt es immer auf, wenn Ausschnitte aus Reden meines Vaters so gebracht werden, dass die Leute sie missdeuten müssen. Das sind gemeine Intrigen.«

Bei dieser loyalen Haltung, die ihr und ihren Brüdern zu eigen ist, bleibt Monika auch nach dem Tod der Mutter. Sie ist nun 22 Jahre alt und nimmt bei offiziellen Anlässen mehr und mehr deren Platz ein. Wie die Mutter, so beeindruckt auch sie durch Freundlichkeit, die Parteifreunde »natürlich« und Gegner »gusseisern« nennen. Ob beim Empfang von Charles und Lady Diana und anderer Staatsgäste, bei Einweihungen oder beim Oktoberfesteinzug, sie ist nun die First Lady und macht sich um Bayern (und um ihren Vater) verdient. Sie begleitet ihn und lernt die politische Arbeit kennen. Sie berät ihn bei seinen Auftritten, sucht die Krawatten aus, weiß, welche Farben ihm stehen. Sie will aber nicht Politikerin sein. Vielleicht fürchtet sie den Druck, ständig mit ihrem Vater verglichen zu werden, und das unter seinen Augen.

Ihre Bemühungen danken ihr Vater und Freistaat, indem sie der 26-jährigen Ersatz-First-Lady im Juli 1988 aus der Hand seines Stellvertreters Max Streibl das Bundesverdienstkreuz am Bande verleihen. Der niedersächsische SPD-Landtagsabgeordnete Werner Holtfort, der sich sein Verdienstkreuz als einer der führenden Bürgerrechtler in vielen Jahren verdient hat, protestiert dagegen. Er schickt sein Verdienstkreuz nach Bonn an den Bundespräsidenten zurück, weil es durch diese Vergabe »zu einer Dekoration für Honoratioren und ihre Töchter entartet« sei. Immerhin sollen die Träger laut Statut mindestens 40 Jahre alt sein. Die Mitarbeiter von Strauß betonen, er habe die Ehrung nicht veranlasst. Es sei »alles an ihm vorbeigegangen«.

Franz Georg ist 23 Jahre alt, als seine Mutter 1984 stirbt. Im November 1985 startet der Werbekaufmann mit Geschäftsfreunden aus dem Umfeld der CSU in München den lokalen TV-Sender »TV weiß-blau«, dessen Mehrheitseigner Strauß ist. Täglich ab 18.00 Uhr sendet »TV weiß-blau« zweieinhalb Stunden Berichte und Reportagen aus München. Eine Nachrichtensendung übernimmt Strauß aus Washington. Als der Vater nach Moskau reist, sitzt er selbst am Steuer des Flugzeugs. Ihn begleitet nicht nur das halbe Kabinett, sondern der Sohn ist ebenfalls dabei und dreht einen Film über die Begegnungen mit Gorbatschow und anderen Politikern, den er in seinem TV-Sender zeigt. Solche Highlights sind allerdings selten zu sehen.

Das Problem des Senders ist, dass er nur über Kabel zu empfangen ist und daher nur einen kleinen Zuschauerkreis erreicht. Die Einnahmen aus Werbung bleiben weit hinter den Erwartungen zurück, die Ausgaben sind höher als erwartet. Offenbar ist die Zeit noch nicht ganz reif für Lokalfernsehen. Strauß gerät mit seinem Sender unter Druck. Rechnungen laufen auf, und es ist von Schulden in Millionenhöhe die Rede. Bald steht die Firma kurz vor dem Konkurs. Die Gesellschafter beraten sich in nächtlichen Krisensitzungen. Franz Georg überredet einen befreundeten Rechtsanwalt, die Geschäftsführung und Sanierung zu übernehmen. Am 28. November 1986, einem Freitag, gibt der Rechtsanwalt eine Feier für Freunde und Kollegen und betraut seine Mitarbeiterin Renate Piller, die bei »TV weiß-blau« zuständig ist für Werbung und Öffentlichkeitsarbeit, mit der Ausrichtung. Gegen elf geht plötzlich die Tür auf, zwei Polizisten stürmen herein, hinter ihnen Franz Josef Strauß. Ein Überraschungsgeschenk von Franz Georg: Der Ministerpräsident persönlich soll dem neuen Mann viel Glück für die Sanierung wünschen.

Strauß steht sofort im Mittelpunkt. Er spricht von seinen Kriegserlebnissen, der Schlacht am Don. Das macht er immer, wenn er sich gut fühlt. Plötzlich entdeckt der 71-Jährige die 30 Jahre jüngere PR-Beraterin, kürzt seinen Vortrag ab, stellt sich neben sie und will alles über sie wissen. »Ich bekam ein kleines Herzklopfen«, erinnert sich Renate Piller. »Ich war geschmeichelt und verblüfft.« Die anderen fünfzig Anwesenden scheinen den späten Gast nicht mehr zu interessieren.

Doch ganz »frisch« ist er an diesem Abend nicht mehr, und als er sich bedenklich an den Buffet-Tisch lehnt, schickt ihn Piller unter seinen Protesten sanft, aber bestimmt nach Hause. Schon am folgenden Tag meldet er sich mittags bei ihr und lädt sie für den Abend zu einem Essen ein. Strauß holt sie etwas kurzatmig in ihrer Wohnung im fünften Stock ab. Er kommt ohne Sicherheitsbeamte, hat stattdessen aber eine Pistole in seinem Herrentäschchen. Mit seinem BMW 325 fahren sie ins *Canale Grande* am Kanal nahe dem Nymphenburger Schloß. Strauß geht gerne zum »Nudeln essen« dorthin. Vorsichtshalber bestellt er auch Franz Dannecker in die Südliche Auffahrtsallee, damit niemand etwas Falsches denken kann. »Ich glaube, Dr. Dannecker hatte Erfahrung in so was«, sagt Renate Piller.

Kurz vor Weihnachten nimmt er sie mit zu einem Fest nach

Kufstein. Auf der Heimfahrt fragt er sie: »Wollen Sie meine Freundin werden?« Sie antwortet ausweichend: »Ach, dazu haben Sie doch gar keine Zeit.« Am 23. Dezember feiern sie Weihnachten vor, denn am 24. Dezember gehört Strauß den Kindern. Von da an treffen sie sich regelmäßig und verbringen fast jedes freie Wochenende auf dem Praschberghof des Dr. Dannecker bei Kufstein. Er lädt sie auch zur privaten Strauß-Silvesterfeier ein und will sie zum Wiener Opernball mitnehmen. Er scheint sie offen herzeigen zu wollen. Doch ganz so einfach ist es nicht: Zur Silvesterfeier kommen sie etwas zu spät. Franz Georg und Max mit ihren Freundinnen sind schon da, und die Reihen sind geschlossen. Die Söhne haben nur einen Platz für den Vater freigehalten. Renate Piller muss woanders Platz nehmen. Vielleicht sitzt Franz Georg ungern neben seiner Mitarbeiterin. Es ist ihm womöglich auch nicht recht, dass sie dem Vater erzählt, was bei ihm im Unternehmen alles daneben geht.

Für Franz Josef Strauß selbst ist offenbar ein größeres Problem, dass Renate Piller geschieden ist. Sie war zwanzig Jahre zuvor kurz verheiratet gewesen. Strauß sagt einige Wochen später zu ihr, es werde Zeit, »dass du dich einmal um die Annullierung deiner Ehe kümmerst«. Sie versteht nicht gleich, doch der Ministerpräsident denkt offenbar auch an sein Image und will sie nicht nur standesamtlich heiraten. »Wenn ich einmal seinem Haus vorstehen sollte – so hat er das genannt –, dann aber auch mit Kirche und allem Drum und Dran.« Renate Piller hat keine Ahnung, wie man eine Ehe annullieren lässt. Er weiß auch da Rat: »Frag den Dannecker.« Er selber müsse sich leider raushalten. Doch Dannecker kann und will nicht. Franz Josef rät: »Dann fang einfach ganz unten in deiner Gemeinde an.« Das macht sie und fährt zwischen Januar 1987 und Mai 1988 wohl dreißigmal nach Salzburg, bis die Kirche ihre kurze Ehe tatsächlich auflöst. Weil ihr Mann nicht will, muss sie am Ende behaupten, sie habe ihn nie geliebt. »Das war kein leichtes Stück Arbeit.«

Als Zeitungen über die neue Liebe des Ministerpräsidenten berichten, befragen Journalisten die Kinder, ob an den angeblichen Heiratsplänen etwas dran sei. Franz Georg winkt ab: »Absolut nix dran.« Monika Hohlmeier äußert sich ähnlich. Zeitungen schreiben auch, die Kinder reagierten angeblich reserviert auf die neue Freundschaft ihres Vaters – und treffen damit offenbar ins Schwarze. Als Renate Piller nach dem Tod von Strauß dem *Stern* Details der Beziehung erzählt, lässt Max das Konkurrenzblatt *Quick* wissen, dass die 46-jährige Piller zuletzt vielleicht gar nicht die einzige Frau im Leben von Strauß war. »Vater war ja bis ins hohe Alter topfit. Da war die Konkurrenz auch schon noch aktiv.«

Angeblich hat Max seinen Vater damals gewarnt: »Das mit Renate Piller geht schief. Die hat keine mütterliche Wärme.« Offenbar übersah der Sohn, dass der Vater keine Mutter suchte. Der Vater soll den Sohn energisch angefahren haben: »Das geht dich überhaupt nichts an. Über mein Leben entscheide ich.« Vielleicht nicht ganz zufällig erscheint 1990 in *Bunte* eine Geschichte, wonach Strauß in den letzten Jahren mindestens drei Freundinnen gleichzeitig hat. Seine tiefe Zuneigung habe einer italienischen Dolmetscherin aus Triest gehört. »Wir waren uns einig, dass es für mich nur Freundschaft ist.« Strauß soll ihr gesagt haben: Du bist die Einzige, bei der ich alles loswerden kann.« Aus Münchens Feinkostladen »Dallmayr« bringt Strauß der 40 Jahre jüngeren Gabriella Pralinen. Zur Hochzeit mit Renate Piller ist es jedenfalls nicht mehr gekommen.

Unterdessen gerät Franz Georg unter Druck. Im Januar 1988 bringt der *Spiegel* einen elf Seiten langen Artikel, wonach sein Vater »mit massiven politischen Eingriffen« versuche, »einen gescheiterten Unternehmer zu retten: seinen Sohn Franz Georg und dessen marode Münchner Fernsehfirma ›TV weiß-blau‹«. Der *Spiegel* zitiert aus Briefen von Strauß an seinen Medienbeauftragten Edmund Stoiber, »die meist so klingen, als habe der Werbekaufmann Franz Georg Strauß dem Ministerpräsidenten Franz Josef Strauß die Feder geführt«. Die Briefe legen nahe, dass der Vater dem Sohn Dokumente an die Hand geben will, um Bankkredite verlängert zu bekommen. Beobachter glauben längst, dass der Medienunternehmer Leo Kirch, ein Freund des Vaters, hinter dem Engagement des Sohnes steckt. Der Bericht wirft viele Fragen auf. Vor allem aber erreicht er eins: Franz Georg gilt nun als Politikersohn, der scheinbar nicht nur die deutliche Aussprache, sondern auch den Hang zur fragwürdigen Verquickung von öffentlichen und persönlichen Interessen geerbt hat.

Längst hat Franz Josef sich in sein Schicksal als Ministerpräsident gefügt. Wenn ihm Bayern mal wieder zu klein wird, fliegt er nach Afrika oder Moskau. Er gibt Kanzler Kohl in Bonn Anweisungen, was zu tun ist, und muss sich ärgern, dass der seine Ratschläge nicht befolgt. Die Männerfreundschaft zwischen den beiden ist nicht einfach. Strauß macht gerne Außenpolitik, auf diese Art hat er das Gefühl, weiter in der großen Politik mitzumischen. Falls ihn die Politik doch einmal langweilt, verlegt er sich aufs Geschäftliche: Arbeitsplätze für Bayern sichern. Gerne ist er im Auftrag des Flugzeugbauers Airbus unterwegs, in dessen Aufsichtsrat er sitzt, und verkauft Flugzeuge. Sein Terminkalender ist voll.

Außerdem arbeitet Strauß an seinen Memoiren. Der Verleger Wolf Jobst Siedler zahlt ihm dafür einen Vorschuss von einer Million Mark – mehr, als bis zu diesem Zeitpunkt irgendein Politiker je für seine Memoiren erhalten hat. Strauß bespricht Tonbänder. Er steckt mitten in der Arbeit, als er im Oktober 1988 zusammenbricht. Als Monika Hohlmeier die Nachricht vom Zusammenbruch erfährt, habe sie sofort gewusst, was das bedeute, sagt sie. Ihr Vater habe keine halben Sachen gemacht.

Mit ihm stirbt die Ära der Nachkriegspolitiker der ersten Stunde. Wie kein anderer hat er die Politik in der (alten) Bundesrepublik verkörpert. Er hat mit Adenauer, Erhard und Schumacher genauso um die Macht gekämpft wie mit Schmidt, Genscher und Kohl. Strauß war immer Strauß: Er stand für sich selbst. Adenauer, Brandt, Schmidt und Kohl waren mächtig als Kanzler Deutschlands. Sie waren vor allem mächtig in der Zeit, in der sie Kanzler waren. Strauß war mächtig, obwohl er nicht Regierungschef war. Strauß war mächtig, egal ob er in der Regierung oder in der Opposition saß. Über Jahrzehnte betrachtet, war er vielleicht der mächtigste Politiker Deutschlands ohne Kanzlermacht. Er beließ CDU-Größen in der Illusion, sie bestimmten die Richtlinien der Unionspolitik, während es doch ausschließlich er, FJS, war, der anzeigte, was zu tun sei. Zumindest sah er sich so, wenngleich er am dickfelligen Helmut Kohl genauso scheiterte wie an seinem Versuch, doch noch Kanzler zu werden.

Er hat keine Grenzen akzeptiert. Sein ganzes politisches Leben lang kämpfte er um die Macht, oft mit Methoden, die im Land Diskussionen darüber entfachten, wie man in einer Demokratie nicht geführt werden möchte. So stellte die Ablehnung von Strauß letztendlich den Sieg der jungen Demokratie dar. Ironischerweise hat kein anderer deutscher Politiker die Vorstellungen über Politik und ihre Grenzen in Deutschland so sehr geprägt wie Franz Josef Strauß –, auch wenn er dies unfreiwillig tat.

»Der Titan ist tot«, schreibt Anneliese Friedmann, die Herausgeberin der Münchner *Abendzeitung*, deren Mann sich einst heftig an Strauß gerieben hatte. »Das Urgestein, der Vollblutpolitiker, der Machtmensch, Machthaber, Bayerns Monarch Franz Josef Strauß. Wie immer man zu ihm stehen mochte, der Mann hatte Größe und Kraft, dazu die Gnadengabe einer Ausstrahlung, wie sie nur wenigen Politikern eigen ist, jenes Charisma, dem Massen erliegen. Die beängstigend hohen Wahlsiege waren seine ganz persönlichen Siege. Franz Josef Strauß, ein Mann voller Eigenschaften, ein bayerisches Mannsbild von Statur und Natur, massig, bullig, derb, einer, der gern aß und trank und lebte, der Freunderl mitleben ließ und wenig Freunde hatte, aber eine Familie, die ihn und die er über alles liebte.«

Noch im Krankenhaus in Regensburg nehmen Patienten am Sarg Abschied. Tausende stehen mit Fackeln und Kerzen an den Straßen, als der Sarg in der Nacht nach München überführt wird. Den Kindern bleibt kaum Zeit zum Trauern, zusammen mit der Staatskanzlei organisieren sie die Feierlichkeiten. Sie einigen sich auf eine Obduktion, deren Ergebnis zunächst geheim bleibt, dann aber wird bekannt, dass Strauß schon zwei Jahre zuvor einen stummen Herzinfarkt erlitten hatte, den möglicherweise nicht einmal er selbst bemerkt hat. Das habe eine fingernagelgroße Narbe am Herzen ergeben.

In einer fünfstündigen Prozedur wird der Tote geschminkt und einbalsamiert. Damit bleiben seine Gesichtszüge auf Jahrzehnte hinaus erhalten. Allerdings verfügt Monika Hohlmeier, dass der Sarg bei der Aufbahrung geschlossen bleibt. Die Welt soll ihn als Lebenden voller Kraft in Erinnerung behalten. 50 000 nehmen im Prinz-Carl-Palais Abschied von Franz Josef Strauß. Stundenlang warten sie geduldig im Regen, um einen Blick auf den Sarg im Rautenbanner zu werfen.

Als sechs Rösser den Sarg die Ludwigstraße entlang durch ein Spalier aus Soldaten ziehen, säumen 30 000 die Straße. Am Siegestor hängt Trauerflor. Für einen Moment scheint die ganze Stadt stillzustehen. Die Trauerfeierlichkeiten dauern fünf Tage und sind wohl die größten ihrer Art in der Bundesrepublik seit dem Tode Adenauers. Eine »Orgie an Byzantinismus« nennt sie der *Stern* und druckt wie alle Zeitungen und Zeitschriften genüsslich auf elf Seiten viele Fotos davon.

Zum Trauergottesdienst kommen 5000 Menschen in den Liebfrauendom. Zehntausend harren draußen im Regen aus. Friedrich Kardinal Wetter sagt: »Er hat seine Knie vor Gott gebeugt, aber nur vor ihm.« Aus den USA kommt Henry Kissinger, aus Südafrika Präsident Pieter Botha. Peking und Moskau schicken die stellvertretenden Ministerpräsidenten. Natürlich kommt auch Präsident Eyadema aus Togo, wo Strauß Fleisch-Geschäfte befördert hatte. Monika Hohlmeier sitzt neben Bundespräsident Richard von Weizsäcker, Franz Georg und Max Josef nehmen ihre 81-jährige Tante Maria in ihre Mitte.

Am 8. Oktober findet in Rott das Requiem statt. Die Trauernden kommen mit Bussen aus ganz Bayern und beobachten hinter der Absperrung, wie Leo Kirch, Friedrich-Karl Flick und Heinz

Rühmann eintreffen. »Wie eine Eiche ist er vor uns gestanden, kraftvoll, lebendig, unverwüstlich, so schien es, und wie eine Eiche ist er gefällt worden«, sagt Joseph Kardinal Ratzinger, ein persönlicher Freund der Familie. In seiner frei vorgetragenen Predigt erinnert er an die »jahrelangen Kampagnen der Feindseligkeit«, die Strauß ertragen musste. Auf Wunsch der Kinder liest Ratzinger die Messe überwiegend in lateinischer Sprache. Wie einst sein Vater, der Ministrant, so liest nun Max aus dem 1. Brief Paulus an die Korinther.

Die Kinder lassen die Tränen laufen und reichen sich gegenseitig Taschentücher. Nach der Beisetzung bedankt sich Max bei den über 350 Trauergästen für die Anteilnahme. Franz Dannecker, der Freund von Strauß, begleitet Renate Piller, die Freundin von Strauß. Rott erlebt in den Wochen nach der Beisetzung einen Massenansturm. Die Gruft von Marianne und Franz Josef Strauß ist mittlerweile mindestens so sehr Anziehungspunkt für Touristen wie die Benediktinerkirche. Die Gemeinde überlegt, ein Museum zu eröffnen und darin unter anderem die Kranzbänder auszustellen. Am Ende scheitert die Idee an der mangelnden Finanzierung.

Eine Woche nach Strauß' Tod behauptet Rudolf Augstein im *Spiegel*: »Strauß selber hat sich nicht als einen König, sondern, seit dem Bruch in seiner Karriere 1962, als ›Herzog aus dem Volk‹ empfunden. Seine Frau Marianne hat er auf dem Grabstein als ›Bayerische Landesmutter‹ verewigt. Nicht was er sagte und tat, sondern was er war, das machte seine Faszination aus, sicherlich der bedeutendste Politiker Bayerns seit 1918.«

In den Monaten nach dem Tod sind die Kinder eifrig bemüht, das Andenken des Vaters zu mehren. Sie besuchen Veranstaltungen, bei denen er geehrt wird. Sechs Wochen nach dem Tod billigen sie den Entwurf einer Gedenkmünze, die den Vater im Halbprofil zeigt. Franz Georg schlägt vor, Münchens bekannteste und meistbefahrene Straße, den Mittleren Ring, nach ihm zu benennen. Das sei die Stadt dem wichtigsten Nachkriegspolitiker Münchens schuldig. Weil Franz Georg ahnt, dass es Widerstand geben könnte, schlägt er vor, auch Adenauer, Schumacher und Heuss zu ehren. Doch die Stadträte lassen sich nicht überreden. Schon zu seinen Lebzeiten haben sie Strauß zum Ehrenbürger ernannt, nun einigen sie sich darauf, ein Straßenstück am Hofgarten gleich neben der Staatskanzlei nach ihm zu benennen. Vergeblich setzen sich Abgeordnete der SPD und der Grünen dafür ein, die Ehrung in einen abgelegenen Stadtteil zu verlagern.

Nürnberg, Passau und Regensburg benennen zwei Brücken und eine Allee nach Strauß. Allerdings erschrecken die Nürnberger bei dem Vorschlag des CSU-Politikers Günther Beckstein, ihr Fußballstadion nach Strauß zu benennen. Das wünschen weder der örtliche Fußball-Club noch die rotgrün regierte Stadt – trotz der fränkischen Vorfahren von Strauß. Auch die Regensburger haben bald ein Problem mit Strauß: Das Straßenschild mit seinem Namen ist bei Sammlern so begehrt, dass es in drei Monaten neunmal ersetzt werden muss. Hilflos hängt das Ordnungsamt deshalb vorübergehend wieder das alte Schild auf. Die CSU in Schongau ehrt Strauß an seinem ersten Todestag mit einer drei Meter hohen Bronzebüste neben dem Landratsamt, wo seine politische Karriere einst begonnen hatte. Das Land Paraguay druckt das Porträt des BMW-Fahrers Strauß auf eine Briefmarke, die BMW gewidmet ist.

Mancher Versuch, an ihn zu erinnern, wirkt hilflos. Wie schon nach dem Tod der Mutter gründen die Kinder – zusammen mit ihrer Tante Maria – auch in seinem Namen eine Stiftung. Sie soll sich um seine außenpolitischen Kontakte kümmern, gerät aber bald in Vergessenheit. »Zuviel des Guten?«, fragt *Bild.* »Weniger wäre mehr«, sagt der Politikprofessor der Münchner Universität, Paul Noack. »Das ehrende Gedenken wächst nicht mit der Größe und Anzahl der nach ihm benannten Bauten.«

Das bedeutendste Bauwerk, das an Strauß erinnern soll, ist der Flughafen München. Doch auch diese Ehrung für den Hobbypiloten verläuft nicht ohne Diskussionen: Die *Abendzeitung* befragt dazu ihre Leser. Ein junger Mann schlägt vor, statt dessen die Wiederaufbereitungsanlage in Wackersdorf, die Strauß vergeblich gegen den Widerstand der Bevölkerung durchsetzen wollte, nach ihm zu benennen. Das »wär' viel ehrlicher«. Die SPD plädiert dafür, an Stelle des Flughafens doch einfach eine Luftstraße, die der Hobbypilot selbst geflogen ist, zu wählen, und preist diese Idee als »zeitlos und billig«. Freilich würde sie auch niemand sehen. Aus Sicht der SPD ein Vorteil.

Das Satiremagazin *Titanic* macht sich lustig über das oft verzweifelte Bemühen, Strauß (nicht) zu ehren, und veröffentlicht einen fiktiven Stadtplan von München, in dem sie mehrere Strauß-Straßen durchnummeriert und zudem einen »Platz der Männerfreundschaft«, aber auch einen »Rudolf Augstein Schlachthof« einzeichnet. Wie zu seinen Lebzeiten, so weichen die Kinder auch jetzt der Kritik am Vater aus.

Die Strauß-Anhänger machen es den Kindern schwer, die Balance zu finden zwischen Gedenken und Loslassen. Sie dienen der Öffentlichkeit als Ersatzstrauß. Teilweise nehmen sie diese Rolle auch ganz bereitwillig an, denn sie wollen das Erbe beider Eltern bewahren. Daher beschließen sie auch, die begonnenen Memoiren des Vaters zu vervollständigen und zu veröffentlichen. Immerhin geht es dabei unter anderem um eine Million Mark Vorschuss.

Nun macht es sich bezahlt, dass der Chefredakteur des *Bayernkurier*, Wilfried Scharnagl, von Strauß einmal mit dem Ausspruch bedacht worden ist: »Scharnagl schreibt, was ich denke.« Wer also wäre als Herausgeber besser geeignet als dieser Mann? Er muss nichts neu schreiben, sondern hört nur die Tonbänder ab und ordnet die Aufzeichnungen. Alles bleibt O-Ton Strauß. Dabei wird Scharnagl vom Historiker Michael Stürmer unterstützt. Am Ende umfasst das Werk fast 640 Seiten. Strauß hatte doppelt so viel veranschlagt. Dann stellt sich die Frage, wo der Vorabdruck erscheinen soll.

Augstein hatte wegen Strauß einst 104 Tage ins Gefängnis gemusst, und Strauß stürzte wegen Augsteins Enthüllungen. Doch

Strauß hatte vor seinen größten Gegnern auch immer den meisten Respekt und fühlte sich ihnen auf seltsame Art verbunden. Ungeachtet seines Kampfes mit Augstein verstand Strauß sich bestens mit dem amtierenden Chefredakteur des *Spiegel*, Erich Böhme. Die beiden saßen oft stundenlang beisammen, und Strauß ließ sich gerne von ihm interviewen. Böhme kam zu CSU-Parteitagen, und Strauß respektierte ihn.

Böhmes Frau ist Literaturagentin. Als Strauß sich an seine Memoiren macht, vermittelt sie ihn an den Verleger Wolf Jobst Siedler, dessen Verlag zu Bertelsmann gehört und die erste Adresse für Politiker-Biographien ist. Siedler und Strauß treffen sich, parlieren Latein und verstehen sich bestens.

Trotz der Vermittlung von Böhmes Frau glaubt die Zeitschrift *Bunte* aus dem Burda-Verlag in München, den Vorabdruck der Memoiren publizieren zu dürfen. Zu seinen Lebzeiten war die Illustrierte Strauß stets gewogen gewesen. Als er stirbt, bringt *Bunte* eine große Farbstrecke. Natürlich hat der Verleger Hubert Burda gehofft, dass er für den Vorabdruck den Zuschlag erhält. Waren die Familien nicht immer befreundet gewesen? War nicht Strauß mit dem Vater auf die Jagd gegangen? War der Bruder nicht sogar von ihm in den Franzensclub berufen worden – den innersten Machtzirkel, in den es nur die allerengsten Spezis schafften?

Aber es kommt anders: Ausgerechnet der *Spiegel* erhält die Abdruckrechte. Posthum avanciert der tote Strauß plötzlich zum bestbezahlten Autor von Rudolf Augsteins Magazin. Und ausgerechnet *Bunte* kommt am 1. Juni 1989 mit dieser Enthüllung. Auf sechs Zeitschriftenseiten breitet die Illustrierte aus, dass Strauß in seinen Memoiren mit Kohl abrechne, kein Wort über Gauweiler verliere, viel Sympathie für Wehner und Respekt für Schmidt aufbringe. *Bunte* kennt zwar nicht das Manuskript, zitiert aber den Verleger Wolf Jobst Siedler und macht ungewollt Werbung für den Vorabdruck im *Spiegel*. Von Adenauer zeichne Strauß ein großes Porträt und präsentiere ihn überraschend als Freund von »Wein, Weib und Gesang«. Siedler ist begeistert: »Schon nach den ersten Seiten hat man ihn überlebensgroß. Man sieht ihn sogar spucken, das meine ich positiv. Es ist die Authentizität.«

Offen beklagt *Bunte:* »Strauß wollte, dass seine Memoiren in *Bunte* erscheinen. Er hatte es so mit *Bunte*-Herausgeber Günter Prinz ausgemacht.« Einen hämischen Seitenhieb auf den Gewinner in Hamburg kann der Verlierer aus München nicht unterdrücken. Augstein habe das Skript gekauft, ohne zu wissen, ob Strauß auch über ihn geschrieben habe. *Bunte* weiß natürlich auch das: »Strauß hat nicht. Kein einziges Wort.« Eine Falschmeldung, wie sich hinterher zeigt. Übrigens teilt Marianne Strauß das Schicksal von Augstein: Ihr Mann schreibt wenig über sie.

»Nicht nur der CSU«, schreibt *Bunte* drohend, »werden die Strauß-Kinder erklären müssen, warum sie ausgerechnet dem *Spiegel* die letzten Worte des großen Toten verkauften. Für mindestens 2,1 Millionen Mark.« Der Betrag wird wohl stimmen, denn bis zu dieser Summe habe die *Bunte* mitgeboten – und verloren, gesteht ihr Chefredakteur Lothar Strobach. Augstein erhielt den Zuschlag bei 2,1 Millionen und einer Mark. Augstein sagt: »Die Memoiren gehören einfach in den *Spiegel.* Deshalb hätte ich auch jeden überboten.«

Bunte ist sauer, sehr sauer sogar. Das Heft zeigt nicht nur eine Originalseite des Skripts, sondern bildet auch groß die Familiengruft in Rott ab, in der die Eltern liegen. Sie sei zum Wallfahrtsort geworden, schreibt *Bunte* unter das Bild. Vorwurfsvoll heißt es: Putz bröckle, der Teppich sei beschmutzt. »Viele wundern sich über den Zustand der Gruft. Schwamm an den Wänden, Risse in den Mauern.« Fettgedruckt prangt darüber der Hinweis auf das Honorar in Höhe von 2,1 Millionen Mark. Die Botschaft ist eindeutig: Die Kinder kassieren Millionen mit dem Vermächtnis, das sie jedoch zugleich verschimmeln und vergammeln lassen. *Bunte* präsentiert die Straußgeschwister als Rabenkinder. »Bestseller-Kinder«, nennt sie das Blatt abwertend.

Noch nie seien Politikermemoiren in Deutschland so hoch honoriert worden. *Bunte* rechnet vor, dass Monika, Max und Franz

Georg von jedem verkauften Buch 12 Prozent des Verkaufspreises von 58 Mark erhalten. Bei 300000 Exemplaren, auf die der Verlag allein bis Weihnachten hofft, seien das fast 2,1 Millionen Mark. Vom *Spiegel*-Vorabdruck kommen noch einmal 1,26 Millionen hinzu. »Insgesamt werden die Strauß-Kinder bis zum Jahresende um 3,7 Millionen Mark reicher sein.« *Bild* beklagt ein »Trauerspiel«.

Der *Spiegel* habe Strauß »verfolgt, geschmäht, gedemütigt, herabgesetzt, gelegentlich gar als ›Paten‹ (Mafia-Boß) abgemalt«, sekundiert die *Frankfurter Allgemeine Zeitung* und wirft den Kindern vor, das Vermächtnis ihres Vaters ohne politische oder moralische Bedenken »in ein Maximum an klingender Münze« umzuwandeln. Der Tote »wird sich im Grab herumdrehen«. Würde er das wirklich? Max Strauß wehrt sich: Er und seine Geschwister haben so entschieden, wie wohl auch der Vater entschieden hätte, sagt er. Auf keinen Fall wollten sie die Memoiren »in einem Kaffee-Blatt zwischen Brustsalbe und Tee-Diät« gedruckt sehen. Das Nachrichtenmagazin *Focus* gibt es damals noch nicht.

Der Verkauf der Memoiren ist nur ein Grund für die sich häufenden Angriffe, denen sich die Kinder plötzlich ausgesetzt sehen. Sie wollten das Elternhaus verkaufen, heißt es, weil den Brüdern das Haus zu groß ist. In Wirklichkeit wollen sie es nur vermieten. Der langjährigen Haushälterin, die sie großgezogen hat, kaufen sie eine Wohnung und sichern ihr lebenslanges Wohnrecht zu. Nicht verstummen wollen auch die Gerüchte über Streitereien mit der letzten Geliebten von Strauß, Renate Piller, die seit der Beerdigung kursieren. Angeblich haben vor allem die beiden Brüder sie abgelehnt. Nun heißt es, sie habe anwaltlich prüfen lassen, ob ihr aus der zweijährigen Verbindung Erbansprüche zustehen. Die *Abendzeitung* berichtet von 10000 Mark Schweigegeld und einem Mercedes, damit sie nicht öffentlich über die Beziehung spreche. Von Schweigegeld wollen die Kinder nichts wissen, aber sie gestehen, ihr beim Kauf des Wagens geholfen zu haben. Piller gibt an, sie habe 15000 Mark für ihre Auslagen für die Annullierung ihrer Ehe erhalten.

Vier Wochen später sind *Bunte* und Strauß-Kinder wieder versöhnt. Die Illustrierte darf das letzte Foto, das Strauß lebend zeigt, veröffentlichen. Dazu stellt *Bunte* ein Interview mit den Kindern, das von Sympathie und Verständnis geprägt ist. *Bunte* fragt, warum der *Spiegel* den Zuschlag bekommen hat. Max Strauß sagt: »Uns wäre lieber gewesen, wenn unser Vater diese Entscheidung selbst getroffen hätte. Wir glauben fest, dass auch unser Vater so wie wir entschieden hätte.« Mit seinen Interviews habe ihm immer daran gelegen, Gleichgesinnte wie Andersdenkende zu erreichen. »Mit der einmaligen Vergabe von Vorabdruckrechten können wir die deutsche Presselandschaft nicht ändern, in der es kein konservatives Nachrichtenmagazin gibt. Wir haben uns der Empfehlung des Siedler-Verlags angeschlossen, wobei finanzielle Erwägungen keine Rolle spielten. Die Differenz zwischen den zur Auswahl stehenden Geboten betrug genau eine Mark.«

20 Max Strauß

Politisch bleibt Max Strauß in der Kommunalpolitik haften. Er ist Schatzmeister des CSU-Ortsverbandes München-Perlach im Kreisverband Harlaching-Giesing. Doch auch in dieser Funktion gerät er in die Schlagzeilen. 1994 ermittelt die Kriminalpolizei gegen den CSU-Stadtrat Curt Niklas, einen Freund von Max Strauß, wegen einer Spendenaffäre bei diesem Ortsverband. Die Polizei bittet Strauß um Unterlagen. Er händigt sie aus und entgeht damit einer Durchsuchung. Über dieses Vorgehen beschwert er sich, bei der Justiz stimme es hinten und vorne nicht, und regt einen Rücktritt von Justizminister Hermann Leeb an: »Langsam ist der Justizminister fällig«, sagt Strauß. Daraufhin weist ihn Justizminister Leeb zurecht, in Bayern werde ohne Ansehen der Person ermittelt. Im Übrigen sei Strauß nur Zeuge, nicht Beschuldigter.

Solange Strauß gegen den Parteikollegen Richard Hundhammer kämpft, ist der Bundestagsabgeordnete Erich Riedl sein Bundesgenosse. Als ebenfalls im Jahr 1994 Gerüchte über Unregelmäßigkeiten aufkommen, wird Riedl beauftragt, die Kasse zu prüfen, und kommt zum Ergebnis, dass mehr als eine Viertelmillion Mark fehlen. Weil ein kleiner Ortsverband nicht soviel Geld hat, musste der Schatzmeister Schulden machen. Riedl fordert Rechenschaft von Schatzmeister Max Strauß. Der hat dafür gar kein Verständnis und sagt: »Erich, das eine merkst dir: Ein Strauß gibt in der Partei keine Rechenschaftsberichte ab.« Dass Strauß das ernst meint, beweist er, indem er seiner Schwester eine fünfstellige Summe aus der Parteikasse für ihren Wahlkampf spendet – obwohl sie in einem ganz anderen Ortsverband Mitglied ist. Wieder wird Kritik am »Familienbetrieb« laut.

Fortan liegen Strauß und Riedl im Streit. Als Riedl seinen Bericht vorlegt, hat er »den Eindruck, ich sei derjenige gewesen, der die Schulden verursacht hat«. Im Juni 1995 wird der Vorsitz im Kreisverband gewählt, und Riedl muss plötzlich feststellen, dass Strauß »gezielt junge Leute einschleust«. Max Strauß gewinnt die Wahl und löst Riedl nach sechzehn Jahren als Vorsitzender des Kreisverbandes ab. »Es ist unerträglich für das Ansehen der CSU, mit welchen Methoden ehrliche und verdiente Mitglieder abgewählt werden«, schimpft Riedl.

Der Streit wird erbitterter. Gegen den Willen von Strauß gewinnt Riedl im Januar 1998 die erneute Nominierung für den Bundestag – ausgerechnet gegen Strauß, der ebenfalls kandidiert. Riedl jubelt, doch in den Bundestag kommt er dennoch nicht. Der sicher geglaubte CSU-Wahlkreis geht überraschend an die SPD. Viele CSU-Wähler haben sich gegen Riedl entschieden. Ein Flugblatt fordert: »CSU wählen ohne Erich Riedl.« Der Urheber des Flugblatts bleibt anonym, aber der Text ähnelt auffällig einer Schrift, die Strauß und einige seiner Freunde zuvor verbreitet haben. Das Blatt wirft Riedl unter anderem vor, er habe den Fußballverein TSV 1860 München an den Rand der Pleite geführt und gegen ihn werde wegen Steuerhinterziehung ermittelt.

Nach dem Fall der Mauer erfährt die Öffentlichkeit von zahlreichen fragwürdigen Geschäften, die der Bayerische Ministerpräsident angeblich seinen Freunden vermittelt hat. Es geht um Fleischlieferungen einer Firma in Rosenheim, mit deren Inhaber er befreundet ist. Immer wieder taucht die Frage auf, ob Strauß für die Vermittlung Provisionen kassiert hat.

Bekannt wird auch, dass sich Strauß als bayerischer Ministerpräsident heimlich auf Geschäfte einließ, die sich nicht mit dem Amt vereinbaren lassen. Ab 1978 war Strauß auf eigenen Wunsch über eine Berliner Firma Minderheitsgesellschafter der Werbeagentur Contas seines Freundes Walter Schöll geworden. Staatliche und öffentlich-rechtliche Unternehmen zählten zu den Hauptkunden. Die Agentur machte u.a. Werbung für die Bayerische Rundfunkwerbung, die Bundesanstalt für Arbeit und die Staatliche Lotterieverwaltung. Zwischen 1983 und 1987 erhielt Strauß über 380000 DM. Nach seinem Tod zahlte Schöll die Kinder aus. Ohne Strauß verlor die Agentur 35 von 37 Millionen der jährlichen Werbeetats.

Sein Nachfolger Max Streibl pflegt wie Strauß engen Kontakt zu Unternehmern und stürzt über deren Einladungen in der so genannten Amigo-Affäre. Dessen Nachfolger Edmund Stoiber ist gewarnt und verkauft sich als Saubermann. Das mag nicht jedem unmittelbar einleuchten, denn Stoiber ist einst einer der engsten Mitarbeiter von Franz Josef Strauß gewesen.

Vor allem der Journalist Michael Stiller, Redakteur der *Süddeutschen Zeitung*, bleibt Max Strauß auf den Fersen und berichtet über die Skandale seines verstorbenen Vaters im Zusammenhang mit dem Arzt und Heilbad-Unternehmer Eduard Zwick und der Testamentsvollstreckung der Stiftung Baur. Als er enthüllt, dass der Vater für die Testamentsvollstreckung der Stiftung jährlich mehrere hunderttausend Mark einstrich, eine geringere Vergütung ablehnte und nach seinem Tod die Kinder einen Teil des Geldes kassierten, fordert die Öffentlichkeit, die Kinder sollten das Geld für einen gemeinnützigen Zweck hergeben.

Doch die weigern sich. Schließlich habe sich Franz Josef Strauß die Tätigkeit behördlich bestätigen lassen. Wer das Geld wolle, werde sich eine »blutige Nase« holen, droht Max Strauß. Den Journalisten Michael Stiller beschimpft er in einem Interview als »Mitglied der journalistischen Totenkopfdivision Joseph Goebbels« und als »ausgemachte Drecksau«. Stiller verklagt Strauß. Vor Gericht sagt Strauß: »Herr Stiller betreibt die Vernichtung des Andenkens meines Vaters.« Seine eigenen Formulierungen seien durch die Meinungsfreiheit gedeckt. Das Gericht sieht das anders und verbietet ihm die Äußerungen.

Auf die Beleidigung angesprochen, sagt Strauß einem Reporter, er gehe mit den Methoden vor, die auch sein Vater angewandt hätte: »Auf Druck reagiere ich mit Gegendruck. Schließlich heiße ich Strauß.« Dabei lacht er und wird ein Stück größer in seinem Stuhl. Er sagt, der Schatten des Vaters über seinem Leben werde sicherlich immer sein Schicksal bleiben, aber »es gibt schlimmere Schicksale«. Der Name Strauß habe den Vorteil, dass er alle Türen öffne. Das Problem sei nur, »dass ich es ja bin«, der dann drinnen stehen müsse.

Während die Kinder ihren Vater verteidigen, er habe sich nichts zu Schulden kommen lassen, bestätigt ein Zufallsfund aus alten Tagen, dass Strauß zwischen privat und öffentlich nie trennen mochte. Mit einem Schlag scheinen seine Kritiker im Nachhinein doch Recht zu bekommen. Im April 1996 sucht eine Frau auf einem Flohmarkt in Siegburg bei Bonn nach Schriftstücken von bekannten Persönlichkeiten. Die Hausfrau will ihrem Mann, der Autogramme sammelt, eine Freude machen. Sie stöbert dazu gerne in Nachlässen und Sachen, die aus Wohnungsauflösungen stammen. Unter einem Stapel Schellackplatten und Taschenbüchern stößt sie auf Akten mit der Unterschrift von Franz Josef Strauß. Sie kauft den ganzen Bestand, insgesamt elf Aktenordner, verteilt auf drei Kartons und eine alte braune Kunstledertasche. Die Akten tragen geheimnisvolle Aufschriften wie P-Finanzierung, Spenden-Aktion, Bau-Union, Wahlkampf, Schriftwechsel Strauß. Die Frau versteht nicht wirklich, worum es in den Papieren geht, aber irgendetwas sagt ihr, dass die Akten möglicherweise ein Geheimnis bergen, und sie entschließt sich, sie ins Bonner Büro des *Spiegel* zu bringen.

Dort bemüht sich Redakteur Hartmut Palmer wochenlang, die Papiere zu ordnen. Er nummeriert sie, legt Verzeichnisse über die darin erwähnten Personen an, erstellt eine Chronik der damaligen politischen Ereignisse. So findet er heraus, dass die Hausfrau durch Zufall auf die Originalakten des ehemaligen Schatzmeisters der CSU, Wolfgang Pohle, gestoßen ist. Pohle war im Hauptberuf

Geschäftsführer von Flick. Der Jurist vereinte damit auf wunderbare Weise zwei Ämter, die der CSU zu Gute kamen.

Strauß hatte sich immer gut mit Karl Friedrich Flick verstanden. Pohle musste nicht in Bierzelten um Stimmen kämpfen, Strauß sorgte dafür, dass er wie auch sein Steuerexperte Reinhold Kreile einen sicheren Listenplatz für den Bundestag bekamen. Pohle und Kreile waren somit seine ganz persönlichen Abgeordneten. Dies rechtfertigte eine gewisse Großzügigkeit von Flick, der mit den beiden ebenfalls über zwei Abgeordnete im Bundestag verfügte. Nicht nur Pohle, auch Kreile bezog sein Geld von Flick: Pohle war der Geschäftsführer, Kreile der Vorsitzende des Aufsichtsrates von Flick. Eine einmalige Konstruktion von Strauß und Flick.

Mit Pohle verwaltete also der Mann die Parteikasse, der zugleich großzügig Spenden verteilte. Er konnte mit der linken Hand des Schatzmeisters nehmen, was die rechte Hand des Geschäftsführers gab. Pohle übte dieses Amt vom 30. Juni 1967 bis zum 27. August 1971 aus. An diesem Tag starb er an einem Herzinfarkt. Seine penibel geführten Akten hatten vermutlich in seiner Bonner Abgeordnetenwohnung gelegen und kamen später im Zuge der Auflösung der Wohnung auf den Flohmarkt.

Im Juli 1996 veröffentlicht der *Spiegel* jedenfalls eine zweiteilige Geschichte über »Das Geld, die Macht und FJS« und schreibt: »Die Akten aus dem Siegburger Pharaonengrab enthüllen, was die Öffentlichkeit immer schon ahnte und nie ganz beweisen konnte. So nackt und bloß standen bisher nur Otto Graf Lambsdorff und seine FDP in der Parteispendenaffäre der achtziger Jahre vor ihrem Publikum.«

Demnach hat Strauß in den sechziger Jahren die Sonderkonten der Partei auf eine Art geführt, dass nicht einmal seine engsten Parteifreunde darüber Bescheid wussten. Die Briefe und Vermerke von Pohle zeugen davon, wie der Schatzmeister immer wieder versucht, sich Klarheit über den Kassenstand zu verschaffen. Dass Strauß auch seine Frau zu den Besprechungen mit dem

Schatzmeister holt, lässt den Rückschluss zu, dass die Finanzen des Politikers Strauß von denen des Privatmannes Strauß nie sauber getrennt waren. Seine Frau kümmert sich um die Finanzen der Familie. Warum sonst sollte sie an den Beratungen teilnehmen?

Jahrzehnte nach dem Untersuchungsausschuss zur Fibag-Affäre und dem Sturz von Strauß als Verteidigungsminister scheint offensichtlicher denn je, dass Strauß seinem Freund Hans Kapfinger die damals viel kritisierte Bestätigung keineswegs nur aus Hilfsbereitschaft geschrieben hat. Damit nicht genug. Darüber hinaus belegen die Akten, dass Strauß mit Parteigeldern, von der Öffentlichkeit unbemerkt, eine Firma finanziert hat, die mit Hilfe seines Insiderwissens als Verteidigungsminister am Aufbau von Wohnungen verdienen sollte. Während er wegen eines ähnlichen Vorgehens beschuldigt und von einem Untersuchungsausschuss befragt wird, lässt er sich auf eine noch viel dubiosere Sache ein. Der mehrfache Interessenkonflikt kann für einen Minister – sofern er denn je ans Licht kommt – nur eines bedeuten: den sicheren Rücktritt. Die Akten scheinen die hartnäckigen Angriffe des *Spiegel* Jahrzehnte später zu bestätigen.

Als *Spiegel*-Autor Dirk Koch den CSU-Politiker Fritz Zimmermann zu der Sache befragt, will dieser zunächst nichts sagen. Als Koch ihm daraufhin einen Vermerk präsentiert, wonach er, Zimmermann, Pohle bestätigt, er halte seinen Anteil an der Bau-Union treuhänderisch für Strauß, kann Zimmermann sich nicht zurückhalten. Er beklagt den »Akt groben Leichtsinns, solche Akten nicht in den Reißwolf zu stecken«. Er selbst habe »immer alles« vernichtet, entfährt es ihm. Koch befragt auch Max Streibl, der wie Zimmermann einst Generalsekretär der Partei war, nach dem Tod von Strauß Ministerpräsident wurde und wegen einer Amigo-Affäre zurücktreten musste. Nach Einsicht der Akten schimpft Streibl: »Mein Gott, das ist ja unglaublich, wenn ich bedenke, wie die es getrieben haben und weswegen ich zurückgetreten bin. Das waren, daran gemessen, wirklich nur Lappalien.« Das Staunen und die Verärgerung von Zimmermann und Streibl dienen den Autoren des *Spiegel* auch als Bestätigung. Es ist eine unglaubliche Geschichte, die auf unglaubliche Art zu dem Nachrichtenmagazin kam.

Doch als der *Spiegel* die Geschichte der Sonderkonten ausführlich erzählt und dafür viele Belege bringt, hält sich die Empörung in der Öffentlichkeit in Grenzen. Vielleicht liegt es am Sommerloch, immerhin ist es Ende Juli. Aber vielleicht liegt es auch daran, dass Strauß acht Jahre tot ist und man einen Toten nicht mehr zum Rücktritt zwingen kann. Die Opposition registriert die Geschichten – und schweigt. Wenige Zeitungen melden die Entdeckung, nur die *Süddeutsche Zeitung* bringt einen zusammenfassenden Bericht und befragt die CSU-Politiker Glück und Waigel. Tage später ist alles wieder vergessen.

Was der *Spiegel* nur anklingen lässt, bestätigen Pohles Vermerke: Die Rolle von Marianne Strauß ist nicht die einer Unbeteiligten, im Gegenteil. Sie nimmt nicht nur an den Besprechungen teil, sondern verwaltet teilweise auch die Konten. Die Einheirat in die Zwicknagl-Familie hat Strauß kein Bargeld gebracht, aber eine Ehefrau, die volkswirtschaftlich mindestens so gewandt ist wie er selbst. Der Beginn des Investments in die Bau-Union fällt jedenfalls in die Zeit, als sie die Finanzen der Familie übernimmt.

Im Dezember 1995 heiratet Max Strauß im Alter von 36 Jahren seine langjährige Freundin Gabriele, eine ein Jahr jüngere Architektin. Die Hochzeit findet in Verona statt, angeblich, weil dort viele Freunde des Paares wohnen. Die Trauung wird allerdings auf Deutsch gehalten.

Gabriele erwarte sich von ihrem Mann vor allem Sicherheit, wird es später heißen. Doch als das Paar aus den Flitterwochen zurückkehrt, erwartet sie am Münchner Flughafen ein Staatsanwalt und teilt mit, dass ihre Wohnung durchsucht werde. Gegen Max Strauß wird nun wegen Steuerhinterziehung ermittelt.

Die Ermittler legen ihm zur Last, er habe Provisionen von Karlheinz Schreiber erhalten, das Geld aber nicht versteuert. Tatsächlich hat Schreiber viel Geld mit Rüstungsgeschäften verdient. Die Fuchs-Panzer, die er nach Saudi-Arabien vermittelt, haben nur einen Wert von rund 30 Millionen Mark. Saudi-Arabien zahlt aber 227 Millionen Mark dafür. Außerdem kauft der Staat für 219 Millionen Mark ein Logistikpaket, das zur Tarnung von Provisionen dient. Schreiber teilt sich das Geld mit seinen Verhandlungspartnern in Saudi-Arabien und zahlt seinen Helfern Provisionen. Ist Strauß an diesem und an anderen Geschäften beteiligt? Nach Ansicht der Ermittler hat er erkennbar beim Verkauf von 17 Flugzeugen nach Thailand geholfen.

Für diese Transaktionen beschäftigt Karlheinz Schreiber in der Schweiz einen Treuhänder namens Giorgio Pelossi. Irgendwann geraten Pelossi und Schreiber über nicht eingehaltene Vereinbarungen aneinander. Pelossi weiß viel, und Schreiber fürchtet, er könnte ihn beim Finanzamt anschwärzen. Deshalb geht Schreiber im Februar 1995 selbst zu den Steuerfahndern. Denen kommt sein grundloser Auftritt und seine Versicherung, er habe nichts zu verbergen, seltsam vor. Sie beginnen Ermittlungen anzustellen und stoßen bei einer Durchsuchung seines Hauses in Kaufering im Oktober auf Kalender aus den Jahren 1991 bis 1994 mit vielen Namen bekannter Politiker, Ziffern und merkwürdigen Eintragungen. Schreiber führt fein säuberlich Buch über die vielen Schmiergelder, die er für seine Waffengeschäfte verteilt. Immer wieder tauchen die Namen Master und Maxwell auf, hinter denen die Ermittler Franz Josef Strauß und seinen Sohn Max vermuten. Sie werfen Strauß vor, die Gelder nicht versteuert zu haben.

Im Januar 1996 untersucht die Staatsanwaltschaft Augsburg Wohnung und Büro von Max Strauß. Dabei nimmt sie auch die Festplatte seines Computers mit. Hinterher muss sie feststellen, dass die Festplatte kurz zuvor gelöscht worden ist. Als die Ermittler den Datensatz lesbar machen möchten, verschwindet die Festplatte auf unerklärliche Weise während des Transports. Jahrelang ermittelt die Staatsanwaltschaft Augsburg. Max Strauß und seine Geschwister beklagen bis heute die Unmöglichkeit dieses Vorgehens, das einer jahrelangen Vorverurteilung gleichkomme. Allerdings haben es die Ermittler nicht leicht. Immer wieder haben sie den Eindruck, dass Strauß gewarnt wird, wenn eine Untersuchung ansteht. Immer wieder werden Untersuchungen verschleppt. Zeitungen berichten darüber, so dass Strauß seine Ermittler einmal begrüßt, sie hätten sich ja praktisch angekündigt. Die Ermittlungen ziehen sich so lange hin, dass nur noch wenige Eingeweihte sie aufmerksam verfolgen. Aber im Zuge der Parteispendenaffäre der CDU geraten Karlheinz Schreiber und Max Strauß plötzlich bundesweit ins Rampenlicht. Nun wird Max Strauß nicht mehr als der Sohn eines fähigen und gefürchteten Politikers gesehen, der vergeblich seinem Vater nacheifert. Beobachter fragen sich, ob Max Strauß der Öffentlichkeit mit seiner arroganten und manchmal abweisenden Art nur etwas vorspielt, in Wirklichkeit aber die Geschäfte des Vaters auf erfolgreiche Art fortgeführt hat. Hat Max Strauß vom Vater gelernt, sich aus der Öffentlichkeit zumindest so weit herauszuhalten, dass seine fragwürdigen Geschäfte nicht aufgedeckt werden? Zweimal muss er in Berlin und München vor Untersuchungsausschüssen aussagen, weil Schreiber zufolge die Gelder eigentlich für die CSU gedacht gewesen seien. Max Strauß befindet sich in einer schwierigen Situation. Soll er, um die Vorwürfe gegen ihn persönlich zu entkräften, die CSU und damit das Erbe seines Vaters belasten? Max Strauß schweigt.

Karlheinz Schreiber entkommt einer Festnahme durch seine Flucht nach Kanada. Journalisten spekulieren immer wieder, wann gegen Strauß ein Haftbefehl erlassen wird. Im Sommer 2000 legen sie sich vor seinem Haus auf die Lauer, um bei der Verhaftung live dabei zu sein. Strauß kommt laut *Zeit* nachts im Bademantel aus dem Haus und beschimpft sie. Die Vorwürfe drohen schon zu verjähren, als die Staatsanwaltschaft Augsburg im September 2002 schließlich Anklage erhebt. Der Druck auf Strauß nimmt zu. Manchmal fühlt er sich verfolgt, geht bei vertraulichen Angelegenheiten zum Telefonieren vor seine Kanzlei in der Brienner

Straße. Irgendwann nimmt die Kanzlei seinen Namen vom Firmenschild. Er ist eine Belastung geworden.

Im März 2003 gibt Strauß den Vorsitz des CSU-Kreisverbandes im Münchner Südosten an seinen alten Spezi Curt Niklas ab und wird sein Stellvertreter. Im Juni 2003 drängt ihn sein Anwalt Wolfgang Dingfelder, seine Zulassung als Anwalt zurückzugeben. Immerhin drohen ihm Anklagen wegen Betrugs und Steuerhinterziehung. Er habe ihm dazu geraten, um dem Ansehen des Berufsstandes nicht zu schaden, sagt Dingfelder später der Presse. Noch ahnt in der Öffentlichkeit niemand, wie schlimm es um Max Strauß steht. Im Sommer und Herbst 2003 sieht Max Strauß sich mit zwei Verfahren konfrontiert: Neben des Verdachts der Steuerhinterziehung droht ihm auch eine Anklage wegen eines Anlagebetrugs, bei dem es um hundert Millionen Euro geht. Der Druck steigt. Im Oktober 2003 wird bekannt, dass das Finanzamt mit sofortiger Wirkung 2,6 Millionen Euro von Strauß fordert. Das Finanzamt interessiert nicht, ob er bereits rechtskräftig verurteilt ist. Die Fahnder ordnen ihm das Geld einfach zu. Strauß erhebt Einspruch, wie seit Jahren bei ähnlichen Forderungen.

Lange Zeit hat Max Strauß die Wirklichkeit verdrängt. Bescheide der Finanzbehörden und andere Post öffnet er schon seit Jahren nicht mehr. Vieles nimmt er nicht mehr wahr. Aus der Kanzlei in der Innenstadt ist er längst ausgetreten und hat den Arbeitsplatz in sein Heim nach Harlaching verlegt. Doch auch dort tut Max Strauß nichts mehr. Er sagt nichts mehr, sondern sitzt nur noch zu Hause herum und ist nicht mehr ansprechbar. Seine Frau Gabi nimmt zunächst an, dass er sich Sorgen über den Prozess macht. Doch irgendwann wird es ihr zu viel. Sie hat zwei Töchter im Alter von vier und sechs Jahren zu Hause, und vermutlich kommt sie sich manchmal vor, als habe sie nun drei Kinder zu versorgen. Mit Schrecken erinnert sie sich an den Urlaub, als ihr Mann sehenden Auges in ein anderes Auto fuhr. Das Verhalten ihres Mannes macht ihr große Sorgen.

Sie ruft ihren Schwager Franz Georg an und sagt: »Du musst unbedingt rüberkommen, ich weiß nicht mehr weiter. Du musst mir helfen. Der Max muss in eine Klinik.« Monika Hohlmeier erreicht ein ähnlicher Hilferuf. Gemeinsam organisieren sie die Einlieferung in die Uniklinik. Franz Georg und seine Schwägerin Gabriele bringen Max am 1. September 2003 in die Psychiatrische Klinik. Die Ärzte untersuchen ihn und stellen fest, dass er längerfristig behandelt werden muss, er leide an einer manischen Depression. Sie geben ihm Medikamente und verordnen ihm viel Ruhe. Er soll weder lesen noch fernsehen. Er beginnt eine Gesprächstherapie.

Als die Ärzte über Selbstmordgefahr sprechen, erschrecken seine Frau und Geschwister. Allerdings stellen die Ärzte bald fest, dass die Gefahr bei Max nicht allzu groß sei, weil er sehr an seiner Familie hängt. Stark gefährdete Patienten kommen in ein Vierbettzimmer, damit sie sich gegenseitig im Auge haben, Max dagegen bekommt ein Einzelzimmer. Damit die Öffentlichkeit nichts von seiner Einlieferung ins Krankenhaus erfährt, erzählen seine Frau und die Geschwister Freunden und Bekannten, Max habe einen Hörsturz erlitten und brauche Ruhe.

Zum 15. Todestag von Franz Josef Strauß am 3. Oktober 2003 sendet der *Bayerische Rundfunk* einen Film, in dem nur Franz Georg und Monika auftreten. Sie entschuldigen Max bei den Dreharbeiten. Der ehemalige Innenstaatssekretär Peter Gauweiler würdigt sein Vorbild in der *Abendzeitung* und schreibt: »Er liebte die Bayern wie seine Familie und lebt heute in seinen Kindern fort: der so tüchtigen und starken Monika, dem liebenswürdig-heiteren Franz und dem schwer geprüften Max, den Hass und Angst vieler Gegner bis heute verfolgen.«

Mitte Oktober informieren die Geschwister die Staatsanwaltschaft in Augsburg über die Einlieferung ins Krankenhaus. Am nächsten Tag weiß offenbar die Presse davon. Monika Hohlmeier und Franz Georg Strauß entschließen sich, über den Gesundheitszustand nicht länger zu schweigen, sondern offensiv damit umzugehen. Der Münchner *Abendzeitung* bestätigt Monika Hohlmeier, dass zum Zeitpunkt des Zusammenbruchs »höchste Selbstmordgefahr« bestanden habe. »Wir mussten uns ernsthafte Sorgen machen.« Nach außen hin habe Max Strauß so getan, als machten ihm die Ermittlungen nichts aus, aber in Wirklichkeit hätten ihm die jahrelangen Verdächtigungen stark zugesetzt. »In den letzten zehn Jahren persönlicher Gejagtheit ist der Mensch Max Strauß zerbrochen«, sagt seine Schwester.

Er habe sich immer mehr abgeschottet. »Man hat es ihm ja direkt angesehen. Er hat in einem unglaublichen Ausmaß zugenommen und allen Kummer in sich reingefressen.« Der Druck, ältester Sohn von Franz Josef Strauß zu sein, sei für ihn einfach zu groß gewesen, sagt die Schwester. »Er wollte nie als schwach gelten, immer Stärke zeigen. Seinen weichen Kern hat er vor allen versteckt.« Hinter seiner Arroganz sei »ein hohes Maß an Verzweiflung« gewesen. »Er war an einem Punkt angekommen, wo er wirklich nicht mehr konnte.« Den Prozess wolle ihr Bruder nicht verschieben, sagt Hohlmeier. »Es geht ihm physisch schon besser. Auch das Psychische werden die Ärzte Zug um Zug in den Griff bekommen. Und niemand ist froher als mein Bruder Max Strauß, wenn endlich ein Ende ist, welches Ende auch immer.«

Nun, da der Gesundheitszustand von Max Strauß in der Presse debattiert wird, sind seine Geschwister nicht mehr bemüht, seinen Zustand geheim zu halten. Im Gegenteil, sie gehen mit ihren Erklärungen selbst an die Presse. Franz Georg ist medienerfahren. Im Regionalprogramm von Sat1 moderiert er eine eigene Sendung mit dem Titel »Strauß trifft …«. Franz Georg gibt *Bunte* ein Interview und erzählt, wie sich seine Schwägerin an ihn wandte, er seinen Bruder in die Klinik brachte, wie es ihm geht und wie die Familie mit der Situation umgeht. Über den Prozess sagt er: »Letztendlich ist es mittlerweile egal, was bei dem Prozess am Ende rauskommt: Der Ruf meines Bruders ist längst ruiniert, sein öffentliches Ansehen ist schwer beschädigt.« Die Reporterin meint: »Das klingt fast so, als fühle sich die Familie Strauß verfolgt?« Franz Georg Strauß antwortet: »Es gibt zwei Seiten bei dem Namen Strauß: Die Monika hat sozusagen den politischen Bonus bekommen, und der Max kriegt die gesamte ›Fürsorge‹ derer ab, die sich zu Lebzeiten unseres Vaters niemals getraut hätten.« Monika Hohlmeier hofft, dass die Krankheit vielleicht auch ihr Gutes habe. Vielleicht werde ihr Bruder nun in der Öffentlichkeit anders wahrgenommen, vielleicht werde nun auch der Mensch Max Strauß gesehen.

Anfang November 2003 beraten sich Monika Hohlmeier und Franz Georg Strauß mit dem Verteidiger des Bruders. Es geht wieder einmal um seinen Gesundheitszustand. Während sie zunächst versichert hatten, Max sei an einem baldigen Beginn des Prozesses interessiert, sehen sie die drohenden Gerichtsverhandlungen nun offenbar mit anderen Augen. Nach der Besprechung zitiert der *Spiegel* Strauß' Anwalt Wolfgang Dingfelder mit den Worten: »Es gibt konkrete Anhaltspunkte, dass Herr Strauß spätestens ab 1996 in seiner persönlichen Struktur in Schieflage gekommen sein könnte.« Das Nachrichtenmagazin folgert daraus, dass Familie und Rechtsberater »mit einem Mal Zweifel an der Zurechnungsfähigkeit des Juristen Max Strauß« hegen. Gegenüber dem TV-Magazin *Report* aus München sagt Dingfelder, er habe ernsthafte Zweifel, ob sein Mandant »einen Totaldurchblick gewinnen konnte«. Ein Sachverständiger, so der *Spiegel*, »so wollen es Familie und Anwälte, soll die von Medikamentenkonsum begleitete psychische Fehlentwicklung ›schon viele Jahre zurückliegend‹ attestieren«.

Der *Spiegel* fasst diese neuerliche Wende mit den Worten zusammen: »Max Strauß ist also seit langem psychisch krank? Schuldunfähig? Eine brutal harte Diagnose [...] Ein Urteil, das das Ende jeder beruflichen Laufbahn für den einst so mächtigen Filius bedeuten kann. Oder ist die juristische Situation von Max Strauß so ausweglos, dass nur noch ein Gutachten des Amtsarztes ihn vor dem Knast bewahren kann?« Der *Stern* geht noch einen Schritt weiter in seinen Spekulationen: »Der ›Jagdschein‹, wie verminderte Zurechnungsfähigkeit an Bayerns Stammtischen drastisch heißt, würde zwar das Ende der beruflichen Karriere des ältesten Sohnes von Franz Josef Strauß bedeuten, aber ihn, seine ministeriale Schwester, den jüngeren Bruder Franz Georg, vor allem aber die CSU möglicherweise vor weitaus größeren Schwierigkeiten bewahren.«

Der Arzt von Max Strauß äußert sich öffentlich. Das kann nur mit Zustimmung der Angehörigen geschehen sein. Ende November kritisiert der Vorsitzende der SPD-Landtagsfraktion und Oppositionsführer im Bayerischen Landtag, Franz Maget, die Prozess-Strategie der Familie Strauß und den Krankenhausaufenthalt: »Ganz offensichtlich soll dies zur Verhandlungsunfähigkeit von Max Strauß führen, um so den Prozess mit allen Mitteln zu verhindern«, betont Maget. »Offenbar wird darin die einzige Chance gesehen, die gesamte Familie Strauß vor schwerwiegenden juristischen Konsequenzen zu bewahren, die aus dem Verfahren in Sachen Karlheinz Schreiber folgen könnten, denn dies könnte auch eine Gefährdung der weiteren Karriere der Tochter von Franz Josef Strauß, Bayerns Kultusministerin Monika Hohlmeier nach sich ziehen.« Die Opposition muss viele Konjunktive einsetzen und Windungen machen. Jedenfalls ist sie bereit, den Prozess für ihre Zwecke zu nutzen. Nach Max Strauß soll seine Schwester Monika dran sein. Hat nicht Karlheinz Schreiber gesagt, das Geld für Strauß sei eigentlich für die CSU bestimmt gewesen?

Das Augsburger Gericht bittet mit Richard Gruber einen unabhängigen Arzt um ein Gutachten. Ist Strauß verhandlungsfähig? Das Gericht will das Verfahren nicht gefährden. Gruber untersucht Strauß und kommt in einem Zwischengutachten am 4. Dezember 2003 zum Ergebnis, er sei täglich nicht länger als eineinhalb Stunden belastbar. Im Klartext: Max Strauß ist verhandlungsunfähig. Offenbar kommt Strauß über Weihnachten und Neujahr zu Kräften, denn am 8. Januar 2004 legt Gruber dem Landgericht Augsburg ein weiteres Gutachten vor und bestätigt auf 18 Seiten, »dass der Angeklagte Max Josef Strauß die Fähigkeit besitzt, im Rahmen einer Hauptverhandlung seine Interessen vernünftig zu vertreten«.

Bevor das Augsburger Landgericht über die Eröffnung des Prozesses gegen Strauß entscheidet, will Monika Hohlmeier die Öffentlichkeit für ihren Bruder gewinnen und lädt eine Reporterin der *Süddeutschen Zeitung* zu einem ausführlichen Gespräch ins Ministerium. Sie erzählt ihr, wie sie und ihr Bruder Franz Georg von der Krankheit erfahren haben: Die Geschichte erscheint auf Seite drei und wird zu einem Appell der Geschwister an die Justiz, ihrem Bruder den Prozess zu ersparen. Anwalt Dingfelder beklagt ein medizinisches Wunder. Kann es wirklich sein, dass Strauß innerhalb eines Monats gesundet ist? Der Vorsitzende Richter Max Hofmeister klärt auf, das Zwischengutachten sei zwar unter der Federführung von Gruber entstanden, habe sich aber ausschließlich auf Angaben der behandelnden Ärzte gestützt. Das neue Gutachten sei nun das abschließende Urteil des Gerichtsarztes. Im Klartext: Die Verhandlung kann wie geplant stattfinden.

Tatsächlich beginnt am 20. Januar 2004 im Sitzungssaal 101 im Justizgebäude in Augsburg der Prozess gegen den 44-jährigen Max Josef Maria Strauß. Als er mit drei Anwälten vor dem großen Schwurgerichtssaal erscheint, flackert das Blitzlichtgewitter der Fotografen auf, Fernsehteams drehen seine Ankunft. Schnell verschwindet Strauß mit seinen Verteidigern in einem Nebenraum. Er erscheint erst kurz vor Beginn der Verhandlung wieder. Den Vorsitz führt mit Maximilian Hofmeister ein erfahrener Richter, der bereits die Verfahren gegen den ehemaligen CDU-Schatzmeister Walther Leisler Kiep und die Thyssen-Manager Winfried Haastert und Jürgen Maßmann leitete. Er kennt die 300 000 Seiten Ermittlungsakten, verteilt auf mehr als 170 Aktenordner. Falls er mal ein Detail vergessen hat, sitzt neben ihm ein Kollege, der auf seinem Laptop jederzeit Zugriff zu sämtlichen Akten hat. Ein Tastendruck, und schon kann Hofmeister ins Detail gehen mit einer Nachfrage.

Die Öffentlichkeit erhält Einblick in wichtige Akten, indem das Gericht sie an eine Wand projiziert. Hofmeister ist nicht nur Richter, sondern auch Pressesprecher. Ihm liegt sehr an der Vermittlung und daran, dass die Öffentlichkeit dem Verfahren folgen kann. Die Zuhilfenahme von Laptop und ähnlicher Technik wird er ein halbes Jahr später in seinem Urteilsspruch als beispielhaft erwähnen. Nur so könne man in einem so komplexen Verfahren die Übersicht behalten und die Öffentlichkeit am Weg der Urteilsfindung teilhaben lassen. Vermutlich liegt Hofmeister nicht nur wegen der Größe des Verfahrens und der vielen Akten besonders daran, dass die Öffentlichkeit den Prozess nachvollziehen kann.

Er weiß natürlich, dass auf der Anklagebank jemand sitzt, dessen Herkunft manche Leute besonders darauf achten lässt, ob alles mit rechten Dingen zugeht. Wie schon bei seinem Vater Franz Josef, so teilen sich auch jetzt bei Max die Meinungen: Die einen glauben, ein Strauß werde sicher geschont von einem bayerischen Gericht. Sie wollen ihn verurteilt sehen. Die anderen glauben, dass Max Strauß kein faires Verfahren erhält und stellvertretend für seinen Vater büßen muss. Beide Seiten spiegeln die polarisierten Meinungen über Franz Josef Strauß.

Es geht nicht nur um die richtige Interpretation von Akten. Der Gesundheitszustand von Max Strauß war und ist ein wichtiges Thema. Am Tag vor Beginn der Verhandlung hat *Bild* Hans-Jürgen Möller, Direktor der Psychiatrischen Klinik an der Nußbaumstraße, befragt: »Was die Depression betrifft, haben wir in den letzten Monaten eine deutliche Verbesserung erzielt«, sagt Möller. »Aber die große Frage lautet: Wie geht der Prozess aus? Die Depressionen können wieder auftreten. Im Fall einer Verurteilung muss man ernsthaft damit rechnen, dass er suizidal wird.«

Strauß hat im Krankenhaus 20 Kilo abgenommen. Er wirkt apathisch. Sein Verteidiger Wolfgang Dingfelder, der ihm nur bis zur Schulter reicht, führt ihn am Arm und sagt, sein Mandant nehme Tabletten. Der Richter weiß natürlich, dass die Gesundheit von Max Strauß das Risiko einer Revision birgt. »Über Ihren Gesundheitszustand ist leider öffentlich viel, zu viel geschrieben worden«, wendet sich Hofmeister an den Angeklagten. »Bitte trauen Sie diesem Gericht.« Die zehnte Strafkammer werde gegen niemanden verhandeln, der krank ist. Hofmeister wirbt um Verständnis: Die Justiz müsse alle Bürger gleich behandeln. Zu Strauß gewandt sagt er: »Wir bitten Sie, uns zu signalisieren, wenn es Ihnen nicht gut geht.« Strauß sagt nichts. Er nickt nur, als sein Wohnort und sein Geburtsdatum verlesen werden. Beruf? Er sagt leise »Jurist«, nicht Anwalt. Seine Zulassung als Rechtsanwalt hat er ja vor Monaten zurückgegeben.

Der Gerichtsarzt Richard Gruber erwähnt im Zeugenstuhl, dass Strauß an Depressionen, Bluthochdruck und Sprechdurchfall leide. Aber nach seiner Einschätzung ist Strauß verhandlungsfähig. Hofmeister lässt diese Einschätzung ins Protokoll aufnehmen. In seiner nächsten Ausgabe berichtet *Focus*, Strauß habe den ersten Verhandlungstag »mit Valium vollgepumpt [...] wie in Trance über sich ergehen« lassen. Ohne es auszusprechen, wirft *Focus* dem Gericht vor, gegen einen Kranken zu verhandeln. In den folgenden Wochen und Monaten wird Hofmeister den Zustand des Angeklagten nie aus den Augen verlieren und sich zu Beginn der Sitzungen stets bei Max Strauß nach dessen Befinden erkundigen.

Strauß antwortet dann, nicht so gut, den Umständen entsprechend, so lala, geht schon. Sonst schweigt er. Hofmeister wird seine Antworten stets ins Protokoll diktieren. Die Antworten besagen nach Meinung des Gerichts nichts anderes, als dass Strauß weiterhin verhandlungsfähig ist. Hofmeister will sich gegen einen eventuellen Einspruch der Verteidigung wappnen. In den folgenden Wochen sitzen oft nur zwei, manchmal sogar nur ein Verteidiger neben Max Strauß. »Wohl auch aus Kostengründen«, vermuten die Prozessreporter Armin Friz und Annemarie Ruf des *Bayerischen Rundfunks*.

Der Staatsanwalt wirft Strauß vor, 1988 bis 1993 insgesamt 5,2 Millionen Mark vom Lobbyisten Karlheinz Schreiber erhalten, aber nicht versteuert zu haben. Strauß habe das Geld für Hilfe beim Verkauf von Airbus-Flugzeugen in Kanada, Saudi Arabien und Thailand erhalten. Allerdings habe Schreiber das Geld für Strauß treuhänderisch auf einem Konto des Schweizer Bankvereins gehalten, auf einem Rubrikkonto mit der Bezeichnung *Maxwell*. Strafbar ist weder die Vermittlung der Geschäfte noch die Provision. Strafbar ist, dass Strauß die Einnahmen nicht versteuert hat. Dreh- und Angelpunkt des Prozesses wird daher die Frage, ob Strauß das Geld erhalten hat oder darüber verfügen konnte. Lässt es sich belegen, muss er ins Gefängnis. Wenn nicht, muss er freigesprochen werden.

Als der Staatsanwalt die Millionen erwähnt, die auf das *Maxwell*-Konto geflossen seien, hält der Verteidiger von Max Strauß, Wolfgang Dingfelder, kurz und bündig dagegen, sein Mandant habe nie etwas von *Maxwell* gehört – bis er plötzlich mit den Vorwürfen konfrontiert worden sei. Länger dauern dagegen die Ausführungen des zweiten Verteidigers, Professor Heiko Lesch, der betont, wenn das Gericht schon gegen Max Strauß verhandle, dann müsse es auch den ehemaligen kanadischen Premierminister Brian Mulroney und den ehemaligen Bundeskanzler Helmut Kohl laden und vernehmen.

Bevor die Beweisaufnahme zur Sache beginnen kann, legt der dritte Verteidiger Hans Dahs dar, warum gegen Strauß nicht verhandelt werden darf. Er sagt nicht, Strauß sei dazu nicht in der Lage. Statt die Einstellung des Verfahrens zu beantragen, sagt Dahs lediglich, Strauß habe sich nicht ausreichend vorbereiten können. »Besprechungsversuche betreffend des Verhandlungsstoffs mussten nach jeweils zehn bis fünfzehn Minuten als aussichtslos abgebrochen werden.« Sein Kollege Dingfelder attackiert den Gerichtsmediziner, weil der der Presse gegenüber gesagt habe, es sei schwierig, einen erfahrenen Gutachter »hinters Licht zu führen« – und damit genau dies Strauß unterstellt habe. Das hat Gruber allerdings nie behauptet.

Der wichtigste Zeuge sitzt in Kanada und verweigert die Aussage. Karlheinz Schreiber ist geflüchtet, und er würde sich mit einer Aussage womöglich selbst belasten. Andererseits hat sich der Waffenhändler bereits mehrfach öffentlich zu den Vorwürfen geäußert. Hofmeister sieht daher »keinen Grund, warum er nicht auch bei uns etwas sagen sollte«. Wenn er es nicht in Deutschland tue, wo ein Haftbefehl gegen ihn besteht, würde das Augsburger Gericht auch nach Kanada reisen, um seine Vernehmung durch ein kanadisches Gericht zu beobachten. Deshalb beantragt Hofmeister Rechtshilfe in Kanada. Wird man Schreiber vernehmen können?

Als am ersten Verhandlungstag bekannt wird, dass das Finanzamt den Besitz von Max Strauß in Rott am Inn gepfändet hat, entsteht außerhalb des Gerichtssaals eine Diskussion über die finanziellen Probleme von Max Strauß und ihre bizarren Folgen. Muss er Steuern für die Provisionen nachzahlen, obwohl er versichert, das Geld nie empfangen zu haben? Brisant ist die Pfändung, weil sie auch die Gruft der Familie betrifft. Hat der Staat den ehemaligen Ministerpräsident und die ehemalige Landesmutter gepfändet?

Mehrere Tage lang wogt ein bizarrer Streit zwischen CSU-Politikern. Auf der einen Seite stehen Ministerpräsident Edmund Stoiber und Finanzminister Kurt Faltlhauser, die die Pfändung trotz eines Hinweises ihrer Kultusministerin Monika Hohlmeier nicht gestoppt haben, wohl aus Angst, dafür kritisiert zu werden. Auf der anderen Seite stehen ehemalige Günstlinge von Strauß wie Peter Gauweiler und Gerold Tandler, die Stoiber und Faltlhauser vorwerfen, das Strauß'sche Andenken zu beschmutzen. Dazwischen stehen Max, Franz Georg und Monika. Die Affäre endet damit, dass Faltlhauser sich bei den Kindern entschuldigt.

Am 10. Februar, dem fünften Verhandlungstag, erscheint Franz Georg, der jüngere Bruder des Angeklagten, im Zeugenstand. Der 42-Jährige berichtet von eigenen Recherchen über den Verbleib der angeblichen Zahlungen an Max Strauß. Dabei lässt er keinen Zweifel daran, dass er von der Unschuld seines Bruders überzeugt ist, eben weil er auf eigene Faust über die Vorwürfe recherchiert habe. Im August 2002 sei er eigens nach Kanada gereist, um mit Schreiber darüber zu sprechen. Der Waffenhändler habe ihm mehrfach versichert, dass Max das Geld nicht erhalten habe und auch niemals Zugang dazu gehabt habe. Beweiskräftige Unterlagen habe ihm Schreiber allerdings verweigert. Die Weitergabe von Schmiergeldern ende immer irgendwo mit einem Koffer, damit nichts zu beweisen sei, habe Schreiber behauptet. Deshalb könne er ihm auch keine Belege überlassen.

Immerhin habe ihm Schreiber die internationalen Gepflogenheiten im Umgang mit Schmiergeldern erläutert. Demnach würden solche Zahlungen über mehrere Konten bewegt, bis sie schließlich bar abgehoben werden und über einen Treuhänder zum Empfänger laufen. Was die Maxwell-Millionen betrifft, so weiß das Gericht immerhin, dass Schreiber sie im Januar 1995 nach Liechtenstein auf ein Konto seiner Frau überwiesen hat. Um mehr über den Transfer und Verbleib des Geldes zu erfahren, reist Franz Georg Strauß nach Liechtenstein. Er spricht mit Bankmanagern der VP Bank, die ihm Einsicht in die Unterlagen verweigern. Allerdings versichern sie ihm, dass zwischen dem Konto 12245 und der Person Max Strauß keinerlei Verbindung bestehe.

Von einem anderen Gesprächspartner in Liechtenstein, dessen Namen er aber nicht nennen könne, wisse er, dass von dem fraglichen Konto in Liechtenstein wiederholt Geld auf ein Konto von Schreibers Firma in Kaufering geflossen sei. Belegen könne er aber auch das nicht. Im Übrigen bezweifelt Franz Georg Strauß, dass Schreiber für seinen Bruder die Vaterfigur gewesen sei, als die er nun stets hingestellt werde. Mit Franz Josef Strauß als Vater sei diese Rolle zu 100 Prozent besetzt gewesen. Wer ihn zum Vater habe, der brauche keine anderen Vaterfiguren, sagt Franz Georg. Mit anderen Worten: Hier werde im Nachhinein eine Beziehung konstruiert, die es nie gegeben hat.

Franz Georg ist der Bruder des Angeklagten, der ihn entlasten will. Das weiß jeder. Er hat keine Belege für seine Aussagen, aber müsste man ihnen nicht trotzdem genauer nachgehen? Denn ist nicht eine der zentralen Fragen die, ob Max Strauß Geld erhalten hat? Falls er das Geld nicht erhalten hat, stellt sich die Frage, wieso er Geld versteuern sollte, das andere Leute ausgeben. Der leitende Staatsanwalt Reinhard Nemetz macht sich über diese Frage offenbar wenig Gedanken. Für das Verfahren gegen Max Strauß sei unerheblich, was nach 1995 passiert sei, also nachdem das System des Lobbyisten Schreiber aufgeflogen ist. Für die Anklage sind die Jahre 1990 bis 1993 maßgeblich, in denen Schreiber das Geld als Treuhänder für ihn gehalten habe. Für diesen Zeitraum rechnet sie das Geld Max Strauß zu. Deshalb hätte er die Millionen versteuern müssen.

Eine Woche später erscheinen eine Reihe früherer Freunde und Bekannte von Franz Josef Strauß, die dessen Verhältnis zu Schreiber beschreiben sollen. Auch der ehemalige Botschafter in Saudi-Arabien, Walter Nowak, wird zur Reise des Vaters mit dem Sohn im November 1986 vernommen. Was genau Max Strauß ihm damals ins Ohr flüsterte, habe er nicht gehört. Auf alle Fälle nicht »Halt's Maul« – »das ist Quatsch. Das hätte ich schon verstanden.« Richter Hofmeister wendet sich an diesem Tag an Strauß und ermahnt ihn, den Prozess nicht nur »abzusitzen«. Er sagt: »Wir haben den Eindruck gewonnen, dass Sie dieses Verfahren mehr oder weniger über sich ergehen lassen. Das ist nicht der Sinn. Bitte zeigen Sie uns, dass Sie aktiv teilnehmen, sonst müssen wir uns etwas einfallen lassen.« Auf Hofmeisters Frage, ob er ihn verstanden habe, schüttelt Strauß den Kopf. Hofmeister sagt daraufhin, es könne sein, dass der Prozess schlecht für ihn ausgehe. »Wir haben dafür Anhaltspunkte.«

Hält das Gericht Max Strauß bereits für schuldig, überführt anhand der Einträge von Karlheinz Schreiber, die der Richter aus den Akten kennt? Maxwell ist ein Deckname, der auf die amerikanische Klatschkolumnistin Elsa Maxwell zurückgeht. Allerdings sind die Zeugenaussagen dazu, ob wirklich Strauß mit dem Decknamen gemeint war, widersprüchlich. So sagt der ehemalige Geschäftsführer von Schreibers Firma »Bayerische Bitumen Chemie«, ja, damit war immer ganz klar der redselige Max Strauß gemeint. Eine Sekretärin dagegen erinnert sich, dass mit Maxwell der Anwalt Franz Dannecker, der Freund des Vaters von Max, gemeint war. Gegen Strauß spricht die Aussage seines alten Bekannten Erich Riedl und dessen Frau Gertrud. Sie schildert, wie Max Strauß eines Abends plötzlich auf ihrer Terrasse steht und sie anfährt, sie solle umgehend alle Unterlagen vernichten, die auf die Zahlung von 500000 Mark durch Thyssen hinweisen, weil am nächsten Tag eine Hausdurchsuchung drohe. Erich Riedl erzählt, wie seine Freundschaft zu Max wegen der Finanzaffäre in der Münchner CSU zerbrach.

Gespannt erwartet das Gericht die Aussage des in Beirut lebenden Lobbyisten und Kaufmanns Dieter Holzer, eines alten Freundes von Franz Josef Strauß. Holzers Frau ist Taufpatin einer Tochter von Max Strauß. In einem Schließfach von Holzer hat Strauß angeblich den Obduktionsbericht seines Vaters deponiert. Kurz nachdem vom Maxwell-Konto Geld an Holzer geflossen war, gewährte der einem Freund von Max Strauß einen Kredit, und zwar über genau die Summe, die kurz davor vom Maxwell-Konto transferiert worden war. Hat Max Strauß die Überweisung veranlasst? Lässt sich damit beweisen, dass er über das Geld verfügte? Jedenfalls nicht durch eine Aussage von Holzer. Der Kaufmann entlastet Max Strauß. Schreiber habe ihm das Geld für Geschäftshilfe in China geschuldet. Max Strauß habe damit nichts zu tun. Ob das wirklich stimmt, weiß niemand. Fest steht nur, dass die Staatsanwaltschaft nichts hat, um diese Aussage zu widerlegen.

Max Strauß steht nicht nur in Augsburg vor Gericht. In München muss er sich wegen Beihilfe zum Betrug in sechs Fällen vor dem Landgericht verantworten. Im Gegensatz zu dem langwierigen, Aufsehen erregenden Indizienprozess in Augsburg verläuft in München alles ganz schnell: Am 16. April 2004 steht Strauß vor Gericht. Die Verhandlung dauert nur drei Stunden, wobei die Verlesung der Anklage die meiste Zeit einnimmt. Mehr als 1000 Anleger sind um insgesamt 120 Millionen Euro geschädigt worden. Eine in Oberhaching bei München gegründete Beratergesellschaft namens Wabag hat in den neunziger Jahren Anlegern

Aktien verkauft, um mit dem Geld umweltfreundliche Recyclinganlagen und Biokraftwerke in Ostdeutschland zu bauen. Doch statt das Geld zu investieren, behielten die Chefs einen großen Teil für sich.

Strauß war 1995 bis 1999 der Anwalt der Betrüger, trat auf Terminen auf und öffnete den Teilhabern mit seinem Namen viele Türen, wie die Anklage betont. Er hat den Betrug nicht angestoßen, aber nach anfänglichen Warnungen über falsche Angaben in Anlegerbroschüren den Schwindel nicht verhindert. Handelte er absichtlich betrügerisch? Dagegen spricht, dass sich auch seine Schwester Monika und sein Schwager Michael Hohlmeier unter den Geschädigten befinden. Michael Hohlmeier hat durch seine Vermittlung ein Jahr als Controller für die Wabag gearbeitet und wiederholt vor merkwürdigen Buchungen gewarnt, aber er schaffte den Absprung rechtzeitig und entging dadurch einer Anklage.

Als der Vorsitzende Richter Wolf-Stefan Wiegand Max Strauß nach seinem Beruf fragt, antwortet Strauß lächelnd: »Patient«. »Das ist ein neuer Beruf«, bemerkt erheitert der Richter und fragt, welchen Ausbildungsweg man denn dafür gehen müsse. »Einen sehr, sehr harten«, antwortet Strauß. Die Berufsbezeichnung bleibt die einzige Überraschung des Verfahrens. Anklage und Verteidigung sind sich einig. Anders als in Augsburg legt Max Strauß in München ein Geständnis ab, die Grundlage des Deals mit der Staatsanwaltschaft. Anwalt Dingfelder verliest eine Erklärung von Strauß, in der er auf die Vorwürfe eingeht und zugibt, den Schaden »für möglich gehalten« zu haben. Er bedauere den Schaden sehr. »Wohl mitursächlich für meine Verhaltensweise war meine zum damaligen Zeitpunkt beginnende psychische Erkrankung, die sich u.a. bereits in massiven Verdrängungsprozessen manifestierte.«

In seinem Plädoyer spricht Dingfelder vom »Lebensdrama« seines Mandanten, die Erwartungen seines Vaters nur selten erfüllen zu können. Er habe »Dinge getan, die ein Anwalt nicht tun darf«. Strauß nimmt das Urteil gefasst entgegen. Er hält sich mit beiden Händen am Revers seines Sakkos fest, als der Richter verkündet,

Strauß müsse 300000 Euro wegen Beihilfe zum Betrug zahlen. Zwei Jahre lang muss er der Staatskasse monatlich 15000 Euro überweisen. Beide Seiten verzichten auf Rechtsmittel. Das Urteil wird sofort rechtskräftig. Nun drohen Strauß Zivilklagen der geschädigten Anleger.

Würde ein Geständnis Max Strauß nicht auch in Augsburg viel ersparen? Richter Hofmeister versucht Max Strauß mit dieser Aussicht zu locken: Wenn er ein Geständnis ablege, dann werde man lediglich eine Bewährungsstrafe gegen ihn verhängen. Andernfalls drohen ihm bis zu fünf Jahren Gefängnis. Max Strauß reagiert wie immer: Er sagt nichts. Nicht nur weil er das Angebot ablehnt, hat Richter Hofmeister das Gefühl, dass Strauß nicht kooperieren will. Er gewinnt zudem den Eindruck, dass sein Verteidiger Vernehmungen im Ausland durch die Eingabe neuer Fragen in letzter Minute verzögert und behindert. Anfangs sind sich Hofmeister und Dingfelder mit Humor begegnet, nun kühlt der Ton zwischen ihnen spürbar ab.

Hofmeister lässt Strauß wissen, nun sei der »point of no return« erreicht – es gibt kein Zurück zu einer milden Strafe. Weil Schreiber gegenüber dem eigens nach Kanada gereisten Parteispenden-Untersuchungsausschuss des Bundestages behauptet hat, dass die Gelder auf den Konten nicht für Strauß persönlich gedacht waren, sondern für die CSU, lässt Hofmeister Ministerpräsident Edmund Stoiber sowie die Schatzmeister und Generalsekretäre der CSU der fraglichen Jahre und das halbe Kabinett im Gerichtssaal auftreten. Zwar sind sich Anklage und Verteidigung einig, dass nichts auf eine Beteiligung der CSU hinweist. Aber Richter Hofmeister will auf Nummer sicher gehen. Stoiber und seine Minister betreten den Gerichtssaal durch einen Sicherheitseingang, um Journalisten keine Fragen beantworten zu müssen. Die entsprechenden Aussagen von Schreiber lässt der Richter an die Wand projizieren.

Während der siebzehnminütigen Vernehmung Stoibers sitzen sowohl auf der Anklagebank als auch im Zeugenstand zwei Erben von Franz Josef Strauß – jeder auf seine Art. Doch der eine – Stoiber – würdigt den anderen, den Sohn seines politischen Ziehvaters, keines Blickes. Er scheint mit dem Stil und der Ära von Strauß abgeschlossen zu haben. Gefragt nach dem Verhältnis von Vater und Sohn, sagt Stoiber: »Franz Josef Strauß liebte seine Kinder. Er war sehr stolz auf Max. Weitere Erkenntnisse habe ich nicht.« Dann wird Stoiber noch daran erinnert, dass er Max nach dessen Attacke des Botschafters in Saudi Arabien im Jahre 1986 einst öffentlich verteidigte. »Ich war ja nicht selbst dabei«, wehrt Stoiber ab. »Aber Franz Josef Strauß hat mir eine ganz andere Einschätzung gegeben, und die habe ich vertreten.« Verteidiger Dingfelder bittet das Gericht, an diesem Tag früh Schluss zu machen. Denn genau zwanzig Jahre zuvor ist die Mutter des Angeklagten gestorben. Um 18.00 Uhr finde ein Gedenkgottesdienst für Marianne Strauß statt, an dem der Sohn teilnehmen wolle. Dingfelder sieht in der Vernehmung der CSU-Prominenz ohnehin ein unnötiges Schauspiel, wie überhaupt die gesamte Verhandlung keine neuen Erkenntnisse bringe.

Ein Höhepunkt der Verhandlung sind die Zeugenauftritte der Steuerfahnder Winfried Kindler und Peter Winkler im April und Mai. Sie haben den Kalender von Schreiber gefunden, die kryptischen Eintragungen entschlüsselt und die Überweisungen den Decknamen zugeordnet. *Holgart* ist demnach Holger Pfahls, *Jürglund* ist der ehemalige Thyssen-Manager Jürgen Maßmann, *Waldherr* ist der ehemalige CDU-Schatzmeister Walther Leisler Kiep, *Stewardess* ist der Airbus-Manager Stuart Iddles, *Master* ist Franz Josef Strauß. Nach dem 3. Oktober 1988 erhält *Master* kein Geld mehr. Stattdessen wandern Gelder plötzlich auf ein Konto für *Maxwell.* Am 3. Oktober 1988 ist Franz Josef Strauß gestorben, dessen Millionen Schreiber einst in einem Grundstücksdeal versickern ließ. Es erscheint logisch, dass von da an der Sprecher der Erbengemeinschaft das Geld erhält: Max Strauß, der Sohn des Verstorbenen. Immerhin steht Schreiber in der Schuld der Familie und macht nun mit dem Sohn Geschäfte.

Eindrucksvoll belegen das die Hinweise zum Airbus-Geschäft mit Thailand: Als der Verkauf ins Stocken gerät, fliegt Strauß nach Bangkok. Als er später nicht erreichbar ist, verweist er an seinen »Vertrauten« Schreiber. Das Geschäft funktioniert. Schreiber verteilt Provisionen entsprechend einer Liste der Firma Airbus, die den Fahndern in die Hände fällt. Tatsächlich finden sie das Geld auch auf dem Schweizer Konto von Schreiber wieder. Die Steuerfahnder führen die Richter und die Zuhörer durch ein Wirrwarr aus Reisebelegen, Passeinträgen, Terminnotizen und bauen daraus den Kern der Anklage, auf den sich am 8. Juli der Staatsanwalt in seinem fast vierstündigen Plädoyer beruft. Er sieht Strauß überführt, bescheinigt ihm ein hohes Maß an krimineller Energie und fordert drei Jahre und sechs Monate Gefängnis. Strauß habe »auf höchst raffinierte Weise versucht, den Staat auszutricksen«. Allerdings haben die beiden Staatsanwälte für die Geschäfte mit Saudi-Arabien keine Belege für die Tätigkeit von Strauß. Sie folgern das lediglich aus den Zahlungen an *Maxwell*.

Die Verteidigung fordert Freispruch für Strauß aus Mangel an Beweisen. Sein Anwalt Wolfgang Dingfelder bezeichnet ihn als »eine zutiefst bedauernswerte, tragische Figur«, die keine »Fähigkeit zu realistischer Selbstbetrachtung« entwickelt habe. Es sei eine Illusion, ihn als einen zu betrachten, der Türen öffnen könne. »Er war jemand, der flügelschlagend außerhalb der Türen agierte, ein komischer, ein tragischer Vogel, der vom Vater das Flattern, aber nicht das Fliegen gelernt hat.« Dingfelder beklagt eine »Medienhatz ohnegleichen«, in der Strauß »nicht nur an den Pranger gestellt, sondern gehäutet worden« sei.

Am selben Tag, einem Donnerstag, übergibt der Verteidiger von Strauß dem Richter noch vor dem Plädoyer der Staatsanwaltschaft Dokumente aus einer ungenannten Quelle, die er erst am Tag davor erhalten habe. Den Kontoauszügen zufolge hat Schreiber die Gelder des *Maxwell*-Kontos selbst verwendet. Der Verteidiger bittet den Richter zudem, die Kontoauszüge vorzulesen. Die Anwesenden hören, wie Schreiber das Konto ab 1995 nach und nach plünderte. Damit sind die Kontoauszüge Teil der Beweisaufnahme und müssen im Urteil berücksichtigt werden.

Die Kontoauszüge stützen die Aussage von Franz Georg Strauß, der nun in *Focus* fordert: »Wenn Max der Eigentümer der Millionen war, Schreiber das Geld aber für sich ausgab, muss die Augsburger Staatsanwaltschaft gegen ihn wegen Untreue ermitteln.« Wird sie darauf eingehen? Die *Süddeutsche Zeitung* argumentiert in einem Kommentar ähnlich und schreibt, wenn zuträfe, dass Schreiber »das ganze schöne Geld« an sich selbst überwiesen habe, »dann müsste man mit dem ältesten Strauß-Sohn schon fast ein bisschen Mitleid haben«. Die Staatsanwaltschaft sieht das anders: Da ab 1995 gegen Strauß ermittelt wurde, müsste man Schreiber auf seinen Geisteszustand überprüfen, wenn er die Konten danach nicht abgeräumt hätte.

Am 13. Juli 2004 wird in Paris Holger Pfahls gefasst. Wird er gegen Strauß und Schreiber aussagen, damit er vorzeitig freikommt? Was bedeutet seine Festnahme für das Verfahren gegen Strauß? Wird das Urteil verschoben? Aus Angst, das Urteil von München könnte einem Schuldspruch in Augsburg zugerechnet werden, zahlt Dingfelder vor der Urteilsverkündung im Namen seines Mandanten 300000 Euro in die Gerichtskasse ein. Damit ist wenigstens diese Sache erledigt. Während der vergangenen Monate war Strauß »täglich aus der Psychiatrie herangekarrt« worden, wie sein Verteidiger in seinem Plädoyer beklagte. Das sei »ein makabres Novum in der Prozess-Geschichte«. In der Woche seines Urteils soll er nun aus der Psychiatrie entlassen werden. Offenbar geht es ihm besser.

Am 15. Juli 2004 enttäuscht Richter Max Hofmeister alle, die auf eine Verlängerung des Verfahrens spekuliert haben, und verurteilt Max Strauß zu drei Jahren und drei Monaten Gefängnis. Als der Richter das Strafmaß verkündet, verzieht Max Strauß sein Gesicht zu einem unsicheren, spöttischen Grinsen. Mit dem Urteil folgt das Gericht in allen Punkten der Anklage und bleibt nur drei Monate unter dem von ihr geforderten Strafmaß. »Maxwell ist

Max Strauß«, betont Hofmeister und bezeichnet sein Verhalten als »dreist, frech, raffiniert und trickreich«. Strauß habe den Behörden 2,6 Millionen Euro verschwiegen. Er habe das Geld erhalten, weil er Schreiber beim Verkauf von Flugzeugen und Panzern geholfen habe. Strauß habe seinen prominenten Namen verkauft und Schreiber als Türöffner gedient. Er habe von dem Geld gewusst und hätte jederzeit darauf zurückgreifen können.

Hofmeister begründet das Urteil zwei Stunden lang. »Dieses Strafverfahren hätte Ihnen Gelegenheit geben können, Ordnung in Ihr Leben zu bringen und die Schatten der Vergangenheit abzustreifen«, wendet sich der Richter direkt an Strauß. »Sie haben diese Chance ausgeschlagen.« Am Ende seiner Rede verkündet der Richter einen Haftbefehl gegen Strauß. Zunächst bleibt Strauß das Gefängnis aber erspart, denn Hofmeister setzt den Haftbefehl außer Vollzug, sofern Strauß sich jeden Montag bei der Polizei in München-Giesing meldet. Nach dem Ende der Sitzung stürmt Strauß wortlos durch den Pulk der Journalisten, Fotografen und Kameraleute. Seine Ehefrau Gabi sagt: »Mein Mann ist unschuldig.«

»Es hat sich etwas verändert im Freistaat Bayern«, kommentiert der Korrespondent des *Deutschlandfunks*, Arne Wilsdorff. »Noch vor zehn Jahren wäre die Verurteilung eines Mitglieds der Familie Strauß mit der gleichen Überraschung aufgenommen worden wie die Ankündigung der CSU, sie verzichte auf den politischen Aschermittwoch in der Passauer Nibelungenhalle.« Hans Holzhaider, der Gerichtsreporter der *Süddeutschen Zeitung*, wundert sich, dass das Gericht keinen endgültigen Beleg für die Schuld des Angeklagten gefunden habe, und ihn dennoch verurteile, ohne Zweifel an seiner Schuld zu hegen. Er sei gespannt, wie die Bundesrichter in der Revision urteilten. Ministerpräsident Stoiber lehnt eine Stellungnahme zum Urteil ab, die Grünen und die SPD begrüßen es. Die Landesvorsitzende der Grünen, Theresa Schopper, wertet es als »Gewinn für die politische Kultur«.

Die Reaktion der Geschwister fällt weniger positiv aus. Noch während der Urteilsverkündung schickt Max Strauß seiner Schwester eine SMS mit dem Urteil. »Was der Richter sich da zusammenreimt, ist vollkommen abwegig«, sagt Franz Georg Strauß. »Rechtsstaatliche Grundsätze wie die Unschuldsvermutung wurden geradezu umgekehrt.« Die Anklage hätte beweisen müssen, dass sein Bruder Geld erhalten habe, stattdessen mussten seine Anwälte das Gegenteil beweisen. Hofmeister habe ein »politisches Verfahren durchgezogen«. Der Haftbefehl beruhe auf hanebüchenen Annahmen. Max verfüge »über keinerlei ungepfändetes Vermögen«.

Monika Hohlmeier beharrt darauf, ihr Bruder habe »nie einen Cent erhalten«. Sie halte das Urteil »für rechtlich und menschlich nicht akzeptabel«. Das Urteil gegen den Bruder könne jedoch allenfalls dessen Ruf beschädigen, »nicht den unserer Familie«, wie Franz Georg Strauß gegenüber *Focus* vermerkt. »Wenn er wirklich etwas Illegales getan hätte, dann hätte er es als Max Strauß getan, nicht als Sohn von Franz Josef Strauß.« Seine Schwester sagt: »Das Lebenswerk meines Vaters ist so groß, dass es von dem Urteil gegen meinen Bruder nicht geschmälert wird.« Sie versucht dem Urteil sogar noch etwas Gutes abzugewinnen: »Die Sache in Augsburg ist jetzt erledigt, und mein Bruder kann nun den Revisionsprozess vor dem Bundesgerichtshof in Leipzig in Angriff nehmen.«

Der Anwalt von Strauß, Wolfgang Dingfelder, sagt, sein Mandant sei »acht Jahre lang geteert und gefedert worden. Heute ist er abgeschlachtet worden.« Das Urteil sei Strauß »gewaltig unter die Haut gegangen«. Dingfelder kritisiert, Hofmeister sehe »seine Aufgabe geradezu sportlich darin, Akten im Hauptverfahren zu verifizieren«. Dabei sei im Hauptverfahren nichts passiert. Das Urteil habe von Anfang an festgestanden. Er wirft ihm sogar vor, parteiisch zu sein, weil er den Abschluss des Verfahrens mit einer Party gefeiert habe. »Kann es sein, dass Herr Dingfelder unser reguläres Sommerfest meint?«, fragt Hofmeister.

Dingfelder ist jedenfalls überzeugt, dass das Urteil keinen Bestand haben wird. Monate später kritisiert der Bundesgerichtshof in Leipzig das Urteil gegen die Thyssen-Manager Haastert und

Maßmann und hebt das Strafmaß auf. Das Urteil macht Strauß Hoffnung. Dass Holger Pfahls, der ehemalige Mitarbeiter von Strauß, bestätigt, Schreiber habe ihm tatsächlich Geld gegeben, ist allerdings ein Rückschlag. Pfahls bestätigt auch das System der Rubrikkonten, auf denen Schreiber Geld für seine Helfershelfer gehalten habe. Diese Aussage stützt das Gericht. Max Strauß wird in dem Verfahren gegen Pfahls als Zeuge geladen. Er schweigt – wie immer. Richter Hofmeister musste das erwarten. Er ist jedenfalls sichtlich erleichtert über die Aussage von Pfahls. Als er nach dem Ende des Verfahrens dem Verurteilten die Hand gibt und sich dabei vor ihm verbeugt, hält ein Fotograf die Verbeugung für die Öffentlichkeit fest. Zeitungen drucken das Bild, Journalisten kritisieren die Verbeugung des Richters vor Pfahls. Ging es Hofmeister nur darum, das Urteil gegen Max Strauß zu halten?

Doch am 15. Oktober 2005, einem Samstag, klingelt spät abends um 22.30 Uhr das Telefon bei Franz Georg. »Du hallo«, sagt sein Bruder Max, »die haben das Urteil aufgehoben.« Er sei gerade nach Hause gekommen und habe die Entscheidung der Bundesrichter in Leipzig in der Post gefunden. Franz Georg fragt: »Komplett?« Beide sind Juristen, beide wissen um die Bedeutung dieser Frage. Max bejaht. Dann rufen sie noch ihre Schwester an. Am nächsten Tag mailt Max den Geschwistern den 19-seitigen Beschluss. Tatsächlich: Franz Georg und seine Recherchen in Kanada und Liechtenstein haben sich offenbar ausbezahlt. Der Bundesgerichtshof in Leipzig urteilt im Revisionsverfahren für Strauß. Die Revision sei mit Sachfehlern erfolgreich, betonen die Richter. Verfahrensfehler hätten sie deshalb gar nicht beachtet. Die Richter heben nicht nur einen Teil, sondern das gesamte Urteil auf. Das bedeutet: Das gesamte Verfahren gegen Max Strauß muss noch einmal durchgeführt werden.

Die Bundesrichter stellen fest, das Urteil des Landgerichts Augsburg sei »lückenhaft«, und es beruhe »insgesamt nicht auf einer tragfähigen Tatsachengrundlage«. Das angebliche Treuhandverhältnis sei »nicht hinreichend belegt«. Zwar habe sich das Landgericht »rechtsfehlerfrei davon überzeugt, dass die Rubrik ›Master/Maxwell‹ dem Angeklagten zuzuordnen ist und dieser jedenfalls in groben Zügen von der Existenz des Rubrikkontos informiert war«. Es sei aber nicht bewiesen, dass Strauß das Konto tatsächlich beherrschte. Die Bundesrichter bemängeln, dass »gar keine Gelder an den Angeklagten geflossen« sind. »Darüber hinaus hat das Landgericht bei seiner Gesamtwürdigung die weitere Entwicklung der Rubrikkonten nicht hinreichend in den Blick genommen und sich daher wesentlichen Indizien, die gegen ein faktisches Treuhandverhältnis sprechen könnten, verschlossen.« Als Beleg verweisen die Bundesrichter auf die Kontoauszüge, die Verteidiger Dingfelder in letzter Minute in das Beweisverfahren einbrachte. Sie schließen daraus, dass Schreiber »über dieses Konto wie über ein eigenes Girokonto verfügte«.

Hans Holzhaider schreibt in der *Süddeutschen Zeitung* von einem »Justizfiasko« und der »juristischen Hinrichtung« der zehnten Strafkammer des Augsburger Landgerichts: »Nun wird der Staatsanwalt selbst Freispruch beantragen müssen.« Gegenüber *Bild* sagt Strauß: »Ich bin natürlich froh und erleichtert. Nun wurde endlich die Tatsache, dass ich keinen Pfennig bekommen habe, in dem Verfahren berücksichtigt.«

Allerdings halten die Bundesrichter einen erneuten Schuldspruch für möglich. Ausdrücklich schreiben sie: »Die von der Revision erstrebte Durchentscheidung des Senats auf Freispruch kommt nicht in Betracht. Es kann nicht ausgeschlossen werden, dass ein neues Tatgericht bei rechtsfehlerfreier Beweisführung, zudem unter Ausschöpfung möglicherweise nunmehr zusätzlich erreichbarer Beweismittel bei Beachtung der hier dargelegten Rechtslage zu Schuldfeststellungen gelangt.« Mit anderen Worten: Obwohl die Beweisführung des Landgerichts Augsburg lückenhaft ist, sehen die Bundesrichter durchaus auch Indizien, die gegen Strauß sprechen.

Nach diesem Urteil scheint es Max Strauß gesundheitlich besser zu gehen. Nach der Verurteilung 2004 war er nach Rott am Inn zu seiner Tante gezogen. Seine Wohnung in München ist ja gepfändet. Aber er bleibt nicht ganz aus den Schlagzeilen. Im Juli 2005 bestätigt sein Verteidiger der Öffentlichkeit, dass Max und Gabriele Strauß sich scheiden lassen. »Das läuft ganz harmonisch ab, beide regeln das einvernehmlich«, sagt sein Anwalt Wolfgang Dingfelder. Im August berichten Boulevardzeitungen, dass sich womöglich nun doch ein Rosenkrieg anbahne, weil Max Strauß keinen Unterhalt für seine beiden Kinder zahlen könne. Dingfelder zweifelt außerdem im Gespräch mit Journalisten, ob Strauß sich seine Verteidigung weiterhin leisten könne.

Einige Tage nach dem Revisionsurteil zeigt sich Max Strauß mit seinem Bruder und dessen Frau bei einer Geburtstagsparty der Münchner Society. Zusammen mit Münchner Stadträten und Prominenten wie Gloria von Thurn und Taxis und Veronica Ferres begleitet Max Strauß ebenfalls im Oktober die Münchner Philharmoniker zu einem Auftritt im Vatikan. Bei einer Audienz erhält Strauß den Segen des Papstes, eines alten Freundes der Familie. Seine Frau Gabriele wünscht ihm über ihren Anwalt in der Münchner *Abendzeitung* einen guten Ausgang des neuen Verfahrens: »Wir hoffen auf einen Freispruch. Damit müsste das Finanzamt sein gepfändetes Vermögen freigeben [...] Wir erwarten, dass er sich beruflich rehabilitiert und Geld verdient.« Für die beiden Kinder fordert seine Frau monatlich 3000 Euro Unterhalt. »Die Kinder sind Träger des Namens Strauß«, sagt Anwalt Hermann Messmer, »sie haben das Recht auf einen angemessenen Lebensstandard.«

21 Monika Hohlmeier

Nach dem Tod des Vaters geht die Tochter in die Politik. Die Verehrung für Franz Josef Strauß ist in Bayern noch groß. Viele vermissen ihn und freuen sich über die Ähnlichkeit, die die Tochter mit ihm hat. Es scheint, als hätte man in der CSU nur auf sie gewartet. Zunächst geht sie an ihrem Wohnort Vaterstetten in die Kommunalpolitik. Es bleibt nicht aus, dass Parteifreunde des Vaters sie in die Landespolitik holen. Es sind noch viele Vertraute des Vaters an vorderster Stelle in der Partei. Sie steigt schnell auf, vielleicht zu schnell, um wahrzunehmen, dass manche sie um die Art und Weise, wie sie nach oben gereicht wird, beneiden. Schon bald – zu bald – nach ihrem Einstieg in die Politik wird sie bereits als Familienministerin oder Münchner OB-Kandidatin gehandelt. Oder vielleicht will sie lieber CSU-Generalsekretärin werden? Vorerst will sie nicht – und tut gut daran. Sie selbst hält sich für eine Kämpferin, wie sie sagt. Sie wird sich schon holen, was sie will.

Sie hat auch privat viel um die Ohren. Sie ist verheiratet und hat zwei Kinder. Der politische Ziehsohn ihres Vaters, sein ehemaliger Generalsekretär Edmund Stoiber, wird Taufpate ihres Sohnes. Stoiber ist ihr »nahe«, sie schätzt seine Ehrlichkeit und mag seine Frau, sagt sie. Sie habe ihn nicht aus politischen Gründen als Taufpaten gewählt. Monika tritt mit der Natürlichkeit auf, die man von ihrer Mutter kennt. Unbefangen stimmt die 29-Jährige 1991 dem Projekt *Spuren der Macht* der Fotografin Herlinde Koelbl zu und lässt sich wie Joschka Fischer, Gerhard Schröder oder Angela Merkel Jahr für Jahr bis 1998 fotografieren und befragen. Die Interviews zeigen zu Beginn einen Menschen, der ohne Angst über sich spricht. Sie ist noch unverbraucht, wittert nicht bei jeder Frage eine Falle. Aber sie ist nun Politikerin, auf der viele Erwartungen lasten. Sie muss nicht über die Dörfer ziehen, um nach oben zu kommen. Sie hat Anhänger, noch ehe sie den Mund aufmacht. Und sie freut sich über die Bewunderer, ohne sich zu viel auf sie einzubilden.

Sie hat den Mut, offen über ihre Depressionen zu sprechen und über ihre Probleme in ihrer Ehe, als sie nach dem Tod der Mutter viel mit ihrem Vater unterwegs ist. »Wie groß ist die Diskrepanz zwischen der öffentlichen Monika Hohlmeier und der privaten?«, fragt Koelbl. »Groß ist sie nicht. In der Öffentlichkeit bin ich durchaus ich; eine, die gern lacht, gern fröhlich ist, eine optimistische Lebenseinstellung hat und manchmal ein wenig chaotisch ist, weil sie einfach zu viele Ideen hat und alles am liebsten gleichzeitig machen möchte. Aber es gibt auch eine Monika Hohlmeier, die depressiv, kaputt und müde sein kann. Und die kennt die Öffentlichkeit nicht [...] Das sind die Stunden, in denen ich unruhig und traurig bin und darüber nachdenke, ob der Weg, den ich gewählt habe, wirklich der richtige ist. Ich kann dann stundenlang daliegen und mich fragen, warum es mir so schlecht geht.« Ihrem Mann fällt es nicht immer leicht, hinter ihrer Karriere zurückzustehen.

Monika ist populär und beliebt und wird stellvertretende Parteivorsitzende. Den Schatten ihres Vaters spürt sie nicht, weil »eine Tochter mit dem Vater nie unmittelbar verglichen wird«, wie sie sagt. »Ich habe also die Chance, mich als Monika Hohlmeier zu beweisen.« Sie versuche nicht, ihren Vater zu kopieren. In dem ersten längeren Interview, das sie dem *Spiegel* gibt, wird sie zweimal gefragt, was ihr Vater wohl gemacht hätte. Sie weicht aus, will keine plakativen Antworten geben, wie sie sagt.

Als Edmund Stoiber 1993 Ministerpräsident wird, macht er die nun 31-jährige Nachwuchspolitikerin zur Staatssekretärin im Kultusministerium – »mehr aus dynastischen denn aus sachpolitischen Gründen«, wie die *Süddeutsche Zeitung* bemerkt. Stoiber schickt sie in ganz Bayern zu den Wählern, die, obwohl sie den Namen ihres Mannes angenommen und selbst den Bindestrich-Strauß abgelehnt hat, sich über einen weiblichen Strauß freuen. Oft wird sie als Monika Hohlmeier, »die Tochter unseres ehemaligen Ministerpräsidenten Franz Josef Strauß«, angekündigt. Sie spricht ohne Manuskript. Anfangs fehlt es ihren Reden oft an Struktur, und nach der ersten Stunde stellt sich bei manchen Zuhörern Müdigkeit ein. Aber in Sprechweise und Gestik gleicht sie ihrem Vater – das reicht, um anzukommen.

Die viele Arbeit führt 1993 zu einer erneuten Krise ihrer Ehe, die sie auch Herlinde Koelbl bestätigt. Sie habe mit ihrem Mann »darüber diskutiert, ob es noch einen Sinn hat, beieinander zu bleiben«. Ihrem öffentlichen Ansehen, sagt sie, »würde auch eine Scheidung nicht schaden. Letztlich wollen die Leute Ehrlichkeit.«

Wie klar kann sie Stärken und Schwächen ihres Vaters sehen? Stoiber bricht mit dem Spezi-System ihres Vaters. Am deutlichsten wird das, als er es ablehnt, kraft seines Amtes den Vorsitz der Baur-Stiftung einzunehmen. Strauß verdiente sich so als Testamentsvollstrecker jährlich mehrere Hunderttausend Mark, ohne dafür viel tun zu müssen. Die Stifter hatten nicht erwartet, dass ihr Unternehmen so ertragreich sein würde und der Stiftungsposten so gewinnbringend. Die Witwe will das ändern, Strauß und sein Nachfolger Streibl lassen es nicht zu. Als die *Süddeutsche Zeitung* darüber berichtet, ist die öffentliche Empörung groß. Stoiber spürt das und distanziert sich. Die Geschwister Strauß tun sich schwer zu verstehen, dass nun eine andere Zeit angebrochen ist. Monika will es nicht wahrhaben und verteidigt Streibls Amigowirtschaft in ihren Reden.

Im Dezember 1994 fragt Koelbl Hohlmeier, was sie am meisten getroffen habe. »Die außergewöhnliche Brutalität und Härte, mit der meine Brüder und ich, aber in erster Linie mein Vater, angegriffen worden sind. Das hatte eine neue Qualität.« Als Stoiber sich von ihrem Vater distanziert, versucht sie das damit zu entschuldigen, dass »er meinen Vater nicht vom Sockel stoßen wollte«. Aber intern haben sie und ihre Brüder sich ihm gegenüber »schon gegen einige Formulierungen gewandt«.

Sie habe daraus gelernt, »seine Positionen knallhart zu vertreten und sich nicht zu Emotionen hinreißen« zu lassen. »Daß man sich nicht zurückziehen darf, wenn Angriffe hereinschneien, sondern sich offensiv wehren muß.« Koelbl fragt, ob sie in solchen Situationen nicht auf Kenntnis gewisser Interna setze. »Man darf nicht mit dem Wissen um Interna drohen«, sagt Hohlmeier. »Das ist ein schlechter Stil und bricht einem auch früher oder später das Genick.«

Ob sie ihren Vater jetzt kritischer sehe? »Ich habe meinen Vater immer kritisch gesehen«, sagt Hohlmeier. »Nur die Öffentlichkeit hat das nicht realisiert. Mit meinem Vater war es nicht einfach, und trotzdem verehre ich ihn wie vorher. Daran ändern auch diese Dinge nichts, die zum Skandal aufgebauscht oder verfälscht wurden. Mein Vater hat sich in dieser Frage nachweislich außerordentlich korrekt verhalten. Zu diesem Verhalten stehe ich auch heute als Politikerin nach wie vor und voll und ganz. Für mich war er ein Mensch mit all seinen Irrtümern, und gerade das macht ihn mir sympathisch. Er war für mich ein großer Politiker und auch ein sehr schwieriger, aber ein genialer Mensch. Faszinierend war, dass er sich stets weiterentwickelt hat, stets den politisch-strategischen und langfristigen Überblick behielt.«

1998 teilt Stoiber das Ministerium für Unterricht, Kultus, Wissenschaft und Kunst. Monika Hohlmeier wird durch diesen Zellteilungstrick die jüngste Ministerin des Freistaats. Als Kultusministerin ist sie nun für die Schulen zuständig, und deshalb spricht Stoiber sie auf den Umstand an, dass sie ihre beiden Kinder auf die private Waldorfschule schickt. Stoiber will, dass sie das ändert, aber Hohlmeier bleibt hart. Sie hat in ihrer Kindheit erlebt, wie sie von Lehrern und Mitschülern wegen ihres Vaters angefeindet wurde. Das will sie ihren Kindern ersparen. Außerdem lehnen ihre Kinder einen Wechsel ab, sagt sie. Damit ist das Thema erledigt.

Bei Dingen, die ihr wichtig sind, lässt sie sich nicht gerne hineinreden. Umso unverständlicher erscheint im Rückblick, warum sie sich 2003 ins Amt der Bezirkschefin der Münchner CSU wählen lässt. Die Partei plagt sich mit einer Wahlfälschungsaffäre im Ortsverband Perlach: Nach dem Willen der Staatsregierung soll der Landtagsabgeordnete Heinrich Traublinger dort erneut kandidieren, denn der Hinterbänkler ist Bäckermeister und kann nach herrschender Auffassung der CSU als Präsident der Handwerkskammer alle Handwerker vertreten und ihre Stimmen holen. Aber es gibt ein Problem: Eine Reihe von Nachwuchspolitikern um den Landtagsabgeordneten Joachim Haedke eifert um sein Mandat. Sie stürzen ihn 2001 vom Ortsvorsitz in Perlach. Für das Jahr 2003 wollen sie ihm auch sein Landtagsmandat entreißen und gleichzeitig den Ortsverband umkrempeln. Die dazu nötigen Stimmen wollen sie kaufen. Teilweise werden junge Leute auf Adressen angemeldet, an denen sie nicht wohnen. Teilweise werden sogar Mitglieder aufgenommen, die einem Beitritt nie zugestimmt haben. Ihre Anträge sind gefälscht. Die Stimmenkäufer betrügen sich selbst. Einige Helfer stecken Geld ein, ohne echte gekaufte Stimmen zu liefern. Die entscheidende Wahl findet am 5. Februar 2003 statt. Traublinger kann sein Mandat behalten, weil sich die Nachwuchspolitiker inzwischen zerstritten haben und ein Teil von ihnen Traublinger stützt.

Als der Kreisvorsitzende Hans Podiuk bereits 2002 auf Fälschungen aufmerksam wird und der künftigen Bezirksvorsitzenden Monika Hohlmeier am 11. Dezember 2002 am Rande eines Weihnachtsessens davon erzählt, wundert er sich über ihre Reaktion, da seien »wohl ein paar übermotiviert«. Der Zeitpunkt dieses Gesprächs ist wichtig: Podiuk behauptet also, er habe Hohlmeier bereits vor der Wahl am 5. Februar 2003 von den Fälschungen erzählt. Der Landtagsabgeordnete Ludwig Spaenle stützt Podiuk und bezeugt das Gespräch. Monika Hohlmeier dagegen behauptet später das Gegenteil und sagt, sie habe keine Erinnerung an das Gespräch vom 11. Dezember. Von Fälschungen habe sie erst nach der Wahl erfahren.

Sehr viel später wundert sich Podiuk außerdem, warum sie, als sie unter vier Augen über die Vorgänge sprechen, ihn auf Gerüchte über seine angeblich angespannte finanzielle Lage anspricht und Hilfe anbietet. Offenbar verfügt sie über Informationen, die ein CSU-Mitglied Monate davor während des Oberbürgermeister-Wahlkampfs ausgekundschaftet hat. Podiuk hat in dem Gespräch das Gefühl, dass sie ihn hindern will, die Fälscher aus der Partei auszuschließen. Er merkt sich ihren Satz: »Du schließt hier niemanden aus.« Podiuk sagt, sie habe mit dem Satz auf sein Bemühen reagiert, rechtskräftig verurteilte Fälscher auszuschließen. Hohlmeier dagegen versichert, der Satz sei in einem anderen Zusammenhang gefallen, der nichts mit der Manipulation zu tun habe.

27. Juni 2003. Die Münchner CSU wählt Monika Hohlmeier mit 95,7 Prozent der gültigen Stimmen zu ihrer neuen Bezirkschefin. Doch der Schein der Einigkeit trügt: Der Verband ist eine Schlangengrube. Tage vor der Wahl sagt sie: »Ich werde für alle Seiten ein vertrauenswürdiger Gesprächspartner sein, der integriert und nicht ausgrenzt. Wenn es um konkrete Streitigkeiten geht, nützt nur Offenheit und Ehrlichkeit.« Ihr Bruder Max sagt: »Der Sauladen braucht vier bis fünf Jahre Aufräumen.« Erich Riedl warnt Monika Hohlmeier vor der Münchner CSU und ihrem eigenen Bruder Max, weil er zusammen mit einigen anderen zum »eigentlichen Krebsgeschwür der Münchner CSU« gehöre. Hohlmeier reagiert reserviert auf den Rat und verteidigt ihren Bruder. Es werde »künstlich etwas hochgekocht«. Sie betont: »Menschlich stehe ich zu meinem Bruder, beruflich geht jeder seinen eigenen Weg.«

Eingeweihte bezweifeln, dass die Trennung wirklich funktioniert, und glauben, dass Monika Hohlmeier nur verlieren kann. Gerüchten zufolge hat Stoiber sie in ihr neues Amt gedrängt – er bestreitet das. Ein geschickter Schachzug: Gegen seine Schwester würden Max Strauß und seine Freunde wohl nichts unternehmen.

Die entscheidende Frage für Hohlmeiers Erfolg aber lautet: Wird sie sich von Max und dessen Clique fernhalten können? Möglich, dass sie nur die Herausforderung sieht, sich für die Nachfolge Stoibers zu bewähren. Ausgerechnet Curt Niklas sucht sie sich zum Berater. Parteifreunde fragen sich, wie sie Missstände aus der Welt schaffen will, wenn sie sich von den Leuten beraten lässt, die für diese Missstände verantwortlich sind.

7. Juli 2003. Der *Spiegel* berichtet, Fraktionschef Hans Podiuk sei von Monika Hohlmeier an der Aufklärung der Manipulationen gehindert worden. Sie habe ihn »nachdrücklich zurückgepfiffen«, als er die Manipulationen frühzeitig öffentlich machen wollte.

28. Juli 2003. Monika Hohlmeier will zeigen, dass sie entschlossen gegen die Fälscher vorgeht, und einen der Wahlfälscher, Maximilian Junker, aus der Partei ausschließen. Sie stellt ihm ein Ultimatum. »Entweder tritt er selbst aus, oder der Vorstand leitet ein Ausschlussverfahren ein«, sagt Hohlmeier. CSU-Mitglieder werfen ihr vor, ein »Bauernopfer« zu bringen und den wahren Drahtzieher, Joachim Haedke, zu schonen. Oberbürgermeister Christian Ude (SPD) kritisiert Hohlmeiers Plan, einen Anwalt die Affäre klären zu lassen. Der damit beauftragte Hermann Mayer sei als »Familienanwalt der Familie Strauß« dazu völlig ungeeignet. Mayer war einst Geschäftsführer von Franz Georgs Sender »TV weiß-blau«. Ude sieht grundsätzliche Probleme in Hohlmeiers Rolle als Aufklärerin. Zu eng sei sie mit den Seilschaften um ihren Bruder Max Strauß, dem Landtagsabgeordneten Joachim Haedke und dem Ex-Stadtrat Curt Niklas verbunden.

29. Juli 2003. Die *Süddeutsche Zeitung* spekuliert über die Zukunftsaussichten von Monika Hohlmeier. »Ob sie einmal Bayerns erste Ministerpräsidentin wird? Jung genug ist Kultusministerin Monika Hohlmeier, um Stoiber zu beerben. [...] Prognose: Jetzt kommt die Zeit für Taten. Ob sie wirklich das Zeug zu Höherem

hat, muss Hohlmeier als neue Chefin der völlig desolaten Münchner CSU beweisen. Eine schlimmere Reife-Prüfung kann es nicht geben.«

29. Juni 2004. Das Amtsgericht München verurteilt die CSU-Nachwuchspolitiker Christian Baretti, Rasso Graber und Stefanie Lütge wegen Urkundenfälschung zu Geldstrafen. Alle drei haben Mitglieder gekauft, um eine Wahl auf Ortsverbandsebene zu beeinflussen.

3. Juli 2004. Im Interview mit der *tz* wird Monika Hohlmeier nach ihrem Verhältnis zu Joachim Haedke gefragt. Sie sagt: »Er ist ein Kollege aus dem Landtag, mit dem die Zusammenarbeit in der Fraktion reibungslos funktionierte. Vielleicht glauben manche an eine enge Verbindung, weil mein Bruder Max Josef Strauß mit Joachim Haedke eng zusammengearbeitet hat. Dabei wird nicht gesehen, dass mein Bruder und ich unterschiedliche Auffassungen über Formen der Zusammenarbeit und der Kommunikation innerhalb eines Verbandes haben. Aber jeder trägt für sich selbst Verantwortung – auch in der Politik.«

16. Juli 2004. Die SPD fordert Monika Hohlmeiers Rücktritt wegen ihrer Kritik an der Verurteilung ihres Bruders. Der frühere JU-Chef Rasso Graber beschuldigt Hohlmeier gegenüber der *SZ*, sie habe sich mit ihm und dem CSU-Stadtrat Christian Baretti am 15. Mai 2003 in ihrem Amtszimmer getroffen und eine Woche vor der Wahl des CSU-Kreisvorsitzenden erlaubt und dazu geraten, den CSU-Fraktionschef Hans Podiuk zu stürzen. Hohlmeier habe ihn und Baretti gefragt, »ob wir den Podiuk loswerden möchten« und »ob wir dafür die nötige Mehrheit haben«. Als die beiden versicherten, die Mehrzahl der Delegierten stünde hinter ihnen, habe Monika Hohlmeier gesagt: »Dann macht's.«

Hohlmeier weist diese Darstellung zurück. Doch offenbar haben führende Münchner CSU-Politiker inzwischen Zweifel an ihrer Glaubwürdigkeit. Sie treffen sich an diesem Freitag und kommen überein, dass sie Monika Hohlmeier nicht mehr zutrauen, die Affäre um die gekauften Stimmen aufzuklären, den Skandal aufzuarbeiten und den Verantwortlichen zur Rechenschaft zu ziehen. Sie agiert ihrer Ansicht nach zu zögerlich. Statt gegen die Spezi ihres Bruders vorzugehen, lässt sie sich von ihnen beraten. Sie werfen ihr vor, mehr zu wissen, als sie zugibt, und den Drahtzieher der Affäre, Joachim Haedke, zu decken. Sie formulieren eine Rücktrittsforderung, die sie der Presse geben wollen. Ihr Stellvertreter, Aribert Wolf, hat Bedenken, ob das der richtige Weg sei. Man müsse den Mut haben, sie Auge in Auge mit den Vorwürfen zu konfrontieren, sagt er. Die Runde einigt sich darauf, Hohlmeier für den Nachmittag zu einer Aussprache zu bitten. Otmar Bernhard ruft sie sogleich an und bittet sie, die Kreisvorsitzenden um 14.00 Uhr im Bürkleinzimmer der Landtagsgaststätte zu treffen.

Aribert Wolf hat mitbekommen, dass Bernhard ihr nicht gesagt hat, dass es um ihren Rücktritt geht. Er telefoniert mit ihr: »Monika, du weißt schon, um was es geht am Nachmittag?« »Ich glaube es zu wissen, aber um was geht's denn? Sag du's doch.« »Ja, es geht um deinen Rücktritt. Wir wollen deinen Rücktritt.« »Du auch?« »Ja, ich auch.« Sie beginnt »fürchterlich das Schreien und Schimpfen«, wie Wolf sich erinnert. Hohlmeier bestreitet das. Sie bezeichnet ihn als Pharisäer. Wolf hört das kaum mehr, weil er den Hörer vom Ohr genommen hat.

Zu Beginn des Gesprächs hat er Hohlmeier gefragt, ob sie mit der ehemaligen Vorsitzenden der Frauen-Union gesprochen und sich ihre Beschwerden angehört habe. Er hatte sie neulich darum gebeten. Hohlmeier hat das verschwitzt und ein schlechtes Gewissen. Nach dem Gespräch holt sie den Anruf nach, hört sich die Beschwerde an und macht Notizen. Den Zettel packt sie zusammen mit anderen Unterlagen in einen blauen Schnellhefter. Etwa um diese Zeit ruft ein Journalist an und fragt, ob sie eine schriftliche Rücktrittsforderung erhalten habe. Das hat sie nicht. Aber sie ärgert sich, dass die Kreisvorsitzenden offenbar wieder einmal die Presse einschalten, bevor sie mit ihr sprechen. Sie ist wütend und lässt dem Journalisten ausrichten, ihr liege keine Forderung vor. Vermutlich ist sie auch deshalb angespannt an diesem Freitag, weil am Tag davor ihr Bruder Max verurteilt worden ist.

Als sie im Bürkleinzimmer eintrifft, wirft sie den Schlüssel und den Hefter auf den Tisch. Sie verbirgt nicht, dass sie wütend ist, sondern spricht es ganz offen aus. Zu ihrem Ärger bemerkt sie, dass nicht alle Kreisvorsitzenden gekommen sind. Anwesend sind vor allem ihre Kritiker unter den Kreisvorsitzenden. Hans Podiuk und sechs weitere Männer, die ihn stützen und sie angreifen – das ist ihr Eindruck. Lokalpolitiker, die zu ihr halten, Niklas beispielsweise, sind nicht da. Sie ist gereizt, hört sich die Vorwürfe über das mangelnde Vertrauen an und wird nur noch wütender. Sie wirft den Kreisvorsitzenden vor, seit Monaten Falschmeldungen über sie an die Presse zu geben. Es wird laut und hektisch. »Es gab Aggressionen über zwei Stunden hinweg«, erinnert sich Hohlmeier.

Es sei unmöglich, dass man einem Journalisten vorab ein Schreiben zeige, das gar nicht existiere, schimpft Hohlmeier. Sie weiß nicht, dass es das Schreiben tatsächlich gibt. Bislang hat niemand direkt ihren Rücktritt gefordert. Sie spricht den Landtagsabgeordneten Thomas Zimmermann an, dann den Landtagsabgeordneten Ludwig Spaenle und berichtet von Vorwürfen, die ihr die ehemalige Vorsitzende der Frauen-Union kurz zuvor telefonisch durchgegeben hat. Es ging dabei um Manipulationen einer Wahl, in die angeblich die Frau von Spaenle verwickelt sei. Hohlmeier sagt: »Wenn ich die Gerüchte, die mir zugetragen worden sind, ohne sie zu prüfen direkt an die Medien geben würde, dann könnten wir miteinander einpacken.« Sie greift in ihre Mappe, holt die Notiz heraus und erwähnt die Beispiele gegen Zimmermann und Spaenle. Dann sagt sie. »Gegen jeden von euch gibt es was.«

Die Angesprochenen sind empört: »Das sind ja Stasi-Methoden!« »Wie bei der Mafia!« »Wo sind wir denn?« Podiuk erinnert sich: »Wir haben den üblichen parteiinternen Umgangston verlassen.« Die Anwesenden sprechen später von Tumulten. Eben haben sich beide Seiten zwei Stunden lang mangelnde Kommunikation vorgeworfen. Nun agieren sie, als wollten sie sich den Vorwurf gegenseitig bestätigen.

Hohlmeier betont später, sie habe das Telefonat mit der Frau, die Spaenles Frau belastet, nur Wolf zuliebe geführt und dann einfach den Zettel mitgenommen. Sie wollte mit Spaenle darüber sprechen, ohne ihm zu drohen. Oder sucht sie – nachdem sie den Anlass des Treffens kennt – in dem Telefonat mit der Ex-Vorsitzenden gezielt nach Material, das sich gegen die Kritiker verwenden lässt? Zumindest hat Spaenle den Eindruck, dass sie das Material vorbereitet habe.

Es gibt nun keinen Weg mehr zurück. Hohlmeier fühlt sich zu Unrecht angegriffen. Sie versichert später, dass sie niemandem drohen und sich nur verteidigen wollte. Angeblich habe sie ihren Kritikern nur vor Augen führen wollen, wie leicht es sei, falsche Vorwürfe gegen sie in die Welt zu setzen. Die Kreisvorsitzenden haben jedoch nicht den Eindruck, dass sie von etwas spricht, das sie nie tun würde. Im Gegenteil: Sie fühlen sich konkret bedroht. Zwei hat Hohlmeier mit Namen angesprochen. Was hat sie noch alles in ihrer Mappe?

Am nächsten Tag fühlen sich alle angegriffen. Alle meinen nun, das wahre Gesicht von Monika Hohlmeier gesehen zu haben. »Ich persönlich habe es als konkrete Bedrohung empfunden«, sagt der Landtagsabgeordnete Spaenle. Hohlmeier habe Dossiers über ihn und die anderen Kritiker angelegt und sie mit der Veröffentlichung unangenehmer Interna bedroht. Es scheint zum Stil der Familie zu passen. Hat nicht Hohlmeiers Vater einst das Ansehen seines Parteifreunds Franz Heubl mit einem 41-seitigen Dossier über dessen angebliche Faulheit und Krankheit beschädigt?

Die Kreisvorsitzenden rätseln, was Hohlmeier wohl alles in ihrer Klarsichtmappe gesammelt hat. Sie erinnern sich deutlich an ihre Worte: »Wie kommt ihr dazu, mir Vorwürfe zu machen? Gegen jeden von euch gibt es was.« So steht es in der Presse. Zunächst sagt Hohlmeier: »Das stimmt nicht.« Die Vorwürfe findet sie »unerträglich.« Doch dann entschuldigt sie sich, angeblich auf Druck von Stoiber: Es sei »der von mir nicht gewollte Eindruck entstanden, dass ich sie unter Druck setzen oder in Misskredit bringen wollte«.

17. Juli 2004. *Bild* konfrontiert Hohlmeier mit Forderungen aus ihrer Partei, als CSU-Bezirkschefin zurückzutreten. Sie antwortet: »Klipp und klar: Ich bin angetreten, um die politische Profilierung der Münchner CSU voranzutreiben [...] Das ist und das bleibt mein Ziel. Auch Edmund Stoiber unterstützt mich vorbehaltlos dabei.« Am selben Tag halten führende CSU-Politiker mit Monika Hohlmeier ein Krisengespräch ab. Sechs der zehn Kreisvorsitzenden fordern sie zum Rücktritt auf. Sie vereinbaren mit ihr, dass sie sich noch in diesem Jahr von ihrem Parteiamt trennen und sich auf ihr Ministeramt konzentrieren soll.

19. Juli 2004. An diesem Tag soll die Affäre beendet werden, wie Monika Hohlmeier in der Woche davor angekündigt hat. Doch statt sich vom Drahtzieher der Affäre, Joachim Haedke, zu trennen, beschließt der Bezirksverband lediglich, dass der Landtagsabgeordnete fünf Jahre lang kein Parteiamt besetzen darf. Wieder entsteht der Eindruck, dass Hohlmeier nicht richtig aufräumen will. Warum geht sie nicht härter gegen Haedke vor?

Eine mögliche Antwort: Die *Süddeutsche Zeitung* berichtet ausführlich über ein Gespräch mit dem 23-jährigen ehemaligen CSU-Mitglied Maximilian Junker, den sie nur Maximilian J. nennt. Er habe Stimmen gekauft und sei zu einer Geldstrafe von 1800 Euro verurteilt, gelte aber nicht als vorbestraft. Junker bedauere sein Mitwirken an dem Stimmenkauf, könne aber nicht akzeptieren, »dass die eigentlichen Drahtzieher der Affäre ungeschoren davonkommen«. Junker zufolge habe Hohlmeier frühzeitig über die Mitgliederkäufe Bescheid gewusst. Außerdem habe sie, als intern erste Zweifel aufkamen, die Aufklärung persönlich unterbunden.

Als Beleg erwähnt er ein Telefongespräch zwischen dem Landtagsabgeordneten Joachim Haedke und Monika Hohlmeier, das er Ende September 2002 in der Wohnung von Haedke teilweise mitgehört habe. Haedke habe das Gespräch »mit eingeschalteter Lautsprechertaste entgegengenommen und später via Kopfhörer mit Hohlmeier telefoniert«. Angeblich haben sich die beiden über den Stimmenkauf unterhalten. Haedke erzählte Hohlmeier angeblich, man habe jetzt genügend Stimmen beisammen, um Podiuk zu stürzen. Wenig später sei auch Curt Niklas bei Haedke aufgetaucht und habe ihm Geld für die Aktion überreicht – Niklas bestreitet das.

Die Rekrutierung neuer Mitglieder gegen Geld war damals laut Junker ins Stocken geraten. Deshalb habe Haedke ihm gesagt, er solle künftig statt 200 Euro für eine Stimme 500 Euro zahlen. Allen Beteiligten war Junker zufolge klar, »dass die Hohlmeier das dirigiert und billigt«. Wörtlich habe Haedke zu ihm gesagt: »Wenn das mit dem Geld jemals herauskommt, wird uns die Monika alle decken.« Anfang 2003, so berichtet die *Süddeutsche Zeitung* weiter, hat Junkers Aussage zufolge der CSU-Fraktionschef Hans Podiuk Verdacht geschöpft und versucht, ihn zu erreichen. Er habe daraufhin aufgeregt bei Haedke angerufen und gesagt, »Was ist denn jetzt, du hast doch gesagt, die Monika hält uns den Rücken frei.« Haedke habe erwidert, er sei da schon dran. Später habe Haedke ihm erzählt, Hohlmeier habe Podiuk verboten, weiter nachzubohren.

Daraus schließt *SZ*-Reporter Peter Fahrenholz: »Sollte das stimmen, würde es bedeuten, dass Hohlmeier Anfang 2003, als die Affäre noch gar nicht öffentlich bekannt war, eine Aufklärung der Machenschaften bewusst verhindert hat.« Fahrenholz endet seinen Bericht mit dem Hinweis, das Gericht habe Junker als glaubwürdig eingestuft. Monika Hohlmeier sei für eine Stellungnahme nicht zu erreichen gewesen.

20. Juli 2004. Kurz nach 18.00 Uhr tritt Bezirkschefin Monika Hohlmeier nach einem Krisengespräch mit dem CSU-General-

sekretär vor Journalisten und verkündet, dass sie ihr Amt Ende September 2004 an den Landtagsabgeordneten Otmar Bernhard abgebe. Der Vorsitz lasse sich mit ihrem Ministeramt »schlechthin terminlich nicht vereinbaren«, lautet ihre Begründung. Sie habe sich bereits vor Monaten mit diesem Gedanken getragen. Ihr Nachfolger bekundet ihr Respekt und Verständnis, weil sie »so viel Ärger« in Kauf genommen habe. Fragen wollen beide nicht beantworten.

23. Juli 2004. Monika Hohlmeier teilt mit, dass Otmar Bernhard ihr Amt ab sofort übernehme. Die Teilnehmer der Bürkleinrunde beharren ungeachtet ihrer Entschuldigung in Presseberichten darauf, dass sie »ganz klar eine Drohkulisse aufgebaut« habe.

9. August 2004. Auf Antrag der Grünen und der SPD berichtet die Staatsregierung auf 37 Seiten, wie die Kultusministerin in ihrer Behörde staatliche Aufgaben und Belange der CSU miteinander verbindet. Hohlmeier hat großzügig Genehmigungen für Nebentätigkeiten ausgestellt: 15 Mitarbeiter ihres Amtes arbeiten zeitweise auch für sie als CSU-Funktionärin. Die Opposition spricht in ihren Fragen von einer »Generation Hohlmeier«.

10. August 2004. Die Opposition im Bayerischen Landtag fordert Ministerpräsident Edmund Stoiber auf, sich von seiner Kultusministerin zu trennen. Wenn sie nach der Sommerpause Ende September noch im Amt sei, würden Grüne und SPD einen Untersuchungsausschuss gegen sie beantragen.

6. September 2004. Monika Hohlmeier tritt im grünen Dirndl in einem Bierzelt in Abensberg auf und sagt: »Ich behaupte nicht, dass ich in allen Entscheidungen immer fantastisch war. Ich räume Fehler ein.« Doch statt eine Beichte abzulegen, wirft sie der Opposition »Polemik, persönliche Angriffe und Verleumdung« vor. Ihre Gegner bespitzelten selbst ihre Kinder, ob sie morgens

mit dem Dienstwagen zur Schule gefahren würden. Sie nennt das schäbig. Da dieser Tag der Geburtstag ihres Vaters ist, zitiert sie die Fan-Post, die sie täglich erhalte. »Wenn es so einen noch gäbe«, schrieben ihr viele Anhänger.

16. Dezember 2004. Am Morgen geht Monika Hohlmeier ins Plenum des Landtags, um eine Debatte über den Etat des Landwirtschaftsministeriums zu verfolgen, bei der über Düngung und Waldsterben diskutiert wird. Kurz vor elf Uhr verlässt sie den Saal, gerade rechtzeitig, bevor ihre eigene Politik und Zukunft als Ministerin Thema werden und der Landtag einstimmig einen Untersuchungsausschuss gegen sie einsetzt.

Der Ausschuss soll seine Arbeit Mitte Januar aufnehmen und bis zur Sommerpause 2005 arbeiten. Die Einigung auf einen 16-seitigen Fragenkatalog wertet die Opposition als ersten Erfolg, weil die CSU zahlreiche unangenehme Fragen, die sie zunächst abgelehnt hatte, nun doch gestattet. Sie fürchtet angeblich, dass sich der Streit um die Fragen bis vors Verfassungsgericht und das Thema Hohlmeier damit ins Wahljahr 2006 ziehen könnte. Während Untersuchungsausschüsse in Bayern zum Deutschen Orden oder zu den Waffengeschäften des Karlheinz Schreiber als stumpfes Messer verlacht worden sind, versprechen sich SPD und Grüne diesmal mehr Wirkung. »Das könnte der erste Untersuchungsausschuss in Bayern sein, der wie ein Gerichtsverfahren funktioniert«, sagt die Fraktionsvorsitzende der Grünen, Margarete Bause, die für ihre Partei in dem neunköpfigen Gremium sitzt. Den Vorsitz erhält – nach langer Suche – der Münchner CSU-Abgeordnete Engelbert Kupka, ein Jurist. Seine Stellvertreterin ist die stellvertretende SPD-Fraktionsvorsitzende Karin Radermacher.

Sie sagt: »Wir können nicht alle Schweinereien aufklären, die in der Münchner CSU im Laufe der Zeit möglicherweise passiert sind. Das überfordert einen Untersuchungsausschuss.« Der Ausschuss müsse aber aufklären, ob Hohlmeier gegen die Verfassung und das Parteiengesetz verstoßen habe und an Urkundenfälschung und somit an strafbaren Handlungen beteiligt war, sagt Radermacher. Zudem müsse untersucht werden, ob Hohlmeier von Verfehlungen Kenntnis hatte, ohne einzuschreiten.

Engelbert Kupka, der den Ausschuss leiten wird, überlässt es seinem Parteifreund Alexander König – einem Mann aus der zweiten Reihe –, die Ministerin zu verteidigen. König wirft der Opposition vor, eine »reine Showveranstaltung« zu inszenieren. »Sie sind nicht an der Sache interessiert, Sie sind interessiert, hier ein Schauspiel aufzuführen«, sagt er. Der Ausschuss sei überflüssig und werde keine neuen Erkenntnisse liefern. Die CSU habe vielen Fragen zum Innenleben der Partei, die nicht zulässig seien, nur deshalb zugestimmt, um nicht das Image des Verhinderers zu haben. »Wir haben uns großzügig geeinigt. Zulässig sind diese Fragen nicht.«

3. Februar 2005. Die *Bunte* erscheint mit einer gelöst lachenden Monika Hohlmeier auf dem Titel und der Schlagzeile: »Monika Hohlmeier: Ich war todkrank.« In einem zwei Seiten langen Interview erzählt sie von einer »heimtückischen Viruserkrankung, die mich so abmagern ließ. Jetzt ist die Geschichte ausgestanden und ich kann darüber reden. Aber damals wollte ich nicht, dass jemand davon erfährt, weil ich keine Schwäche zeigen und mich nicht dem Vorwurf aussetzen wollte, dass ich als Frau das harte Geschäft der Politik halt doch nicht packe.« Sie habe 15 Kilo abgenommen, weil ihr Körper keine Nahrung mehr aufgenommen habe. Vier Wochen habe sie ihr Ministeramt nicht ausüben können.

7. April 2005. In einem Sitzungszimmer des Maximilianeums beginnt vor dem Untersuchungsausschuss, der nach Monika Hohlmeier benannt ist, die Zeugenvernehmung. Geladen sind drei Staatsanwälte und eine Richterin, die sich Monate zuvor schon mit den Fälschungen beschäftigt haben. Sie haben nicht gegen

Monika Hohlmeier ermittelt, aber sie haben eine Reihe von Zeugen und Beschuldigten befragt und sollen nun sagen, ob sie Kenntnis haben über eine Verwicklung der Kultusministerin.

Erster Zeuge ist Leitender Oberstaatsanwalt Christian Schmidt-Sommerfeld, der Leiter der Staatsanwaltschaft München I: »Wir haben zu keinem Zeitpunkt Anhaltspunkte dafür gehabt, dass hier die Frau Staatsministerin in irgendeiner Form an strafbaren Handlungen beteiligt gewesen sein könnte.« Er erklärt, dass sich die Staatsanwaltschaft nur mit Urkundenfälschung befasst hätte, nicht mit dem Kauf von Stimmen. Der sei nämlich nicht strafbar. Dann kommt er auf die Manipulationen bei den Mitgliedsanträgen zu sprechen. Während seine Aussagen eben noch entlastend klangen, sind die Abgeordneten und Journalisten bei seinem nächsten Satz wie elektrisiert: Hohlmeier »muss wohl Kenntnis davon gehabt haben, dass möglicherweise Geldzahlungen dafür geflossen sind«, sagt der Oberstaatsanwalt.

Er weist darauf hin, dass er »keine eigene Kenntnis« habe. Er habe die Akten nicht selbst studiert, sondern wisse das »nur indirekt« über seine Mitarbeiter. Aber schon in den ersten Minuten der Zeugenvernehmung sagt er den Satz: »Aus meiner dürftigen Aktenkenntnis heraus muss ich sagen, es gibt in den Akten Erkenntnisse dahingehend, dass die Staatsministerin von den Vorgängen en bloc Kenntnis gehabt hat.« Genaues wisse er nicht, er spreche von »Unregelmäßigkeiten im weitesten Sinne«. Trotz der Einschränkungen ist diese Aussage mehr, als die Opposition hoffen durfte. Die Nachrichtenagentur dpa schickt die Nachricht »Justiz: Hohlmeier wusste von Machenschaften in Münchner CSU« an die Redaktionen, gefolgt vom Zitat des Oberstaatsanwaltes. Schon der erste von 20 Zeugen sorgt für eine Nachricht, die einschlägt. Das Kalkül der Opposition scheint aufzugehen.

Die anderen beiden Staatsanwälte und die Richterin sagen ebenfalls aus, die Ministerin habe von den Wahlmanipulationen im Ortsverband Perlach gewusst. Ihr soll auch bekannt gewesen sein, dass Mitglieder gekauft wurden. Die Aussagen des Zeugen

Maximilian Junker halten sie für glaubwürdig und belegen das mit Entscheidungen während ihrer Ermittlungen und Wertungen im Urteil gegen die Fälscher. Oberstaatsanwalt August Stern, der die Akten selbst gelesen hat, sagt in Bezug auf das fragliche Telefonat von Haedke mit Hohlmeier: »Ich habe keine Anhaltspunkte, dass uns Herr Junker hier belogen hat.« Als der Vorsitzende Kupka ihn fragt: »Halten Sie den Herrn Junker für glaubwürdig, oder haben Sie nur keine Kenntnis, dass er unglaubwürdig wäre?«, schränkt er allerdings ein: »Letzteres.«

8. April 2005. Monika Hohlmeiers Nachfolger als Münchner CSU-Chef, Otmar Bernhard, geht erstmals auf Distanz zu ihr. »Die Münchner CSU kann Frau Hohlmeier nicht als Ministerin entlassen«, sagt er in einem Interview. Vorstandsmitglieder der Münchner CSU werfen ihr vor, sie belogen zu haben.

11. April 2005. Auf einer Sitzung des Bezirksvorstandes der Münchner CSU formiert sich eine Front gegen die frühere Chefin des Verbands. Mitglieder des Vorstands fordern, Ministerpräsident Edmund Stoiber müsse seine Kultusministerin entlassen. Allerdings tritt keins der Vorstandsmitglieder namentlich mit dieser Forderung an die Öffentlichkeit.

12. April 2005. Monika Hohlmeier denkt zum ersten Mal seit Weihnachten an Rücktritt, aber nach außen hin gibt sie sich entschlossen: Noch will sie kämpfen.

13. April 2005. Es wird bekannt, dass das Bankkonto des CSU-Politikers Hans Podiuk ausspioniert worden ist. Vieles an der Geschichte bleibt unklar, und ein Mitwirken von Hohlmeier ist nicht belegt, aber dennoch gerät sie bei Parteifreunden in Verdacht, hinter der Spionage-Attacke zu stecken.

Zwei Jahre zuvor hat sie Podiuk auf angebliche finanzielle Probleme angesprochen, weil ein Journalist sie darauf aufmerksam gemacht habe. Zudem hat sie sich angeblich bereits 1997 für den Täter, Martin Kupka, eingesetzt. Damals wendet sich Robert Nagl, einer der Kreisvorsitzenden der CSU in München, in einem Brief an den Parteivorsitzenden Theo Waigel. Nagl, ein altgedienter Stadtrat und Kreisvorsitzender, beschwert sich über junge Neumitglieder, »die zwar sehr an persönlicher Macht, aber kaum an parteiinterner Mitarbeit interessiert sind«.

Dem Kreischef der Jungen Union, Martin Kupka, wirft Nagl vor, nur durch »beispiellose Betrügereien« gewählt worden zu sein. In diesem Zusammenhang wirft Nagl Waigels Stellvertreterin Monika Hohlmeier vor, interveniert zu haben, damit Kupka überhaupt in die CSU aufgenommen wird. Davor sei Kupka mehrfach einstimmig abgelehnt worden. Als die *Süddeutsche Zeitung* über die Beschwerde berichtet, bestätigt ihr Kupka, Hohlmeier habe ihm versprochen, sich für ihn einzusetzen. Nagl befürchtet, dass Kupka zu einer Gruppe um den JU-Chef Haedke gehört, die seinen Kreisverband erobern wollen, um dann im Wahlkreis Süd zusammen mit Max Strauß gegen den Bundestagsabgeordneten Riedl zu stimmen. Hohlmeier beklagt, dass in der CSU ein »persönlicher Vernichtungsfeldzug« gegen sie geführt werde.

14. April 2005. In der sechsten Sitzung des Untersuchungsausschusses sagen Oliver Melka und Maximilian Junker aus. Zum ersten Mal sitzen den Abgeordneten des Ausschusses zwei der jungen Nachwuchsmitglieder der CSU gegenüber, die die Manipulationen vorgenommen haben. Vor allem Junker tritt sehr selbstbewusst in das Blitzlicht der Kameras und Fotografen. Er scheint seine Rolle zu genießen. Haben ihm CSU-Abgeordnete nicht bei Bekanntwerden seiner Manipulationen mit dem Staatsanwalt gedroht? Wollte ihn Monika Hohlmeier nicht als erste Aktion in ihrem Amt als Bezirkschefin aus der Partei werfen?

Er ist jetzt nicht mehr Angeklagter wie in seinem Verfahren vor dem Amtsgericht, sondern er wirkt wie ein Ankläger. Die Rollen sind vertauscht. Einst wollte Hohlmeier aufklären und ihn aus der

CSU werfen. Heute kann sie ihm keine Vorwürfe mehr machen, dass er die Öffentlichkeit getäuscht habe. Heute hat er Hohlmeier etwas vorzuwerfen.

Er berichtet all das, was er bereits vor dem Amtsgericht und später der *Süddeutschen Zeitung* gesagt hat. Das genügt. Anders als bei früheren Gelegenheiten hören ihm nun Landtagsabgeordnete und Journalisten vieler TV-Sender und Zeitungen zu. Es sind die gleichen Vorwürfe, aber sie erhalten eine andere Dimension. Vermutlich ahnt er ihre Wirkung. Er kennt sie ja schon aus dem vergangenen Jahr. Damals musste Hohlmeier am Tag nach Erscheinen des Berichts in der *SZ* von ihrem Amt als Bezirkschefin zurücktreten.

Die CSU-Abgeordneten des Ausschusses zweifeln an Junkers Glaubwürdigkeit. Der Ausschussvorsitzende Engelbert Kupka (CSU) sagt, momentan sei man »noch nicht auf der Spur der Wahrheit, sondern auf der Suche«. Zum einen hat ein anderer Täter Junker in einigen Punkten, die nicht Hohlmeier betreffen, vor dem Ausschuss widersprochen. Zum anderen hat er in früheren Vernehmungen nicht erwähnt, dass er das Telefonat minutenlang per Lautsprecher mitgehört hatte. Junker erklärt die Widersprüche mit dem großen Druck, der bei früheren Vernehmungen auf ihm gelastet habe. Nun könne er zum ersten Mal offen sprechen. Die Ausschussmitglieder von SPD und Grünen sagen, sie hielten Junker für glaubwürdig und sprechen von neuen Anhaltspunkten für die Verstrickung von Hohlmeier in die Fälschungen. Die SPD fordert erneut Hohlmeiers Rücktritt. Zudem wirft sie dem Vorsitzenden Kupka vor, Junker zu verunsichern.

Nach dieser Aussage ist Hohlmeier deutlich angeschlagen. Der entscheidende Hieb, der sie niederstreckt, kommt von CSU-Stadtratsfraktionschef Hans Podiuk. Mit Junkers Aussage konfrontiert, sagt er der *Abendzeitung*: »Das ist ein Abgrund von Lüge und Täuschung.« Als er die Fälschungen aufklären wollte, habe er gemerkt: »Hoppla, die steckt mit unter der Decke.« Als erster führender CSU-Politiker bestätigt Podiuk damit namentlich die Vorwürfe gegen Hohlmeier. Die *Abendzeitung* übermittelt Podiuks Aussage vorab an dpa. Als dpa die Nachricht nachmittags kurz nach 16.30 Uhr meldet, hat Hohlmeier keine Chance mehr. Junkers Vorwürfe sind nun von glaubwürdiger Seite untermauert. Um 18.00 Uhr schickt dpa eine weitere Bestätigung Podiuks, der nun sagt: »Inzwischen gibt es keinen Zweifel, dass sie die Organisatorin dieser Machenschaften war.« Die Nachricht läuft im Fernsehen.

Monika Hohlmeier entschließt sich an diesem Abend zum Rücktritt. Sie sagt für den nächsten Tag alle Termine ab und schreibt die erste Fassung ihrer Rücktrittserklärung. Sie verbringt eine schlaflose Nacht.

15. April 2005. Die Zeitungen sind voll mit Junkers Vorwürfen. Am Morgen rätseln Beobachter noch, ob Monika Hohlmeier diesen Tag überstehen wird. Sie ruft ihren Ministerkollegen Otto Wiesheu an, den ehemaligen Generalsekretär ihres Vaters, und schickt ihm die Rücktrittserklärung. Er liest die drei Seiten, sie telefonieren und treffen sich. Um 12.30 Uhr ruft Monika Hohlmeier auf dem Handy ihren Chef Edmund Stoiber an. Der Ministerpräsident ist gerade in Garmisch, um Lebensretter zu ehren. Mitarbeiter reichen ihm das Handy mit dem Hinweis, der Anruf sei dringend. Stoiber zieht sich zum Telefonieren in den Kurpark zurück und nimmt dort den Rücktritt seiner Ministerin an.

Er lässt sich lange Passagen der Rücktrittserklärung vorlesen. Leibwächter schirmen ihn ab. Danach gibt Stoiber Autogramme. Zu den Vorwürfen und Spekulationen um Hohlmeier will er nichts sagen. Gegen Mittag meldet *Focus* ihren Rücktritt. Für Journalisten ist das die Bestätigung; sie wissen um den engen Kontakt zwischen *Burda*-Verlag und Strauß-Familie. Hohlmeier ruft ihre engsten Mitarbeiter zusammen und erklärt ihnen ihre Entscheidung. Sie lesen ihre Rücktrittserklärung gegen.

Um 15.00 Uhr tritt sie scheinbar gelassen vor die Presse, Mikrofone und Kameras. Vier Minuten lang steht sie im Blitzlicht der

Fotografen. Dann verliest sie ihre Erklärung. »Die gegen mich erhobenen …« Kameraleute unterbrechen sie, weil sie noch nicht so weit sind. Monika Hohlmeier stutzt, lächelt und sagt: »Mach ma jetzt noch a Inszenierung?« Ihre Anspannung verbirgt sie hinter einem Lächeln, das angesichts der Situation und des Anlasses gekünstelt wirkt. Oder ist sie tatsächlich erleichtert? Die Journalisten tun sich wie immer schwer, sie einzuschätzen.

Sie trägt vor, was Politiker vortragen, wenn sie zurücktreten. Sie will »Schaden vom Amt abwenden«. Sie bedankt sich, dass sie »viel gestalten und bewirken« konnte. Sie spricht von »falschen Vorwürfen«. Sie sagt, »das Amt gehört einem nicht«. Sie betont, dass der Rücktritt »meine ganz persönliche Entscheidung« sei. Sie dankt Ministerpräsident Stoiber und »von Herzen« auch dem Fraktionschef Joachim Herrmann. Er ist künftig ihr Chef, denn in diesem Moment wird sie wieder einfache Abgeordnete des Landtags. Kurz blickt sie in die Zukunft. Sie sagt: »Ich möchte und ich werde mich zur Wehr setzen.«

16. April 2005. Monika Hohlmeiers Rücktritt führt zum größten Presseecho, das sie je hatte. Zeitungen in ganz Deutschland bringen die Nachricht vom Sturz einer Landesministerin mehrspaltig auf Seite eins. Ihr Sturz ist für die Öffentlichkeit das größte Ereignis ihrer Karriere – bedeutsamer, als es ihr Aufstieg und ihr Wirken je waren. In den Augen der Öffentlichkeit ist sie in diesem Moment eine Strauß. Zeitungen schreiben vom Ende einer Ära.

»In Bayern ist ein Mythos untergegangen«, betont Ernst Hebeker, der Chefredakteur des *Münchner Merkur*. »Da ist viel mehr als eine einzelne Politikerin gescheitert. Da hat sich auch eine Partei von der eigenen Vergangenheit losgesagt – mindestens von ihrem Gebaren und ihren Herrschaftsmethoden. Der radikale Stilwechsel, den Edmund Stoiber schon beim Amtsantritt als Ministerpräsident einleitete, wurde in einem Akt von Selbstreinigung zum Vollzug gebracht. In Bayern hat eine lange Ära der politischen Autokratie endgültig abgedankt.« Aus Stoibers Sicht formuliert

Hebeker sehr freundlich. Nach Einschätzung vieler Beobachter hat Stoiber jedenfalls keine gute Figur gemacht. Viele glauben, er hätte sie vor sich selbst schützen müssen. Denn die Vorwürfe, die zu ihrem Rücktritt führten, waren ja schon fast ein ganzes Jahr davor bekannt. Stoiber zögerte zu lange, gegen die Tochter seines Ziehvaters vorzugehen.

»Noch vor zwei Jahren schien es, als könnte Hohlmeier einmal die Nachfolge von Stoiber antreten«, kommentiert Sebastian Beck in der *Süddeutschen Zeitung*. »Jetzt ist sie politisch untergegangen – und mit ihr ein Politik-Stil, der stark an den ihres Vaters Franz Josef Strauß erinnert: Als Münchner CSU-Chefin glaubte Monika Hohlmeier, sie sei niemandem Rechenschaft schuldig und könne sich bei Bedarf über Normen hinwegsetzen. Doch im Freistaat haben sich die Verhältnisse seit dem Tod des allmächtigen CSU-Vorsitzenden 1988 geändert. Stoiber und der CSU mag der Rücktritt schaden. Er zeigt aber, dass das demokratische Controlling funktioniert. Sogar in Bayern.«

»Man kann es drehen wie man will«, sagt der Politikwissenschafter und CSU-Kenner Heinrich Oberreuter. »Der Rücktritt kommt zu spät und lässt keine zweite Chance mehr zu.« Immerhin hatte Hohlmeier zwischenzeitlich ein Angebot, in den Bundestag zu gehen. Sie hat es abgelehnt und wollte in der Landespolitik bleiben. Vielleicht dachte sie sogar, sie könnte Stoiber in Bayern beerben, wenn dieser nach Berlin wechselt. »Wäre sie auf dieses Angebot eingegangen, hätte sie nach einer Übergangszeit alle Chancen gehabt. So wie es jetzt ablief, eben nicht«, sagt Oberreuter. Der Machtinstinkt von Franz Josef Strauß sei mit Realitätssinn gepaart gewesen. »Das ist genau das, was seiner Tochter fehlt. Insofern kann man die beiden nicht miteinander vergleichen. Womöglich ist sogar die Tatsache, dass Franz Josef seine Kinder frühzeitig und umfangreich in die Politik mit einbezogen hat, ein Grund für diesen mangelnden Realitätssinn. Es ist nun einmal eine große Belastung, wenn man als allzu Junge wie eine Landesmutter repräsentieren soll. Da verschieben sich vielleicht die

Maßstäbe, und man verliert die Chance auf eine ungestörte Entwicklung. Das gilt für die Tochter, aber auch für die Söhne. Dies kann dann zu Verdrehungen führen: Offenbar bestand da der Trugschluss, die Familie Strauß sei ohnehin unantastbar.«

5. Mai 2005. Ihren ersten öffentlichen Auftritt nach ihrem Sturz absolviert Monika Hohlmeier in einem Bierzelt in Grafing nahe ihrem Wohnort Vaterstetten. Sie muss nun ohne ihren Referenten und ihre Sicherheitsleute aus dem Ministerium auskommen. Sie trägt Dirndl, und beim Einzug spielt die Blaskapelle den Defiliermarsch. Auf dem Weg zum Rednerpult hat sie eine Mappe in den Händen, was manche Besucher zu ironischen Bemerkungen über ihren angeblichen Hang zu Dossiers veranlasst.

»Ich freue mich, dass die Junge Union heute so stark vertreten ist«, sagt die örtliche CSU-Vorsitzende. In München, wo die Junge Union Hohlmeier so viel Ärger brachte, wäre das eine Drohung für sie gewesen. In Grafing ist es anders. Man sei gespannt gewesen, ob sie trotz ihres Rücktrittes kommen würde, sagt die Ortsvorsitzende. Hohlmeier sagt: »Ein Wort ist ein Wort, wenn ich zugesagt habe, lasse ich niemanden sitzen.« Das ist allerdings nur die halbe Wahrheit, denn vor einem Jahr hat sie als Ministerin an gleicher Stelle kurzfristig absagen lassen.

Offenbar ist es der ehemaligen Ministerin nun wichtig, im Wahlkreis Ebersberg-Erding aufzutreten. Manche glauben sogar, die erste Bewerbungsrede der Bundestagskandidatin Hohlmeier zu hören. In ihrer einstündigen Rede spricht sie ausschließlich über Bundespolitik, über Staatsverschuldung, Steuerrecht und Münteferings Kapitalismuskritik. Sie verweist auf ihren Vater: »Ich bin stolz auf ihn, der unter falschen Verdächtigungen leiden musste und nie nachgegeben hat.«

Als wolle sie ihm zustimmen, sagt sie nun: »Ich werde mich auch weiter politisch äußern und mit euch kämpfen.« Mit euch kämpfen? Hohlmeier will das, aber will es auch die CSU? Zwei Tage davor haben Journalisten Ministerpräsident Stoiber gefragt, ob sie politisch noch eine Zukunft habe. Stoiber antwortet vorsichtig und verweist auf ihr Alter. Sie ist 42 Jahre alt. »Wer so jung ist, hat sicherlich mit der Politik noch nicht abgeschlossen.« Im Bierzelt ist die Zahl derer, die mit ihr kämpfen wollen, überschaubar. Die Ehrenplätze in den vorderen Reihen des Bierzelts bleiben leer. Kein Landrat, kein Kreisvorstand, nicht einmal der Bürgermeister lässt sich blicken. Sie muss mit einigen Stadträten und dem Brauereichef am Prominententisch Vorlieb nehmen.

20. Mai 2005. Mitglieder der CSU-Landtagsfraktion fordern von Monika Hohlmeier, die auf einen Sitz im Haushaltsausschuss spekuliere, nach einem Bericht der dpa »Zurückhaltung« bei ihren Comeback-Versuchen, vor allem, solange der Untersuchungsausschuss gegen sie laufe. Am Tag darauf sieht sich CSU-Fraktionschef Joachim Herrmann falsch zitiert, bestätigt aber den Sachverhalt. »Frau Hohlmeier und wir sind uns einig darüber, dass sie sich bis Ende des Untersuchungsausschusses, und das kann bis Ende November werden, in Ausschüssen nicht stärker engagiert.«

29. Juli 2005. Der Auftritt von Monika Hohlmeier vor dem Untersuchungsausschuss wird mit Spannung erwartet. Immerhin hat sie nach ihrem Rücktritt angekündigt, sie werde sich »zur Wehr setzen«. Auf dem Weg in den Sitzungssaal fragen Journalisten, wie es ihr geht. Die frühere bayerische Kultusministerin sagt nur knapp: »Gut.« Minutenlang steht sie dann lachend und gut gelaunt im Blitzlichtgewitter. Schwer zu sagen, wie es ihr wirklich geht. Zunächst belehrt der Vorsitzende Engelbert Kupka sie, dass sie nicht als Zeugin, sondern als Beschuldigte vernommen wird. Einem Zeugen drohen bei einer Falschaussage rechtliche Folgen, einem Beschuldigten nicht.

»Ich freue mich, nunmehr hier vor dem Untersuchungsausschuss Rede und Antwort zu stehen, Dinge klarstellen und Vorwürfe widerlegen zu können«, beginnt die mittlerweile 43-Jährige. »Denn die gegen mich gerichteten Behauptungen und Verdächtigungen stellen entweder eine völlige Verzerrung der tatsächlichen Fakten dar oder sind falsch.« Sie weist alle Vorwürfe zurück. Sie habe lediglich die Absicht gehabt, die Wahlfälschungsaffäre aufzuklären, jeder Druck habe ihr fern gelegen, sagte sie. Sich selbst sieht sie als Opfer einer Intrige im CSU-Bezirksvorstand. Sie habe monatelang als Vermittlerin zwischen Streitenden agiert, sei aber zunehmend selbst attackiert worden. Die frühzeitige Benachrichtigung von Podiuk kommt in ihrer Stellungnahme überhaupt nicht vor – sie hat sie vergessen. Die Frage möglicher Sanktionen gegen die Drahtzieher habe sie bewusst dem Bezirksausschuss überlassen. Andere Zeugen behaupten, sie habe sich in persönlichen Telefonaten für Joachim Haedke eingesetzt und um Milde gebeten, weil seine ganze Existenz an dem Landtagsmandat hänge.

Sie habe die Situation völlig unterschätzt, sagt sie. Heute würde sie »einiges anders machen«. Aber »so viel menschliche Niedertracht«, wie in der Münchner CSU herrschte, »hätte ich nie erwartet«. Es sei »schlichtweg falsch«, dass sie von der Manipulation von Wahlen gewusst oder die Aufklärung behindert habe. »Ich hatte von strafrechtlichen Vorgängen keine Kenntnis«, sagt Hohlmeier. »Ich war vielleicht manchmal zu blauäugig, was man im CSU-Bezirksverband München nie sein darf.«

Das Gespräch, das Kronzeuge Maximilian Junker zwischen ihr und dem Landtagsabgeordneten Joachim Haedke mitgehört haben will und das letztlich zu ihrem Rücktritt führte, habe nie stattgefunden. Sie habe zum fraglichen Zeitpunkt keinerlei Amts- oder Parteigeschäfte geführt, weil sie damals wochenlang mit hohem Fieber krank im Bett gelegen habe. »Ich habe überhaupt kein derartiges Telefonat mit Haedke geführt.« Sie wundere sich, wieso selbst Staatsanwälte dem Zeugen Junker so viel Glaubwürdigkeit zugestanden hätten.

Ihr Vortrag dauert mehr als eine Stunde, die Befragung weitere viereinhalb Stunden. Der Ausschuss-Vorsitzende Engelbert Kupka behauptet nach Hohlmeiers Auftritt: »Ich bin der Meinung, dass die schweren Anschuldigungen gegen Frau Hohlmeier immer mehr an Kraft verlieren.« In Wirklichkeit sind die Beobachter nach ihrem Auftritt nicht schlauer als zuvor. Im Gegenteil: Ihre Version und die Versionen ihrer Parteifreunde, die sie belastet haben, lassen sich nicht zusammenbringen. Den Vorwurf von Podiuk, sie habe schon vor der Wahl im Februar 2003 von Fälschungen gewusst, hat sie schlicht übergangen. Sie versucht Podiuk als denjenigen hinzustellen, der die Aufklärung erschwert hat. Sie streitet ab, Dossiers erstellt zu haben.

Warum ist Monika Hohlmeier gestürzt? Dazu beigetragen hat sicher, dass in der Presse und im Untersuchungsausschuss CSU-Abgeordnete eine CSU-Ministerin belastet haben – vor allem in der so genannten »Dossier-Affäre«. In diesem Augenblick hatten ihre Parteifreunde nicht nur den Verdacht, dass sie statt aufzuklären den Hauptfälscher schützt, sie fühlten sich plötzlich selbst angegriffen. Möglich, dass sie genau zu diesem Zeitpunkt das Vertrauen, das sie eigentlich zurückgewinnen wollte, endgültig verspielt hatte.

Damit wurde der Untersuchungsausschuss zur Auseinandersetzung der CSU gegen die CSU. Die Opposition saß dabei, fragte nach, hörte zu. In den entscheidenden ersten Stunden der Zeugenvernehmungen sahen die CSU-Abgeordneten im Ausschuss keine Möglichkeit, Hohlmeier glaubhaft gegen die Angriffe der Opposition, der Fälscher und ihrer eigenen Parteifreunde zu verteidigen. Ihr Parteifreund Joachim Haedke hätte Hohlmeier in der Presse und im Ausschuss beistehen können, beispielsweise mit einer Aussage dazu, ob das von Junker behauptete Telefonat stattgefunden hat. Aber Haedke wollte nicht aussagen, um den eigenen Kopf zu retten. So stand am Ende Aussage gegen Aussage. Junker oder Hohlmeier – einer von beiden lügt. Letztlich gaben die ersten Minuten und Stunden der ersten Zeugenvernehmung den Ausschlag: Drei Staatsanwälte und eine Richterin hatten Junker als glaubwürdig eingestuft. Diese Glaubwürdigkeit hat Hohlmeier am Ende gefehlt. Als mit Hans Podiuk schließlich auch ein führender CSU-Politiker Junkers Vorwürfe bestätigt, muss sie gehen.

1. August 2005. Münchner CSU-Politiker, die gegen Hohlmeier ausgesagt haben, wollen deren Aussage vor dem Untersuchungsausschuss nicht hinnehmen. Indirekt hat Hohlmeier sie der Lüge bezichtigt, und sie werfen ihr ihrerseits vor zu lügen. Doch wer glaubt einer Ministerin, die zurücktreten musste, weil man ihr nicht mehr glaubt? Es wird bekannt, dass die Münchner CSU ein Parteiordnungsverfahren gegen Hohlmeier erwägt. Otmar Bernhard, Hohlmeiers Nachfolger als Bezirkschef, bestätigt entsprechende Überlegungen, ein Parteiausschluss, über den gemunkelt werde, sei jedoch nicht angebracht. Die Münchner Parteispitze hat am Wochenende beschlossen, nach der Bundestagswahl am 18. September Konsequenzen gegen Hohlmeier zu ziehen.

So lange will Hohlmeier nicht warten. Noch am selben Tag, einem Montag, erklärt sie ihren Austritt aus der Münchner CSU. Hohlmeier sagt, sie habe schon Wochen vorher entschieden, nach ihrer Aussage vor dem Untersuchungsausschuss aus der Münchner CSU auszutreten. Sie wechselt in den Ortsverband ihres Wohnortes Vaterstetten im Landkreis Erding, wo sie einst ihre politische Laufbahn begonnen hat. Es scheint, als schließe sich ein Kreis. Doch ganz so einfach ist die Sache für sie nicht. Immerhin liegt Hohlmeiers Stimmkreis im Norden von München. Bei der letzten Wahl hat sie dort den Oppositionsführer der SPD, Franz Maget, nach zwei vergeblichen Versuchen erstmals geschlagen. Dafür war sie von ihren Parteifreunden gefeiert worden. Nach den Vorfällen der letzten Monate ist allerdings kaum zu erwarten, dass sie dort weiterhin aufgestellt wird.

Wird sie nun das sein, was sie im Gespräch mit der Fotografin Herlinde Koelbl einst als nicht erstrebenswert bezeichnete: einfache Landtagsabgeordnete? Als sie sich 1991 auf das Projekt *Spuren der Macht* einlässt, sagt sie: »Ich habe keine definitive Vorstellung, etwa derart, daß ich – jetzt einmal sehr weit gegriffen – Bundeskanzlerin werden oder als Bundespräsidentin enden möchte. Ich verlange mir selbst sehr viel ab. Ich habe eine gewisse Vorstellung, was jemand können muß, um bestimmte Positionen zu besetzen. Und da bin ich mit mir in vielen Bereichen noch nicht zufrieden. Aber ich arbeite daran. Daß ich nicht ausschließlich als Landtagsabgeordnete mit 30-jähriger Laufzeit enden möchte, soviel ist mir klar. Lieber höre ich auf.«

Damals steht sie am Beginn ihrer Karriere. Sie ist unbefangen. Die Fotografin sagt damals: »Vielleicht können wir in den nächsten acht Jahren verfolgen, was erhalten bleibt und was verloren geht.« Hohlmeier antwortet: »Ich glaube, daß in jedem Fall das eine oder andere den Bach runtergeht. Es liegt an mir, ob ich mich zum Positiven oder zum Negativen hin verändere.« Koelbl sagt: »Und ob Sie Ihre Ehrlichkeit und Unbefangenheit bewahren.« Hohlmeier antwortet: »Ehrlichkeit mir selbst gegenüber. Darauf kommt es an. Wenn ich Entscheidungen treffen muß, die mir eigentlich zuwider sind, ist es für mich sehr wichtig, mir selbst einzugestehen, daß sie falsch sind. Wenn ich das nicht mehr weiß, dann ist es vorbei.«

Epilog

Ist der Weg der Kinder durch die Eltern vorgegeben? Franz Josef Strauß hat sich von seinen Eltern gelöst. Er wurde nicht Metzger, wie es sein Vater ursprünglich gewünscht hatte, sondern studierte und wurde Politiker. Ihm stand kein Übervater im Weg. Lange Zeit kannte er nur eins, den Aufstieg. Lange wähnte er sich unverwundbar. Der Einserschüler und Ausnahmestudent war von Jugend an gewohnt, Recht zu haben.

Er kam mit seinen eigenen Erfahrungen aus dem Krieg und war überzeugt, man müsse notfalls Gesetze missachten, um die Demokratie zu schützen. Um des Friedens willen war er bereit, mit dem Atomtod zu drohen. Er traute sich zu, die Grenzen des Erlaubten für sich selbst zu definieren. Für andere verwischten sich seine selbst gezogenen Grenzen zwischen Allgemeinwohl und Eigenwohl im Laufe der Zeit immer mehr. Je mehr Strauß in das Licht der Öffentlichkeit rückte und je mehr Macht er an sich riss, desto mehr verlor er das Vertrauen eines großen Teils derjenigen, ohne die kein Politiker aufsteigen kann: Parteifreunde und Wähler. Deswegen stürzte er. Er konnte nie genügend Vertrauen zurückgewinnen, um Kanzler zu werden. Man traute ihm einfach zuviel zu.

Franz Josef Strauß ist gestürzt, weil er das Parlament belogen hat. Er hat sich über die vielen Angriffe hinweggesetzt und glaubte, ihm könnten sie nichts anhaben. Beleg für die mangelnde Einsicht und die stete Vermengung privater und öffentlicher Interessen war seine heimliche Beteiligung an der Bau-Union, noch während er in der Öffentlichkeit wegen der Fibag-Affäre in der Kritik stand. Nach seinem Tod erfuhr das Land Dinge über sein Gebaren, die die Kritik an ihm rechtfertigten.

Was hat der Aufstieg und Fall des Vaters mit dem Fall der Kinder zu tun? Seit seiner Jugend war sich Franz Josef Strauß bewusst, dass nicht nur die Zeit und ihre Umstände, sondern auch das Verhalten der Eltern die Kinder prägt. Er ging noch aufs Gymnasium, als er eigenen Angaben zufolge einem Klassenkameraden seinen ersten philosophischen Vortrag über dieses Thema hielt, wie er später einem seiner Biographen schilderte: »Ich glaube, dass wir Menschen in jeder Generation Gefangene unseres Schicksals sind.«

Strauß bezog diesen Gedanken auf die Zeit, in die man hineingeboren wird, aber auch auf die Eltern. »In jedem Fall hast du schon in der Wiege alles geerbt, an dem du weder Schuld noch Verdienst hast [...] Du bekommst eine ganz bestimmte Erziehung und Lehre und wirst ein Mensch, den die Geschichte, die Zeit, die Umwelt geprägt haben.« Ob er den Vortrag wirklich so gehalten hat, sei dahingestellt. Fest steht aber, dass er diese Begebenheit in einem Alter erzählte, in dem seine eigenen Kinder schon groß waren.

Dem Schicksal ausgeliefert? Franz Josef Strauß schränkte im Gespräch mit seinem Mitschüler ein, »wenn du wirklich ein Mensch bist, einer, der sich zum eigenen Denken und zur Persönlichkeit durchringt, dann wirst du in jeder Zeit und in jedem Volk eines Tages das tun und leben, was du als deine Pflicht und Aufgabe erkannt hast, und du wirst versuchen, die Welt nach deinen Vorstellungen zu formen. Wo auch einer hineingeboren wird, hat er seine Aufgabe zu erfüllen.«

Seine Kinder sahen es als ihre Aufgabe an, so zu leben, wie es die Eltern gewünscht hätten, und das Andenken des Vaters rein zu halten. Schon als Kinder lernten sie, dass ihr Vater ein Großer ist und dass man als Großer Feinde hat. Die Feinde warfen mit groben Klötzen auf ihn, und Strauß warf mit groben Klötzen zurück.

Der gefühlte Unterschied zwischen der Bedrohung durch Terroristen und den Anfeindungen politischer Gegner war oft sehr klein. Strauß selbst setzte publizistische Angriffe und gewaltsamen Terror gleich. Seine Kinder wurden in dem Sinne nicht erwachsen, dass sie sich nicht von den Eltern lösten und keine distanzierte Sicht auf sie gewannen. Ihr Leben war ein ständiger Wahlkampf. Immer waren sie eingebunden, immer waren sie loyal. Wirkliche Unabhängigkeit lernten sie nie kennen. Sie teilten nicht nur die Freunde ihrer Eltern, sondern auch deren schwarz-weiße Sicht. Diese Einteilung schützte sie, solange die Eltern lebten. Nach ihrem Tod konnten sie sie offenbar nicht mehr ändern, und das ist ihnen zum Verhängnis geworden. Sie waren den Eltern zu nahe geblieben, um zu erkennen, was ihr Vater als Junge seinem Schulkameraden gesagt hatte: Dass neben den Eltern noch zwei Faktoren den Menschen prägen – die Zeit und die Umstände.

Die Kinder teilen sich das Erbe. Max Strauß hat das Polternde von seinem Vater, nicht aber dessen Format. Ohne den selbstbewussten, streiterprobten Vater, der ihn beschützte, fehlt dem Sohn die Bodenhaftung. Er wurde oft nicht ernst genommen. Er hat den Sinn für die Wirklichkeit, die Gunst der Parteifreunde des Vaters und mehr und mehr sein eigenes, früheres Leben als Max Strauß verloren. Dennoch hatten Ermittler und Öffentlichkeit das Gefühl, dass er im Hintergrund viele Strippen zieht. Vielleicht überschätzte ihn die Öffentlichkeit – und am Ende sogar das Gericht, das ihn verurteilte. Einen Beweis für den Besitz des Geldes, zu dem er durch Steuerhinterziehung gekommen sei, hat es nicht erbracht. Man hat ihm diese Art von Geschäften offenbar genauso zugetraut, wie man sie dem Vater zugetraut hätte.

Monika Hohlmeier erbte die gusseiserne Haltung der Mutter. Sie ist über Vorwürfe gestürzt, die sie abstreitet. Auch bei ihr stand Aussage gegen Aussage. Auch ihr haben die eigenen Parteifreunde am Ende nicht mehr getraut. War sie zu Beginn ihrer Karriere mit dem »weichen« Thema Bildungspolitik ihrer Mutter gefolgt, so eiferte sie später ihrem Vater nach und wollte Ministerin und mehr werden. Nach seinem Sturz hat Franz Josef Strauß Wirtschaft studiert und wurde Finanzminister. Als ob sie ihren Vater imitieren wollte, kündigte Monika Hohlmeier nach ihrem Sturz ebenfalls an, dass sie studieren wolle. Natürlich Wirtschaft. Sie drängte in den Haushaltsausschuss, aber die Opposition hielt sie für keine gute Wahl, schließlich steht ihr Haushaltsgebaren als Ministerin in Zusammenhang mit der WM 2006 selbst in der Kritik. Solange der Untersuchungsausschuss gegen sie laufe, habe man Zurückhaltung vereinbart, sagte Fraktionschef Joachim Herrmann. Doch als sich die Arbeit des Untersuchungsausschusses hinzog, galt das offenbar nicht mehr. Seit 2006 ist sie nun Mitglied im Haushaltsausschuss. Da werde »die Geiß zur Gärtnerin gemacht«, kommentierte ein Abgeordneter der Grünen.

Franz Georg hat für sein öffentliches Auftreten und für sein Engagement bei einem Münchner Fernsehsender schon früh Kritik einstecken müssen. Womöglich war dies sein Glück, denn ein Fall ist ihm erspart geblieben. Dennoch wurde er in die Probleme der Geschwister mit hineingerissen, denn er kämpfte für den Bruder und trat öffentlich für die Schwester ein. Die Geschwister präsentierten sich stets als Clan. Monika und Franz Georg beklagen, dass sich in Bayern an den Strauß-Kindern nun räche, wer es sich gegen den Vater ein Leben lang nicht getraut habe.

Das Beharren darauf, dass dem Vater und ihnen Unrecht angetan wurde, wurde zum Erbe der Kinder. Können Kinder sich vom Erbe der Eltern lösen? Die vielleicht größte Chance dazu bot sich ihnen 1993, als Stoiber mit den Gepflogenheiten von Franz Josef Strauß brach und das Honorar aus der Testamentsvollstreckung der Baur-Stiftung ausschlug. Sie hatten die Chance, sich großzügig zu zeigen. Aber sie schlugen sie aus, denn offenbar haben sie nicht verstanden, dass mit dem Tod des Vaters die Legitimation für seine Art der Politik verschwunden war.

Heute wünschen sich mitunter selbst ehemalige Kritiker von Strauß wieder einen Politikertypus, der wie Strauß offen ausspricht, was er denkt. Dahinter steckt die Sehnsucht nach einem

Politiker, den man einordnen kann, und sei es als Gegner, damit man ihn ablehnen kann. Marianne Strauß und die Kinder erzählten oft, Franz Josef Strauß sei ganz anders, als ihn die Öffentlichkeit wahrnehme. Er diskutiere gerne. Womöglich ist das eine freundliche Umschreibung für Rechthaberei, denn es fällt schwer zu glauben, Franz Josef Strauß habe sich jahrzehntelang vor der Öffentlichkeit verstellt. Es würde auch nicht zu seiner Selbstbeschreibung passen, dass er sich nicht ans Fernsehen anpassen wolle, sondern sich so gebe, wie er wirklich ist.

Aber Franz Josef Strauß hätte auch heute keine Mehrheit hinter sich, denn was er durch Intelligenz, Natürlichkeit und Ehrlichkeit gewann, das zerstörte er mit Polarisierung, Polterei, Spezidemokratie und Rechthaberei. Nach seinem Tod hat sich auch in Bayern bei der Mehrheit der Menschen die Erkenntnis durchgesetzt, dass seinem Politikverständnis nicht zu trauen war. Stoiber, ausgestattet mit den Instinkten des Politikers, hat das gespürt und sich von den Methoden seines Ziehvaters distanziert. Die Kinder von Franz Josef Strauß haben es nicht gemerkt. Der Schatten des Vaters war zu groß.

Sie haben die Stärken und Schwächen des Vaters übernommen, aber sie haben auch das Misstrauen geerbt, das man dem Namen Strauß in der Öffentlichkeit entgegenbringt. In dieses Erbe haben sie sich verstrickt und so die Öffentlichkeit ständig in ihrem Misstrauen bestätigt. Sie sind daran gescheitert, woran auch Strauß gescheitert ist: am Vertrauen in die Demokratie.

Anmerkungen

Franz Josef Strauß sagte, er sei »weder Heiliger noch Dämon«. Aber als beides habe ich ihn in meiner Jugend kennen gelernt. Meine Familie hat ihn verehrt, mein Freundeskreis hat ihn abgelehnt. Als der Fall seiner Kinder ihn wieder in die Schlagzeilen brachte, reizte mich das, ihn genauer zu betrachten. Immerhin ist sein 300 Meter umfassender Dokumentennachlass bis heute nicht vollständig aufgearbeitet. Ein Journalist hatte von Max Strauß dazu exklusiven Zugang erhalten, lange geforscht und von 1995 bis 2002 die ultimative Biographie mit vielen neuen Einsichten immer wieder angekündigt. Erschienen ist sie nie.

Ich plante ebenfalls eine Biographie und erhielt von Monika Hohlmeier Zugang zum Nachlass. Ich spürte zudem Ermelinde Bauer (jetzt Schäffler) auf, die Strauß als Sekretärin von Schongau nach Bonn begleitet hatte und jahrelang nicht nur für ihn arbeitete, sondern auch sein privates Konto führte. Sie erzählte von Strauß' Jugendtraum, eine wohlhabende Brauerstochter zu heiraten. Ich traf seine Schulfreundin Leonore von Tucher und seinen Kriegskameraden Ernst Weeber, mit dem er nach dem Krieg die CSU in Schongau aufgebaut hat. Weeber erzählte von einem Quasi-Stimmenkauf, den er und Strauß gemeinsam begingen. »Jetzt, wo alle tot sind, kann ich ja darüber sprechen«, sagte er auf mein Tonband.

Ich habe den Franz Josef Strauß-Vertrauten Gerold Tandler und Politiker wie Waigel, Vogel, Beckstein und Seehofer befragt, dazu Referenten und Büroleiter von Strauß. Ich habe mehr als

30 Stunden an Interviews aufgenommen, dazu Material von Auftritten und Akten aus Untersuchungsausschüssen gesammelt. Nach mehr als einem Jahr Recherche sagten mir auch Monika Hohlmeier und Franz Georg Strauß Interviews zu.

Trotz der Zusagen kam es aber nicht zu den Interviews, offenbar, weil ich nicht nur über ihren Vater, sondern auch über das Schicksal der Kinder schreiben will. Zwar habe ich dieses Vorhaben von Anfang an deutlich gemacht, aber erst jetzt scheint es ein Problem zu sein. Sie könne ihre Zusage für die Einsicht in den Nachlass jederzeit zurückziehen, lässt mir Monika Hohlmeier ausrichten: Die Archivleute der Hanns-Seidel-Stiftung blockieren den Zugang.

Die Schilderung des Gerichtsverfahrens gegen Max Strauß stütze ich vor allem auf die Berichterstattung von Hans Holzhaider (*Süddeutsche Zeitung*) und Angela Böhm (*Abendzeitung*) sowie auf Aufzeichnungen von Arne Wilsdorff (*Deutschlandfunk*). Den Sturz von Monika Hohlmeier habe ich mit Hilfe der Aussagen im nach ihr benannten Untersuchungsausschuss des Bayerischen Landtags rekonstruiert. So konnte ich auch ihre Sicht der Dinge berücksichtigen.

Dank

Ich danke Dr. Renate Höpfinger und Dr. Claus Brügmann für Einblick in den Nachlass von Franz Josef Strauß, Max Zwicknagl und Marianne Strauß in der Hanns-Seidel-Stiftung. Ich danke Monika Hohlmeier für die Erlaubnis, auch den privaten Teil des Nachlasses einzusehen. Ferner Franz Meidinger und Michael Langgärtner vom Archiv der *Süddeutschen Zeitung* dafür, dass sie immer wieder in den Keller gestiegen sind. Ich danke Luitpold Braun, Landrat von Weilheim-Schongau, für Hinweise zu FJS, ferner Franz Grundner für Einblick ins Stadtarchiv Schongau, Nadeschda Nowak für Hilfe aus dem Archiv des Berliner Verlags.

Ich danke Dieter Schröder, dem ehemaligen Chefredakteur der *Süddeutschen Zeitung*, für Hinweise über seine Recherchen zu Franz Josef Strauß als Bonner Korrespondent der *SZ* und des *Spiegel*. Dem ehemaligen *Panorama*-Redakteur Gert von Paczensky für Hinweise zu Strauß und zur *Spiegel*-Affäre. Jürgen Leinemann (*Spiegel*), Hans Leyendecker, Michael Stiller und Christian Schneider (alle *Süddeutsche Zeitung*) für Hinweise, Hartmut Palmer (*Spiegel*) für Kopien der Aufzeichnungen des ehemaligen CSU-Schatzmeisters Wolfgang Pohle.

Ich danke besonders dem ehemaligen Korrespondenten des *Deutschlandfunks*, Arne Wilsdorff, für Hinweise und seine Unterlagen und Aufzeichnungen zum Verfahren gegen Max Strauß und zur Münchner CSU-Wahlaffäre. Dem Verteidiger von Max Strauß, Wolfgang Dingfelder, für Hinweise zum Verfahren, sowie Maximilian Hofmeister für Erläuterungen zu seiner Arbeit am

Landgericht Augsburg. Ich danke allen, die mir mit Hinweisen und Einsicht in Dokumente geholfen haben, aber ungenannt bleiben möchten.

Ich danke Ermelinde Schäffler, Leonore von Tucher und Ernst Weeber für offene Gespräche über ihre Zeit mit FJS. Ich danke den Politikern Theo Waigel, Horst Seehofer, Alois Glück, Peter Schmidhuber, Reinhold Kreile, Günter Beckstein, Hermann Regensburger, Erich Riedl, Gerold Tandler, Hans-Jochen Vogel, Friedrich Voss für Hinweise und Auskünfte.

Ich danke Christian Bommarius und Michael Saur fürs Gegenlesen und für Hinweise zum Manuskript. Ich danke meinem Agenten, Alexander Simon, für Vermittlerdienste, dem Leiter des Sachbuchs, Felix Rudloff, für gute Betreuung. Meiner Lektorin, Sibylle Meyer, danke ich für ihre Geduld und dass sie das Buch zu dem gemacht hat, was es nun ist. Für Fehler bin ich verantwortlich.

Zeittafel

6. September 1915: Franz Josef Strauß wird in München geboren

1935: Abitur am Max-Gymnasium

1940: Während eines Militärurlaubs Staatsexamen für das höhere Lehramt.

1940-45: Frontdienst in Frankreich und Russland, Lehroffizier bei Schongau

1945/46: Ernennung zum »assistant Landrat« und Wahl zum Landrat. Mitbegründer der CSU in Schongau

1948-52: Generalsekretär der CSU

1949-1978: Mitglied des Deutschen Bundestags

1950: Wahl zum Stellvertretenden Vorsitzenden der CDU/CSU-Bundestagsfraktion

1953: Minister für Sonderaufgaben

1955: Minister für Atomfragen

1956: Verteidigungsminister

1957: Strauß heiratet Marianne Zwicknagl. Geburt von Max Josef (1959), Franz Georg (1961) und Monika (1962)

1961: Wahl zum CSU-Vorsitzenden

1962: *Spiegel*-Affäre. Rücktritt als Verteidigungsminister

1963-66: Vorsitzender der CSU-Landesgruppe im Bundestag

1966-69: Finanzminister in der großen Koalition von CDU/CSU und SPD

1970: Strauß wird Aufsichtsratsvorsitzender des internationalen Konsortiums Airbus

1975: Strauß wird in China überraschend von Mao Zedong empfangen

1978: Strauß wird Bayerischer Ministerpräsident

1979/80: Kanzlerkandidat. Strauß verliert gegen Helmut Schmidt

1983: Der ehemalige Kritiker der Ostverträge von Willy Brandt vermittelt einen Milliardenkredit von Banken an die DDR

22. Juni 1984: Marianne Strauß stirbt bei einem Autounfall

3. Oktober 1988: Strauß stirbt

1993: Tochter Monika Hohlmeier wird Bayerische Kultusministerin

2004/05: Max Strauß wird wegen Steuerhinterziehung verurteilt. Das Urteil wird aufgehoben

2005: Monika Hohlmeier muss wegen einer CSU-internen Affäre zurücktreten

Quellen

Die letzten Stunden

Bild: »Der Zusammenbruch im Jagdhaus«, 3. Oktober 1988, S. 7-9, 12f.
Bunte: »Das letzte Foto«, 29. Juni 1989, S. 7, 13
Stern: Piller, Renate, »Meine letzten Tage mit Franz Josef Strauß 5. Teil«, 27. Juli 1989, S. 7, 9, 10, 12, 13
Mittelbayerische Zeitung, 3. Oktober 1988, S. 8, 11
Spiegel: »Nur nichts versäumen, alles versuchen«, 10. Oktober 1988, S. 8, 14
Süddeutsche Zeitung: »Der Tod im Haus der barmherzigen Brüder«, 4. Oktober 1988, S. 13
Bickerich, Wolfram: *Franz Josef Strauß,* München 1996, OS. 13; S. 15
Brandt, Willy: *Erinnerungen*, Frankfurt 1989, OS. 292; S. 15
Gaus, Günter: *Zur Person*, München 1964, OS. 177; S. 16
Bild: Schneider, Christian, »In Bayern gehen die Uhren anders«, 8. Oktober 1988, S. 16
Abendzeitung: »Ein Leben im letzten Jahrhundert«, 7. September 2005, S. 16

1 Die Kindheit und die Angst vor »den Roten«

Strauß, Maria: »Herkunft und Familie«, in Carstens, Karl / Goppel, Alfons / Kissinger, Henry / Mann, Golo (Hg.), *Franz Josef Strauß*, Bruckmann, München 1985, OS. 43; S. 21

Hubensteiner, Benno: *Bayerische Geschichte*, Süddeutscher Verlag, München 1980, OS. 328, 335; S. 22, 23
Zierer, Otto: *Franz Josef Strauß*, Herbig, München 1978, OS. 9; S. 22
Large, David Clay: *Hitlers München*, dtv, München 2001, OS. 121-123, S. 23f.; OS. 118, S. 25f.
Dalberg, Thomas: *Franz Josef Strauß*, Bertelsmann, Gütersloh 1968, OS. 7; S. 27
Stauß, Franz Josef: »Keine Pferde im Kreuzgarten«, Beitrag in Schülerzeitung »Die kleinen Türken« der Türkenschule, ca. 1980, S. 27

2 Heranwachsen in der Straße der Bewegung

Hoffmann, Heinrich: *Hitler wie ich ihn sah*, Herbig, München 1974, OS. 19ff.; S. 29f.
Strauß, Franz Josef: *Die Erinnerungen*, Berlin 1998, OS. 27, 30f., 42, 188; S. 32, 34-36, 40-44
Strauß, Franz Josef: »Keine Pferde im Kreuzgarten«, S. 32f., 37
Tucher, Leonore von, im Gespräch mit dem Autor, 19. Januar 2005, S. 39, 44f.
Tucher, Leonore von: »Gemeinsame Schulzeit«, in: Carstens u.a. (Hg.), *Franz Josef Strauß*, OS. 52; S. 46

3 Studium und Krieg

Strauß: *Erinnerungen*, OS. 35, 39; S. 50
Krieger, Wolfgang: *Franz Josef Strauß*, Göttingen 1995, OS. 17, 19; S. 51, 58
Weeber, Ernst im Gespräch mit dem Autor, 31. März 2005, S. 52f.
Dalberg, Thomas: *Franz Josef Strauß*, OS. 22, 28, 35; S. 54, 56
Kohlmann, Gert: »Begegnung mit Leutnant Strauß in Russland«, in: Carstens, OS. 61, 63; S. 55
Braun, Luitpold: *Der unbekannte Strauß – die Schongauer Jahre*, Schongau 1992, OS. 7; S. 56

Strauß: *Erinnerungen*: OS. 45, 63; S. 58
Frederik, Hans: *Franz Josef Strauß*, Inning ca. 1965/66, OS. 37; S. 58

4 Die ersten Schritte auf dem Weg nach oben

Schäffler, Ermelinde (geb. Bauer) im Gespräch mit dem Autor, 11. Mai 2005
Weeber, Ernst im Gespräch mit dem Autor, 31. März 2005, S. 64, 66f.
Müller, Dr. Josef: *Bis zur letzten Konsequenz*, Süddeutscher Verlag, München 1975, OS. 359; S. 65
Strauß: *Erinnerungen*, OS. 72, S. 67
Strauß: Verkehrsübertretung am 18. 12. 1945 in Holzkirchen, Bericht vom 19. 12. 1945, S. 68
Braun, Luitpold, *Der unbekannte Strauß*, OS. 63-66, S. 70ff.
Vernehmungsakten Dreifachmord, Stadtarchiv Schongau, Nov., Dez. 1946, S. 74ff.
Strauß: Schreiben an Regierung von Obb.; Stadtarchiv Schongau, S. 75f.
Weeber im Gespräch mit dem Autor, 2005, S. 78ff.

5 An die Macht in Bayern und Bonn

Strauß: *Erinnerungen*, OS. 586, 118, 179; S. 82f., 86, 90
Kritzer, Peter: *Wilhelm Hoegner*, Süddeutscher Verlag, München 1979, OS. 298; S. 84
Schäffler, Ermelinde (geb. Bauer) im Gespräch mit dem Autor, 11. Mai 2005, S. 85f., 91ff.
Spiegel: »Klug sein und mundhalten«, 27. September 1950, S. 87
Spiegel: »Ameise im Ärmel der CSU«, 24. November 1954
Strauß, Franz Josef: *Bundestagsreden*, AZ Studio, Bonn 1968, OS. 14ff.; S. 90
Stern: »Herr Staatsanwalt, übernehmen Sie!«, 6. September 1970, S. 96

6 Die ersten Monate als Verteidigungsminister

Süddeutsche Zeitung: Bäumler, Ernst, »Strauß im brennenden Flugzeug notgelandet«, 15. Februar 1957, S. 99
Süddeutsche Zeitung: »Kontroverse um ein Flugzeug«, 18. Februar 1957, S. 100
Süddeutsche Zeitung: »Strauß: Meine Knie zitterten nicht«, 20. Februar 1957, S. 100
Schmückle, Gerd: *Ohne Pauken und Trompeten*, DVA, Stuttgart 1982, OS. 143; S. 100f.
Augstein, Rudolf: *Überlebensgroß Herr Strauß*, Rowohlt, Reinbek 1980, OS. 9, 10; S. 101, 103
Brawand, Leo: *Die Spiegel-Story*, Econ, Düsseldorf 1987, OS. 169-171; S. 101f.

7 Marianne Zwicknagl wird Marianne Strauß

Zwicknagl, Marianne: Nachlass Hanns-Seidel-Stiftung
Frankenpost: »Strauß will zu Pfingsten heiraten«, 4. Mai 1957

8 Dr. Max Zwicknagl

Zwicknagl, Max: Nachlass Hanns-Seidel-Stiftung

9 Verlobung und Hochzeit: Sonne in Rom und Regen in Rott

Abendzeitung: Christiansen, Christa, »Hoffentlich wird meine Hochzeit nicht ein Riesenrummel«, 18. Mai 1957, S. 121, 123
Franz Josef Strauß und Marianne Zwicknagl: Nachlass Hanns-Seidel-Stiftung, S. 121
Spiegel: »Pfingsten ist Hochzeit«, 1. Mai 1957, S. 122
Münchner Merkur: Spengler, Karl, »Die stille Hochzeit des Franz Josef Strauß«, 5. Juni 1957, S. 125

Spiegel: »Der Tod von Kempten«, 12. Juni 1957, S. 126f.
Süddeutsche Zeitung: »Die Tragödie an der Iller«, 5. Juni 1957
Schmückle, Gerd: *Ohne Pauken und Trompeten*, OS. 146, 153; S. 127, 135
Abendzeitung: Calven, Alexander, »Strauß: Derartige Selbstmord-Übungen sind verboten«, 4. Juni 1957, S. 128
Nachlass FJS, Hanns-Seidel-Stiftung, S. 128
Roth, Eugen: »Tischrede zur Hochzeit von Marianne Zwicknagl mit Bundesminister Franz Josef Strauß«, abgedruckt in Schöll, Walter / Scharnagl, Wilfried / Strauß, Max: *Franz Josef Strauß*, Starnberg 1984, OS. 106, S. 132
Abendzeitung: »Strauß auf Hochzeitsreise«, 5. Juni 1957, S. 132
Franz Josef Strauß: Erklärung vor dem Bundestag zum Iller-Unglück, 26. Juni 1957, S. 135

10 Ein Sittenroman und eine Gefahr »für die westdeutsche Jugend«

Berliner Zeitung: »Kriegsminister als Heiratsschwindler«, 12. Juni 1957, S. 136
Berliner Zeitung: »Dreckspur eines Systems«, 12. Juni 1957, S. 137f.
Süddeutsche Zeitung: »›Sittenroman‹ um Strauß«, 14. Juni 1957, S. 139
Süddeutsche Zeitung: »Hundhammer flickt Strauß am Zeug«, 3. Juli 1957, S. 140
Neues Deutschland: »Krise um den Heiratsschwindler«, 4. Juli 1957, S. 140
Friedmann, Werner: Aktennotiz, 21. Juni 1957, S. 141ff.
Abendzeitung: »Der Widerspenstigen Zähmung«, 6. Juli 1957, S. 144

11 Minister Strauß sieht Gelb

Süddeutsche Zeitung: 3. September 1958, S. 146
Süddeutsche Zeitung: »Franz Josef Strauß auf Extratour«, 13. September 1958, S. 147f.
Abendzeitung: »Rüffel für Strauß«, 17. September 1958, S. 148
Frankfurter Allgemeine Zeitung: »Der kalte Krieg des Herrn Minister«, 18. September 1958, S. 149
Süddeutsche Zeitung: »Strauß gibt nicht nach«, 19. September 1958, S. 150
Abendzeitung: »Wird Polizist Hahlbohm zum Haupt-Personalrat gewählt?«, 29. September 1958, S. 150
Süddeutsche Zeitung: »Streiflicht«, 30. September 1958, S. 150
Süddeutsche Zeitung: Schröder, Dieter, »Schnell schalten und rüber – dachte Zeuge Strauß«, 17. Oktober 1958, S. 151
Abendzeitung: »Minister Strauß als Zeuge vor Gericht«, 16. Oktober 1958, S. 152

12 Ein guter Freund und die Fibag-Affäre bringen Strauß in Bedrängnis

Pinar-Dienst: »Hans Kapfinger & Co.«, 15. Januar 1964
Passauer Neue Presse: Hauser, Peter, »Der Fall Friedmann«, 12. Mai 1960
Spiegel: »Der Spezi«, Nr. 11/1962, S. 155
Kuby, Erich: *Im Fibag-Wahn*, Rowohlt, Reinbek 1962, OS. 8, 83, 94, 126f.; S. 157f., 174
Engelmann, Bernt: *Das neue Schwarzbuch*, Köln 1980, OS. 11; S. 158
Spiegel: »Kapfingers Erzählungen« 5/1962, S. 160ff.
Bickerich, Wolfram: *Franz Josef Strauß*, OS. 163; S. 165f.
Schmückle, Gerd: *Ohne Pauken und Trompeten*, OS. 257ff.; S. 167ff.
Strauß: »Der Mann unseres Vertrauens«, Wahlkampfbroschüre, August/September 1961, S. 170f.
Spiegel: 39/1962, S. 173

Spiegel: »Wer mir Lüge vorwirft«, Strauß vor dem Bundestag zur Fibag-Affäre und *Spiegel*-Affäre; Dokumentation und Kommentar, 34/36/37, 1965

13 Die *Spiegel*-Affäre: Strauß stürzt

Köhler, Henning: *Adenauer*, Band 2, Propyläen, Berlin 1997, OS. 600, 616, 617, 621 f.; S. 175, 195-198

Schmückle, Gerd: *Ohne Pauken und Trompeten*, OS. 262; S. 175

Schöps, Joachim: *Die Spiegel-Affäre*, Rowohlt, Reinbek 1983, OS. 42; S. 176

Bickerich, Wolfram: *Franz Josef Strauß*, OS. 177 ff., 182; S. 178, 195

Grosser, Alfred / Seifert, Jürgen: *Die Spiegel-Affäre I*, Olten 1966, OS. 240, 244, 247, 249, 267, 274 f., 333, 377 ff., 401 ff.; S. 180, 183, 185 f., 189-193, 195, 197 f.

Finger, Stefan: *Franz Josef Strauß*, Olzog, München 2005, OS. 212; S. 185

Ellwein, Thomas / Liebel, Manfred / Negt, Inge: *Die Spiegel-Affäre II*, Olten 1966, OS. 410; S. 186

Süddeutsche Zeitung: Müller-Meiningen jr., Ernst, »Es geht um die Demokratie«, 2. November 1962, S. 187

Abendzeitung: Friedmann, Werner, »Der Polizeistaat marschiert«, 3. November 1962, S. 187

Bild: »Endlich Farbe bekennen!«, 3. November 1962, S. 187

8-Uhr-Blatt: »Im *Spiegel*-Fall bin ich nur Strauß ...!«, 3. November 1962, S. 187

Panorama: ARD, 4. November 1962, S. 188

Süddeutsche Zeitung: Haffner, Sebastian, »Die Stunde der Prüfung«, 8. November 1962, S. 189

Stücklen, Richard: *Mit Humor und Augenmaß*, Forchheim 2001, OS. 327; S. 190

Eschenburg, Theodor von: »Die Affäre. Eine Analyse der *Spiegel*-Debatten des Deutschen Bundestags«, Hg.: *Die Zeit*, Hamburg 1962; OS. 3 ff., S. 193 f.

14 Das Rätsel um die Bau-Union

Schmückle, Gerd: *Ohne Pauken und Trompeten*, OS. 267; S. 200
Spiegel: Koch / Palmer, »Das Geld, die Macht und FJS«, Teil I, 22. Juli 1996, Teil II, 29. Juli 1996
Pohle, Wolfgang: Akten und Vermerke als Schatzmeister der CSU

15 Nach dem Sturz – FJS will endlich Recht bekommen

Bild am Sonntag: Fischer, Elisabeth, »Wie ist es eigentlich, F. J. Strauß zum Vater zu haben?«, 25. November 1979
Gaus, Günter: *Zur Person*, München 1964, OS. 177; S. 212
Stern: Nannen, Henri, »Sie sind entlassen!«, 11. April 1965, S. 213
Spiegel: Protokolle des Prozesses Strauß gegen Augstein, Beilage in Heft Nr. 14/1965, , S. 214f., 217
Frankfurter Allgemeine Zeitung: Weber, Herwig, »Eine Kontrolle haben wir nie vorgenommen«, 10. März 1965, S. 214f.
Grau, Karl Friedrich (Hg.): *Apropos Strauß*, Stuttgart 1965, OS. 9, 193; S. 218
Spiegel: Augstein Rudolf, »Lieber *Spiegel*-Leser«, 30/1965, S. 218
Grabrede für Walburga Strauß, ca. 20. Juni 1962, S. 219
Zeit Magazin: Grunenberg, Nina, »Gusseisern freundlich«, 27. April 1979, S. 220

16 Noch einmal studieren

Spiegel: »Dr. Inns.«, 1965, S. 225
Schoenbaum, David: *Die Spiegel-Affäre*, Berlin 2002, OS. 234f.; S. 225, 227
Bickerich, Wolfram: *Franz Josef Strauß*, OS. 207f.; S. 227f.
Bolesch, H. O.: *Franz Josef Strauß*, München 1969, OS. 82; S. 227f.

17 Die Kinder kommen in die Politik

Bild am Sonntag: Bischofberger, Conny, »Wir sind wie Eisbären«, 19. 9. 1999, S. 230, 232, 234
Bickerich, Wolfram: *Franz Josef Strauß*, OS. 221; S. 231
Quick: »Mein Franzl soll nicht Kanzler werden«, 6. August 1969, S. 231f.
Koelbl, Herlinde: *Spuren der Macht*, Knesebeck, München 1999; OS. 123ff.; S. 233, 238f.
Spiegel: »Spätes Licht«, 21. März 1977, S. 235
Münchner Merkur: Esser, Stefan, »Beide stehen schon fest drin im politischen Geschäft«, 12. August 1977, S. 236f.
Zeit Magazin: Grunenberg, Nina, »Gusseisern freundlich«, S. 239
Jahn, Friedrich: *Ein Leben für den Wienerwald*, München 1993, OS. 99, 107, 162; S. 241
Schönhuber, Franz: *Freunde in der Not*, München 1983, OS. 267; S. 242
Funkuhr: Nowottny, Friedrich, »Ist Ihr Mann der König von Bayern, Frau Strauß?«, März 1980, S. 244f.
Spiegel: Leinemann, Jürgen, »Wie man es mit dem Ungeheuer aushalten kann«, 1. September 1980, S. 246
Erdinger Neueste Nachrichten: Teplan, Stefan, »Lump, Superdepp, Rindviech«, 17. März 1982, S. 248
Erdinger Neueste Nachrichten: Teplan, Stefan, »Der Kraftmeier gibt sich manierlich«, 19. April 1982, S. 249f.

18 Mariannes Unfall und Tod – 22. Juni 1984

Spiegel: »Franz Josef I.«, 23. Januar 1984, S. 252
Abendzeitung: Kühnel, Dietrich, »FJS als Witzfigur: Frau Strauß will mitkassieren«, 19. Januar 1984, S. 252f.
Tucher, Leonore von, im Gespräch mit dem Autor, S. 254
Passauer Neue Presse: »Blick hinter die Kulissen«, 18./19. Februar 1984, S. 254f.

Bild am Sonntag: »Marianne Strauß tot!«, 24. Juni 1984, S. 256
Süddeutsche Zeitung: Landeck / Heß, »Ein dumpfer Schlag in der Nacht«, 25. Juni 1984, S. 258
Münchner Merkur: Untermann, Detlef, »Am Ort des Geschehens«, 25. Juni 1984, S. 258
Bild am Sonntag: »Anonymer Anrufer: Ich bin schuld«, 25. Juni 1984, S. 259
Bild: 25. Juni 1984, S. 260
Abendzeitung: »Liebevoll tröstete Monika ihren weinenden Vater«, 29. Juni 1984, S. 262
Bayernkurier: Scharnagel, Wilfried, »Trauer, Dank, Erinnerung«, 30. Juni 1984, S. 263
Spiegel: Marianne Strauß, 2. Juli 1984, S. 263f.

19 Die Kinder nehmen Abschied vom Vater und kommen doch nicht von ihm los

Welt am Sonntag: »Der Welt einziger Foto-Reporter mit zwei Bewachern«, 17. September 1978, S. 265
Bild: Wintz, Diether, »Strauß pfeift Sohn zurück«, 26. Juni 1985, S. 266
Süddeutsche Zeitung: Scotland, Egon, »Eine Lektion für den Botschafter«, 11. Dezember 1986, S. 267
Abendzeitung: Petersen, Sönke, »Waffen-Export: FDP empört über Auftritt von Strauß-Sohn Max«, 2. Dezember 1986, S. 267
Bild am Sonntag: Fischer, Elisabeth, »Wie ist es eigentlich, F.J. Strauß zum Vater zu haben?«, 25. November 1979, S. 269
Stern: Piller, Renate, »Mein Leben mit Franz Josef Strauß«, fünfteilige Serie ab 29. Juni 1989, S. 271f.
Münchner Merkur: Woock, Fritz, »Strauß-Sohn Franz Georg: Absolut nix dran«, 17. Juli 1987, S. 273
Abendzeitung: Janda, Fritz, »Sturmfreie Bude bei F.J. Strauß«, Juni 1989, S. 273

Abendzeitung: Paul, John, »Strauß schickte Gabriella Rezepte gegen Migräne«, 27. September 1990, S. 273
Spiegel: »Strauß-TV: ›Abgleiten nach links verhindern‹«, 18. Januar 1988, S. 273
Abendzeitung: Friedmann, Anneliese, »Der Titan ist tot« 4. Oktober 1988, S. 275
Bayerische Staatskanzlei: »Franz Josef Strauß zum Gedächtnis. Ansprachen bei den Trauerfeiern«, Dezember 1988, S. 277
Spiegel: Augstein, Rudolf, »Tod und Verklärung des F.J.S.«, 10. Oktober 1988, S. 277
Bild: Landeck, Rainer, »Zuviel des Guten? Jetzt auch noch Strauß-Stiftung«, 17. November 1988, S. 278
Bunte: Schmidt-Polex, Carl, »Ein Mann spricht aus dem Grab«, 1. Juni 1989, S. 281
Frankfurter Allgemeine Zeitung: »Strauß, verhökert«, 5. Juni 1989, S. 282
Bunte: »Das letzte Foto«, 29. Juni 1989, S. 283

20 Max Strauß

Abendzeitung: Heidenreich, Ulrike, »CSU-Dauerstreit: Minister watscht Strauß-Sohn ab«, 24. November 1994, S. 284
Goetz, John: »Max Strauß und sein schweres Erbe«, WDR, 10. Februar 2003
Abendzeitung: Segerer, Alois, »Strauß-Sohn Max siegte – er fegte Erich Riedl vom Thron«, 21. Juni 1995, S. 284
Die Woche: Bielicki, Jan, »Wenn das der Vater wüsste«, 30. Juni 1995, S. 285
Abendzeitung: Heidenreich, Ulrike, »Gestern vor Gericht: Strauß-Sohn Max nimmt die Drecksau zurück«, 26. Juli 1995, S. 286
Süddeutsche Zeitung: Lebert, Stephan, »Ein Sohn mit Schatten«, 17. Juli 1995, S. 287

Spiegel: Koch / Palmer, »Das Geld, die Macht und FJS I+II«, 22. Juli 1996 und 29. Juli 1996, S. 288
Palmer, Hartmut im Gespräch mit dem Autor, 12. Mai 2005, S. 289f.
Abendzeitung: Gauweiler, Peter, »Bayerisches Kraftwerk«, 3. Oktober 2003, S. 294
Abendzeitung: Böhm, Angela, »Kollaps/Max Strauß in großer Gefahr«, 16. Oktober 2003, S. 294f.
Bunte: 23. Oktober 2003, S. 295f.
Spiegel: Dettmer / Neumann, »Zweifel am Totaldurchblick«, 10. November 2003, S. 296
Stern: Doinet / Lambrecht, »Jagdschein im Visier«, 27. November 2003, S. 296f.
Pressemitteilung der SPD-Landtagsfraktion: »Gesetz gilt auch für Strauß-Kinder«, 20. Oktober 2003, S. 297
Süddeutsche Zeitung: Burtscheidt / Richter, »Max Strauß wird der Prozess gemacht«, 9. Januar 2004, S. 297
Süddeutsche Zeitung: Burtscheidt, Christine, »Die Angelegenheiten der Familie Strauß«, 12. Januar 2004, S. 298
Bild: »Max Strauß/Jetzt spricht sein Arzt«, 19. Januar 2004, S. 299
Süddeutsche Zeitung: Holzhaider, Hans, »Der Angeklagte nickt und schweigt«, 21. Januar 2004, S. 299ff.
Focus: Hilbig, Michael, »Anhängliche Millionen«, 26. Januar 2004, S. 300
Bayerischer Rundfunk: Friz / Ruf, »Max Strauß – vor dem Urteil«, Juli 2004, S. 300
Süddeutsche Zeitung: Holzhaider, Hans, »Richter ermahnt Strauß«, 18. Februar 2004, S. 304
Süddeutsche Zeitung: Handel, Stephan, »300000 Euro wegen Beihilfe zum Betrug«, 17./18. April 2004, S. 306
Strauß, Max: Stellungnahme vor dem Landgericht München I, 14. April 2004
Süddeutsche Zeitung: Holzhaider, Hans, »Das Gericht hat keine weiteren Fragen«, 23. Juni 2004, S. 308

Süddeutsche Zeitung: Holzhaider, Hans, »Max Strauß soll dreieinhalb Jahre ins Gefängnis« und »Maxwell war ein Sparkonto von Max Strauß«, 9. Juli 2004, S. 309
Focus: Hilbig, Michael, »Betrogene Betrüger«, 12. Juli 2004, S. 310
Süddeutsche Zeitung: Holzhaider, Hans, »Schreiber, Strauß und viele Konten«, 10. Juli 2004, S. 310
Süddeutsche Zeitung: Holzhaider, Hans, »Max Strauß zu Gefängnisstrafe verurteilt«, »Viele Indizien, wenig Belege, keine Zweifel« und »Dreist, frech, raffiniert und trickreich«, 16. Juli 2004, S. 311
Focus: »Ein politisches Verfahren«, Interview mit Franz Georg Strauß und Monika Hohlmeier, Heft 30/2004, S. 312
Süddeutsche Zeitung: Leyendecker, Hans, »Neunzehn Seiten gegen die Zweifler«, 18. Oktober 2005, S. 312
Bundesgerichtshof: Beschluss vom 11. Oktober 2005, S. 313f.
Süddeutsche Zeitung: Holzhaider, Hans, »Rügen für die Richter«, 17. Oktober 2005, S. 314
Bild: »Jetzt kann Max Strauß mit Freispruch rechnen«, 17. Oktober 2005, S. 314
dpa: »Max Strauß lässt sich scheiden«, 7. Juli 2005, S. 315
Abendzeitung: »Die Scheidung!«, 11. August 2005, S. 315

21 Monika Hohlmeier

Koelbl, Herlinde: *Spuren der Macht*, OS. 129ff.; S. 316ff., 343f.
Podiuk, Hans: Aussage vor dem Untersuchungsausschuss, 28. April 2005
Die Welt: Sigler, Sebastian, »Erich Riedl: ›Die Münchner CSU ist in ihrem Kern kaputt‹«, 30. Juni 2003, S. 321
Spiegel: Neumann, Conny, »Moni und die Klonkrieger«, 7. Juli 2003, S. 322
Süddeutsche Zeitung: Bielicki, Jan, »Ude: Hohlmeier ist Teil des Systems«, 28. Juli 2003, S. 322
Süddeutsche Zeitung: »Die Tochter«, 29. Juli 2003, S. 322f.

tz: »Ich lasse mir nicht drohen«, 3. Juli 2004, S. 323

Süddeutsche Zeitung: Neff, Berthold, »Monika Hohlmeier genehmigte Podiuks Sturz«, 16. Juli 2004, S. 323

Wolf, Aribert: Hohlmeier-Untersuchungsausschuss, 7. Juli 2005, S. 324

Hohlmeier, Monika: Hohlmeier-Untersuchungsausschuss, 29. Juli 2005, S. 325

Podiuk, Hans: 28. April 2005, S. 325

Spaenle, Ludwig: Hohlmeier-Untersuchungsausschuss, 24. Juni 2005, S. 326

Bild: Riechers, Karsten, »Monika Hohlmeier – Rücktritt kommt nicht in Frage!«, 17. Juli 2004, S. 327

Süddeutsche Zeitung: Fahrenholz, Peter, »Monika wird uns alle decken«, 19. Juli 2004, S. 327f.

Süddeutsche Zeitung: Burtscheidt, Christine, »Mini-Beichte im Bierzelt«, 7. September 2004, S. 329

Berliner Zeitung: Schuler, Thomas, 17. Dezember 2004, S. 330f.

Bunte: »Ich war todkrank«, 3. Februar 2005, S. 331

Christian Schmidt-Sommerfeld: Hohlmeier-Untersuchungsausschuss, 7. April 2005, S. 332

August Stern: Hohlmeier-Untersuchungsausschuss, S. 333

Junker, Maximilian: Hohlmeier-Untersuchungsausschuss, 14. April 2005

Berliner Zeitung: Schuler, Thomas, »Abrechnung mit Monika Hohlmeier«, 15. April 2005

dpa: »Führender CSU-Mann: Hohlmeier Organisatorin der Wahlfälschungen«, 14. April 2005, S. 336

dpa: »Die Vorwürfe sind falsch«, Hohlmeiers Erklärung, 15. April 2005 und *Münchner Merkur*: Deutschländer, Christian, »Drei Seiten zum Abschied«, 16./17. April 2005, S. 336

Münchner Merkur: Hebecker, Ernst, »Ende eines Albtraums«, 16./17. April 2005, S. 337

Süddeutsche Zeitung: Beck, Sebastian, »Neue Zeiten, auch in Bayern«, 16./17. April 2005, S. 338

Münchner Merkur: Interview mit Heinrich Oberreuter, 16./17. April 2005, S. 338f.
Abendzeitung: Bock, Willi, »Hohlmeiers Neubeginn«, 6. Mai 2005, S. 339
Ebersberger SZ: Brunckhorst, Lars, »Versuch der politischen Resozialisierung«, 6. Mai 2005, S. 340
dpa: »Fraktionskreise: Hohlmeier soll sich Zurückhaltung auferlegen«, 20. Mai 2005, S. 340
Bild: »Hohlmeier: Ich werde mich in Ruhe orientieren«, 21. Mai 2005, S. 340
Hohlmeier, Monika: Hohlmeier-Untersuchungsausschuss, 29. Juli 2005, S. 341f.

Epilog

Zierer, Otto: *Franz Josef Strauß*, OS. 68; S. 346

Bibliographie

Augstein, Rudolf (Hg.): *Überlebensgroß Herr Strauß*, Ein Spiegelbild, Reinbek 1980

Bickerich, Wolfram: *Franz Josef Strauß*. Die Biographie, München 1998

Bolesch, H.O.: *Franz Josef Strauß*, München 1969

Braun, Luitpold: *Der unbekannte Strauß – die Schongauer Jahre*, Schongau 1992

Brawand, Leo: *Die Spiegel-Story*, Düsseldorf 1987

Brawand, Leo: *Rudolf Augstein*, Düsseldorf 1995

Cameron, Stevie / Cashore, Harvey: *The Last Amigo*, Karlheinz Schreiber and the Anatomy of a Scandal, Toronto 2001

Carstens, Karl / Goppel, Alfons / Kissinger, Henry / Mann, Golo (Hg.): *Franz Josef Strauß, Erkenntnisse, Standpunkte, Ausblicke*, München 1985

Dalberg, Thomas: *Franz Josef Strauß*, Portrait eines Politikers, Gütersloh 1968

Eichmüller, Andreas: *Der Jagerwiggerl*, Regensburg 1997

Ellwein, Thomas / Liebel, Manfred / Negt, Inge: *Die Spiegel-Affäre II*, Olten 1966

Engelmann, Bernt: *Das neue Schwarzbuch*, Köln 1980

Finger, Stefan: *Franz Josef Strauß*, München 2005

Frederik, Hans: *Franz Josef Strauß*, Weder Heiliger noch Dämon, Inning ca. 1965/66

Gaus, Günter: *Zur Person*, München 1964

Goetz, Neumann, Schröm: *Allein gegen Kohl*, Kiep & Co., Berlin 2000

Graf, Oskar Maria: *Wir sind Gefangene*, Ein Bekenntnis, München 1978
Grau, Bernhard: *Kurt Eisner*, München 2001
Grau, Karl Friedrich (Hg.): *Apropos Strauß*. Eine Dokumentation, Stuttgart 1965
Grosser, Alfred / Seifert, Jürgen: *Die Spiegel-Affäre*, Olten 1966
Hanitzsch, Dieter: *Ich und die anderen*; *Ich, Franz Josef*, München 1982
Hoffmann, Heinrich: *Hitler wie ich ihn sah*, München 1974
Höpfinger, Renate (Hg.): *Bayerische Lebensbilder 2*, Biografien, Erinnerungen, Zeugnisse, München 2004
Hubensteiner, Benno: *Bayerische Geschichte*, München 1980
Jahn, Friedrich: *Ein Leben für den Wienerwald*, München 1993
Köhler, Henning: *Adenauer, Eine politische Biografie*, Berlin 1997
Köhler, Otto: *Rudolf Augstein*, Ein Leben für Deutschland, München 2002
Koelbl, Herlinde: *Spuren der Macht*, München 1999
Krieger, Wolfgang: *Franz Josef Strauß*, Der barocke Demokrat aus Bayern, Göttingen 1995
Kritzer, Peter: *Wilhelm Hoegner*, München 1979
Kuby, Erich: *Im Fibag-Wahn oder sein Freund, der Herr Minister*, Reinbek 1962
Kuby, Erich: *Franz Josef Strauß*, Ein Typus unserer Zeit, München 1963
Large, David Clay: *Hitlers München*, München 2001
Leyendecker, Hans / Prantl, Heribert / Stiller, Michael: *Helmut Kohl, die Macht und das Geld*, Göttingen 2000
Lohmeier, Georg: *Joseph Baumgartner*, München 1974
Mintzel, Alf: *Die CSU*, Anatomie einer konservativen Partei, Opladen 1975
Müller, Dr. Josef: *Bis zur letzten Konsequenz*, München 1975
Reese, Mary Ellen: *Organisation Gehlen*, Berlin 1992
Scharnagl, Wilfried (Hg.): *Marianne Strauß*, Ein Buch der Erinnerung, Percha 1984

Schmückle, Gerd: *Ohne Pauken und Trompeten*, Erinnerungen an Krieg und Frieden, Stuttgart 1982
Schöll, Walter (Hg.): *Franz Josef Strauß*. Der Mensch und der Staatsmann, Percha 1984
Schoenbaum, David: *Die Spiegel-Affäre*, Ein Abgrund von Landesverrat, Berlin 2002
Schönhuber, Franz: *Freunde in der Not*, München 1983
Schöps, Joachim (Hg.): *Die Spiegel-Affäre des Franz Josef Strauß*, Reinbek 1983
Schröder, Dieter: *Augstein*, München 2004
Senfft, Heinrich: *Glück ist machbar*, Köln 1988
Stern: »Die Spielbankaffäre«. Dokumentation zum Prozess der CSU gegen den Stern, Hamburg
Stiller, Michael: *Edmund Stoiber*, Der Kandidat, München 2002
Strauß, Franz Josef: *Bundestagsreden*, Bonn 1968
Strauß, Franz Josef: *Die Erinnerungen*, Berlin 1998
Stücklen, Richard: *Mit Humor und Augenmaß*, Forchheim 2001
Unger, Ilse: *Die Bayernpartei*, Geschichte und Struktur, Stuttgart 1979
Voss, Friedrich: *Den Kanzler im Visier*, 20 Jahre mit Franz Josef Strauß, München 1999
Wahrhaftig, Samuel: *Franz Josef Strauß*, München 1965
Wolf, Konstanze: *CSU und Bayernpartei*, Köln 1984
Wüst, Hans: *Franz Josef Strauß*, München 1957
Zierer, Otto: *Franz Josef Strauß*, Ein Lebensbild, München 1978
Zimmermann, Fritz: *Kabinettstücke*, Politik mit Strauß und Kohl, München 1991

Register